에너지
세계사

에너지
세계사

브라이언 블랙
지음

노태복
옮김

씨마스21

차례

1400년대 초반의 중국 배들은 들르는 모든 나라에서 경이의 대상이었다. 대규모 해외 원정을 명받은 정화鄭和의 함대가 바람의 에너지를 이용하던 범선을 통해 증명했듯이, 범선은 외부 세계와의 접촉 지역 그리고 국가의 세력권을 확장할 수 있는 잠재력을 지니고 있었다. 바람 에너지를 이용할 수 있는 기술은 그 시기를 인류의 과거와 구분하는 핵심 요소였다. 하지만 사실 이 중대한 분기점에서 바람 에너지를 이용하는 기술보다 더 중요한 것은 그 기술을 적용하려는 국가의 문화적 의지였다.

지난 몇 년 동안 중국에 있는 나의 학생들은 자국 역사에서 정화를 얼마나 위대하게 여기는지 알려주었다. 요즘에는 자국의 역사에 대해 일방적으로 칭송하지는 않지만, 그들은 이 범선이 특별한 (거의 보편적인) 중요성을 지니고 있음을 내게 보여주었다. 하지만 수업 시간에 세계사 속의 에너지 이야기를 추적해나갈 때면, 그 학생들은 어김없이 내가 소개하는 역사가들의 이야기에 귀를 쫑긋한다. 바로 정화 이후에 중국은 범선을 이용하여 외부 세계로 뻗어나가려는 국가적 의지를 이어나가지 못했다는 인식이다. 다시 말해, 명 왕조의 중국은 대항해시대the Age of Sail를 세상에 알려놓고서도, 이후 다른 나라들이 탐험과 세력 확장을 위해 기술을 사용하려는 의지를 불태우는 모습을 멍하니 지켜만 보았다. 이어진 탐험의 시대가 산업화를 불러왔지만, 당시 세계에서 가장 발전했고 기술적으로 앞섰던 나라에 속했던 중국은 이른바 '대역전Great Reversal'을 당하면서 뒤처지고 말았다.

나는 에너지 역사의 관점에서 볼 때 이 국가적 선택이야말로 국가 몰락의 중요한 시발점이 되었다고 중국 학생들에게 말하곤 한다(증가하는 인구를 부양하는 데 전적으로 집중해야 한다는 문화적 및 철학적 각성이 있었던 시기라 그런 선택을 한 것이 이해가 가기도 한다). 그때는 수세기의 인류 역사 그리고 전 세계적 규모에서 국가의 경제적 지위를 결정하는 전환의 시점이었다. 하지만 지금 중국은 에너지의 중요성에 눈을 떠서 이전과 달리 화석연료에서 벗어나려는 에너지 전환에 동참하고 있다. 나의 중국인 학생들도 인류의 삶을 화석연료에 대한 의존에서 벗어나게 탈바꿈시키려는 중국의 선구적 활동에 대단한 자부심을 보인다. 21세기 초반의 에너지 역사에서 중국이 남다른 역할을 하게 되리라는 중국인들의 강한 확신이 엿보이는 대목이다. 중국인민대학의 학생들과 지난 몇 학기 동안 함께 한 연구 덕분에 나는 에너지 역사에 대한 연구 방법의 체계를 세울 수 있었다. 이 책의 내용도 그 연구로부터 도움을 받았기에 이 자리를 빌려 학생들에게 고마움을 전한다.

역사의 모든 순간은 저마다 독특하지만, 지금 우리가 살고 있는 21세기의 두 번째 10년은 분명 어느 시기보다 특별하다. 나의 수업을 들은 중국 인민대학의 한 학생은 "우리가 주위 상황에 직접적으로 영향을 미칠 수 있는 줄 미처 몰랐어요"라고 말하기도 했다. 대단히 희망적인 사실은 지금 전 세계적으로 부상하고 있는 새로운 발상들이 인류의 현 상태는 물론이고 우리 각자가 살아가는 방식에 대해 깨닫게 해주고 있다는 점이다. 너무나 광범위한 분야에서 새로운 관점이 부상하면서 우리는 과거 역사까지도 재구성하지 않을 수 없게 되었다. 이 책을 출간하게 된 것은 바로 이처럼 에너지의 역사를 다시 생각하고 재구성할 필요성 때문이다.

에너지 교환의 역사를 추적하는 일은 사용되는 자원과 방법 때문에 매우 복잡하다. 태양열을 이용하여 과일 나무를 키우거나 통나무를 불 태워서 온기를 얻는 것은 명확하게 추적할 수 있는 간단한 에너지 교환의 사례이다. 하지만 최근에는 에너지에 대한 인간의 경험이 누적되며 예전에는 단순했던 교환의 사례가 전반적인 생활방식은 물론이고 복잡한 문화적 특성으로까지 변모했다. 이런 복잡성에도 불구하고, 인간의 에너지 사용과 같은 역사의 논리를 정립함으로써 우리는 인류의 미래에 대한 유용한 정보를 얻을 수 있을 뿐만 아니라 어쩌면 그런 미래를 만들어나갈 수도 있을 것이다. 인간과 자연의 근본적인 교환 과정의 핵심은 바로 에너지이다. 역사학자 앨프리드 크로스비Algred Crosby는 "현대 문명은 에너지를 폭음한 결과이다"라고 말하면서 다음과 같이 꼬집는다. "폭음 끝에는 종종 숙취가 찾아온다."[1] 하지만 이 책을 통해 우리의 과거를 다시 정리해보는 것은 그런 병폐를 없앨 묘약이 될 것이다.

'인류세'의 뿌리와 에너지 계층화

갈라지는 얼음이 남극의 광활하고 무거운 침묵을 깨트린다. 2020년과 2021년 사이에 많은 이들은 기후변화로 인해 빙하가 쪼개지면서 나는 굉음에 익숙해졌다. 대지를 뒤흔드는 빙하 조각들이 수면으로 떨어져 너울과 파도를 만든다. 이 모든 장면은 여러 대륙들이 지구 표면에서 서로를 향해 움직이던 아득히 먼 과거의 모습과 닮았다. 하지만 오늘날의 갈라지는 얼음은 디젤 엔진의 웅웅거리는 소리와 함께 튀어 올랐다가 떨어져 나간다. 이 엔진 소리의 원천은 면도날처럼 날카로운 새빨간 쇄빙선의 선체이다. 쇄빙선은 끊임없이 펼쳐진 주변의 새하얀 풍경과 완전히 나란하게 얼음 표면을 천천히 밀치며 나아간다. 쇄빙선 MV 쉬에룽雪龍 2호의 조타실 꼭대기에는 수천 킬로미터 떨어진 나라인 중국의 국기가 나부끼고 있다.

전 지구적인 전염병이 뉴욕의 타임스퀘어에서부터 인도 뭄바이의 새로 닦인 단정한 거리까지, 평소 같으면 북적대던 수많은 장소에서 인간의 활동을 멈추어버린 시기에 지구의 두 극 지역인 북극과 남극에서는 인간의 활동이 증가했다. 특히 지구의 남쪽 끝단에서는 중국 쇄빙선이 내는 소리가 더 잦아졌다. 이 강력한 배는 추운 지역에서 물고기 잡이에 오랫동안 사용되었는데, 이제 탐험가들은 과학 연구 기지를 세우고 남극에 정착하는 과정에서 이 배를 사용한다. 1960년대에 미국이 주인 없는 달에 꽂은 국기와 마찬가지로 그런 기지는 이 장소 및 여기에 있는 모든 것(더 중요한 것을 꼽자면 앞으로 여기서 발견될지 모를 것)에 대한 영유권을 주장한다.

전 지구적으로 전염병이 유행하던 시기에도 새로운 얼음 국경으로 나아가는 행진은 멈출 줄을 모른다.

영국 탐험자들이 1902년에 이 지역 최초의 영구 구조물들 중 하나를 세웠고, 당시에 사용할 수 있던 유일한 재료인 목재에 감긴 펠트 천만으로 구조물의 벽을 감쌌다. 유명한 극지 탐험가 어니스트 섀클턴^{Ernest Shackleton}은 영국 기지는 너무 외풍이 세고 추워서 탐험대는 배에서 지냈다고 당시를 회상했다. 그리고 기지가 눈에 깊이 파묻히는 바람에 터널을 하나 뚫어 그 터널을 통해서만 하나밖에 없는 창에 접근할 수 있었다고 한다.[1] 반대로 오늘날에는 남극에 있는 68군데 기지 중 다수가 최첨단 대안 에너지 기술로 작동하는 조립식 건축물로 이루어져 있다. 이 기술 덕분에 기지들은 이 지역의 일부에 대한 소유권을 주장해온 일곱 나라 각각의 상징적인 건물이 될 수 있었다. 우리가 알고 있는 지구의 역사에 따르면, 이 기지들 너머로는 영구적인 인간 거주지가 없기에 남극은 일종의 극지 사막답게 이제껏 큰 변화를 겪지 않았다.

그런데 왜 영국, 프랑스, 노르웨이, 호주, 뉴질랜드, 칠레 및 아르헨티나는 남극 지도에 선을 긋고서 빈 얼음에 영유권을 표시했을까? 그리고 왜 중국 쇄빙선과 같은 점유자들은 2022년에 이전보다 그 경계를 더 확장하기 위해 기웃거리고 있을까? 그렇다고 크릴 개체군에 대한 장래의 접근권이 보장될까? 기후변화로 인해 빙하가 녹는 속도를 추적하려는 것일까? 답은 명확하다. 전부 옳지만, 진짜 이유는 따로 있다. 빙하가 녹거나 새로운 기술을 이용하여 얻을 수 있는 잠재적 광물 자원과 에너지를 원하기 때문이다.

남극은 국가가 아니다. 정부도 없고 원주민도 없다. 전체 남극 대륙은 과학 연구를 위한 보존 구역으로 지정되어 있다. 2019년은 남극조약 체

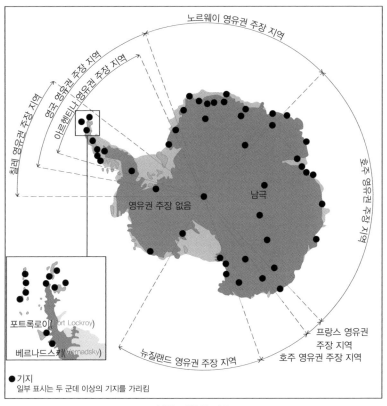

남극 지역의 지도

결 60주년이었다. 열두 개 나라가 승인한 이 조약은 "남극에서 새로운 영유권 주장이나 기존 영유권 주장의 확대가 이루어지지 않도록" 보장하기 위한 조치였다. 조약이 체결되면서 남극에서는 과학 연구만이 허락되며 군사적 목적으로 사용될 수 없게 되었다. 과학 연구야말로 남극이라는 장소를 논의할 때 여러 나라의 가장 현실성 있고 적절한 주제였다. 1960년대에는 과학 이외의 다른 중요성은 상상하지 못했다. 하지만 새로운 현실이 펼쳐졌다. 중국이 다수의 쇄빙선과 네 군데의 기지(만리장성, 중산, 태산 여름캠프, 쿤룬/돔 A)를 통해 이 얼음 평원에서 존재감을 부쩍 드러내자,

다른 회원 국가들은 경계의 눈빛을 보냈다.[2]

최근 들어 이 독립적인 지역에 더욱 복잡한 사정이 생겼다. 바로 지난 수십 년 동안 지형 요소를 지도화하는 연구 과정에서 이 주인 없는 대륙인 남극 아래에 엄청나게 많은 에너지 자원이 있음이 드러난 것이다. 예상 매장량은 석유 2,000억 배럴로, 쿠웨이트와 아부다비를 포함한 일부 석유 부국들의 매장량보다 훨씬 많은 양이다. 2048년에 광물 탐사 금지 규약의 시효가 만료되기 때문에 쇄빙선들이 몰려들며 많은 나라의 관심이 집중되고 있다. 가령 2020년 3월에는 러시아 국영 지질조사 기업 로스게올로기가 남극의 퀸모드랜드 연안에 있는 라이저-라르센 해에서 대규모 탄성파 탐사를 새로 실시했다. 게다가 로스게올로기가 명확하게 언급한 바에 의하면, 4,400킬로미터에 걸친 이 탐사의 분명한 목적은 "최신 기술을 이용하여 그 지역의 연안 석유 및 가스 잠재력을 평가하는 것"이었다.[3]

역사를 통틀어 강대국들은 자기들 나라에서 가장 필수적인 원자재들의 공급이 원활히 이루어지도록 애썼다. 남극에서의 활동은 오늘날 많은 국가들에게 에너지가 얼마나 중요한 자원인지를 보여주는 하나의 사례일 뿐이다.[4] 수세기에 걸쳐 인간의 생활방식이 많이 바뀐 오늘날, 풍부하고 안정적인 전력원은 없어서는 안 될 만큼 소중하다. 휴대폰, 자동차, 믹서기 및 에어컨을 작동시키는 보이지 않는 손인 에너지는 대다수 사람들이 보기에 공기와 음식 및 물만큼이나 필수적이다. 그런 자원이 없다면, 인간은 아예 생존이 불가능하다. 그러므로 이 국가들은 전 세계의 경쟁국들에 경계의 눈초리를 보이면서 아직 개발되지 않은 남극의 자원에 눈독을 들이고 있다.

현 시대가 독특한 발전을 이루긴 했지만, 지질학에서부터 철학에 이르는 여러 학문 분야에 걸쳐 점점 더 많은 학자들은 불완전한 현재의 시기를 가리켜 '인류세Anthropocene Epoch'(2000년 크뤼천이 제안한 새로운 지질시대 개념으로, 인류가 지구 기후와 생태계를 변화시켜 만들어진 새로운 지질시대를 말한다-옮긴이)라고 칭한다. '인류세'가 대체로 화석연료 연소와 같은 인간 활동으로 인해 그 결과가 훤히 내다보이는 임계점에 다가가면서 지구는 위험에 처하게 되었지만, 아직은 인간의 창의성과 통찰 덕분에 회복이 가능하다. '인류세'라는 개념에서는 '지식 경제들'의 놀라운 만남을 통해 여러 나라들이 공통의 토대를 찾을 수밖에 없게 된다. 지성사의 관점에서 볼 때, '인류세'의 개념이 갖는 장점은 인간이 자연에서 차지하는 위치를 알게 해준다는 것이다.[5] 우리는 1864년에 조지 퍼킨스 마쉬George Perkins Mars가 했던 "인간은 어디에서나 방해꾼"이라는 말이나 1961년에 레이첼 카슨이 인간이 만든 화학물질과 인간의 생활방식이 우리 주변 생명의 생태 그물망 전체에 영향을 준다고 한 말과 같이 당시에는 외면받았던 외로운 외침에서 벗어나, 오늘날에 인간이 지구에 가하는 영향이 크기와 범위 면에서 세계적global인 동시에 지역적local이라는 이라는 사실을 알게 되었다.[6] 현재 우리는 과학 지식 덕분에 우리 종의 놀라운 발전이 초래한 전 지구적인 환경 파괴의 규모를 인식하게 되었다.

인류세란 모든 인류의 미래를 예측하게 하는 방법인 동시에 우리의 과거를 통합적으로 이해하는 방법이기도 하다. 인류세라는 개념은 인간이 처한 상태의 넓고 다양한 요소들을 아우를 뿐만 아니라 역사가들로 하여금 마침내 인류의 과거를 이해할 체계, 다시 말해 정치적 및 인종적 경계를 뛰어넘어 인류의 행동 방식을 더 정확하게 개념화하는 체계를 정립할 수 있다는 점에서 우리의 세계관을 송두리째 뒤바꿔놓는다. 게다가 이전의 어느 지적인 변화보다도 우리의 과거에 대한 더 완벽한 이야기를 해야 할 의무를 깨닫게 해준다. 무엇보다도 이제 역사가들은 현재의 거시적인 개념들을 인류 역사에 적용할 기회를 얻었고, 이를 통해서 지구의 경계를 뛰어넘어 전 지구에 공통되는 생태계의 요소들을 전면에 내세울 수 있게 되었다.

인류의 미래에 관해 한마음이 됨으로써, 역사가들은 각각의 문화와 사회의 경험을 이해하면서도 인류를 통합함으로써 하나의 공통된 과거를 더 잘 보여줄 수 있는 지식을 갖게 되었다. 우리 종은 생존을 위해 공기나 물과 같은 지구의 기본적 요소들에 의존한다. 특히 우리의 일상생활은 환경적 요소들의 교환에 의존하는데, 각각의 요소들 사이에는 근본적인 수준에서 에너지의 방출과 획득이 일어난다. 이론가 바츨라프 스밀Vaclav Smil은 "에너지는 유일한 보편 통화universal currency이다. 여러 형태의 에너지 간의 변환이 있어야만 무슨 일이든 이루어진다"라고 말했다.[7] 인류세가 일관성을 얻으려면 역사가들이 그런 공통적인 인류 특성들을 부각시키고 강조해야만 한다.

20세기를 정의했던 인류세의 뿌리에는 에너지에 관한 새로우면서도 공격적인 관점이 있었다. 바로 화석연료 형태의 유연한 에너지원을 한 장소에 모아서 가격을 매긴 다음에 다른 모든 곳에서 사용하자는 발상이었다. 1970년대에 전 세계가 에너지에 관한 공통된 경험을 하면서 중요하고 새로운 통제가 실시되었고, 한 국가의 에너지 자원에 대한 수요나 소유 측면에서 국제 역학의 복잡한 계층화가 촉발되었다. 마지막으로, 새로운 발상들이 21세기의 벽두에 인류세 개념을 형성한 것처럼 에너지에 관한 새로운 시각도 환경에 가하는 피해를 최소화하면서 지속 가능성과 장기적 성장을 꾀하는 방향으로 뚜렷이 변환되었다. 북극에서의 활동 증가에서 볼 수 있듯이, 그런 혁신은 이제 기존 에너지원의 공급을 보장하면서 동시에 그 필요성을 최소화하기 위한 활동으로 여겨진다.

인류세 동안 에너지는 현대인의 삶에서 핵심 요소가 되었다. 이 책은 에너지에 대한 우리 인식의 중대한 도약을 보여주는 순간들을 다루고 있다. 하지만 역사가들은 아직 이러한 교환의 과정을 통합하여 일관성 있게 구성하지 못하고 있다. 인류세의 개념에서 우리는 에너지 과거를 물질적이고 기술적인 측면에서 사실만을 전달하는 것이 아니라 사상적인 측면에서 구성해야 할 필요가 있다. 가령, 범선 기술이 중국에서부터 포르투갈에 이르는 다양한 사회에서 어떤 역할을 했는지를 밝혀야 한다. 근대 세계의 경제 발전은 풍력 에너지의 사용과 함께 시작되었으며, 이어서 항해술과 지리학에서부터 자본주의 이론에 이르기까지 여러 부수적 개념들을 바탕으로 실현되었다. 이와 같은 폭넓은 사고의 혁명은 새로운 발견과 지식을 바탕으로 인간이 자연에서 차지하는 위치를 근본적으로 재정립하면서 시작되었다. 가장 성공적인 국가들은 그런 역동적인 순간들에서 뒷걸음치는 대신 이 혁명에 뛰어들어 자국의 미래를 그 방향으로 이끌었다.

마찬가지로 2022년에 기후변화는 새로운 과학기술을 바탕으로 우리가 지구에서 차지하는 위치에 대한 패러다임의 전환으로 보일지 모른다. 간단히 말해서, 컴퓨터 모델링, 탄소연대측정에 의한 데이터 수집, 인공위성 영상 등의 기술로 인해 지구의 기후에 관한 우리의 지식이 크게 달라졌다. 새로운 정보 덕분에 인간이 에너지를 얻기 위해 엄청난 양의 화석연료를 사용하며 지구에 가한 충격이 더 분명하게 알려졌다. 기후변화의 이러한 교훈을 바탕으로, 중국 쇄빙선(그리고 다른 여섯 나라의 쇄빙선)은 남극으로 향했다. 과학 데이터를 수집하려는 목적만이 아니라 화석연료 시대에 남은 얼마간의 기회라도 잡아보려는 속셈이다. 21세기가 시작되면서 우리가 지구의 과거와 미래를 새롭게 이해함으로써 알게 된 것은 지구가 둥글다는 1500년대의 깨달음보다 훨씬 더 혁명적인 듯하다.

이는 분명 우리가 기후변화와 같은 새로운 지식을 적용하여 오늘날의 에너지 전환에 동참해야 하는 상황의 심각성을 알려준다. 이 책은 한 에너지원에서 다른 에너지원으로의 전환을 시기별로 설명한다. 또한 보다 더 중요한 전환들을 적절하게 구분하여 인간과 에너지의 지속적인 관계를 살펴볼 수 있도록 했다. 이런 구분을 통해 우리는 에너지원과 이를 사용하는 사회 간의 차이를 더 정확하게 이해할 수 있다. 특히 특정한 에너지 전환을 연구하고 구성해낼 때 틀림없이 우리는 비슷한 에너지원들의 변화 양상의 차이를 구별할 수 있다. 이로써 우리는 에너지의 수집이나 사용의 윤리나 양식에서 이전과 확연히 차이나는 더 중요한 변화, 즉 에너지 사용의 본질적인 또는 근본적인 변화들을 구별해낼 수도 있을 것이다. 이런 구분을 정의하는 것은 에너지 연구를 인류세 개념의 중대한 요소로 삼을 때 특히 중요하다. 이 지질시대 동안 인간 생활의 변화를 적절하게 파악하려면, 에너지를 얻는 과정에서의 윤리나 양상에서 일어난 전환들을 구분하여 살펴볼 필요가 있다. 이 과제를 달성하기 위해 우리는 자연 속 에너지와 물질에 대한 학문인 물리학의 원리들을 활용하고 있다. 스밀은 자신의 저서 《에너지와 문명Energy and Civilization》에서 물리학의 근본 원리를 제시함으로써, 역사가들이 에너지원들을 구별할 수 있도록 도와주는 개념을 다음과 같이 정리했다.

- 에너지 보존의 효율(efficiency of energy conservations): 원료를 수확하거나 에너지로 변환시키는 데 쓰이는 기술의 유효성
- 에너지 회수(energy returns): 에너지원이 실현 가능하고 지속 가능하려면 투입된 에너지를 능가해야 한다.

- **에너지 집약도(energy intensity):** 이것은 제품, 서비스 및 심지어 경제적 산출물 전체의 비용을 가리키는데, 꼭 과거의 비용이나 투입물을 포함하지는 않는다. 따라서 이 계산치가 꼭 누적적이지는 않는다.[8]

인류세의 의미를 염두에 둘 때, 19세기의 에너지 전환이야말로 우리가 화석연료의 불평등한 도입을 추적할 때 가장 심각한 사건이다. 화석연료의 사용으로 인간이 지구 환경에 가하는 충격은 막대하게 커졌다. 역사가 안드레아스 말름Andreas Malm은 《화석 자본Fossil Capital》라는 저서에서 이 새로운 에너지원을 미래에 대한 충격과 결부시키는 모범을 보여주었다. 그것은 바로, 1700년대 이후 석탄, 석유 및 기타 화석연료들의 연소를 "미래를 향해 겨눈 무수히 많은 보이지 않는 미사일"이라고 언급한 것이다.[9] 특히 19세기와 같은 에너지 역사의 중대한 길목에서, 에너지 전환은 특별한 중요성을 지니기 때문에 면밀한 조사가 필요하다. 스밀의 이런 생각에 공감하여 이 책에서는 다음과 같이 에너지원에 대한 질문을 던진다.

- 이 에너지원을 수확하려면 무엇이 필요한가?
- 에너지 획득에 에너지 투입이 뒤따르는가? 그렇다면 투입량은 산출량에 비교해서 어떤가?
- 에너지원에 접근하고 공급하는 데 본질적인 제약이 존재하는가?
- 이 에너지원에서 추출된 에너지가 다른 사례에도 적용될 수 있는가?
- 에너지원의 확장 및 향후 개발 능력은 어떻게 되는가?
- 다른 에너지원과 비교하여 이 에너지원에는 상당히 차이나는 결과나 폐기물이 존재하는가?
- 이 에너지원은 어떻게 다른 에너지원을 변경하거나 대체하는가?

- 이 에너지원을 수집하거나 사용할 때 이전의 에너지원으로부터 중대한 변화를 수반하는가?

이러한 일련의 질문에 대한 답들은 각각의 에너지원을 서로 구별하게 해주며, 그 과정에서 특정한 전환을 다른 전환보다 더 중요하게 강조하기도 한다. 각각의 전환이 모두 중요하긴 하지만, 양식 자체의 변화야말로 인간에게 훨씬 더 극적인 의미를 갖는다. 스밀은 화석연료 시대를 그 이전 시대들과 구별하면서, 다음과 같이 적고 있다.

> 차이는 명확하다. 산업화 이전의 사회는 사실상 즉각적인 태양 에너지를 활용하면서 무궁무진한 복사선의 극히 일부만을 변환시켰다. 하지만 현대 문명은 지구에 저장되어 있는 막대한 양의 에너지를 추출하여 인류가 존재해온 기간보다 훨씬 더 긴 시간에도 새로 보충할 수 없는 유한한 화석연료를 고갈시키고 있다.[10]

이 책의 분명한 교훈은 이렇게 말할 수 있다. 즉, 1500년대 대항해시대의 등장과 같은 시기에 새로운 논리를 세우고, 새로운 세계관을 확장하고 보완할 방법을 찾은 국가들은 이후의 세기 동안 뜻밖의 기회를 찾았다. 마찬가지로 20세기 화석연료 사용의 확대는 이에 요구되는 자원과 기술을 지닌 국가들의 국제적 위상을 상승시켰다. 이제 새로운 현실과 지식이 등장하면서 우리 종은 미래를 보장해줄 방향으로 선회할 수밖에 없게 되었다. 앞으로의 역사는 더 지속 가능한 에너지 사용 방식으로 향하는 운동에 동참하고 이끄는 국가들이 누구이고 그렇지 못하는 국가들이 누구인지 알려줄 것이다.

PART I

에너지로 본
인간의 연대기

사진 속 농사에 이용된 축력은 생물학적 구체제^{biological old regime}(프랑스혁명 이전의 정치 체제를 가리키는 앙시앙 레짐 혹은 구체제를 에너지 사용에 빗댄 개념-옮긴이) 동안 에너지 패턴을 확장하여 작물을 기르는 인간의 능력을 강화했다. 자연환경은 하나의 에너지 교환 시스템으로, 모든 종種의 생존을 위한 기본적인 욕구 충족에 필요한 것을 제공한다. 근래의 역사는 인간을 다른 종과 구별하긴 하지만, 먼 과거로 거슬러 가면 우리도 다른 모든 생명들과 연결되어 있다. 세월이 흐르면서 인간이라는 존재의 이야기와 생존은 복잡해졌다. 하지만 에너지의 원천은 부정할 수 없으며 단순하다. 인간은 처음에는 다른 모든 생명체들과 똑같이 생존을 위해 애썼고, 인간을 포함한 지구 시스템 안의 어떤 생명체도 그 태생적인 패턴의 규모와 범위를 망가뜨릴 수 있다고 생각하지 못했다.

Chapter 1

태초에 태양이 있었다

인류 최초의 첨단 도시, 암스테르담

날개들이 10미터 남짓 바깥쪽에서 크게 빙글빙글 돈다. 산들바람이 불자 날개들이 시계방향으로 돈다. 처음에는 천천히 움직이던 날개들이 중력과 무게가 더해지며 이내 아래쪽으로 세게 움직인다. 첫 번째 날개가 회전의 바닥 지점에 이르면, 두 번째, 세 번째, 네 번째 날개가 뒤를 이어 계속 움직이는 공기를 붙잡으며 이 과정이 반복된다. 풍차는 바람이 살랑 일기만 해도 계속 돌아갈 수 있는데, 금속 기어가 이 회전 운동을 터빈 뒤의 벽 안에 감춰진 제분장치에 전달하며 이 마법 같은 과정은 한층 더 놀라워진다. 이 모든 과정을 통해 풍차는 바람 에너지를 곡물을 빻는 숫돌에 효과적으로 전달한다. 네덜란드 암스테르담에 있는 이런 풍차는 전 세계를 변화시킨 풍력 에너지가 보여준 풍경의 일부에 지나지 않는다.

풍차는 네덜란드의 시골에서 종종 볼 수 있는데, 1500년대에 들어 암스테르담의 인공 운하 주변에도 풍차가 들어섰다. 배들은 다양한 에너지원을 이용하여 운하를 따라 오고갔다. 하지만 운하는 풍력을 이용하여 전 세계를 오가는 무역상을 위한 뱃길로 건설된 것이었다.

배수로를 만드는 놀라운 솜씨를 지닌 암스테르담 사람들은 (수면보다 낮은 땅에서 살고 있는 다른 나라 사람들과 비슷하게) 일찌감치 습지에서 물을 빼내 거주와 농경을 위한 땅으로 바꾸어나갔다. 암스테르담 사람들은 바닷물이 들어오지 못하게 둑과 댐 시스템을 건설하는 한편, 이탄습지泥炭濕地에 운하들을 만들었다. 역사가 러셀 쇼토Russel Shorto는 암스테르담 시민들의 "자연과의 끝없는 투쟁"을 설명하여 "물, 위험, 용기, 살기 어려운 지리적 조건 그리고 그런 어려움에 대처하기 위한 복잡한 공공 조직의 발전"에 대해 언급했다.[1] 1200년 이후 어느 시기부터 암스텔 강을 따라 댐을 건설하는 기술을 바탕으로 네덜란드는 다른 문화와는 차별화된 길을 갔다.

초기의 무역선들이 근해를 오가게 되면서 왕래가 잦은 뱃길을 따라 자연스럽게 항구가 생겨났다. 중세 유럽은 대부분 (교회 소유이든 개인 소유이든) 장원제를 중심으로 한 하향식 사회로 구성되어 있던 반면, 네덜란드 지방의 땅은 귀족 계급에 속하지 않았다.[2] 이런 독립성 덕분에 네덜란드는 때마침 등장한 새로운 기회를 붙잡을 수 있었다. 대규모 무역 시스템에 대한 인식과 초기의 공학적 아이디어가 결합되며 1300년대부터 암스테르담에는 세계에서 가장 복잡하고 내구성이 강한 인공 운하가 건설되었고, 운하 주변은 곧 초기 무역상들이 거주지이자 물품 저장고로 사용하던 '운하 집canal house'이라는 개인 소유 창고들의 중심지가 되었다. 이처럼 계획 하에 건설된 원형 운하들은 넓은 바다와 물품 창고를 연결하는 데 필요한 뱃길 역할을 하면서 무역상들의 경제적 지위를 위한 토대가 되었다.

대항해시대가 제대로 정의되기도 전에 암스테르담은 현대의 아마존닷컴과 같은 위치에 올라섰다. 무역 시스템이 점점 더 복잡해지고 전 세계에서 다양한 상품과 서비스의 주문과 구매가 이루어지는 과정에서 암스테르담이 유통과 저장의 허브로 부상한 것이다. 이 시스템은 1599년에 암스테르담에 네덜란드 동인도회사Verenigde Oostindische Compagnie, VOC가 설립되면서 더욱 공식화되었다. 쇼토는 "동인도회사가 세계를 다시 만들었다고 해도 과언이 아니다. 그리고 대체로 암스테르담이 동인도회사를 만들었다"라고 적고 있다.[3]

　암스테르담 사람들은 생물학적 구체제에서 흩어져 있는 이런저런 혁신적 기술들을 이용하여 특별한 의도를 가지고 도시를 형성했다. 저용할 기술적 지식이 별로 없던 시기에 그들은 기술자로 활약했다. 하지만 이 초창기 무역항의 주민들은 중심지로 모여들려는 인간의 욕구를 수용하고, 자신들의 환경을 이해하며 두려움 없이 그 환경에 맞서는 동시에 때마침 출현한 신기술을 지혜롭게 적용함으로써, 암스테르담을 산업화의 첨단 도시로 만들었다.

'선사prehistory'는 우리의 현대적 편견에서 비롯된 용어이다. 이 용어는 역사란 인간이 특정한 방식에 따라 살아갈 때부터 시작된다는 가정을 바탕으로 하고 있다. 또한 그 시점 이전에 일어난 모든 일은 덜 중요하거나 영향력이 덜 하다고 가정한다. 에너지의 시각에서 인간의 연대기를 구성하는 것의 장점 중 하나는 (지리학이나 환경역사학의 관점과 마찬가지로) 인류의 역사를 연속적으로 바라볼 수 있다는 것이다. 인간을 자연환경에 존재하는 하나의 종이라고 바라보면, 초기 인류 역사는 인간의 핵심 기능과 욕구를 보여준다. 인간이 거주하는 생물군계生物群系, biome와 무관하게, 인간의 생존은 다양한 목적을 위해 에너지를 얻거나 내놓는 자연적 교환에 달려 있었다. 그런 정의 없이 인간은 생존할 수 없었다. 즉, 에너지의 교환 이전에는 우리의 이야기도 없었던 셈이다.

자연환경은 에너지 교환을 위한 하나의 시스템으로, 모든 종의 생존을 위한 기본적인 욕구 충족에 필요한 것을 제공한다. 근래의 역사는 우리를 다른 종과 구별하긴 하지만, 먼 과거로 거슬러 올라가면 우리도 다른 모든 것과 연결된다. 이 책은 인간의 생활 방식이 지구에 얼마나 영향을 미치는지에 중점을 두고 있다. 비록 우리 종의 역사의 대부분은 단순한 방식으로 에너지를 교환하던 수렵채집인 시대의 이야기이고, 그 시기에 인간이 환경에 미치는 영향은 미미했다. 따라서 이 책에서는 인류가 환경에 본격적으로 영향을 미치기 시작한 산업화 이후 인류의 에너지 교환에 대해 집중적으로 살펴볼 것이다. 간단하게 말해, 오늘날 우리가 사용하는 에너지는 복잡해졌지만 그 에너지의 원천은 부정할 수 없다. 인간은 처음에는 다른 모든 생명체들과 똑같이 생존을 위해 애썼고, 인간을 포함한 지구상의 어떤 생명체도 지구 에너지 시스템의 규모와 범위를 망가뜨릴 수 있다고는 결코 생각할 수 없었다.

　지구의 에너지의 원천은 태양계의 중심에서 빛을 내는 태양과 함께 시작한다. 지구는 태양이 형성될 때 남은 잔해일 뿐이며, 태양의 부피는 지구의 100만 배 이상이다. 태양은 지구에 존재하는 모든 생명의 중심이며, 인간과 인간에게 필요한 다른 모든 생명들이 태양에 의존한다. 즉, 태양이 존재하기에 우리도 존재할 수 있다.

　에너지를 얻고 지배하는 방법을 통해 우리는 초창기부터 인간 생활이 어떻게 변해왔는지 추적할 수 있다. 인간과 에너지의 상호작용은 인간 역사의 다른 어떤 부분보다 재러드 다이아몬드Jared Diamond가 인간의 모든 이야기를 설명해낸 패러다임에 잘 들어맞는다. 그는 "인간 역사의 대부분은 가진 자와 갖지 못한 자 사이의 불평등으로 인한 충돌로 이루어진다"라고 적고 있다.[4] 물론 에너지를 갖는다는 것은 그 시작일 뿐이다. 사회는 에너지로 무엇을 할지 또는 에너지를 얻기 위해 어느 정도의 비용을 감당해야 하는지도 선택해야 한다. 그리고 새로운 에너지 체제를 갖춘 여러 사회들은 그들 사이에서뿐만 아니라 그런 체제를 갖추지 못한 사회들과도 극명하게 다른 방식으로 발전하게 되었다. 가령 암스테르담에서는 인간 생활의 새로운 시대를 규정하는 에너지 집약이 이루어졌다. 앞으로 살펴보겠지만, 과거 인간의 에너지 패턴에 대해 정리하기 위해서는 먼저 태양에서부터 시작해야 한다.

　역사가 앨프리드 크로스비는 인간의 화석연료 사용에 관해 다음과 같이 적고 있다. "우리가 태양 전지판을 등에 지고 다니게 된다면, 그 어느 때보다 완전한 태양의 피조물이 되었다고 할 수 있을 것이다."[5] 하지만 사실 과거에 비해 오늘날의 에너지 패턴은 모든 에너지의 원천인 태양과 조금 동떨어져 있다. 과거 인간의 최초 에너지 상호작용은 태양열에 훨씬 더 많이 의존하고 있었다.

인간이 존재해온 시간 동안 우리가 사용한 두 가지 주요한 에너지원은 마그마와 같은 지구열의 용승湧昇, 그리고 태양에서 나오는 복사열이었다. 물리학자들은 각각의 에너지원을 정량화하고 측정했으며, 인간은 혁신적인 기술을 통해 이런 원천 에너지를 활용할 수 있는 시스템과 능력을 확장했다. 파이프라인, 전력선 및 변압기로 이루어진 이런 시스템은 현대인의 생활을 가능하게 했지만, 때로는 너무 복잡해서 우리는 종종 길을 잃은 채 과거와 같이 모든 에너지를 오직 태양에 의존하는 "태양의 아이들"이 되어버릴 수도 있다.6

생명은 수십억 년 전에 박테리아, 특히 남조류藍藻類의 일종인 시아노박테리아의 형태로 지구에서 시작되었다. 그런 유기체의 성장은 이른바 광합성이라는 햇빛과의 상호작용에 의존한다. 광합성에서 얻은 영양분은 먹이사슬 내에서 움직이며 식물과 동물의 삶의 기반이 된다. 광합성 과정에서 물 분자가 분해되면서 생성된 산소가 대기 중에 존재하는 산소의 대부분을 차지한다. 그리고 바로 이 산소 덕분에 인간은 호흡을 할 수 있으며, 호흡 덕분에 근육을 움직일 수 있고, 일을 할 수 있다.7

인간이 처음 한 '일'은 종의 생존을 위한 기본적 행동, 즉 수렵과 채집이었다. 사실 우리 종은 역사의 99퍼센트에 가까운 기간 동안 수렵채집인으로 살아왔다. 다양한 생태계를 거치면서 인간이 생존할 수 있었던 것은 무엇보다도 기본적인 에너지 교환 체계, 즉 산소를 이용하여 호흡을 할 수 있었기 때문이다. 지속적으로 호흡을 함으로써 우리가 얻으려 했던 것은 대부분 우리 몸을 유지하는 데 필요한 것을 모으는 일이었다. 그리고 수렵과 채집을 통해 얻은 수확물은 태양열과의 에너지 교환을 통해 다양한 방식으로 증가했다. 처음으로 이와 같은 생존 과제를 수행하려 한 순간부터 인간은 이 과제를 완수하거나 체계화하려고 했다. 전 세계의 인간들은 저마다의 속도로 생존을 위한 절차와 체계를 효율적으로 만들어 나갔고, 결국에는 그런 행동들을 일상생활의 한 방식으로 정착시키며 지배하기에 이르렀다.

인간의 위대한 첫 도약은 이동 패턴의 변화, 즉 이족보행(두 발 걷기)이었다. 두 발로 서서 걷게 되자 팔이 자유로워지면서 다른 일에 사용할 수 있게 되었다. 가령 무기를 나르거나 먹을 것을 모아서 나중에 소비하기 위해 저장소에 옮겨놓을 수 있게 되었다. 두 발로 이동할 수 있게 되자 점차 다른 발전이 시작되었다. 특히 (막대기와 몽둥이와 같은) 목재 도구를 사용하게 되었고, 돌을 이용한 발전이 진행되었다. 하지만 그런 도구가 수렵채집인의 기본적인 현실을 바꾸지는 못했다. 수렵채집인은 오직 자신들의 근육과 먹을 것을 얻기 위한 간단한 인지적 분석에만 의존했다. 심지어 그 시대의 도구들은 단지 인간의 힘을 확장하거나 집중시키거나 상황에 맞게 조정할 뿐이었다.

대부분의 노동력을 인간에게 의존하는 동안 곡물을 재배함으로써 직접 관리하고 통제하는 방향으로 농업의 발전이 일어났다. 이런 발전은 대체로 사회 내에서 대를 이어 전승된 경험 덕분이었다. 다이아몬드가 강조한 바에 따르면, 수렵채집인들에게 이런 발전은 꼭 일이 적어진다는 뜻은 아니었다. 그는 "사실 스스로 식량을 재배하지 않는 오늘날의 부유한 1세계 시민들에게서만 식량 생산은 더 적은 신체 노동, 더 편안한 생활, 굶주리지 않는 삶 그리고 더 긴 평균수명을 뜻한다"라고 적고 있다.[8] 현대인의 관점에서 볼 때, 수렵채집인은 분명 매우 궁핍한 삶을 살았다. 하지만 이에 대해 다이아몬드는 다음과 같이 설명한다.

지구의 각 시기별로 식량 생산을 도입했던 최초의 사람들은 결코 의식적인 선택을 했거나 의식적으로 농사를 목표로 삼아 노력하지 않았다. 왜냐하면 그들은 농사를 짓는 것을 본 적이 없었으며, 그것이 어떤 것인지 전혀 몰랐기 때문이다. 그보다 … 식량 생산은 결과를 의식하지 못한 채 내린 결정의 부산물이었다.9

그러므로 생물학적 구체제에서 인간 존재에 대한 가장 적절한 시각은 다음과 같다. 즉, 식량 생산은 오직 세계의 몇몇 지역에서만 독립적으로 진행되었는데, 그런 지역에서는 시간과 노력을 어떻게 할당할지를 결정함으로써 식량 생산에 관한 지식이 축적되었다. 하지만 식량 생산의 성공은 "인간의 신체 활동보다는 대륙 환경의 차이"가 훨씬 더 큰 요인으로 작용했다.10 이 지역들에서는 든든한 식량 생산 덕분에 사회가 발전 가도에 오를 수 있었다. 이와 같은 발전이 가능했던 이유는 기술과 정치 조직, 복잡한 사회 구조를 가진 집단의 특징 때문이었고, 이런 특징은 식량이 충분하며 정주생활을 하는 인구밀도가 높은 집단에서 자주 나타난다. 다이아몬드는 이렇게 적고 있다. "그 결과는 역사상 가진 자와 갖지 못한 자 사이의 기나긴 충돌collision이었다."11

다이아몬드가 말한 '충돌'(아마도 '맞닥뜨림encounter'이 더 적합한 용어일 것이다)의 대부분은 각각의 사회들이 육상과 해양에서 차츰 밖으로 뻗어나가면서 발생했다. 처음에는 인간의 이동을 통해서, 이후에는 머물던 곳을 떠나 모험을 감행하는 항해자들의 능력이 향상되면서 교류가 시작되었다. 주요 동력원이었던 인간의 근력은 광대한 바다를 건너기에 충분하지 않았다. 지중해 및 폴리네시아 지역 안에서 이루어지던 소규모 이동을 뛰어넘기 위해서는 새로운 에너지 시스템을 능숙하게 이용할 수 있어야 했다.12

따라서 이런 상호작용이 벌어지기 이전의 사람들은 본질적으로 동일한 방식으로 환경과 상호작용을 하고, 최소한의 에너지 교환만을 하며 자기 구역 내에서 생활했다. 이런 생물학적 구체제 기간 동안 농경이 발달하기 시작한 지구상의 아홉 개의 지역에서는 제각각 독특한 사회가 발전했다. 이들 사이에 어떤 유사성이 확립되었을지도 모른다. 하지만 대략 1400년대 인간 생활의 기본적인 한 가지 특징을 꼽자면, 전 지구적으로 일관된 발전의 패턴이 존재하지 않는다는 것이다. 대신에 놀랍게도 다른 지역과 거의 또는 전혀 접촉이 없는 상황에서도 사람들은 생존과 번영을 위해서 비슷하면서도 다른 활동 방식을 발전시켰다. 처음에는 공통의 기원과 지식으로부터 시작했지만, 생물학적 구체제의 제한된 속성 내에서 활동하는 과정에서 제각각 독특한 사회를 발전시킨 아홉 개 지역의 인간은 분명 다른 지역의 사람들과 현저히 다른 미래를 향해 나아가고 있었다.

불을 길들이다

초기의 인간들은 개인적으로 생존할 수 있는 범위 안에서만 활동했다. 먹을 것을 찾는 것은 생존을 위한 인간의 기본적인 특성이다. 우리의 신체는 활동을 하기 위해 에너지를 필요로 하는데, 그 에너지는 대부분 우리가 신체 능력을 보충하기 위해 먹는 음식의 영양분에서 나온다. 짐승이나 물고기를 사냥하는 것은 단지 고기를 얻기 위한 활동이었지만, 그처럼 복잡한 활동 덕분에 인간은 복잡한 일을 처리하는 능력을 얻게 되었다. 사냥을 통해 인간은 무기와 도구에서 움직임의 패턴에 이르기까지 다양한 변화를 겪었다. 사냥의 패턴은 전적으로 기후와 종의 특성에 의해 정해지는데, 때로는 (견과류와 연체동물 등의) 채취 활동과 비슷하거나 더 발전된 도구가 필요한 동물을 상대하는 일이다. 종종 집단을 이루어 사냥을 할 때는 상처 입은 동물을 쫓을 뿐만 아니라 짐승을 잡아서 고기를 운반하기도 했다. 혼자보다는 공동체가 조직을 이루어 사냥을 할 때 가장 큰 보상을 얻을 수 있었으며, 많은 사회에서는 짐승들을 벼랑이나 우리 속으로 몰아넣거나 조종하는 방식으로 사냥을 했다. 그런 식으로 (매머드, 들소, 사슴, 영양, 산양과 같은) 많은 대형 초식동물들을 잡아서 공동체 전부를 먹여 살리기에 충분한 고기를 얻을 수 있었다.

유네스코 세계유산으로 지정된 캐나다 앨버타 주 포트매클레오드 근처의 한 유적에서 5,000년 동안 직접적인 사냥을 통해 이루어진 에너지 교환의 증거를 찾아볼 수 있다. 플라이스토세Pleistocene 후기의 사냥꾼들은 물소 떼를 정해진 길로 몬 다음에 놀라게 만들어 벼랑으로 떨어뜨렸다.[13] 말馬까지 이용하면 이런 방법은 더 효과적이었을 것이다. 특히 대규모 사냥에서 더 중요한 사실은 식품의 보존과 가공에 대한 관심을 높여서 인간이 요리를 시작하도록 자극했다는 것이다. 요리는 인간의 에너지 사용 면에서 최초로 일어난 중대한 변화 중 하나였다.

크로스비는 이렇게 단언한다. "요리는 유전이 아닌 문화적인 것으로, 전례 없는 혁신이었다."[14] 요리는 인간 종에서 보편적으로 나타나는 현상이자 언어보다 더 뚜렷한 인간의 특징이다.[15] 고고학자들에 의하면, 지금으로부터 대략 170만 년 전에서 20만 년 전 사이에 아프리카에서 이주하여 유라시아를 건너갔던 호모 에렉투스가 음식 준비와 관리를 위해 불을 사용했다고 한다.[16] 주로 여자들이 불을 피우기 위한 불쏘시개와 동물 배설물을 모았고, 불을 관리했다. 불과 자연 발화에 두려움을 느끼던 상태에서 벗어나 불을 관리하고 계획하는 방향으로 변화한 것을 '길들이기

domestication'라고 한다. 처음에는 자연적으로 일어난 불에서 얻은 숯을 모아서 불을 붙이기 시작했지만, 마침내 인간은 막대기들을 문지르거나 부싯돌을 이용하여 불꽃을 만들어냈다. 4~5만 년 전부터 인간 주거지에 난로가 등장하기 시작했는데, 고고학자들은 난로가 널리 사용된 것을 후기 구석기시대의 결정적인 특징으로 여긴다. 이와 같은 에너지 혁명이야말로 인류가 수렵채집 문화에서 벗어나서, 결국에는 정주형 농업 문화로 변화했음을 명확하게 보여준다.

후기 구석기시대 유적지에서 고고학자들은 고급 부싯돌, 호박琥珀 그리고 출처에서 멀리 떨어진 조개껍질을 발견했다. 이 시기에 요리는 대체로 고기를 불꽃 위에 매달아두거나, 잉걸불 속에 파묻거나, 뜨거운 돌에 올려놓거나, 질긴 껍질 속에 넣어두거나, 찰흙으로 감싸거나, 물을 채운 가죽 주머니 속에 뜨거운 돌과 함께 넣어두는 것이었다. 비슷한 시기에 문화 발전도 가속화되어 예술 작품이 많이 나타났고, 동굴이나 원시적 가옥의 형태로 오래 머물 수 있는 거주지가 생겨났다. 그리고 그런 지역(가령 시베리아)에서 귀중한 물건을 무덤에 함께 넣는 풍습이 본격적으로 시작되었다. 마지막으로 후기 구석기시대에 나온 프랑코 칸타브리아Franco Cantabria 동굴 벽화에는 들소, 말, 순록 및 매머드 등 그 지역에서 오래전에 사라진 야생동물의 기록이 보인다. 이러한 혁신을 바탕으로 정착 생활에서 시작된 언어의 발전이 한층 촉진되었다.

숙련된 에너지 활용이 가져온 농업혁명

불에서 얻은 열기는 초기 인류의 난방과 요리에 중요한 역할을 했다.

또한 열기를 얻는 것과는 별도로 불은 일종의 도구로도 사용되었다. 초기 인류는 돌을 더 쉽게 조각내고 쪼개기 위한 도구로 전략적으로 불을 사용했다. 사냥을 위해 주변의 자연을 바꾸는 데에도 불이 사용되었다(동물들을 특정 방향으로 몰거나, 이동을 수월하게 하고 시야를 확보하기 위해 덤불을 걷어내는 데 불을 사용했다).

이와 같은 기초적인 에너지 사용은 이후 수천 년 동안 인류 생활의 원료를 제공해주었다. 그렇게 될 수 있었던 것은 앞에서 언급한 활동들에 더 익숙해지면서 에너지를 사용하는 솜씨가 능숙해졌기 때문이다. 단순한 생존 욕구에서 벗어난 인간은 수렵채집 생활에서 한 걸음 나아가 다양한 형태의 정주생활로 접어들었다. 하지만 그런 과정에서 에너지는 더욱 더 중요해졌다.

이러한 초기 기법과 기술의 길들이기는 여러 형태를 띤다. 하지만 주된 결과는 생활방식의 전반적인 변화로서, 이를 가리켜 '농업혁명'이라고 부른다. 간단히 말해서 농업혁명은 수렵채집인들이 이런저런 방식으로 에너지 사용을 실현한 결과였다. 생활방식의 발전으로 이제 인간은 농경인이 되었다. 또한 태양 에너지를 이용하고 관리할 줄 알게 되면서 훨씬 더 안정적이고 지속적으로 식량 작물을 생산하기 시작했다. 이에 대해 크로스비는 "햇빛을 이용하는 수렵채집인의 방식은 성공적"이었다고 말했지만, 여러 가지 이유로 인간은 더 큰 지속 가능성과 안정성을 원했다. 그는 또한 이렇게 적고 있다.

> 고고학적으로 분명히 밝혀진 바에 따르면, 많은 지역의 사람들은 식물과 작은 동물을 이용하고 수확하는 법을 알아냈을 뿐만 아니라 그것들의 번식 그리고 향후의 식량으로서의 이용 가능성을 확장하는 방법도 알아냈다.[17]

지금으로부터 약 4000년 전 인간은 오늘날의 문명에도 필수적인 거의 모든 작물과 동물을 길렀다. 밀, 쌀, 보리, 감자, 개, 말, 소, 양 그리고 닭이 그 예다.

이런 길들이기를 통해 인간은 동식물들을 물리적 구조와 성분, 생활주기 및 지역과 기후의 기타 세부사항에 맞게끔 이용했디. 이는 진 세계 시역별로 다른 속도로 일어났다. 인간은 종종 식물 및 말과 같은 동물들의 에너지를 자신의 목적과 욕구를 위해 이용했다. 전체적으로 볼 때, 가축은 자연의 에너지 사이클을 인간의 욕구나 성과와 연결시키는 완벽한 운반 수단이었다. 농부는 작물을 기른 다음에, 그것을 이용하여 식량이나 노동력 또는 두 가지 모두를 얻기 위해 가축을 기를 수 있었다. 그렇게 하면 수렵채집보다 태양 에너지를 더 효율적으로 이용할 수 있었기 때문에 사람들은 더 적은 땅에서 정주생활을 할 수 있었다.[18]

이 초창기 동안 호모 사피엔스는 아홉 지역에서 농경 방식을 완성했다. 아홉 지역은 구세계의 서남아시아, 동남아시아, 중국 북부, 중국 남부, 사하라 이남 아프리카 그리고 신세계의 북아메리카, 멕시코 중부, 남아메리카 고지대 및 남아메리카 저지대이다. 해당 기후의 장점과 약점에 따라 이들 지역에서는 서로 다른 식물과 동물을 길렀다. 가령, 멕시코 중부에서는 옥수수, 호박 및 콩 등을 많이 길렀지만, 가축을 많이 키우지는 않았다. 반면 중국 남부에서는 쌀을 집중적으로 재배하는 동시에 돼지와 닭도 많이 길렀다. 태양 에너지를 이용하여 식물을 재배하고 동물을 기르는 것은 오직 사람의 몫이었다. 그리고 기원후 두 번째 천 년이 되기까지 구세계와 신세계 사이에는 전혀 교류가 일어나지 않았다.

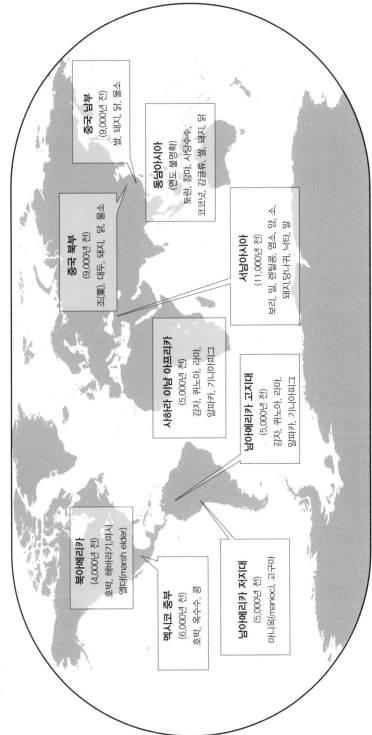

동식물 기르기의 지역과 시기

신기술로 육체적 한계를 극복하다

1200년에 들어서면서 인간은 자신의 육체적 노동력의 한계를 극복하기 위해 조잡한 수준이나마 기술을 적용하는 방법을 모색하기 시작했다. 그런 혁신적 단계로의 진환이 꾸준히 일어나는 한편, 다양한 형태의 공동체들이 힘을 합쳐서 통합적인 발전을 추구하는 원시적 형태의 산업화를 위한 조직들이 나타났다. 하지만 여전히 동식물 기르기가 인간 사회의 주된 활동이었으며, 기존 기술과 방법 및 에너지의 한계가 여전했다.

다양한 사례에서 볼 때 넓은 지역에 걸쳐 인류는 노동 수단의 속성이 가진 한계에 끊임없이 맞서왔다. 혁신으로 노동 능력이 확장되었을지는 몰라도 기본적인 제약 때문에 여전히 신체 에너지원이 사용되었으며, 이는 20세기 중반까지 가장 중요한 노동 수단이었다. 스밀의 말에 의하면, 운동 에너지를 거의 전적으로 생체 에너지에서 얻는 사회는 "대부분의 주민에게 안정적인 식량 공급과 물질적 풍요를 가져다주지 못했다".[19] 에너지원의 힘을 증가시키기 위해서는 노동 강도를 높이거나 기계 장치를 이용하여 근육의 힘을 증폭시키거나 운동의 방향을 바꾸어야 했다.

생물학적 구체제에 머물러 있었던 탓에, 어쩔 수 없이 당시 사람들은 자신들의 노동력의 한계 내에서 일했다. 이런 상황에서 생산력을 높이기 위해서는 세 가지 발전이 필수적이었다. 인간의 노동력을 최대한 동물의 노동력으로 대체하는 것, 기후의 한계를 극복하기 위해 관개시설을 갖추고 토지를 비옥하게 만드는 것, 윤작 및 다작을 통해 다양한 작물을 기르는 것이었다. 하지만 이 과정은 불규칙적이고 불안전했다. 지금 돌이켜보면 생물학적 구체제 동안 태양 에너지를 식량으로 단순히 변환시키는 방법을 넘어서 일대 혁신의 가능성을 지녔을 법한 기술들은 '도약takeoff'

(이것은 기술사학자들의 표현이다)의 단계로 나아가지 못했다.[20] 당시의 지배적인 정치적, 경제적 논리, 혹은 생존에 대한 크나큰 우려나 (무엇보다도) 사용할 수 있는 에너지의 한계로 인해 1400년 이전에는 에너지 사용의 범위와 규모가 저조했다. 기술의 도약이 가능하려면, 식량 공급이 안정적이어야 했고, 시장이 형성되어야 했다. 그래야만 기반시설의 성장을 뒷받침할 경제 메커니즘이 마련될 수 있었다.

세계사를 바꾼 기술 | 지렛대

고대에 여러 사회들은 지렛대를 이용하여 인간의 능력을 증가시켰다. 지렛대는 보통 나무나 금속으로 된 단단하고 가느다란 조각이다. 기술적으로 볼 때 배의 노나 바퀴 (외륜)도 작은 혁신 기술이 에너지를 배가시키고 작업 능력을 향상시킬 수 있음을 보여주는 초기의 가장 명확한 사례 중 하나다. 지렛대는 지상에서 받침점을 조정하여 작업을 쉽게 수행할 수 있는 기본 도구였다. 물론 지렛대를 이용한 작업도 인간의 신체적 노력을 통해서만 완성할 수 있었다.[21]

지렛대 기술이 다양화되면서 쇠지레나 외바퀴 손수레와 같은 장치들도 등장했다. 둘다 지렛대의 기능을 했는데. 그중 외바퀴 손수레에는 짐을 들어 올리는 것뿐만 아니라 운반하는 데 사용되는 바퀴 기술이 추가되었다. 옛날 중국 노동자들은 이 도구들

권양기(捲揚機)와 지렛대는 인간이 밧줄이나 쇠줄로 하는 다양한 작업에 적용할 수 있는 기본적 기술이었다. ⓒ Library of Congress Prints and Photographs Division

을 종종 이용했으며, 다양한 목적으로 도르래도 사용했다. 도르래는 지렛대와 바퀴의 기술에 밧줄이 추가된 형태였다. 이런 도구들은 범선에서 사용되는 삭구索具의 필수적인 기술이기도 했다.

권양기와 캡스턴capstan(배에서 무거운 물체를 들어 올리는 밧줄을 감는 실린더—옮긴이)은 주로 배에서 사용되는 것으로 알려져 있지만, 배에서 사용되기 이전에 먼저 지상에서도 쓰였다. 이 장치들은 간단한 기술을 이용하여 우물에서 물을 길어 올리는 것에서부터 투석기와 같은 초기의 여러 무기에서 장력을 발생시키는 목적 등에 두루 쓰였다. 하지만 가장 중요한 목적은 배에서와 마찬가지로 무거운 짐을 들어 올리는 것이었다.[22]

마지막으로 트레드휠treadwheel은 다양한 동력으로부터 에너지를 얻기 위해 초기 기술이 얼마나 유연해졌는지를 잘 보여주고 있다. 트레드휠은 인간이 페달을 밟아 바퀴를 돌림으로써 작동하는데, 인간 대신 동물을 사용할 수도 있다. 트레드휠과 유사한 모양의 바퀴를 이용해서 강에서 동력을 얻기도 했다. 에너지의 역사 내내 이런 유연성을 바탕으로 새로운 에너지원으로의 전환이 빠르게 이루어졌다.

축력, 인간의 노동을 대신하다

전 세계적으로 농업의 혁신은 지역에 따라 다른 속도로 진행되었다. 이집트는 관개 기술을 이용하여 매해 발생하는 홍수 관리에 집중하는 농업의 요람이 되었다. 인더스 계곡과 메소포타미아에서는 관개용 운하와 고지대의 농경지까지 물을 끌어 올리는 기술을 통해 건조한 기후에서도 안정적으로 식량을 생산할 수 있었다. 중국에서는 농경 방식이 대체로 초보적인 상태에 머물러 있었다. 이집트가 로마제국에 잉여 곡물을 공급할 때까지(한 왕조 시기인 기원전 206년~기원후 220년), 중국 농부들은 유럽과 아메리카에서는 오랫동안 도입하지 않은 방법과 (쇠 쟁기, 목에 거는 마구馬具, 파종기播種機 등의) 도구들을 이용했다. 한 왕조는 중국 농업의 역동적인 시기였지만, 이후의 농업은 오랫동안 대체로 정체되었다. 이 황금기의 특징은 광범위한 관개시설의 발전이었다. 가장 유명한 예가 쓰촨성에 있는 두장옌인데, 이곳에서는 오늘날에도 수백만 명의 중국인들이 먹을 수 있는 식량이 생산된다.

　이런 사회에서는 짐을 운반하는 동물을 농사에 이용했던 반면에, 메소아메리카 문명(고고학에서 오늘날의 중앙아메리카 지역에서 생겨난 고대와 중세의 문명을 메소아메리카 문명이라고 하며, 여기에는 아즈텍 문명과 마야 문명이 포함된다-옮긴이)은 그렇지 않았다. 옥수수를 재배하면서 마야 저지대 문명과 멕시코 고지대 문명은 서로 교류를 하기 시작했다. 많은 고고학자들은 기원후 8세기 이후에 마야 인구가 크게 감소한 이유가 (과도한 토양 침식 및 복잡한 물 관리 체계의 실패 등) 지속 불가능한 농사 관행 때문이라고 본다. 멕시코 분지 전체에서는 복잡한 문화가 꾸준히 계승되며 발전했는데, 그중에서도 최대 인구를 자랑하는 곳은 영구 운하 관개시설에 의존하는 테오티우아칸Teotihuacan(멕시코시티 근교에 위치한 고대 도시-옮긴이) 주변이었다. 메소아메리카에서 농업은 치남파chinampa에 의존했는데, 이는 습지 위에 작물의 잔해나 수초를 깐 다음 그 위에 퍼 올린 진흙을 쌓아 만든 직사각형 모양의 밭을 의미한다. 기원전 100년부터 형성된 치남파는 쓸모없던 늪을 생산적이고 지속 가능한 농지로 바꾸기 위한 탁월한 방법이었으며, 아즈텍 문명의 마지막 통치 기간 동안 절정을 맞았다. 그리고 관개시설로 생산된 옥수수가 이 문화를 일구어낸 작물이었다.

　유럽의 경우, 농업 생산은 17세기까지 중국보다 대체로 뒤쳐졌다. 중세시대부터 등장한 유럽의 농업은 꽤 제한적이었으며, 다른 많은 지역들의 농업을 뒤따라갔다. 특히 무슬림 농업은 스페인 등을 통해 유럽 농업에 전해졌다. 스페인의 무슬림 농부들이 스페인의 기독교도들에게 지식을 전달한 덕분이었다. 중요한 사실은 무슬림들이 최초로 화식도花式圖(꽃의 구조를 이해하기 위해 각 기관의 크기와 위치 등을 나타낸 그림-옮긴이)를 분류의 목적으로 사용할 수 있다는 점을 알아냈다는 것이다. 이 지식을 바탕으로 많은 르네상스 식물학자들이 식물 연구를 발전시킬 수 있었다. 로마 시대 이후로 농업은 유럽에서 점점 더 중요해졌는데, 이는 농경 기술의 혁신 때문이 아니라 부와 정치적 세력의 가장 중요한 기반이 땅이었기 때문이다. 이른바 중세 봉건제도는 주변 강대국들에게 둘러싸인 상태에서 땅이 곧 부의 원천이자 군사력인 농경사회에 맞도록 발달한 제도였다. 실제로 로마와 그 제도의 몰락 이후 서유럽 세력들은 무슬림, 고대 스칸디나비아인 및 헝가리인들의 공격에 시달렸다. 그래도 13세기 말 이전까지 봉건제도의 질서는 유지되었다.

농업의 토대로부터 시작하여 유럽의 사회적, 정치적 구조는 이런저런 종류의 토지 차용을 강조했다. 봉건제feudalism라는 단어는 한 귀족이 다른 귀족에게 하사하는 땅인 봉지封地를 일컫는 라틴어 feudum에서 유래했다. 보통 영주가 봉지를 하사하면 그 땅을 받는 이는 영주의 봉신이 되었다. 각 영주는 여러 봉신을 둘 수 있었고, 봉신들도 여러 영주를 모실 수 있었다. 하지만 책임의 방향은 명확했다. 영주는 봉신을 보호해야 했고, 봉신은 영주를 섬겨야 했다. 이 구조 내에서 기본 단위는 장원莊園, manor이었다. 장원은 귀족 계급의 구성원인 영주에게 속한 농경지 역할을 했다. 장원의 거주민들 대다수는 소작농이었고, 이들의 기본 임무는 영주를 위해 땅을 경작하는 것이었다. 봉건 사회에서 소작농들이 자기 땅을 갖기란 하늘의 별 따기였다.

전형적인 유럽 장원에서 가장 조직화된 농사는 원시적인 종류의 윤작을 모방한 삼포제三圃制, Three-Field System였다. 이 방식에서는 땅의 한 부분은 특정 년도에 겨울 작물을 심었고, 다른 부분은 봄 작물을 심었으며, 세 번째 부분은 놀렸다. 그렇게 해야 토양의 고갈을 가장 잘 막을 수 있다고 보았다. 이런 식으로 각각의 밭을 매년 돌려가며 이용했다. 이런 체계 속에서 장원의 소작농은 이 세 부분 중에서 특정 부분의 경작권을 얻었다. 이와 별도로 영주 자신의 땅은 '영주직영지demesne'라고 불렸는데, 보통 장원 내에 흩어져 있었다. 영주의 구역은 주로 그의 거주지에 가장 가까운 지역에 고정적으로 포함되었다. 영주가 소작농을 통제하는 방법 중 하나는 (짐승을 포함한) 농사 도구의 비용이었는데, 개별 소작농은 장원 소유인 농사 도구를 이용했다.

장원제라는 시스템 속에서 농경은 봉건제를 구성하는 견고한 계급제의 부산물이자 그 시스템을 유지하는 기반이었다. 하지만 장원 및 장원제가 중세 사회의 전부를 구성한 것은 아니었다. 일부 지역에서는 비장원적 기반에서 농업이 이루어졌다. 게다가 고대 로마제국의 마을과 도시들이 많이 감소하긴 했지만 명맥을 유지하고 있었고, 11세기부터 그런 도시들이 다시 성장하기 시작했다. 이런 성장은 이탈리아와 네덜란드에서 가장 일찍 발생했는데, 거기에서부터 서유럽의 다른 지역으로 퍼져나가며 수많은 중요한 도시 중심지들을 만들어냈다. 런던과 파리, 뤼베크와 나폴리, 브뤼허와 베르겐 등 수많은 도시들이 저마다 중세 사람들의 생활에 이바지했다.[23]

장원제는 중세 성기中世 盛期, High Middle Age인 11세기부터 13세에 걸쳐 변화하기 시작했는데, 이 시기에 인구와 경작지가 증가하며, 새로운 토지 소유 방식이 생겨났다. 우선 자유인의 수가 증가했으며 영주에 대한 의무가 금전을 지급하는 것으로 바뀌었다. 마찬가지로 제분, 양조, 옷 만들기와 같은 원산업적 사업들에 대한 영주의 독점권도 화폐를 통해 이루어졌다. 14세기에 들어서며 전쟁과 전염병으로 인구가 감소하자, 경작지도 줄어들고 영주와 소작농 사이의 관계에도 변화가 나타났다. 어느 정도까지 땅이 늘어나서 소작농이 독립적으로 살기에 더 나은 상태가 되었고, 더 많은 자유인들이 자신의 땅을 구매하거나 다른 방법으로 얻어냈다.[24]

　장원제가 이처럼 구조적으로 붕괴된 주된 이유는 기술의 발전과 함께 다른 잠재력 있는 직업들이 늘어났기 때문이었다. 그런 직업들은 대체로 새로운 에너지 교환 시스템에 기반을 두고 있었다. 기계, 동물, 바람 및 물의 힘을 이용하여 세탁을 하고, 가죽을 무두질하고, 나무를 자르고, 쇠를 담금질하고, 종이 제작을 위해 펄프를 만들었고, 축융공縮絨工(천을 바래고 다듬는 직공-옮긴이)의 통과 용광로의 풀무 그리고 주물공장의 수력 망치를 작동시켰다. 14세기에 이르러서는 인간, 동물 및 물에서 얻은 동력을 다른 형태로 전환하기 위한 방법으로 선반, 수동 드릴과 드릴 날 그리고 물레가 사용되었다.

1800년 이후 권양기는 산업적 목적으로 규모가 커지면서 더 무거운 사슬과 기계화된 동력원이 추가되었다. ©Library of Congress Prints and Photographs Division

명예혁명이라고 알려진 시기는 영국 농업에서 자본주의적인 잉여 생산 방식이 발전하는 데 특히 중요한 역할을 했다. 예를 들어 명예혁명 후 윌리엄 3세가 서명한 권리장전은 진보적인 '부르주아' 지주들이 주도하는 의회의 권리를 선언하는 내용이었는데, 그들은 투기적이고 시장지향적인 기업을 통해 신기술을 개발하는 데 참여하고 있었다. 이 시기부터 자본주의적인 농업 및 상업 세력들이 점차 영국 의회와 법원을 장악하면서 국가 경제를 시장과 상업의 발전을 위한 방향으로 나아가도록 이끌었다.

바람과 물을 이용한 농업의 근대화

유럽에서는 사람과 동물의 힘에 의존하는 농업 방식이나 유기폐기물을 재활용하고 콩과식물을 심는 방식에서 크게 벗어나지 않으면서도 축력을 더 효율적으로 사용하고 경작 행위의 강도 높임으로써 농업 생산 활동이 증가했다. 하지만 점점 더 많은 농부들이 축력뿐만 아니라 수력과 풍력의 운동 에너지를 통합하여 사용 범위를 확장하면서 유럽 그리고 이후에는 아메리카에서 꾸준히 농업을 근대화해나갔다.

농업혁명의 측면에서 볼 때 1500~1700년의 기간은 '새로운 농업new husbandry'이라고 불리는데, 이것은 유럽 저지대 국가들low countries에서 처음 등장하여 차츰 잉글랜드 및 동쪽 지역으로 퍼져나갔다. 하지만 프랑스를 포함한 일부 국가들에서는 1750년까지도 이런 농업이 거의 도입되지 않았다. 이 기간 동안 외양간에서 소를 사육하고, 새로운 작물을 도입하고, 휴경지를 폐지하는 농법이 확대되기 시작했다. 이런 기본적인 변화로 소를 더 많이 사육하게 되어 축산물 공급이 늘고 비료가 더 많이 생산되었다. 덕분에 작물 수확량도 증가했다. 그러자 농부들은 알파파, 클로버, 순무 및 다른 풀들을 포함해 새로운 사료용 작물을 재배하기 시작했다. 그 결과 토질이 향상되었고, 질소 함유량이 증가했으며, 질병과 해충 발생이 억제되었다. 이런 결과들을 정확히 '혁명'이라고 할 수는 없지만, 생산량, 신뢰성 및 표준화에서 상당한 발전이 이루어진 것은 분명하다.

좀 더 진정한 의미의 농업혁명이라고 할 수 있는 변화는 1700년대에 영국에서 시작되었다. 이 시기에 휴경 대신에 윤작을 실시하며 토지의 집약적 사용이 가능하게 되었다. 농부들은 사료로 사용하기 위한 콩과작물을 직접 재배하여 전통적인 곡식 작물에 의해 고갈된 토지의 비옥도를 보충했으며 소에게 더 많은 사료를 먹였다. 이 변화로 동물의 분뇨를 비료로 사용하여 사료용 작물을 재배하던 과정이 사라지고, 더 많은 비료를 사용하면서 토양은 더욱 비옥해졌으며, 그 결과 다시 훨씬 더 많은 사료와 소, 비료가 생산되었다. 다른 발전도 있었지만, 이것이야말로 18세기 후반 영국의 농업에서 잉여 생산물이 생겨나며 산업혁명을 촉발한 바탕이 되었다. 이 과정은 상업 정신이 유입되고 시장 환경이 조성되면서 봉건적 농업이 자본주의적 농업으로 발전함으로써 진행되었다. 또한 수세기에 걸쳐 토지의 재산권은 개인의 절대적인 소유권을 보장하는 방향으로 변화해나갔다.

장원 시기 후에는 인클로저enclosure가 시작되면서 농촌의 마을공동체가 함께 이용하던 공유지에 경계선에 생기며 토지의 공동 사용권은 박탈되고, 땅은 큰 단위들로 나뉘어 산업 도시들의 식량 수요를 충족시키는 데 사용되었다. 농업혁명이 처음 일어난 곳은 탈봉건화가 가장 광범위하게 진행된 잉글랜드였다. 잉글랜드에서 농업에서 제조업으로의 전환이 일어나는 동안, 프랑스에서도 비슷한 농업 발전이 일어났다. 농업 생산이 늘어나자 투자에 쓰일 수 있는 잉여물이 나오게 되었는데, 이는 봉건제도가 무너져가면서 발생한 일이었다. 이 과정은 프랑스령 및 영국령 아메리카 식민지들에서 정착이 시작되기 거의 2세기 전에 일어났다. 이후 프랑스혁명의 거센 여파는 미국혁명으로 이어졌는데, 이 두 번의 혁명 이후에 봉건적 토지 보유권은 공식적으로 폐지되었다. 차이가 있다면 이런 제도의 비공식적 변화가 뉴프랑스New France(1763년까지 있었던 북아메리카의 프랑스 식민지-옮긴이)보다 잉글랜드와 뉴잉글랜드에서 훨씬 더 크게 발생했다는 점이다. 분명 농업의 실제 관행들은 거의 변하지 않았다. 확실히 사람들이 밭에서 보내는 시간은 줄어들었다. 대다수의 신기술들로 돈과 토지를 절약할 수 있게 되었지만, 다른 종류의 노동이 늘어났다. 하지만 중요한 변화가 생긴 원인은 인구의 일부만으로도 식량을 안정적으로 생산할 수 있게 되었기 때문이다. 이 덕분에 다른 일에 노동과 투자를 할 여력이 생겼다.

농사, 특히 밭갈이에 축력을 이용하는 관행이 이 시기 동안에 번성했다. 황소와 소의 움직임과 힘을 조정하는 데 쓰이는 쟁기 및 멍에 등의 도구는 일반적으로 아득한 메소포타미아까지 거슬러 올라가며, 농업 발전의 초기에 거의 모든 지역에서 이런 도구들이 흔히 사용되었다. 가슴에 다는 도구와 목에 다는 도구 모두 중국의 발명품으로 여겨지는데, 중국에서는 소와 말 모두 농사에 쓰였다.[25] 소는 무게가 앞쪽으로 집중되어 있기 때문에, 스밀에 따르면 "몸의 질량이 앞쪽과 뒤쪽에 거의 균등하게 분배되어 있는 동물"인 말이야말로 짐을 운반하는 가장 힘센 동물이었다. 농사에 동물을 사용했는데도, 에너지 사이클은 별반 다르지 않았다. 동물의 사료로 사용하기 위한 곡물을 키워야 할 필요성 또한 커졌기 때문이다. 말이 이동수단뿐만 아니라 노동에서도 더 중요해지면서 더 풍부하게 말을 이용하기 위해 많은 기술적 혁신이 요구되었다. 하지만 중국, 아프리카 및 인도에서 소가 밭일에 가장 흔하게 사용된 주된 까닭은 섬유질만 먹고도 생존할 수 있는 소의 능력 때문이었다.[26] 되새김 동물인 소는 비공식적 방목에서 얻을 수 있는 짚을 먹었는데, 덕분에 소는 스밀의 표현에 따르면 "에너지 면에서 분명 저렴한 물건"이었다.

세계사를 바꾼 기술 말발굽

인류가 말을 여러 가지 목적으로 잘 사용하게 된 것은 말의 부드러운 발굽을 보호하는 수단이 생겼기 때문이었다. 인간은 좁은 U자형의 금속판, 즉 말발굽을 부착시켜서 말의 발굽이 심하게 닳지 않도록 보호했다. 작은 못으로 말의 무딘 발굽에 말발굽을 고정하면서 말은 짐을 더 잘 끌고 더 오래 달릴 수 있었다. 몇 가지 변형도 존재했는데, 그리스인들은 말의 발굽에 가죽 샌들을 신겼고, 로마인들은 못 대신에 클립을 사용했다. 하지만 특히 서부 및 북부 유럽의 차고 습한 기후에서 말발굽은 축력을 이용하는 데 중요한 역할을 했다.[27]

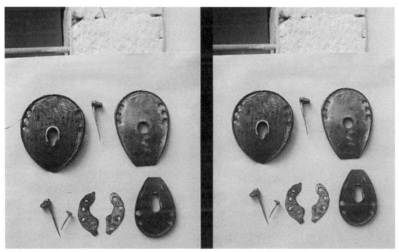

축력은 말발굽과 같은 혁신을 통해 체계화되고 확장될 수 있었다.
ⓒLibrary of Congress Prints and Photographs Division

시장이 형성되다

잉글랜드에서 등장한 농업 경제의 모든 측면을 두루 살펴볼 때 가장 두드러진 발전은 독특한 교환 체계를 통해 이루어졌다. 농산물을 거래할 수 있는 방법들이 생겨나면서 농촌이 타운 및 도시와 연결되었다. 또한 농부들도 더 쉽게 생계를 유지할 수 있게 되었고, 새로운 판매장을 통해 거래하거나 판매할 수 있는 잉여 농산물이 생산되었다. 잉글랜드의 농업이 인클로저 시대로 접어들면서 가축은 이런 교환의 핵심 요인이 되었고, 목축은 더욱 사업적인 활동이 되었다.

1400년대가 되자 양치기들은 수만 마리의 양을 농촌 전역에 있는 시장에 내다 팔았다. 양 시장은 오랜 시간 동안 오직 동물들과 함께 시간을 보낸 사람들에게 동료들과 함께 보낼 수 있는 기회가 되었다. 양 시장은 양치기들에게 즐거운 시간이었고, 자신들의 가축이 거래할 가치가 있다는 판단이 될 때는 뿌듯함을 느낄 수도 있었다. 하지만 결국 에너지 교환은 태양에 의해 자란 방목지의 풀에서 나왔다. 그 풀을 점점 더 효율적이고 특화된 체계를 통해 동물에게 먹인 결과였다.

동물과 농산물 판매는 잉글랜드의 시장들을 조직하는 데 핵심적인 부분이었다. 잉글랜드 워섹스 지역의 시장들에서는 매일 거래되는 동물이나 작물이 정해져 있었다. 가령 장의 넷째 날이 양을 거래하는 날이고, 다른 날들은 소, 말 및 곡물이 거래되는 식이었다. 그런 시장에서 장이 열리는 기간 내내 무려 50만 마리의 동물들이 거래되었다.

1500년대가 되자, 가축 시장 시스템을 통해 넓은 잉글랜드 농촌들이 촘촘하게 연결되었다. 스코틀랜드 가축 상인들은 런던에서 열리는 시장을 포함해 접근 가능한 잉글랜드의 시장들로 향했다. 많은 스코틀랜드인들은 이런 방식이 스코틀랜드 시장을 약화한다고 여겼다. 하지만 1603년에 잉글랜드와 스코틀랜드의 왕권이 합쳐진 이후로 이 관행은 더 이상 따가운 눈총을 받지 않게 되었고, 1600년대에는 아일랜드와 웨일스의 가축 상인들도 잉글랜드 시장을 공유했다.

초기 봉건 시기에 상품들은 극히 제한된 수량만 생산되어 한정된 지역에서만 보급되고 판매되었다. 대부분의 제품들이 즉시 사용되어야 했기에 멀리 보낼 수가 없었다. 하지만 1300년대 후반과 1400년대에 이르러 사적인 생산과 판매가 시작되었고, 영주와 귀족에게 부가 집중되었던 중세 생활에서 개인들이 해방되기 시작했다. 시장market과 정기시fair, 定期市(일종의 축제 겸 장날-옮긴이)가 유럽에서 이와 같은 변화의 초석이 되었다. 초기에 많은 시장에서 물물교환이 이루어졌는데, 이는 화폐 사용의 물꼬를 트는 역할을 했다. 물물교환 방식으로는 상품을 거래하는 데는 한계가 있자, 곧이어 유럽 전역에 점진적으로 화폐가 도입되며 거래 확대를 위한 발판이 마련되었다. 돈과 금의 사용으로 교역의 유연성이 증가하면서 지역 간의 교역이 활발해졌고, 이는 결국 다른 문화권 간의 교역으로 확대되었다.

1300년대와 1400년대 초기 동안, 소작농 가정은 여전히 자기 식량과 의복을 생산할 수 있었지만, 임대료를 지불하거나 농사 도구를 사려면 돈이 필요했다. 게다가 영주와 군주는 돈이 대규모로 필요했다. 새로운 장거리 교역은 외국의 사치품을 비용을 치르고서 얻을 수 있음을 의미했다. 1400년대가 되자 소비자 문화가 발달하며 화폐의 사용이 촉진되었고, 이를 바탕으로 유럽 사회의 교역망도 한층 확대되었다. 금과 화폐를 강조하는 경향은 또한 강력한 군대를 얻기 위해 더 많은 자원을 쟁취하려는 유럽 왕족의 욕구에 불을 지폈다. 강한 군대를 소유한다는 것은 곧 다른 국가들을 정복하는 능력과 부를 증대시키는 능력을 의미했다. 새로운 금의 공급처를 찾고 영토를 확장하기 위해 공해空海를 항해하는 시도가 많아지면서 유럽인들은 육지 교역의 한계에서 해방되었다.

이상의 내용은 1300년부터 1650년까지 대체로 기계와 기술이 매끄럽게 발전하지 못하게 막았던 유럽 사회에서 일어난 전반적인 전환 과정이다. 유럽 사회에서 위대한 지적 변화가 일어나려면 혁신을 기꺼이 추구하는 문화가 생겨나야 했다. 1500년대와 1600년대에 이르러 이런 문화가 형성되자, 전례 없던 기술 팽창의 시기가 뒤따랐다. 일찍이 1200년 즈음 서유럽은 이슬람과 동양이 전해준 많은 기술적 및 문화적 혁신을 흡수했다. 아이디어, 기술 그리고 심지어 실제 발명품들이 교역망을 통해 유럽에 전해졌다. 세계의 위대한 사회들에서 나온 아이디어를 발전시켜 유럽 사회는 뒤이은 3세기 동안 다른 모든 지역보다 더 큰 발전을 이루어냈다.

아이디어와 기술을 발전시켜 수익을 얻을 수 있는 새로운 방법이야말로 봉건제 이후의 시기를 정의하는 하나의 특징이라고 할 수 있다. 이로 인해 길드와 장인이 출현했는데, 이 또한 발명을 촉진했다. 이러한 경제 발전을 배경으로 중세 유럽에서 도시들이 급격히 성장하자 새로운 경제 성장과 교역의 부활이 이루어졌다. 이러한 마을과 도시 대다수는 중세 시기 동안 군사 주둔지의 존재 덕분에 유지될 수 있었다. 군사 주둔지는 아주 크지는 않았고 방어벽에 의해 주변의 시골 지역과 구분되었다. 하지만 중세 시대에 교역망 덕분에 마을들은 유례가 없는 속도로 성장했다.

많은 새로운 정착민들이 마을의 성벽 너머에 집을 지으면서 마을 주민들은 기존의 방어 영역을 확장시키거나 이전과 다른 방식으로 외부 세계와 접촉할 수 있었다. 나머지 세계로부터 분리시키는 벽 대신에, 경제적 기회와 새로운 사상이 사람들을 이어주기 시작했다. 마을의 크기가 커졌을 뿐만 아니라 완전히 새로운 생활방식이 마을 속에서 자리 잡았다. 거주민들 다수는 도시를 이용해서 교역을 수행하는 상인들이었는데, 교역 범위가 국제적일 때도 종종 있었다. 교역의 확대는 기술을 새로 도입한 이들에게 새로운 경제적 가능성을 열어주었다.

가령 1500년대의 유럽인들은 중앙아메리카의 마야인들의 사상을 접했는데, 이들은 수학과 천문학에 뛰어났다. 마야인들은 메소아메리키에서 가장 복잡한 글쓰기 체계를 발전시켰는데, 이 체계에서는 상형문자(시각적 형태를 통해 의미가 전달되는 문자)가 사용되었다. 남아메리카의 잉카인들은 정밀한 수학 표기법을 만들었으며, 뛰어난 천문학과 건축 기술을 가지고 있었고, 뇌 수술을 실시하는 등 정교한 의학을 발전시켰다. 잉카인들은 또한 야금술에도 뛰어나서, 멕시코의 쿠스코에 있는 태양과 달의 사원Temples of the Sun and Moon을 금과 은으로 둘러놓았다. 탐험, 교역 및 식민화를 통해 유럽인들은 다른 문화권의 지식을 입수했다. 이런 지식은 자본과 투자를 통해 수익을 내기 시작하던 산업화 경제 시스템의 발전을 위해 사용되었다.

동력을 이용한 산업이 싹트다

야금술, 특히 용광로와 풀무를 기반으로 한 야금술은 11세기 중국 송나라까지 거슬러 올라가는 원산업이다. 이러한 산업 현장은 여러 상이한 원동력들을 복잡하게 결합시켜 생산품을 만들어내는 최초의 사례 중 하나였다. 산비탈에 세워진 초기 중국의 용광로는 처음에는 숯을 땠다가 최종적으로는 석탄과 코크스coke를 이용했다. 이 일에는 또한 다양한 측면에서 수력이 이용되었다.[28] 이 기술이 유럽에 전해지면서, 1300년에서 1650년 사이에 제조업의 양상이 바뀌었다. 그 결과 상품과 서비스의 이용 가능성 뿐만 아니라 유럽 사회의 경제 구조도 크게 변했다. 르네상스와 종교개혁 시기의 전쟁은 상인과 제조업자에게는 군대에 물자를 공급할 큰 호기였다. 이런 새로운 산업들과 교통 체계들 중 다수는 이후에 평화시에도 사용되었다. 하지만 최근의 기준으로 보자면, 1300년대에서 1500년대까지 생겨난 제조업은 규모가 매우 제한적이었다. 1500년에서 1750년 사이에도 제조업의 변화가 계속되었지만, 1750년 이후에야 비로서 새로운 형태의 발전이 이루어졌다. 역사가들은 이 시기의 대다수 산업 활동을 기술하기 위해 '원산업proto-industry'이라는 용어를 사용한다. 왜냐하면 이 산업은 대체로 개별적인 실험의 형태로 발생했기 때문이다. 하지만 각 사업의 공통적인 출발점은 에너지였다.

원산업 시기에는 어떤 일에서든 인간 자체가 기본적인 수준의 원동력이었다. 그 이상의 수준에서 모든 사업의 밑바탕은 목표한 과제를 실행하는 방법뿐만 아니라 충분히 신뢰할 만하고 그 목적에 맞는 동력원을 확보하는 것이었다. 실제로 발전했던 제조업은 대부분 유럽 상인들이 다른 지역, 특히 아시아에서 들여온 기술에 바탕을 두었다. 가령, 유럽인들은 중국 도자기의 모방품을 만드는 기술을 터득했다. 또한 비단과 직물을 제조하는 방법도 수입했다. 이런 기술을 터득하면서 유럽의 업계 지도자들은 특화된 공예품을 대규모 시스템과 결합시켰는데, 이 시스템에서는 소량의 제품 제작도 겸했다.

사업이 성공할 때마다 교훈을 얻었고, 이 교훈은 널리 공유되었다. 이런 문화적 교류 덕분에 제조업의 기반이 마련되었고 에너지 자원의 사용 방식도 발전했다. 이로 인해 유럽의 사회경제적 패턴이 대규모로 변화했으며, 이런 변화가 정점에 달하자 완전히 새로운 사회 구조가 형성되었다.

가장 단순한 수준에서 볼 때, 기술은 혁신적인 실천과 발상을 의미한다. 인류사의 다른 어떤 시기보다도 르네상스 시기의 혁신 기술은 이후에 "기계"라고 알려지게 되는 장치를 통해 물질적인 형태를 띠게 되었다. 거의 모든 장치에서 힘의 원천, 즉 원동력이 필요했다. 초기의 기술들은 최초의 원동력인 근육의 힘에 의존했다. 권양기, 캡스턴, 트레드휠 및 톱니바퀴는 들어올리기, 갈기, 압착하기 및 두드리기에 대단히 중요했다. 트레드밀이라고도 불리는 트레드휠은 인간의 가장 큰 근육인 등과 다리의 근육을 이용했다. 보통 트레드휠 등의 동력 발생 장치는 톱니바퀴에 힘을 전달하여, 물 길어 올리기를 포함한 다양한 일에 사용되었다. 사람이 바퀴 속에 들어가는 수직형 및 수평형 트레드휠은 동물을 이용할 수 있도록 개조되었고, 보통 사람보다 큰 힘을 낼 수 있는 말을 이용했다. 17세기에는 힘센 동물들이 곡식 빻기와 기름 압착에 이용되었다. 이후에 말은 광산에서 석탄과 광석 캐내기, 물 펌프질 등 회전력이 필요한 다양한 산업에 이용되었다. 하지만 1700년이 되자 대다수 트레드휠은 바람이나 물과 같이 더 쉽게 다룰 수 있는 동력원으로 바뀌었다.

풍력, 다양한 형태로 바람을 이용하다

수차watermill와 돛의 개념을 결합시켜 만든 풍차windmill는 일반적으로 중앙아시아의 무슬림들에게서 처음 나왔다(watermill과 windmill은 각각 '수차'와 '풍차'로 번역할 수 있다. 하지만 mill은 방아, 방앗간, 제분기, 제분소, 수차나 풍차 등을 이용한 제조기 또는 제조공장 등 여러 가지 뜻으로 쓰이기 때문에 정확히 옮길 일반적인 번역어를 찾기 어렵다. 따라서 문맥상 수차와 풍차로 명백히 옮길 수 있는 경우를 제외하고는, mill은 원어 발음대로 '밀'로 번역했다─옮긴이). 유럽에서 최초의 풍차는 1200년 전에 나왔다고 기록되어 있다.

1086년에 발간된 《둠스데이 북Domesday Book》에는 잉글랜드 남부와 동부에 5,642개의 밀이 있었다고 전했다. 대략 사람 350명당 한 대 꼴로 밀이 있었다고 추산할 수 있다. 초기의 풍차는 대부분 유럽의 가변적인 바람에 따라 움직이는 회전형 풍차 날개를 장착했다. 이러한 '포스트 밀post mill'은 센 바람과 폭풍이 불 때는 안정적으로 작동하지 못했고, 작은 크기 때문에 성능에 한계가 있었다.

일반적인 설계 면에서 풍차의 기본 구조는 수차의 구조에서 가져왔다. 수평 차축과 기어, 그리고 동력 전달 장치가 수차의 것과 동일했다. 하지만 이는 아시아에 있는 대다수 밀과 달랐는데, 아시아에서는 기어나 수평 차축을 사용하지 않았다. 대략 1500년 즈음 유럽의 풍차들은 대부분 타워 밀tower mill 내지 스모크 밀smock mill이었는데, 둘 다 꼭대기 부분만이 바람을 맞고 회전했다. 스모크 밀은 보통 나무로 지어졌고, 타워 밀은 돌로 지어졌다. 1745년 영국의 풍차 운용자들은 '팬테일fantail'이라는 회전 장치를 도입했는데, 이것은 감는 기어winding gear에 힘을 전해주어서 풍차 날개가 자동으로 바람이 부는 쪽으로 방향을 바꾸도록 해주었다.

네덜란드 풍차는 풍력 사용의 선구자였는데도, 19세기까지 팬테일을 추가하지 않았다. 네덜란드 풍차는 날개에 기울어진 모서리를 추가했는데, 이와 달리 다른 풍차들은 평평한 모서리를 사용했다. 네덜란드 풍차 날개는 양력을 더 많이 받았고 항력은 더 적게 받았다. 바람이 심한 날에 날개의 속력을 제한하는 데 쓰인 주조 금속 기어장치와 조속기調速機(원동기의 회전 속력을 조종하는 장치-옮긴이)가 네덜란드 풍차에 장착되어 날개가 너무 빠르게 회전하지 못하게 막아주었다. 중세 시대 초기에는 포스트 밀과 수차의 동력 발생 능력은 엇비슷했지만, 18세기 말에 이르면 대다수 수차는 최상의 풍차보다 네다섯 배나 성능이 뛰어났다.

수력, 축력을 대신하다

수직 바퀴는 세게 흐르는 물의 운동력을 포획하기 위해 처음 이용되었다. 대부분의 경우 그 힘을 맷돌에 전달하여 밀과 기타 곡식을 빻아서 밀가루 등의 식재료로 만들었다. 이런 기계는 제한된 장소에서만 사용될 수 있었다. 하지만 1400년 즈음 일어난 발전 덕분에, 여러 장소와 갖가지 유형의 물 흐름에 맞게 조정할 수 있는 수차가 나왔다(가령, 인공적인 수로를 이용하여 강에서 멀리 있는 밀에도 물을 댈 수 있었다).

수차 사용은 차츰 곡식을 빻는 용도를 벗어나서 기름 압착, 톱질, 목선반 작업, 종이 만들기, 무두질, 광석 분쇄, 제철 작업, 철사 당기기, 스탬핑stamping(프레스 가공), 절단, 금속 연삭, 연마 및 대장장이 일 등 다수의 수작업을 대체했다. 각각의 경우 작업은 보통 소규모로 실시되었고, 수력이 인력과 축력 대신에 사용되었다. 수력이 연속적이고 안정적으로 동력을 제공했기 때문이다. 수차는 또한 다른 생산적인 가능성을 보여주었고, 이 때문에 유럽에서 초기 산업화의 주류가 되었다.

조력, 중세의 발명품

조력 밀tidal mill은 중세의 발명품으로, 잉글랜드 및 프랑스에서 12세기에 처음 언급되었다. 이 밀은 바다 근처의 저지대에 세워졌다. 게다가 여닫이문이 달린 댐을 얕은 수로를 따라 세워서, 조수가 밀려들 때 문이 바다에서 먼 안쪽으로 열려서 바닷물이 댐 뒤쪽 구역을 채웠다. 조수의 방향이 바뀌면 문이 닫혔고, 물은 조력 밀의 도랑을 따라 바다 쪽으로 흘러 나갔다.

조력 밀의 명백한 단점은 조수의 시간이 매일 바뀐다는 것이다. 그래서 조수 시간에 따라 정해진 시간에 일할 수밖에 없었다. 이 밀은 곡식을 빻는 데에만 이용되었던 듯하다. 그렇기에 수차와 풍차에 비해서 수가 별로 많지 않았다.

유럽에서 시작된 산업화의 물결

드문드문 존재한 원형적(또한 국한된) 형태의 초기 기술에서 벗어나 몇몇 산업 기술들은 점차 체계화되고 그 규모도 확장되었다. 덕분에 그런 기술들은 단지 농업 지역을 보완해주기 위해서만이 아니라 전체 산업 생태계를 뒷받침할 수 있게 되었다. 이런 발전은 에너지 사용을 통해 전면적인 산업화가 꽃피는 "도약"을 향해 가는 중요한 발판이 되었다.

수력을 이용한 공장

이 시기에 사용된 원동력 중에서 초기 산업 시기의 제조업에 가장 널리 사용된 것은 수차였다. 강의 동력을 포획하기 위한 으뜸가는 장치는 브레스트휠breast wheel이라는 큰 바퀴였다. 브레스트휠은 물과 중력이 작용하여 바퀴를 회전시켰는데, 바퀴에 딱 맞게 부착된 측면 부위를 통해 물이 바퀴로 유입되었다. 대체로 이 수차는 물이 중심 굴대의 아래로 들어오게 설계되었다. 이런 수차를 가리켜 언더샷 수차undershot wheel라고 한다. 나중에는 물이 굴대의 위로 유입되는 오버샷 수차overshot wheel도 이용되었다.

언더샷 수차는 물 흐름 가운데에 직접 놓일 수도 있었는데, 그러면 설치하기는 더 간단했지만 홍수에 더 약했다. 오버샷 수차는 물 공급의 조절이 필요했기에 연못 및 도관을 추가로 만들어야 했다.

어떤 유형의 수차를 이용하든지 물의 동력은 기어를 통해서 밀에 전달되었다. 18세기 동안 수차 바퀴, 기어 및 굴대는 대부분 목재로 만들어졌다. 이후 내구성이 더 강한 철이 목재를 대체해 제조업 장치를 만드는 최고의 재료가 되었다.

1600년대 내내 수차는 대략 4킬로와트를 생산하는 제한적인 원동력이었다. 제조 공장의 능력을 증대할 유일한 방법은 수차를 추가하는 것뿐이었다. 가령, 1600년대 후반에 가장 유명한 산업단지 중 한 곳은 마를리Marly에 있는 센 강에 일렬로 늘어선 열네 개의 수차였다. 루이 14세의 베르사유 궁전의 분수에 댈 물을 끌어올리기 위해 세워진 수차들이었는데, 각각의 수차가 낼 수 있는 힘은 고작 4~7킬로와트였다.

목재와 석탄을 땔감으로 사용하다

이러한 산업화 초기 시절에 서유럽의 숲은 크게 감소했다. 선박 제조와 야금술에 쓰이는 원료로 목재가 사용되었기 때문이다. 그러자 외국의 목재를 가져와서 선박 제조가 계속되었다. 하지만 영국의 철기 제조업자들은 산업 잠재력의 규모와 범위를 크게 확대시킬 수 있는 새로운 에너지원을 발견했다. 영국에서 석탄, 더 구체적으로는 코크스가 사용되면서 제조업의 혁신이 일어난 것이다.

서유럽은 통상적으로 석탄 공급량이 풍부하긴 했지만, 그건 광석을 녹여 금속을 제련하는 데는 쓸모가 없었다. 인과 같은 화학적 불순물 때문에 석탄으로는 쇠를 강하게 만들 수가 없었다. 그런 까닭에 금속 제련에 쓸 땔감은 나무에서 만든 숯을 사용해야 했다.

목재 부족 때문에 서유럽은 그 수십 년 동안 다른 지역보다 제련이 뒤처졌다. 하지만 대략 1709년쯤 에이브러햄 다비Abraham Darby가 석탄을 부분적으로 태워서 정제精製할 수 있다는 사실을 발견했다. 그 결과 만들어진 코크스는 철을 만들기 위한 제련용 땔감으로 사용될 수 있었다. 다비는 1750년에 이 지식을 누구나 이용하도록 공개했다.

제철 기술의 발전

다른 어떤 제품보다 제조업의 변화를 극명하게 보여주는 제품은 바로 철이다. 철은 고대로부터 세계 여러 지역에서 알려져 있었지만, 특히 아시아에서 많이 알려져 있었다. 철 생산이 매우 중요해진 시점에서도, 순수한 철을 만드는 것은 중세 후반까지 여전히 어려운 일이었다. 하나의 독립적인 사업체로서 운영된 제철소는 다양한 소규모 원동기들을 결합하여 인류 역사에서 가장 초창기의 산업 형태를 갖게 되었다.

12~13세기의 여러 영국 수도원에서 쓰인 풀무에 동력을 제공하던 수차는 이후 유럽 여러 지역으로 퍼졌다. 수차는 또한 다공성의 괴철塊鐵을 두드려 연철鍊鐵을 만드는 트립 해머trip-hammer에도 동력을 제공했다. 1350년에는 용광로가 발명되었고, 1400년대에 유럽 전역에 퍼졌다. 보통의 경우 용광로는 땔감으로 나무나 숯이 사용되었다. 용광로에서 생긴 뜨거운 열기 덕분에 매우 굳고 강하면서도 잘 부서지는 형태의 철인 주철(무쇠)이 만들어졌다. 하지만 이제 쇠를 녹이는 데 필요한 고온을 실제로 얻을 수 있게 되면서, 주철을 수백 킬로그램에 달하는 강철로 한 번에 변환시킬 수 있었다.

1500년 즈음 유럽은 매년 6만 톤 이상의 철을 생산하고 있었다. 이 생산량 전부는 용광로의 땔감을 석탄이나 코크스로 바꾼 이후의 철 생산 능력과 비교하면 빛이 바랜다. 하지만 그 생산량은 중요한 출발점 그리고 원산업에서 더 큰 규모와 범위의 산업으로 전환이 이루어졌음을 잘 보여준다.

풍력을 이용해 세계로 나아가다

유럽의 중세는 그 특성상 지역 시장 너머로 상업을 발전시키기를 꺼렸다. 하지만 차츰 유럽 국가들은 외부 세계로 뻗어나가서 다른 국가들을 개종시키고 자신들의 종교와 신앙을 확산시기면서, 다른 사회들과 새롭게 접촉했다. 이 접촉으로 결국 아랍 문화 및 다른 문화와의 교역망이 형성되었다. 1200년경부터 시작된 다양한 문화권과의 교역은 또한 새로운 유럽식 경제 사상에도 영향을 주었는데, 이 사상은 마침내 자본주의와 중상주의라는 개념으로 이어졌다.

새로운 경제적 관점은 새로운 세계관을 요구했다. 유럽인들은 번성했던 다른 지역들의 풍요로움을 전례 없던 방식으로 바라보았다. 르네상스와 종교개혁 시기 동안 과학자들이 호기심을 가지고 과학에서 중요하게 다루어지지 않던 문제들을 연구하기 시작했듯이, 탐험가와 무역상들도 호기심으로 무장한 채 전 세계로 나아갔다.

유럽의 최초의 돌파구는 인도양과 대서양 주위의 꽤 한정된 지역에서 형성되었던 남쪽 교역망에 접근한 일이었다. 1200년대 동안 유럽인 탐험가이자 작가인 마르코 폴로가 그 지역을 여행하고서 아랍 세계와 이슬람 세계를 협동적인 교역 체계로 이어주던 실크로드에 대해 글을 썼다. 이 초기 교역망을 따라 부유한 문명이 형성되는 모습을 설명한 그의 글을 읽고서, 유럽인들은 교역과 경제적 발전에 대한 관심을 갖게 되었다.

이른바 '남쪽의' 교역 세계와 유럽의 첫 만남은 이탈리아 도시들에서 시작되었다. 이 도시들에서는 획득한 부를 통해 최초의 은행을 세웠다. 또한 동양에서 얻을 수 있는 (비단과 같은) 원료를 이용하기 위한 소규모 산업을 일으키기도 했다. 마찬가지로 포르투갈 무역상들도 나서서 유럽은 아프리카, 인도 및 아시아의 다른 지역들로 몰려갔다. 1400년대부터 새로운 기술들, 특히 이동식 대포와 항해 기술 그리고 선박 제조술 덕분에 유럽 세력은 먼 땅의 생산물에 대한 경제적 독점권을 획득했다. 이런 성공에 힘입어, 교역 확대와 직접적으로 관련된 해양 탐험의 시대가 열렸다.

교역을 위해 여러 지역들이 처음으로 연결되면서, 생물자원들이 혼합되어 문제가 발생하기도 했다. 14세기 초반에 인구가 늘어나면서, 토지는 최상의 조건 하에서만 사람들을 먹여 살릴 정도의 식량 자원을 제공할 뿐이었다. 흉작이거나 심지어 수확이 조금만 부족해도 이를 견뎌낼 여력이 없었다. 동시에 서유럽 기후는 약간의 변화를 겪고 있던 터여서 여름에 기온이 낮고 습해졌으며 가을 폭풍도 일찍 찾아왔다. 더 이상 농사에 최적인 상태가 아니었다.

이런 위태로운 상황에서 새로운 교역 방식은 질병을 일으키는 박테리아, 즉 흑사병을 가져왔다. 로버트 막스Robert Marks가 보기에, 1300년대에 인간의 다양한 요인들 때문에 "흑사병은 순전히 '자연적' 현상이 아니었다".[29] 그 시기의 교역 물품 창고를 따라 이동하던 쥐에 기생하던 감염된 벼룩들이 이른바 흑사병 확산의 주범이었다. 역사가들에 의하면 흑사병으로 전 세계 인구는 4억 8,000만 명에서 대략 3억 5,000만 명까지 감소했다.

1400년의 세계는 다양화하기 시작했다. 하지만 지구에 사는 3억 8,000만 명의 사람들 중 다수는 여전히 시골에 살았다. 1400년에 (인구가 많은 순으로 50만 명에서 8만까지) 세계에서 가장 큰 25개의 도시들은 전 세계 인구의 대략 1퍼센트만을 차지했다. 이런 인구 중심지들 중 아홉 곳이 중국에 있었으며, 세계 최대의 도시는 난징南京이었다. 순위로 볼 때, 그다음으로 가장 큰 도시들로는 비자야나가르(14세기에서 17세기 사이 남인도에서 번성한 힌두왕조 비자야나가르 왕국의 수도-옮긴이)와 카이로였고, 그다음 네 번째에야 유럽 도시인 파리가 등장한다.[30] 세계의 부가 아시아에 집중되어 있었지만, 명백한 변화가 진행되고 있었다.

도시 지역의 성장과 더불어 은행업에 그리고 제조업을 뒷받침하는 기술에 변화가 일어났다. 큰 사업가들의 계층이 생겨나면서 도시의 노동자 계층, 즉 프롤레타리아도 생겨났다. 이 새로운 도시 사회에서는 새로운 유형의 법률 제도와 재산권이 마련되어야 했다. 우선 교역 분쟁에서 생긴 사건을 해결하기 위해 상사법商事法이 발전했다. 재산 소유는 이전부터 족쇄로 작용했던 복잡하게 얽힌 관계와 의무로부터 자유로워졌기에, 도시 주민이 재산을 공식적으로 소유하는 게 가능해졌다.

도시 생활의 가장 두드러진 특징 중 하나는 봉건적 농촌에서는 찾을 수 없던 새로운 자유였다. 소도시가 성장하여 번성했고, 교역, 은행업 및 제조업이 새로운 규모로 확립되었으며, 더 많은 사람들이 자유인으로서의 법적 지위를 얻었다. 이런 변화를 수용하기 위해, 이전에는 거주가 불가능했던 숲이나 늪이었던 광대한 토지에 벌채와 배수가 이루어지고 경작 가능한 땅으로 바뀌었다. 새로운 질서와 긴급성이 생산과 산업의 풍경 속으로 들어왔다.

많은 부분을 차지한 늪지를 관리하기 위해 댐과 운하 건설이 특기였던 특별한 도시 암스테르담에서 유럽 저지대국가의 사람들은 봉건 체제의 제약이 없는 생활 방식을 자랑했다. 그들은 재산을 사고팔며 상호 동업자 관계를 맺는 개인들로 살아갔다. 바로 이런 정신에 힘입어 암스테르담 사람들은 1599년에 자신들이 건설한 댐이나 도랑 위에서 만나서 세계 최초의 다국적 회사를 설립했다. 바로 네덜란드 동인도회사Vereenigde Oostindische Compagnie, VOC였다. 곧 이 회사는 전 세계 항구들의 배에 등장하게 될 자사의 로고로 널리 유명해졌다.[31] 담락Damrak이라는 운하 거리를 따라서, 1602년에 사업 지도자들이 공동체 구성원들에게 동인도회사의 주식을 사도록 권유했다. 나중에 인류 역사상 가장 값진 것 중 하나가 된 이 주식은 거래가 가능했다. 러셀 쇼토는 다음과 같이 적고 있다.

> 네덜란드 동인도회사는 이 회사가 통달했던 바다와 마찬가지로, 이해하기 어려운 구석이 있었다. 옹호하는 관점에서 말하자면, 역사상 어느 회사도 그런 영향을 세계에 끼친 적이 없었다. … 일일이 열거할 수 없는 다양한 방법으로 동인도회사는 세계를 확장했으며 지구의 광대한 지역을 한데 결합시켰다. … 세계화를 선도했으며 최초의 근대적 관료주의라고 할 만한 것을 발명해냈다. 지도 제작법과 선박 제조술도 발전시켰다. 반면 이전에는 결코 상상한 적 없는 규모로 질병을 확산시키고 노예제와 착취를 강화했다. 또한 의도했든 의도하지 않았든 전 세계의 생태계를 뒤섞어버렸다. … 동인도회사의 천재성은 이 고도로 발전된 네트워크 속으로 자신을 엮어넣는 데 있었다. 한 세기 후 황금시대의 끝 무렵에 네덜란드인들은 향신료를 유럽뿐만 아니라 중국, 인도 및 심지어 향신료 제도Spice Islands(향신료 산지로 유명한 인도네시아의 말루쿠 제도를 가리킨다-옮긴이) 사람들에게까지 향신료를 팔고 있었다.[32]

요약하자면, 암스테르담 사람들은 다음 혁명이 국가들 및 지역들 사이의 연결에서 나올 것임을 알아차렸다. 아직 생산 능력이 생물학적 구체제로부터 완전히 벗어나는 극적인 변화가 이루어진 것은 아니지만, 풍력으로 인해 가능해진 새로운 세계관과 연결망이 1600년 이후 세계를 극적으로 변화시켰다.

생물학적 구체제

인간이 생물학적 구체제로부터 벗어나오면서도, 에너지 사용은 이전의 교환 패턴을 답습했다. 그렇기는 해도 새로운 방법과 선택사안들을 제한적으로나마 이용하여 에너지 교환 능력을 향상시켰다.

에너지원별 에너지 용량

순위		예	에너지 밀도(MJ/kg)
식량	매우 낮음	채소, 과일	0.8~2.5
	낮음	덩이줄기, 우유	2.5~5.0
	중간	육류	5.0~12.0
	높음	곡물 및 콩류	12.0~15.0
	매우 높음	기름, 동물 지방	25.0~35.0
연료	매우 낮음	토탄, 생나무, 풀	5.0~10.0
	낮음	작물 찌꺼기, 공기 건조 목재	12.0~15.0
	중간	건조 목재	17.0~21.0
	높음	역청탄瀝靑炭	18.0~25.0
	매우 높음	숯, 무연탄	28.0~32.0
		원유	40.0~44.0

SOURCE: Vaclav Smil, Energy and Civilization: A History (Cambridge: MIT Press, 2017), p. 12.

각 동물 동력원의 에너지 용량 추산치

동물	흔한 크기	대형 크기	보통의 항력(kg)	평상시 속력(m/s)	힘(W)
말	350~700	800~1000	50~80	0.7~1.1	500~600
노새	350~500	500~600	50~60	0.9~1.1	500~600
황소	350~700	800~950	40~70	0.6~0.7	250~550
암소	200~400	500~600	20~40	0.6~0.8	100~300
물소	300~400	600~700	30~60	0.8~0.9	250~550
당나귀	200~300	300~350	15~30	0.~0.7	100~200

SOURCE: Vaclav Smil, Energy and Civilization: A History (Cambridge: MIT Press, 2017), p. 12.

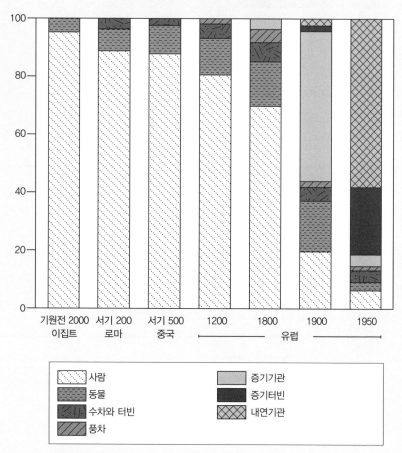

원동력 용량의 근사적 점유율 (%)

범례:
- 사람
- 동물
- 수차와 터빈
- 풍차
- 증기기관
- 증기터빈
- 내연기관

가로축: 기원전 2000 이집트, 서기 200 로마, 서기 500 중국, 1200, 1800, 1900, 1950 유럽

Approximate Shares of Prime Mover Capacities. Vaclav Smil, Energy and Civilization: A History (Cambridge: MIT Press, 2017).

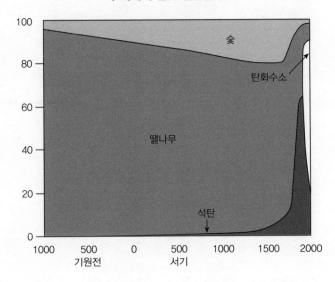

구세계의 연료 점유율 (%)

숲

탄화수소

땔나무

석탄

1000 500 0 500 1000 1500 2000
기원전 서기

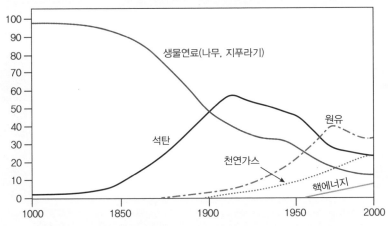

1차 에너지 공급량 점유율 (%)

생물연료(나무, 지푸라기)

원유

석탄

천연가스

핵에너지

1000 1850 1900 1950 2000

위: Old World's Fuel Shares. 아래: Share of Primary Energy Supplies. Vaclav Smil, Energy and Civilization: A History (Cambridge: MIT Press, 2017).

PART II

에너지 전환이
가져온
동서양의 만남

인간이 화석연료를 태우는 법을 배운 특별한 유레카의 순간은 없었다. 대신 일과 노동을 동물과 사람과 같은 실제 몸이 아니라 에너지 저장고에서 뽑아내려는 생각이 꾸준히 커지면서, 그에 따라 기술 혁신도 꾸준히 이어졌다. 산업혁명이라고 불리는 이 과정에서 일어난 가장 큰 변화는 1800년대 초기 용광로와 같은 기술과 장치에 의해 인간의 성취가 인간과 동물 에너지의 한계에서 벗어났다는 것이다.

위의 그림에서 노동자는 잉글랜드 웨스트미들랜즈(잉글랜드 중서부에 위치한 주-옮긴이)의 팁턴(웨스트미들랜즈에 속한 도시)에서 용광로에 역청탄을 "채우고 있다." 이웃한 블랙컨트리에서는 초기 철강 제조업체들이 원료인 철광석과 석회를 가져와서 경첩, 나사, 송곳날, 연장 및 못을 만들었다. 특히 팁턴 사람들은 세계에서 가장 유명한 못을 만들었고, 이 못은 수많은 건설 현장에서 사용되었다.[1]

Chapter 2

풍력 에너지와
대항해시대

범선과 함께 시작된 교역의 시대

해양 사회의 심장부에는 범선이 있었다. 범선은 1800년대 초기의 경이로운 기술이 낳은 위대한 결과물이었다. 하지만 에너지 기술 면에서 볼 때, 범선 항해에는 든든한 기반시설인 도구와 노하우가 필요했다. 상업용 선박의 경우 그런 기반시설은 항구와 조선소에 집중되었다. 통상적으로 조선소는 숙련된 조선공이 소유하고 운영했다. 미국의 경우, 이 사업가는 장차 고객이 될 사람(대체로 배를 잠재적인 수익 창출 수단으로 여긴 투자자)을 만나서 어떤 유형의 선박이 필요한지를 정했다. 구체적으로 연안과 서인도 교역을 위해 슬루프sloop로 할지 돛대가 두 개 이상인 스쿠너schooner로 할지(슬루프는 돛대가 하나인 범선이고 스쿠너는 돛대가 두 개 이상인 범선-옮긴이), 아니면 대서양 횡단을 위해 브리그brig, 브리간틴brignatine 또는 전장범선full-rigged ship으로 할지 정했다(브리그와 브리간틴은 쌍돛대범선의 유형이며, 전장범선은 세 개 이상의 돛대를 가지고 있으며 모든 돛이 가로돛인 범선이다-옮긴이). 그다음에 선박 제작자와 고객은 범선의 크기와 톤당 가격을 결정했다.

조선소에는 범선의 각 부분에 쓰일 적절한 목재가 쌓여 있었다. 화이트오크가 용골龍骨, 선수재船首材, 선미재船尾材 및 늑골肋骨에 가장 많이 쓰였다. 아메리카낙엽송은 배의 각 수평선을 지탱하는 곡재曲材, knee에 사용되었으며, 참나무나 소나무는 널빤지와 갑판 재료로 쓰였다. 목재를 선박 부품으로 바꾸는 데에는 특별한 조선 기술이 필요했다. 1300년대 이후 전 세계에서 완성된 기술들을 바탕으로 소목장이와 누수방지공 및 대장장이 등의 장인들이 선박을 건조했다. 마지막으로 선체를 보호하기 위해 선체에 역청歷青과 석회 혼합물을 발랐다. 선체가 움직이기 위해서는 동력원인 바람을 부릴 수 있어야 했다. 동력원과 연결하기 위해 각각의 장인들이 삭구索具와 돛을 선체에 달았다. 그러고 나면 조선공이 선박을 소유자에게 인도했다.

범선은 돛의 구성에 따라 그 유형과 용도 그리고 심지어 얼마나 멀리 항해할 수 있는지 결정되었다. 연안과 연안 사이를 항해하는 범선은 아메리카의 한 항구에서 다른 항구까지 엄청나게 많은 물자를 운반했다. 보통 슬루프와 스쿠너가 포함된 이 배들은 여러 개의 돛을 펄럭였지만 중심에 있는 삼각형 꼴의 돛 하나에 중점을 두었다. 이 삼각형 돛은 아시아의 범선 양식으로, 바뀌는 바람의 방향에 따라 더욱 유연하게 작동했다. 하지만 광대한 대양을 항해하기 위해서는 돛이 셋 이상인 바크barque와 같은 대형 범선이 필요했다. 현대의 견인 트레일러에 해당하는 이 배들에는 가로돛 시스템이 장착되었다.

1800년대를 거치며 선박의 크기는 지속적으로 커졌다. 1850년이 되자 조선업자들은 돛이 셋 달린 클리퍼가 비용 대비 효과 면에서 우수함을 증명했다. 클리퍼는 다른 어떤 선박보다 많은 돛을 달고 있었고, 따라서 배를 움직이기 위해서는 당연히 더 많은 선원이 필요했다. 대항해시대는 1850년 이후에 정점에 달했는데, 그 성공 이유는 풍력과 함께 시작된 교역과 군사 작전 시스템 때문이었고, 다른 어떤 선박보다 클리퍼가 큰 역할을 했다.

리버풀 상인이 주문한 제품의 내용을 보면, 그 목적이 명확했다. 조지프 매너스티Joesph Manesty라는 이 상인은 배 두 척을 원한 이유를 "아프리카와의 교역 때문"이라고 밝혔다. 1745년 8월 2일 그는 로드아일랜드 주의 뉴포트에 있는 존 배니스터John Bannister에게 이런 편지를 보냈다. "어떤 교역도 아프리카를 대상으로 한 것만큼 큰 열정과 대단한 이유(높은 수익!)로 추진된 것은 없습니다." 하지만 그는 이렇게 글을 이었다. "배가 너무 귀해서 아무리 높은 비용을 치러도 얻을 수가 없습니다."[1]

대서양에서의 교역 시스템은 노예선과 함께 끔찍한 정점을 찍었다. 에너지 교환의 측면에서 보면 노예선은 현대 유조선의 전신이라고 할 수 있다. 과거에도 전 세계에 노예가 존재했지만, 1700년대에는 노예선에 의해 끌려 간 노예들이 플랜테이션 농업에 동력을 제공했기 때문이다. 덕분에 당시 중상주의 정책이 기후와 시장의 한계를 극복할 수 있었다.

교육자들이 '서구 문명'에 대한 과목을 가르치기 시작한 이후로 크리스토퍼 콜롬버스의 탐험을 세계 역사의 기념비적 사건으로 바라보는 것이 사실이다. 하지만 몇 세기 동안 줄곧 콜롬버스의 활동을 긍정적으로만 바라보는 편견을 극복하는 것은 아주 작은 첫걸음을 떼는 것에 불과하다. 이제야 우리는 (콜롬버스로 상징되는) 유럽의 생물학적 및 경제적 팽창을 전 세계에 걸쳐 토착민의 역사에 부당하게 영향을 미친 정복 활동으로 여기게 되었다. 하지만 여전히 콜롬버스를 인류에게 일어난 거대한 변화의 사소한 요인이라고 정확하게 평가할 수 있을 만큼 전체적인 시스템 수준에서 완벽하게 분석하지는 못하고 있다.

시스템 수준의 거시적 분석에서, 이 에너지 시기를 가장 잘 상징하는 것은 콜롬버스와 같은 대담한 탐험가 개인이 아니라 노예선이다. 도덕이나 윤리는 찾아볼 수 없던 범선의 선체 안에서 원시적인 기술로부터 발전해온 에너지 시스템이 출현했다. 바로 풍력과 인간의 노동력을 이용해서 에너지를 만들어낸 것이다. 각 범선은 원하는 대로 사용할 수 있는 휴대용 에너지원의 역할을 했다. 이후에 원하는 대로 에너지를 사용한다는 논리와 이를 위한 조직이 국가 발전 전략에 에너지를 사용할 방법을 개발하는 데 핵심 요소가 되었다.

1400년 즈음 농업 덕분에 전 세계 사람들은 생존을 위한 다양한 활동에 태양 에너지를 이용하게 되었다. 농업에 태양 에너지를 이용하면서 발달한 이 특별한 문명 지역들 사이에서 천천히 아이디어와 농작물의 교류가 진행되었다. 이처럼 여러 지역들을 한데 이어준 것은 인간이나 동물의 힘이 아닌 태양 에너지의 확대였다. 이에 대해 크로스비는 이렇게 적고 있다.

> 태양은 어디에서 비치든 공기 덩어리들을 각각 다른 온도로 가열한다. 태양 에너지로 인해 팽창한 공기 덩어리들은 지구 자전에 따라 이리저리 방향을 바꾸면서 바람을 만들어낸다. 바람은 땅과 바다에서 이용할 수 있는 태양 에너지의 일종이다.[2]

범선이 인간의 활동 영역을 확대하는 데 중요한 계기가 되기는 했지만, 노예선이야 말로 어디에서든 태양 에너지를 이용할 수 있는 인간 노동력이라는 원료를 보유하고 있었다는 점에서 풍력으로 가능해진 최초의 전 지구적 경제 시스템의 중대한 연결고리가 되었다.

구텐베르크, 다빈치 그리고 다른 발명가들의 새로운 기술을 향한 노력과 열정이 그 시대에 언제나 환영받았던 것은 아니다. 새로운 지식을 찾는 일은 종종 이단으로 여겨지기도 했다. 갈릴레오 갈릴레이Galileo Galilei

는 진자 운동, 경사면 및 추진체에 대한 다양한 실험 끝에 (등가속운동, 중력 및 진동 등) 여러 자연법칙을 발견했다. 현미경의 발명자라고도 알려진 갈릴레오는 망원경을 제작하여 당시에 태양계의 여러 행성을 관찰했다가 비난을 받았고, 요하네스 케플러Johannes Kepler는 천문학 연구를 통해 1609년에 행성 운동의 법칙들을 발견했다. 하지만 이런 혁명저 사상가들은 저마다 자신이 발견한 것들을 사람들에게 이해시키는 데 어려움을 겪었다. 당시 사람들은 과학적 탐구의 가치에 막 눈을 뜨고 있었다. 이 시기 혁신의 중요한 부분은 지식의 한계에 의문을 던지는 지적 능력이었다.

지적 변화는 경제적 변화를 촉발했고, 유럽 사회는 점점 더 새로운 발상에 대해 기꺼이 고민하기 시작했다. 결국 경제 발전과 르네상스 사상의 혁명이 점점 더 증가하는 신기술에 대한 욕구에 이바지했다. 이러한 사고의 혁명은 18세기를 열었던 산업혁명으로 나아가는 데 핵심적인 역할을 했다.

문화적 차이가 가져온 유럽의 대역전

최초의 전 지구적 에너지 전환에는 새로운 네트워크를 구성해 에너지를 사용하고자 하는 국가들의 집중적인 투자와 노력이 필요했다. 1400년대와 1500년대에 에너지 사용을 위한 시스템이 개발되었지만, 에너지 사용에 분명하고 체계적인 메커니즘이 도입되지는 못했다. 기술적 측면에서 봤을 때 범선 또한 1800년대 말에 쓸모없는 구식이 될 때까지도 특별한 발전 없이 그 상태를 유지했을 뿐이다. 돛과 범선의 설계도 여러 차례 바뀌었지만, 실제 에너지 전환은 단지 풍력 에너지를 인간의 필요와 욕구를 만족시키는 방향으로 돌리는 것뿐이었다. 또한 범선이 가지고 있는 심각한 한계 역시 여전했다.

각 국가들이 외부로 세력을 넓혀가던 시기에 범선을 활용할 기회를 얼마나 빨리 찾는지는 그 국가의 정책과 문화에 달려 있었다. 포르투갈과 스페인 선원들이 이 시기의 첫 번째 탐험가들로 인정받고 있지만, 중국이야말로 유럽보다 먼저 세계관을 확장한 나라였다(이 내용은 머리말에서 언급했다). 1400년 초, 중국 명나라 황제 영락제永樂帝가 사상 최대의 해군 함대를 구축해 원정에 나섰다. 최초의 포르투갈 탐험가들보다 무려 50년 전에 수백 대의 중국 함대가 이미 인도, 아라비아 및 동아프리카를 탐험했다. 1405년부터 1433년까지 일곱 번의 대규모 해양 원정을 통해 중국은 인도양의 방대한 주변부를 자국의 조공朝貢 체계에 포함시켰다.[3] 이 원정을 이끌 사령관으로 황제는 정화를 선택했다. 1403년 황제는 전함들로 구성된 제국함대를 구축하며, 중국해와 인도양의 항구들을 오가는 선박들을 지원하라고 명령했다. 중국 탐험가들은 금과 기타 보물들을 가득 실은 채 3만 7,000명이 넘는 장수들과 사병 부대를 거리고 거대한 선단을 이루어 쉬저우徐州에서 출항했다.[4]

하지만 15세기 중반 무렵 이런 노력에 대한 중국의 시각이 완전히 달라졌다. 대운하 건설과 만리장성의 수축 같은 대규모 사업으로 국가 내부의 경제적 어려움이 가중되었고 아울러 이와 같은 대규모 사업으로 인해 '하늘이 나라를 저버릴지' 모른다는 인식이 높아졌다. 결국 1424년 영락제가 죽은 후 권좌에 오른 홍희제洪熙帝는 "보물을 실은 모든 선박의 항해를 금지한다"라는 칙령을 발표했다. 황제의 명령에 따라 원정에 나섰던 모든 선박들이 귀국했을 뿐만 아니라 조선소의 기반시설도 문을 닫았다. 그 결과 1474년 명나라 함대는 이전 규모의 3분의 1로 축소되었고, 1503년에는 다시 10분의 1로 줄어들었다. 바다를 싫어하는 정치 세력이 중국에서 권력을 갖게 되면서 황제의 칙령을 통해 자신들의 힘을 과시했다. 1500년에는 허가 없이 두 개 이상의 돛이 달린 배로 바다에 나가는 것은 사형 죄에 해당했다. 중국의 경험은 국가 권력이 교역에 미치는 영향력을 보여준 가장 극적인 사례이다.[5]

대항해시대가 시작되던 이 시기에 서양 탐험가들과 동양 함대의 동기는 확연히 달랐다. 중국인들은 기본적으로 문명세계를 여행했으며, 어느 곳도 정복하려 하지 않았다. 그들이 원하는 것은 다른 나라에서 값진 조공을 받아오는 것이었다. 즉, 그들의 노력은 경제적 이익을 위한 것이라기보다는 상징적인 것이었다. 하지만 유럽 탐험가들은 이슬람과 힘겨운 전쟁을 치르고 있었고, 늘 황금과 이익을 갈구했다. 마침내 중국은 해양 활동이란 불필요하게 경제를 고갈시키는 짓이라고 여기게 되었다. 그 결과 중국인들의 경제적 활동은 국내로 국한되었다. 이와 달리 유럽인들의 탐험은 유럽 국가 간의 경쟁 속에서 더욱 확대되었다. 반면에 중국은 경쟁자가 없다고 여겼다. 역사학자 로버트 마크스Robert Marks는 외부 세계에 대한 이런 상이한 문화적 접근법의 이유를 중국이 1400년대에 바다를 버렸기 때문이라고 보았다. 그의 주장에 따르면, 오랜 세월 동안 내홍을 겪은 중국 정책의 핵심은 광대한 국가의 내적 발달에 집중하는 것이었다.[6] 하지만 유럽은 완전히 다른 경제 개발 모델을 따랐는데, 이는 바람을 이용하고 관리하는 기술의 토대 위에 세워졌다.

대항해시대를 연 기술들

해양 국가들 사이의 문화적 차이에도 불구하고 항해를 가능하게 했던 기술 자체는 모두 비슷한 수준이었다. 사실 항해는 다분히 공동의 기술 혁명이었다. 정화의 원정 시기에 중국의 항해 기술은 대부분의 측면에서 유럽보다 우월했다. 예외라면 항로 찾기에서 유럽이 앞섰을 뿐이다. 중국 범선들은 규모가 훨씬 더 커서 정화 원정대의 가장 큰 범선들은 길이가 무려 150미터나 되었다. 이와 달리 대양을 항해한 유럽의 범선은 보통 길이가 30미터였다(무게는 정화의 범선들이 1,500톤 가량이었고, 포르투갈 범선들이 대략 300톤이었다).[7]

중국은 수세기 동안 돛이 여러 개인 범선을 사용했다. 유럽에서는 오직 포르투갈만이 은밀히 설계된 자국의 '카라벨라caravela'에 이런 혁신 기술을 적용했다. 장치에 힘을 전달하기 위해 각 사회는 바람을 이용했다. 하지만 바람을 포획해서 관리하는 범선들은 꽤 다양했다. 유럽인들은 대양 항해용 선박용으로 가로돛 삭구에 만족했다. 이 삭구들은 트인 구간을 다니기엔 좋았지만, 바람에 맞서 이동하거나 좁은 구역에서 방향을 조정하는 유연성이 부족했다. 중국인들은 9세기 이후로 (배의 앞뒤 방향으로 돛이 장착되어 바람을 안고 이동하기에 더욱 효과적인) 종범식縱帆式, fore-and-aft 돛을 사용하고 있었다. 15세기가 되어서야 서양과 동양의 범선 기술은 비등해졌다.

공해에서 항로를 찾는 데 대단히 중요한 선박용 나침반은 수세기 전에 개발된 중국의 자화된 바늘에서 비롯되었다. 나침반 기술은 육로를 따라 지중해까지 전해졌고, 12세기 무렵에 유럽인들이 이 기술을 받아들였다. 따라서 동양과 서양 둘 다 15세기에는 선박용 나침반을 갖게 되었다.

포르투갈과 네덜란드 탐험가들 덕분에 유럽인들은 바람과 바닷물의 흐름에 대한 지식에서 다른 국가들보다 앞서 있었다. 또한 유럽인들은 천문 항법 지식에도 강했는데, 이는 아랍 문화에서 전해진 것이었다. 14세기에는 아랍과 포르투갈에서 직각기直角器, 즉 발레스티아balestilha가 개발되었고, 15세기 초에는 천문 관측에 사용되는 아스트롤라베astrolabe가 개발되었다. 아스트롤라베는 이전의 도구들보다 천체의 각도를 더 잘 측정할 수 있었다.

16세기에 이르러서는 유럽의 선원들이 전 세계 선원들 가운데 가장 뛰어난 능력을 갖게 되었고, 그 덕분에 바다는 유럽의 경제 발전을 위한 중요한 수단이 되었다.

세계사를 바꾼 기술 | 나침반

배가 전 지구에 걸친 대규모 항해를 하려면 항해 도구가 필수적이었다. 원래 중국에서 처음 발명된 나침반은 유럽인들이 그 장치를 향상시킨 이후에야 처음으로 항해에 사용되었다. 자화된 바늘이 방향을 가리키는 역할을 한다는 것이 8세기 중국에서 입증되었고, 850년과 1050년 사이에 나침반이 배의 항해 장치에 흔히 사용된 듯하다.

(자석 자체가 아니라) 방향을 가리키는 나침반에 대한 기록은 1190년 파리에서 출간된 것으로 알려진 알렉산더 네캄Alexander Neckam의 《사물의 본질에 대하여De naturis rerum》에 처음 등장한다. 네캄의 책은 그 세기 말에 널리 읽혔으며, 1218년경에는 당대의 신학자이자 연대기 작가인 자크 드 비트리Jacques de Vitry가 나침반을 항해의 필수품으로 여기게 되었다. 1225년에는 아이슬란드에서 사용되었다는 기록도 있다. 그리고 무슬림 세계에서 나침반에 대한 최초의 언급은 1232~1233년의 페르시아의 한 이야기에 나온다. 대체로 초기에 나침반 바늘은 쇠로 만들어진 다음에 자철석에 의해 자화되었다.

나침반이 선원들에 의해 항해에서 방향을 가리키는 데 사용되었다는 기록은 400년 가까이 흐른 후에야 처음 나온다. 그리고 17세기에 나침반의 바늘이 평행사변형 모양으로 바뀌어 핀 위에 더 쉽게 올릴 수 있게 되었다. 1745년에는 영국인 고윈 나이트Gowin Knight가 오랜 시간 자기를 띨 수 있도록 강철을 자화하는 방법을 개발하여 한층 성능이 향상된 나이트 나침반을 만들었다.

항해술, 교역망을 확장하다

항해술은 여전히 비교적 부정확한 기술이었지만, 선원들은 인류 역사상 그 어느 때보다도 더 멀리, 더 규칙적으로 항해할 수 있게 되었다. 르네상스 시기에 유럽의 경제가 발전하면서 수입품에 대한 수요는 물론이고 지역 물품을 수출하기 위한 새로운 장소에 대한 필요도 증가했다.

원래 르네상스 시기의 선원들이 바다로 나간 이유는 외국의 무역상들에게서 구입하던 많은 아시아의 향신료, 보석 및 비단을 유럽인들에게 직접 공급하기 위한 것이었다. 이들은 바다를 통해 외국 무역상들 없이도 새로운 교역망을 개척하고 새로운 경제적 기회를 얻을 수 있었고, 무엇보다 이제 직접 원산지로 가서 원하는 물품을 구입할 수 있게 되었다.

일부 선원들은 세상을 더 많이 알고 싶은 호기심에서 바다로 나가기도 했다. 이들은 보통 세계 최초의 이동용 대포를 배에 싣고서 여행을 했다. 덕분에 '무장한 교역'의 단계가 시작되었는데, 이 단계에서는 새롭게 교역을 시작하거나 확대하기 위해 상대에게 거침없이 무력을 사용하기도 했다. 이런 탐험을 통해 금과 상아 무역이 이루어졌고, 이는 결국 노예무역으로까지 이어졌다. 나중에 포르투갈 선원들은 아프리카 남쪽 끝을 돌아서 온전히 바다를 통해서만 인도로 갈 수 있는 항로를 개척했다.

선박 기술의 발달

범선에서 돛대는 중심축 역할을 한다. 돛대에 달린 돛이 흔들리면서 바람을 이용해 앞으로 나아간다. 돛의 형태(긴 항해에는 보통 가로돛이 이용된다), 돛대의 개수 그리고 선체의 형태는 다양했다. 유럽 기술자들은 홍해 교역 지역으로부터 큰 삼각형 돛 설계를 들여와서, '카라카^{carraca}'라는 돛이 세 개 달린 범선에 적용했다. 이 전장범선은 삼각형 돛과 사각형 돛

(가로돛)의 장점을 결합한 것으로, 맞바람을 안고 항해할 때나 바람 방향으로 항해를 할 때 기동성을 높일 수 있었다. 전반적인 선박 형태와 선체 설계도 향상되었고, 발로 밟는 직기織機(실을 엮어서 직물을 만드는 기계) 덕분에 돛을 위한 튼튼한 천을 생산할 수도 있었다. 유럽의 선박 설계자들은 중국으로부터 선미 방향키를 들여와서, 이전에 쓰였던 어설픈 키잡이 노steering oar를 대체했다. 마지막으로 유럽인들은 '카라벨라'라는 건조 기술을 도입했는데, 이는 방수를 위해 널빤지와 널빤지 사이에 '코킹caulking(밀봉제)'을 바르는 기술이었다. 이 기술 덕분에 목재가 절약되었고, 이전보다 훨씬 가벼우면서도 크기가 큰 범선을 제작할 수 있었다.

이 모든 기술들이 유럽 범선의 가장 중요한 기술 혁신인 군함을 낳았다. 14세기와 15세기 동안 서유럽은 범선을 무장시켰는데, 이 범선이야말로 서유럽이 세계열강으로 발돋움하는 데 핵심적인 역할을 했다.

군함은 보통 돛이 서너 개인 범선으로, 장거리 항해를 위한 가로돛을 장착했다. 그리고 배의 양 측면, 상갑판 아니면 하갑판에 일렬로 여섯 문에서 열 문까지 대포가 일렬로 배치되었다. 범선들이 서로 싸우는 해전의 전략은 군함의 구조와 동력원(바람)을 관리하는 능력에 따라 정해졌다. 보통의 경우 군함은 바람을 잘 다루어 좁은 구역에서 선회한 다음, 배의 측면이 상대 범선을 향하게 해야 했다. 올바르게 기동한다면, 적선을 향해 대포를 발사할 수 있었다.

항해왕자 엔히크, 항해 노하우를 수출하다

포르투갈의 항해왕자 엔히크Henrique는 왕자이면서 군인이었고, 탐험가들의 후원자였다. 엔히크는 아프리카의 서부 해안으로 여러 차례 범선 원정대를 보냈지만 자신이 직접 항해에 참여하지는 않았다. 어쨌든 엔히크 왕자의 후원 덕분에 1400년대 포르투갈 범선은 마데이라 제도(북대서양에 위치한 포르투갈령 제도-옮긴이)를 항해했고, 보자도르 곶(사하라 서쪽 해안에 위치한 곶-옮긴이)을 돌았으며, 블랑 곶(아프리카 모리타니 서쪽 해안에 있는 곶-옮긴이)으로 항해했고, 카보베르데(서아프리카 대서양에 위치한 섬나라-옮긴이)를 거쳐 감비아 강(서아프리카 중부에 흐르는 강-옮긴이)과 팔마스 곶(아프리카 라이베리아 해안 남동쪽에 위치한 곶-옮긴이)까지 나아갔다.

이런 원정대를 보낸 까닭은 긴요한 서아프리카의 해안 지도를 작성하기 위해서였는데, 또 다른 이유로는 이슬람의 지배력을 무너뜨리기 위해서이기도 했다. 기독교를 전파하는 과정에서 포르투갈 선원들은 새로운 교역 항로를 구축했다. 엔히크 왕자가 일조한 대항해시대는 1400년대부터 시작해 1500년대 초반까지 이어졌다.

새로운 항해술과 선원 생활 방법을 전파하기 위해 엔히크 왕자는 1418년에 최초로 대양 항해를 위한 학교를 열었다. 이 학교는 선원들에게 천문학, 항해술, 지도 제작술 및 과학을 가르쳤다. 그들의 목표는 아프리카 서부 해안 아래까지 항해하는 것이었다.

엔히크 왕자의 배들이 용감하게 출항하긴 했지만, 초기 항해자들은 누구도 감히 카나리아 제도의 약간 남쪽에 있는 작은 곶인 바조도르 곶 너머로 내려가려 하지 않았다. 선원들은 그 곶 너머에서는 바다가 아주 얕아지고 해류가 불규칙적이어서 배가 돌아오지 못할지 모른다고 두려워했다. 1424년부터 1434년 사이에 엔히크는 15차례 원정대를 보냈지만, 모두 바조도르 곶을 통과해서 내려가지 못했다. 그런데 종자從者 질 이아네스 Gil Eannes가 자신이 그 일을 맡겠다고 엔히크 왕자에게 맹세한 후에 항해에 성공했다. 그 곶 근처의 얕은 지역을 피하고자 그는 서쪽의 공해상으로 나간 다음에 다시 동쪽으로 돌아와서, 그 곶의 남쪽 측면에 이르렀다.

마침내 엔히크의 원정대가 중요한 심리적 장벽을 무너뜨린 것이다.

1400년대 중반이 되자 엔히크 왕자의 항해는 경제적 결실을 맺기 시작했다. 노예와 바다표범 및 기타 교역품들이 범선을 통해 아프리카 해안에서 포르투갈로 운반되었다. 1460년에 엔히크 왕자가 사망했을 무렵 포르투갈인들은 팔마스 곶(라이베리아)에 다다랐으며, (카보베르데 근처의 한 섬인) 아르긴에 무역의 전초기지를 건설했다. 마침내 왕자의 집념으로 무슬림 세계와의 교역이 시작된 것이다.

유럽에서 시작된 탐험의 시대

해가 지날수록 유럽인들에게 세계의 경계는 놀라운 속도로 팽창하는 듯했다. 1492년 동양으로 가는 길을 찾아 나선 크리스토퍼 콜럼버스는 마침내 신세계에 다다랐다. 그가 발견한 지역은 나중에 아메리카로 알려지긴 했지만, 원래 콜럼버스는 온전히 바닷길을 통해 동인도로 가는 길을 찾으려 했다. 아메리카에 도착한 콜럼버스는 자신이 원하던 목적지에 도착했다고 믿었다. 그의 실수는 한 세기 동안이나 밝혀지지 않았다. 그가 원주민들에게 붙인 '인디언'이라는 이름은 지금도 사용되고 있다.

1500년대 내내 스페인 탐험가들은 콜럼버스의 뒤를 이어 아메리카에 도착했다. 탐험가들은 기독교를 전파하는 한편, 귀중한 자원을 찾고자 했다. 특히 그 자체로 교역의 대상일 뿐 아니라 교역의 통화로도 쓰이는 금과 은을 원했다. 스페인 사람 에르난 코르테스Hernán Cortés가 오늘날 멕시코로 알려진 아즈텍에서 다량의 금을 발견했다. 더 많은 금을 얻으려고 그를 포함한 스페인 탐험가들은 멕시코와 라틴아메리카 대부분을 정복했다.

또한 은이 발견되며 멕시코와 남아메리카에서 채굴이 성행했다. 이 은들 대부분은 은을 으뜸가는 통화로 삼던 중국과 거래되었다. 신세계의 탐험가들은 새로운 교역 물품을 찾아냈고, 옥수수, 토마토, 담배 및 초콜릿 등을 재배했다. 일부 지역에서 이런 작물들을 포함한 다양한 작물들이 플랜테이션이라고 불린 농장에서 재배되었다. 플랜테이션 농장은 유럽인이 운영하고 소유했지만, 노동은 원주민이나 수입된 노동력의 몫이었다. 플랜테이션 농장에서는 유럽 시장에 팔 목적으로 유럽의 기후에서는 재배할 수 없는 이국적인 작물들이 주로 재배되었다.

아메리카를 탐험하고 최종적으로는 식민화하려는 노력에 불을 지핀 것은 초기의 여러 탐험가들의 이야기였다. 탐험가들의 이야기는 종종 과장과 노골적인 거짓말로 채워졌는데, 유럽의 재정 지원자들을 만족시키고 아울러 다른 이들도 투자에 나서도록 유혹하려는 의도였다. 물론 이 전통은 콜럼버스에서부터 시작되었다.

콜럼버스의 논리

콜럼버스가 쓴 다음의 글을 보면 후원자의 경제적 지원을 계속 이끌어내고 탐험을 지속하기 위해 신세계의 멋진 모습을 보여주려는 그의 노력이 엿보인다.

10월 19일 금요일. 3시간 만에 우리는 우리가 항로로 택했던 동쪽 편에 있는 섬 하나를 발견했습니다. 정오가 되기 전에 우리 셋 모두는 섬의 북쪽 끄트머리에 도착했습니다. 거기에는 바위투성이의 작은 섬과 암초가 북쪽으로 뻗어 있었고, 이 둘과 본섬 사이에 또 하나의 작은 섬이 있었습니다. 배에 승선한 인디언들은 이 섬을 '사오메테Saomete'라고 불렀습니다. 저는 그 섬에 '이사벨라Isabela'라는 이름을 붙였고요. 그것은 페르난디나 섬Fernandina Island으로부터 서쪽에 위치하고 있으며, 해안선은 바위투성이 작은 섬으로부터 12리그league

(1리그는 약 3마일) 서쪽으로 제가 '카보 헤르모소Cabo Hermoso'라고 부른 곳까지 뻗어 있습니다. 그것은 벼랑이 있고 모래톱이 없는 아름답고 둥근 모양의 곶입니다. 뭍의 일부는 바위이지만, 나머지는 이곳에 있는 대부분의 해안처럼 모래사장이 펼쳐져 있습니다. 우리는 이곳에서 아침까지 정박했습니다.

이 섬은 제가 지금까지 본 것 중에 가장 아름다우며, 많은 나무들이 높이 우거져 있습니다. 땅은 다른 섬들보다 지대가 높아서 장관을 연출합니다. 산이라고 부르긴 어렵지만, 풍경이 수려하고 땅 속에 지하수가 흐르는 듯합니다. 북동쪽으로 가면, 크고 무성한 수풀들이 있는 드넓은 만이 나옵니다.

...

이곳 역시 경치가 빼어납니다. 이웃 지역들도 마찬가지여서 저는 어느 길로 먼저 가야 할지 모를 정도랍니다. 제 눈은 그런 상쾌한 신록과 우리나라에서는 볼 수 없는 새롭고 특이한 식물 종을 관찰하느라 여념이 없습니다. 이곳에는 염료, 약 및 향신료 등 스페인에서 매우 귀하게 쓰일 나무와 식물들이 있으리라고 확신하지만, 안타깝게도 저는 무엇이 그런 것인지 모릅니다.

여기에 도착하자마자 우리는 섬의 꽃이나 나무에서 흘러나온 가장 감미롭고 향긋한 향기를 느꼈습니다. … 저는 여기에 있는 모든 것을 조사하고 싶지는 않는데, 그건 50년이 걸려도 안 될 겁니다. 제 소망은 가능한 모든 발견을 한 다음, 만약 주님을 기쁘게 한다면, 4월에 전하에게로 돌아가는 것입니다. 그러나 제가 금이나 향신료를 많이 발견한다면, 최대한 많이 모을 때까지 여기 머무를 것이며, 이를 위해 오로지 그것들을 찾는 일에 매진하고 있습니다.[8]

식민지를 통한 교역망의 확장

본국에서는 수많은 전쟁이 일어났지만, 새로운 국가들은 세계의 넓은 지역들, 특히 아시아 그리고 새로 발견한 아메리카 지역들을 탐험하고 정복해나갔다. 15세기에 포르투갈이 지리 탐험에 앞장섰고, 16세기 초에는 스페인이 그 뒤를 이었다. 이 국가들은 최초로 남아메리카에 식민지를, 그리고 아프리카와 아시아의 연안에 교역 기지를 건설했다. 프랑스와 잉글랜드 및 네덜란드도 그 뒤를 뒤따랐다.

항해 체계를 세우려는 노력에 의해 건설된 식민지는 다른 장소나 기후에 존재하던 자원을 수확하기 위한 영구적인 수단이었다. 보통 해당 국가의 국민들은 군사력을 가지고 식민지에 거주했고, 식민지의 기업들은 각각 투자자 혹은 왕과 왕비에게서 나온 본국의 자본으로 운영되었다.

유럽 국가들은 각자의 방식으로 식민지에 정착하고 식민지를 개발했다. 스페인 탐험가들은 결국 푸에블로pueblo(남아메리카의 전통 마을-옮긴이)와 선교 지역을 포함해 군사 및 농경 정착지에 길을 내주었다. 프랑스 탐험가들은 교역 전초기지를 세웠다. 하지만 영국 선원들은 영구적인 정착지로 삼을 수 있는 식민지에 집중했다. 종종 이런 노력들은 주식회사의 지원을 받았는데, 이런 회사들은 투자자 및 왕실의 지원을 통해서 세계 곳곳의 자원을 개발하거나 수확했다. 앞에서 살펴본 동인도회사가 대표적인 예다.

해외 소유물이 증가하고 항해 능력이 발전하자, 많은 유럽 국가들은 국립 해군이나 왕립 해군을 설립함으로써 무장 교역의 개념을 공식적인 수준으로 격상했다. 해양을 장악한다는 것은 곧 경제적 발전 및 안정성과 직접적인 상관관계가 있었다. 교역망이 확대되면서 더 많은 물품들을 실어 나르게 되자, 해군 또한 항해 채널과 구체적인 선박을 보호하는 데 중요한 역할을 하게 되었다. 이를테면 국제적인 해양 활동의 부산물이라고 할 수 있는 해적이라는 위험을 막아주었다.

무기가 국제 교역의 도구가 되다

풍력 시스템에 작은 기술 하나를 더하는 것으로도 사회를 변화시키는 데 큰 영향을 미칠 수 있었다. 가령, 화약은 하나의 동력으로 사용되었다. 하지만 화약이 범선과 결합되자 전체 시스템이 달라졌다. 폭발성 가루인 화약은 1000년 전에 중국과 아랍 세계에서 실험을 통해 발명되었다. 주로 질산칼륨 성분인 화약은 야금 공정에 사용되는 한편 여러 행사에서 불꽃으로 사용되었다. 몽고인들은 화약을 만드는 기술을 습득하여 아주 초기 형태의 대포인 사석포^{bombard, 射石砲}를 만들어 공성전에 사용하면서 화약을 무기로 사용하기 시작했다. 나중에 '대포^{cannon}'라고 알려진 사석포 덕분에 몽고인들은 중국 도시들을 정복할 수 있었다.

이후 이 기술은 유럽에 전해졌다. 유럽에서 대포는 그다음 몇 세기 동안 정치력을 결정하는 데 큰 역할을 했다. 이 시기 동안 전쟁이 자주 벌어지면서 왕족들은 전쟁 도구의 발달에 큰 관심을 기울였다. 1346년에 전투에서 처음 사용된 대포는 무거워서 움직이기가 어려웠다. 이용 시에 수송이 어렵다는 문제점이 있긴 했지만, 대포는 성에 기반을 둔 귀족 세력을 무너뜨리는 데 사용되었다. 1500년 즈음 훌륭한 중앙집권 체제를 갖춘 국가들은 유럽 군주국들과 더불어 오스만 제국과 신흥 러시아 제국 등 '화약 무기'를 갖춘 국가들이었다.

대포는 유럽 국가들 간의 전쟁에서 널리 사용된 무기였지만, 한편으로는 일단 배에 실리면 국제 교역의 주요한 도구가 되었다. 1400년대에 대다수 유럽 세력들은 무기를 앞세운 무역 방식으로 대서양과 태평양으로 새로운 교역망을 개척해나가는 동시에 기존의 아시아와 인도 교역망을 뚫고 들어가려고 시도했다. 대포를 사용하여 새로운 교역을 개척한 가장 유명한 사례는 포르투갈이었다. 포르투갈은 엔히크 왕자의 지휘 하에 1415년에서 1460년 사이에 무장 함대를 이용하여 아프리카 해안을 따라 교역망을 개척했다. 이후 콜럼버스와 코르테스 등의 무장한 교역자들은 자신들이 세계 최강의 무기를 갖고 있다는 사실을 인식한 채 세계의 새로운 지역으로 향했다.

적을 대상으로 사용되든 상대방에게 겁을 주기 위해 사용되든, 대포는 1450년 이후로 대다수의 유럽 탐험가들과 함께 세계로 퍼져나갔다. 게다가 대포는 이후 여러 세기 동안 유럽에서 끊이지 않고 벌어지는 전쟁들에서 대단히 중요한 도구가 되었다. 유럽의 군주국들이 서로 싸울 때, 대포와 같은 무기가 한 국가의 운명을 완전히 바꿀 수 있었다.

치륜총과 무기의 변화

르네상스 시기 동안 무기 기술에 상당한 발전이 있었다. 덕분에 유럽 군주국이나 정부 군대의 힘이 더 막강해졌고, 각국의 세력권과 교역망도 확대되었다. 1500년대에 전쟁 무기의 주된 변화는 크기였다.

권총의 전신인 치륜총wheellock, 齒輪銃은 최초의 자체 발화식 화기였다. 16세기 초기에 개발된 치륜총은 크기만 더 클 뿐 오늘날의 담배 라이터와 비슷한 모양이었다. 치륜총은 스프링이 든 철제 바퀴를 불꽃 점화 물질, 보통 작은 황철석黃鐵石 조각이 누르고 있는데, 방아쇠를 당기면 빽빽하게 감긴 바퀴가 풀리면서 빠르게 회전하여 황철석을 긁는다. 이렇게 해서 발생한 스파크가 화약접시 속으로 흘러들어가서 화약을 점화시키고, 이어서 총열 속의 주장약主裝藥을 점화시킨다. 치륜총은 쏠 때마다 '잠금장치 걸치기spanning the lock'라는 회복 과정이 필요했는데, 이는 특수 지렛대를 이용하여 주 스프링을 되감는 것을 의미했다. 스파크를 일으키는 재료는 대략 12번을 쏜 다음에는 교체해야 했다. 치륜총을 장전하고 준비해서 발사하는 데에는 대략 1분이 걸렸다.

오랫동안 역사가들은 1517년 독일인 요한 키푸스Johann Kiefuss가 치륜총을 발명했다고 생각했다. 하지만 1500년대 초기에 그려진 레오나르도 다빈치의 그림에서 치륜총의 메커니즘이 보이는 듯하다. 치륜총은 화승총과 함께 사용되다가 둘 다 더 빠르고 단순하고 저렴한 1600년대의 수발총flintlock, 燧發銃으로 대체되었다. 화승총은 심지에 불을 붙여 격발한 반면에, 수발총은 부싯돌 조각에서 스파크를 일으켜 격발했다. 하지만 젖은 상태에서도 안정적으로 발사할 수 있는 치륜총의 장점 때문에 치륜총의 설계 방식에 따라 잘 만들어진 총들이 18세기까지 계속 사용되었다.

스페인 무적함대, 바다를 점령하다

기술과 노하우를 결합하여 하나의 사업에 투입함으로써 처음으로 해양 제패의 가능성을 실현한 것은 아르마다Armada라고 알려진 스페인의 무적함대였다. 1500년대와 1600년대 내내 바다는 유럽 군주국들이 지배, 권력 및 자국의 부를 위해서 싸움을 벌인 전쟁터 중 하나였다. 그중에서 가장 큰 전쟁은 스페인과 잉글랜드 사이에서 벌어졌다.

스페인의 펠리페 2세는 1585년부터 일찌감치 스페인 사령관 산타크루즈Santa Cruz가 이끄는 대규모 함대를 준비했는데, 이를 계기로 국가들 간의 지속된 갈등은 바다로까지 확대되었고, 각국의 배들은 다른 국가의 배들을 걸핏하면 공격하고 노략질했다.

결국 펠리페 2세가 세운 잉글랜드 침공 계획에 무적함대가 핵심 전력으로 앞장섰다. 당시 잉글랜드를 통치하던 엘리자베스 여왕은 스페인의 계획을 알아차리고는 스페인의 공격에 대비해 자금을 모으기 시작했다.

드디어 1588년 5월 무적함대가 스페인을 출발했다.

100척 이상의 범선으로 구성된 스페인 함대는 영국해협으로 들어갈 작정이었다. 그 해협에서 무적함대는 필리페의 조카인 파르마 공작Duke of Parma의 군대와 합류하여 잉글랜드로 진격할 예정이었다. 당시의 예상으로는 무적함대가 잉글랜드를 압도할 것으로 보였다.

하지만 영국해협에서 스페인의 무적함대는 굴욕적인 패배를 당했다. 악천후에 시달리느라 우수한 잉글랜드 범선과 전쟁 책략에 제대로 대응하지 못했기 때문이다. 도망칠 때에도 무적함대는 스코틀랜드 해안을 도는 위험한 항로를 택했다. 그 결과 많은 스페인 범선들이 돌아오는 길에 소실되었고, 바다를 지배하려던 무적함대의 시도는 비참하게 실패했다.

1590년대에 펠리페 2세는 잉글랜드를 공격하기 위해 다른 함대를 보내긴 했지만 1588년의 무적함대만큼 위협적이지는 않았다. 잉글랜드의 승리로 스페인의 해양 지배 시대는 무너지고, 바다의 지배권을 장악한 잉글랜드의 시대가 열렸다.

대서양을 중심으로 무역이 시작되다

유럽 열강들을 해외로 내몰았던 경제적 확장의 논리에서 볼 때, 신세계의 자원들은 본국의 군사력과 정치력의 원천이 되었다. 이런 자원들을 획득하고 개발하는 데 치중하느라, 1400년에서 1800년 사이의 많은 지도자들과 상인들에게 원주민들의 권리나 노동자의 인권은 안중에도 없었다. 이와 관련하여 지금까지도 경악을 금치 못할 사례는 교역을 주도하던 이들이 사람, 구체적으로 말하면 아프리카인을 사고파는 상품으로 보았다는 것이다.

　아프리카인은 수세기 동안 노예로 거래되면서 이슬람이 운영하는 사하라 횡단 교역로를 통해 유럽에 도착했다. 1450년에서 19세기 말 사이에 노예들은 아프리카 왕들과 상인들의 전면적이고 적극적인 협조 하에 아프리카 시부 해안에서 거래되었다. 노예를 넘긴 데가로 아프리카 왕들과 상인들은 구슬, 카우리cowrie 껍질(화폐의 일종), 직물, 브랜디, 말 및 총 등의 다양한 교역품을 받았다.

　1400년대 중반 무렵 포르투갈이 아프리카에서 이루어진 노예 수출을 독점했다. 450여 년 간의 대서양 횡단 노예무역으로 포르투갈이 450만 명(전체의 대략 40퍼센트)의 아프리카인들을 수송한 것으로 추산된다. 하지만 600만 명 이상의 아프리카인들이 노예로 팔려간 18세기에는 약 250만 명의 아프리카인들을 거래한 대영제국이 최악의 범법자였다.

　대서양을 중심으로 형성된 이와 같은 교역 체계를 가리켜 종종 '삼각무역triangle trade'이라고 하는데, 이 용어는 바람과 상품의 기본적인 흐름에서 비롯된 것이었다. 남쪽 지역에서 부는 동풍은 이 자급 체계에서 범선들이 대서양을 횡단할 수 있게 해주었기 때문에 '무역풍'이라고 불렸고, 북쪽 지역에서 서쪽으로 부는 바람은 '편서풍'으로 불렸다.

　범선들은 우세한 바람에 크게 제약을 받기 때문에, 교역 체계도 바람의 패턴을 따랐다. 유럽에서 제조된 상품들은 아프리카 식민 중심지와 아메리카 식민지의 두 방향으로 수출되었다. 당시 노예들은 아프리카를 떠나 주로 남아메리카 식민지들(브라질, 서인도제도)로 향했고, 열대 물품(설탕, 당밀)이 이 식민지들로부터 아메리카의 식민지나 유럽으로 흘러들었다. 이 대서양 교역 체계 내에서 북아메리카 또한 담배, 모피, 인디고indigo(남색 염료) 및 목재를 유럽에 수출했다.

노예 매매는 유럽의 새로운 교역 체계의 기본적 합리성에 흠집을 냈다. 유럽인들이 어느 곳의 자원이든 자국의 상품이라고 새롭게 해석하여 인식한 것과 마찬가지로, 인간을 (임금이 필요 없는) 노동력으로 생각하는 행위는 경제적으로 타당했다. 이런 방식으로 기존의 경제 체제 내에서 수익을 낼 수 있었기 때문이다.

1300년대에 유럽의 시장과 장터에서 교역 물품이 인기를 끌면서 개인적 수익에 대한 관심을 포함하여 유럽 내의 사상에 철학적 변화가 나타나기 시작했다. 마침내 애덤 스미스, 존 로크 등이 자본을 왕족들에게서 해방시켜 오늘날 '자본주의'라고 불리는 경제 체계 속으로 집어넣었다. 이 체계에서 가장 중요한 것은 개인이 경제적 혜택과 수익을 추구할 수 있는 기회였다.

이런 문화적 및 사회적 욕구가 해양 항해술의 발전과 결합되면서 수익과 상품에 의해 형성된 유럽의 세계관이 등장했다. 최종적으로 이 세계관은 '중상주의'라고 알려지게 되었다. 이는 부국강병을 목적으로 삼는 경제적 민족주의라고 할 수 있다.[9] 1776년에 애덤 스미스가 《국부론》에서 수입을 억제하고 수출을 장려하여 국가를 부유하게 하려는 정치경제 체제를 뜻하는 '중상주의 체계mercantile system'라는 말을 처음 사용했다. 이 체계는 16세기부터 18세기 후반까지 서유럽의 경제 사상과 정책을 지배했다. 이 정책의 목표는 금과 은을 국가에 들여와 국가에 이익이 되도록 무역의 균형을 맞추는 것이었다. 이전의 농업 체계와 달리 중상주의 체계는 영국 동인도회사와 같은 상인과 제조업자의 이익에 이바지했다. 이들의 활동은 국가에 의해 보호받고 장려되었다.

중상주의 시기 동안 민족국가들 사이의 군사적 충돌은 역사상 어느 때보다 더 광범위한 지역에서 더 빈번하게 발생했다. 주요 충돌 당사국들의 육군과 해군은 더 이상 특정한 위협이나 목표에 맞게 길러진 일시적 군대가 아니라 전문적인 군대였다. 그들의 임무는 국가의 경제적 이익을 보호하고 지원하는 일이었다. 따라서 각국 정부가 가장 중요하게 생각하는 경제적 목적은 타국에 의한 공격을 저지하고 자국의 영토 확장을 지원할 군대를 양성하기 위해 충분한 양의 경화硬貨, hard currency(원래는 금화나 은화와 같은 금속 통화를 가리켰으나 오늘날에는 달러처럼 국제적으로 통용되는 화폐를 가리킨다—옮긴이)를 확보하여 활용하는 것이었다.

새로운 경제적 발상은 다른 국가 및 자원과의 새로운 상호작용을 통해 한층 더 진화해나갔다. 또한 중상주의 체계는 이 체계에 참여하는 국가들을 전례 없던 방식으로 결속하게 만들었다.

노예선, 인간의 노동력을 운반하다

앞에서 언급했듯이, 대항해시대 동안의 에너지 교환의 사례를 가장 잘 보여주는 것은 노예선이다. 풍력을 바탕으로 성장한 경체 체계의 기득권 세력이 소유하고 있던 노예선은 인간 에너지를 노동력이 필요한 농업 지역에 이송했다. 노예선은 스스로 목적을 달성하는 과정에서 인간 노동에 대한 의존을 영속화하고 생물학적 구체제로 거슬러 올라가는 데 일조했다. 하지만 새로운 반전은 인간 노동의 체계적 상품화에서 나왔다.

아프리카인들을 노예로 거래한 교역 체계의 경로는 중간항로Middle Passage라고 불렸다. 유럽의 배에는 목과 발에 족쇄를 채운 노예들이 여섯 명씩 사슬로 묶인 채 실렸다. 배 안에서 그들은 갑판 아래에 가지런히 사슬에 묶인 채로 누워 지내야 했다. 대다수 아프리카인은 배멀미에 시달렸고 구토로 인한 탈수증까지 겪었다. 더군다나 부실한 음식과 끔찍한 선내 상황 때문에 설사에 시달렸다. 갑판 아래에서 지내면서 장티푸스, 홍역, 황열병 및 천연두 등 여러 질병에 걸리기도 했다.

아프리카인들의 건강에 치명적인 이런 상황은 수익 극대화를 위해 배에 과도한 인원을 태우는 고질적 관행 때문에 더욱 악화되었다. 배가 바다에 오래 머물수록 노예의 사망률은 높아졌다. 짧은 항해에서는 노예의 사망률이 5~10퍼센트 정도였으나 긴 항해일 때는 사망률이 30~50퍼센트로 치솟았다.

중간항로에서 노예가 받은 이런 인간 이하의 취급은 거의 모든 아프리카인에게 심각한 정신적 충격을 안겨주었다. 이런 충격은 아프리카인들 사이의 흔한 공포, 즉 자신들이 식용이나 기름 또는 화약 제조용으로 사용되거나 아니면 자신들의 피가 스페인 범선의 붉은 깃발을 염색하기 위해 사용되었다는 공포 때문에 더욱 가중되었다. 물론 유럽인들이 관심을 가진 것은 아프리카인들의 노동력과 열대 기후에 대한 적응 능력이었다. 아프리카인들은 강제로 열대 기후 지대로 끌려가서 플랜테이션 사업에 이용될 인간 노동력의 원천이었다. 말 그대로 이런 체계 속에서 아프리카인들의 신체는 농경 기계 속의 톱니바퀴와 다를 바 없었다. 올라우다 에퀴아노Olaudah Equiano(아프리카의 노예 출신으로 노예제 폐지 운동가가 된 인물-옮긴이)의 이야기는 이런 대서양 체계와 관련하여 지금까지 남아 있는 몇 안 되는 자료로, 이 체계가 하찮게 여겼던 인간성에 대해 일깨워준다.

마침내 우리가 탄 배가 화물을 전부 싣자, 배는 무시무시한 소리를 여러 번 내면서 출항 준비를 했다. 우리는 모두 갑판 아래에 있었기 때문에, 그들이 어떻게 선박을 다루는지 볼 수는 없었다. 하지만 이런 아쉬운 점은 내가 느낀 슬픔 축에도 끼지 못했다. 해안에 있는 동안 짐칸의 악취는 견딜 수 없을 만큼 끔찍해서 거기에 잠시라도 머물면 위험할 정도였다. 그래서 우리 중 일부는 갑판 위로 올라가 신선한 공기를 쐬도록 허락받았다. 하지만 배에 화물이 빽빽하게 쌓여 있는 바람에 그 역시 끔찍한 상황인 것은 마찬가지였다.

장소의 비좁음과 기후의 열기에 배 안의 많은 사람들이 더해졌다. 배에 사람들이 너무 많았기에 각자 몸을 돌릴 공간도 없어 우리는 거의 질식하기 직전이었다. 우리가 흘린 땀으로 온갖 역겨운 냄새가 진동하며 호흡하는 것조차 힘겨웠다. 멀미 때문에 목숨을 잃는 이들도 많았다. 내가 기억하기로, 이렇듯 많은 노예들이 구매자들의 부주의한 탐욕에 희생되고 말았다.

이런 참담한 상황은 우리를 옴짝달싹 못하게 하는 사슬 때문에 더 악화되었다. 오물이 가득한 변기 속으로 아이들이 종종 빠져 질식사할 뻔한 경우도 많았다. 여인들의 악다구니와 죽어가는 이들의 신음소리로 그곳은 상상할 수 없는 공포의 현장이 되어 있었다. 나로서는 다행스럽게도, 금세 살이 쪽 빠지는 바람에 그들은 나를 그냥 갑판 위에 올려두는 편이 낫다고들 여겼다. 게다가 아주 어렸기에 족쇄도 차지 않았다.

이런 상황에서 나는 거의 매일 죽음의 순간에 갑판 위로 올려지는 내 동료들의 운명과 함께 하고픈 마음이 굴뚝같았다. 죽음으로 내 비참한 현실이 곧 끝나길 바라기 시작했던 것이다. 종종 나는 바다 속의 물고기들이 나보다 훨씬 더 행복하다고 여겼다. 나는 그들이 누리는 자유가 부러웠고, 그들처럼 살 수 있게 되기를 바라기도 했다. 내가 마주친 모든 상황은 오로지 내 상태를 더욱 고통스럽게 할 뿐이었고, 내 불안감 그리고 백인의 잔혹성에 대한 내 생각을 키웠을 뿐이다.[10]

유럽의 열강들은 식민지에서 그랬던 것처럼 머나먼 지역의 기후까지도 활용하여 수익을 얻기 위해 자본을 투자했고, 그 방법 중의 하나가 플랜테이션과 노예 노동이었다. 범선들을 통해 이루어진 유럽 국가들의 초기 투자는 캐리비안 지역이나 대서양 지역에서 설탕과 쌀을 재배하면서 지속적으로 상품과 수익을 거두어들일 수 있었다. 이 대서양 교역 체계에 속한 미국 남부는 전 지역이 플랜테이션 농업에 기반을 두고 있었다.

노예 노동으로 성장한 플랜테이션 농업

식민 정착이 시작된 이후, 미국 남부의 농업은 인구와 토지의 불균형으로 정의할 수 있다. 기후적 요인과 초기 유럽 정착민들의 선호에 따라 남부의 경작자들은 담배, 쌀, 목화 및 설탕과 같은 작물에 초점을 맞추었다. 이 작물들을 재배하기 위해서는 넓은 땅과 많은 노동자가 필요했다. 그런 까닭에 많은 경작자들은 땅을 플랜테이션으로 조직화했다. 이 광대한 농업 식민지는 매우 상이한 방식의 경제 발전을 가져왔다.

플랜테이션은 중앙의 집중적인 감독 하에서 강제 또는 노예 노동력에 의해 경작되는 대규모 농지라고 할 수 있다. 캐리비안의 섬들에서 플랜테이션에 노예들을 도입한 이후, 노예 제도는 북아메리카로 넘어가 영국 식민지 시기의 버지니아, 캐롤라이나(노스캐롤라이나와 사우스캐롤라이나를 합친 지역) 및 조지아까지 확대되었다. 17세기 후반 노예 제도는 버지니아와 캐롤라이나에서 확실하게 자리 잡았다. 플랜테이션은 미국 남부 지역의 유일한 농업 방식은 아니었지만, 사람들이 이 지역과 플랜테이션 농업을 동일시할 정도로 미국 남부에서 널리 퍼져 있었다.

지리학자 샘 힐리어드Sam Hilliard는 플랜테이션의 여섯 가지 필수 요소를 다음과 같이 기술한다. 일반적으로 250에이커가 넘는 토지, 노동과 관리의 뚜렷한 구분, 한두 작물 또는 단일 작물의 전문적인 생산, 플랜테이션 농업의 전통을 지닌 남부 지역에 위치, 중앙에서 통제되는 특별한 공간적 구성 그리고 인간 노동력의 집약적 이용이 그것이다.[11]

남북전쟁 이전 남부의 대다수 농부들은 노예를 소유하지 않았고, 그 대신 노예를 소유한 이들이 농업 생산을 지배했다. 노예를 소유한 농장주들은 다른 인간을 지배하며 그들의 노동에서 이익을 취할 힘뿐만 아니라 험난한 환경을 극복할 힘도 지니게 되었다. 노예제와 험난한 환경의 개척은 나란히 진행되었다.

남북전쟁 이전에 미국 남부를 지배했던 플랜테이션 경제에 대한 세간의 이미지 때문에 북아메리카의 아열대 기후 지역에 존재했던 다양한 농업 활동은 정당하게 평가받지 못하고 있다. 남부의 삶과 교역은 대체로 강에 의해 조직되었다. 버지니아의 제임스 강을 따라 주로 재배되던 담배는 이후 북쪽, 남쪽 및 서쪽으로 퍼져나갔다. 담배 경작자들이 내륙으로는 피드몬트 고원 지대까지 퍼져나가긴 했지만, 대다수 플랜테이션은 강근처에 위치했다. 하지만 1800년이 되자 모든 담배의 약 4분의 3이 미국 내륙 깊숙한 곳에서 생산되어 항구로 옮겨진 후 잉글랜드로 운송하는 회사들에게 팔렸다.[12]

역사가 루이스 세실 그레이Lewis Cecil Gray는 많은 남부 사람들이 "마차를 사듯이 땅을 샀다. 땅이 고갈되리라고 예상하고서"라고 기록하고 있다.[13] 그렇게 토지 사용 습관과 작물 선택으로 인해 많은 남부의 땅들이 황폐해졌다. 그러면 농부들은 다시 내륙으로 더 깊이 들어가 새로 농사를 시작하곤 했다. 이런 이유로 미국 동부 연안과 남부로부터 애팔래치아 산맥을 넘어 서부로 이동하는 이들이 점차 많아졌다. 지리학자 테리 조던Terry Jordan은 이런 초기의 움직임을 가리켜 "오지의 개척backwoods frontier"이라고 불렀다. 이런 정착 과정을 통해 꽤 일관된 경작 패턴이 확립되었다.[14]

신생 미국의 기반시설은 평등하게 작동하지 않았다. 1800년대에 접어들며 지역적 차이가 분명하게 드러났다. 무엇보다도 북동부와 중서부가 새로운 에너지원을 찾고 산업화를 이루는 방향으로 한층 더 깊이 나아간 반면에, 미국 남부는 기반시설 개발에 저항하는 동시에 남부에서 미시시피 강까지 목화 재배를 확대하기 위해 더욱 노예 노동에 의존했다. 남부 농업의 규모와 범위가 엄청나게 커지긴 했지만, 강들이 여전히 중요한 교역로였다. 역사가 테드 스테인버그Ted Steinberg는 다음과 같이 적고 있다 "노예 노동에는 자연스러운 점이 전혀 없지만, 적어도 남북전쟁 이전에 남부에서는 단섬유short-staple 목화의 성장에 적합한 날씨로 인해 노예 노동이 증가했다. 이른바 코튼 벨트Cotton Belt의 발전은 일련의 기후 조건 덕분이었다. 그런 기후 조건이 아니었다면, 남부의 정치 문화에서 생겼던 역할을 노예제가 맡으리라고 상상하기는 어렵다."15

서부로의 이주도 비슷한 점이 있긴 했지만, 미국 남부의 도시와 타운의 발달은 북부와 서부의 발달과는 다른 방식으로 진행되었다. 코튼 벨트가 남부 내륙에서 성장하면서 타운이 새로 생겨났고, 기존의 타운에서도 인구가 증가했다. 하지만 이 성장은 북부의 도시 팽창보다 느렸다. 북부와 남부 사이의 분명한 차이는 19세기에 두드러졌다. 농장주 문화가 사회적·경제적 영역에서 남부 도시의 성장 및 새로 등장한 도시의 유형에 미치는 영향이 확연히 드러난 것이다.

19세기 미국 남부에서는 도시가 아니라 플랜테이션이 기회의 장소로 여겨졌다. 일찌감치 버지니아와 피드몬트의 경우 플랜테이션에서는 도시의 공공 서비스가 거의 필요가 없었다. 강을 이용한 뛰어난 운송 시스템 덕분에 플랜테이션과 잉글랜드 사이의 교역이 비교적 쉽게 가능했기 때문이다. 나중에 미국 항구들이 플랜테이션 생산물의 주요 목적지가 되자, 각 플랜테이션은 다른 플랜테이션으로부터 독립된 꽤 자족적인 운영 및 생활 단위를 형성했고, 지역 도시보다 농작물의 목적지인 항구와 더 긴밀히 연결되어 있었다. 대체로 플랜테이션은 미국의 다른 지역들에서는 도시에서만 구입 가능한 많은 물품들을 생산해냈다.

모든 물건은 항구로 통한다

대서양 체계가 인간이 농업을 대하는 방식을 급격하게 변화시킬 때, 미국이야말로 이 체계가 대규모 경제 발전을 어떻게 변화시키는지를 보여주는 극적인 사례가 되었다. 초창기의 익숙한 메커니즘과 시스템들은 점점 더 복잡하고 효율적이며 심지어 무시무시해졌다. 유럽인들이 바다를 통해 미국에 정착한 것처럼, 이런 성장 역시 바다와 함께 시작되었다. 1776년 건국되었을 당시에(1776년은 미국에서 독립선언서가 발표된 해인데, 이 해를 미국 건국 년도라고 보는 데에는 이견이 있다-옮긴이) 미국은 식민지 시대 동안 생겨난 19군데의 항구 도시를 중심으로 구성되었다.

식민지 주민들은 일찌감치 안전과 교역 면에서 유리한 해안이나 강 주변의 정착지에 모여들었다. 초기의 항구 정착지들은 유럽에 연결되어 있는 생명줄이었다. 보스턴은 1631년에 세워졌고 맨해튼 섬은 1625년 무렵에 세워졌다. 그 뒤에 필라델피아가 1681년에 세워졌다. 이 초창기 항구들은 유럽과의 교역로를 트기 위해 조지아 주의 서배너와 사우스캐롤라이나 주의 찰스턴 등 대서양의 남부 항구들과 연결되었다. 부두들이 줄지어 들어서면서 발달한 항구들은 도시의 중심지였으며, 이 도시들은 점포와 창고들이 다닥다닥 붙어 있는 거리를 중심으로 성장해나갔다.

종종 이런 항구들은 거리 조성을 위해 사용된 재료에 의해 구분이 가능했다. 범선은 거센 바람과 높은 파도에서 균형을 유지할 수 있어야 했다. 따라서 대다수 선박들이 갑판 아래에 벽돌보다 대체로 더 큰 크기의 돌더미를 싣고 다녔다. 밸러스트 돌ballast rock이라고 불리는 이 재료는 선박의 선적 물량의 많고 적음에 따라서 조정할 수 있었다. 배가 외국의 항구에 들를 때면 종종 이 돌의 일부를 버리거나 추가로 실었다. 대다수 항구들에는 배에서 버려진 밸러스트들이 남았기에, 이것으로 자갈 거리를 만들 수 있었다. 전 세계에서 모아온 돌 덕분에 이런 항구 도시들의 거리는 미국의 다른 어느 곳과도 달랐다. 밸러스트 돌과 더불어 해산물, 기름 및 뼈와 같은 해양 물품들이 항구 도시들에 흘러넘쳤다. 여기서 국가 발전에 더욱 중요한 점을 말하자면, 항구나 수출입항은 특정한 "내륙지역"의 발전을 촉진했다는 것이다. 항구는 내륙이나 바다 양쪽으로 교역이 가능했고, 항구에서 마차로 몇 시간 이내에 도착할 수 있는 접근성이 좋은 내륙지역들이 성장해나갔다.

역사가 벤저민 라바리Benjamin Labaree는 이렇게 적고 있다. "선박제조업이나 어업이 아니라 상업이야말로 중요한 항구들을 다른 해안 공동체와 구별하게 해준다."[16] 그는 항구를 문화와 상품을 위한 수출입항이라고 설명한다. 그렇기에 수출입 통로는 반대 방향으로도 작동하여 항구 도시에 접근할 수 있는 넓은 내륙의 지역에도 도움이 되었다. 내륙지역hinterland이라고 불리는 이 내부의 지역들은 항구가 실현시키는 경제적 가능성 덕분에 항구와 공생 관계를 유지했다.

북아메리카의 해안 도시들 가운데 뛰어난 입지를 가지고 있던 뉴욕이 큰 항구로 발전했다. 뉴욕은 초기의 우위를 필라델피아에게 빼앗겼고, 1760년에 필라델피아는 미국에서 가장 발달한 항구가 되었다. 1815년이 되자 미국의 인구 중심지의 전부가 강변이나 해안에 세워졌다. 오하이오 강변에서 급격히 성장하던 항구인 신시내티만이 대서양에 위치하지 않은 인구 중심지였다. 850만 명의 미국 총인구 중에서 대략 85퍼센트가 대서양 해안을 따라 살았는데, 총인구의 절반쯤은 뉴잉글랜드와 미국 동부 연안의 주들에 거주하고 있었다. 도로는 대체로 개발되어 있지 않기에, 미국인들은 식량, 운송 및 교역을 물에 의존했다. 목격자인 프랑스인 알

렉시 드 토크빌Alexis de Tocqueville은 1830년에 이렇게 적었다.

> 전 세계의 다른 어느 국가도 미국인들보다 더 광대하고 깊고 더 안전한 상
> 업용 항구를 갖고 있지 않다. … 결과적으로 유럽이 미국을 위한 시장이며, 마
> 찬가지로 미국도 유럽을 위한 시장이다. 그리고 해양 교역이야말로 미국 주
> 민들에게 자신들의 원재료를 우리의 항구로 전해주고 아울러 우리의 제조물
> 품을 그들에게 가져다주는 필수적인 수단이다. … 미국인들이 영웅적인 무언
> 가를 자신들의 교역 방식에 쏟아 붓는다고 말하는 것보다 내 생각을 더 잘 표
> 현할 수는 없다.[17]

세계사를 바꾼 기술 부두

내륙에서 생산되는 상품과 원자재를 바다를 통해 들어오는 선박에 닿게 하는 데에는
중요한 기술들이 동원되었다. 1770년대에 이르자 미국의 조선소들은 매년 500척의
선박을 건조했다. 해안가에 원양 선박들이 정박할 수 있도록 건설된 부두는 대영제
국의 유산이었다. 역사가 존 스틸고John Stilgoe는 종종 혼용되는 해양 용어들을 주의
깊게 구별한다. 그는 이렇게 적고 있다. "독dock은 그저 하나의 공간, 즉 부두wharf,
잔교棧橋, pier, 부잔교浮棧橋, landing stage, 심지어 습지에 인접한 트인 구역일 뿐이다."
그리고 스틸고는 이렇게 덧붙인다. "부두는 보통 나무 말뚝 위에 세워져 있으며 나무
갑판이 깔린 구조물을 가리키고, 반면에 잔교는 나무 이외의 다른 것으로 만든 갑판
이 깔린, 돌, 흙 또는 강철 콘크리트 구조물을 가리킨다."[18]
이런 발전에 드는 자본은 개인 및 단체로 활동하는 상인들에게서 나왔다. 그럴 경
우 부두에는 종종 자본가의 이름이 붙었다. 또한 선박 소유주는 항해를 방해하는 장
애물과 모래톱을 표시하기 위해 잔교나 기타 시설을 세웠지만, 방파제 건설과 같은
항구의 주요한 발전에는 연방정부의 지원이 필요했다. 1716년 미국 최초의 등대가
보스턴 항 근처의 리틀 브루스터 섬에 세워졌다. 그리고 '도선사coast pilot'라는 지역
주민들이 항구에 들어오는 배에 올라타서 지역 물길에 대한 지식으로 안내를 했다.

보스턴과 같은 곳에선 부두가 바다를 육지로 변환하는 디딤돌이 되었다. 라바리는 이렇게 적고 있다. "자연은 이러한 지리적 요건들의 일부만 제공하는 까닭에 인간이 주저 없이 부두 만드는 일에 뛰어들었다."[19] 바다로의 접근성을 가장 우선시한 보스턴은 1630년에 처음 세워진 이후 점차 변화해나갔다. 1710년에는 무려 78군데에 부두를 만들었다. 그중 가장 인상적인 부두는 롱 워프Long Wharf로서, 해안가로부터 길이가 무려 240미터나 되었다. 이런 새로운 시대의 경쟁이 1800년대의 항구와 도시 성장에 박차를 가했다.

보스턴은 대서양을 통한 직접적인 교역이 가능한 자연적 조건을 가지고 있었다. 하지만 자연은 보스턴에 넓은 면적이라는 축복을 주지는 않았다. 보스턴 주민들은 더 많은 땅을 만들어냄으로써 그곳이 자원이 풍부한 곳임을 입증해냈다. 그 전통은 1600년대부터 시작되어 20세기에도 계속되었다. 20세기가 되자 보스턴의 크기가 세 배 이상 커졌다. 혁명의 온상이었던 보스턴은 초창기 뉴잉글랜드 정착지들과의 접근성 덕분에 1700년대 내내 미국에서 가장 활발한 항구가 되었다.

이런 활기는 맹렬하게 진행된 간척 사업의 열기를 훌쩍 뛰어넘었다. 보스톤은 초기의 간척 사업으로 도시에 있던 세 개의 산(펨버턴, 비컨 그리고 마운트버넌)들이 헐리며 기존의 자리에 새로운 땅을 만들어냈을 뿐만 아니라, 흙을 바닷가로 옮겨 만에 채움으로써 시설물 설치를 위한 더 많은 구역을 만들어냈다. 이렇게 발전을 거듭하여 보스턴은 으뜸가는 항구가 되었고, 더 작은 항구들과 어촌 마을로 구성된 내륙지역을 함께 연결했다. 반면에 뉴욕, 필라델피아 및 볼티모어는 주로 농사를 짓는 내륙으로부터 뒷받침을 받았다.

풍력을 이용한 어업의 발전

모든 항구에서 상품들이 바다 너머로 운송되었고, 그와 동시에 범선이 다다를 수 있는 먼 지역으로부터 자원이 흘러들었다. 매사추세츠 주의 글로스터가 미국 어업의 중심지 역할을 했다. 하지만 얼마 지나지 않아 마인 주가 어업 전용 선박의 총 톤수에서 우위를 차지했다. 1830년대 초 어부들은 뉴펀들랜드의 그랜드뱅크 너머에서부터 케이프코드 동쪽의 조지스뱅크까지 뻗어나갔다. 이런 확장은 어부들에게 매우 위험했다. 1846년의 한 차례 폭풍으로 매사추세츠 주 마블헤드에서 출항한 선박 12채가 소실되었다. 1851년에는 글로스터에 큰 태풍이 불어 훨씬 더 많은 선박이 사라졌다.

뉴잉글랜드에서는 꽤 큰 스쿠너인 본선에서 손 줄낚시로 하는 대구와 고등어 잡이가 어업의 가장 큰 부분을 차지했다. 고등어 잡이 어부는 수면에 가까이 머물러 있는 큰 고등어 떼를 추격했다. 1800년대 초, 고등어 어업은 반짝이는 지그jig를 미끼로 사용하면서 크게 번성했다. 1850년대에 어부들은 대형 선망purse seine net을 사용하기 시작했다. 이 넓직한 그물은 바다에 던진 다음 당김줄을 당기면 조밀한 지갑 모양으로 끌어당겨진다. 처음에는 고등어 잡이용으로 쓰인 이 그물은 곧이어 다른 물고기 잡이용으로도 쓰였다. 수요가 높던 고등어는 싱싱한 상태로 먹기도 했고, 보관해두었다가 나중에 먹도록 소금에 절여두기도 했다.[20]

또한 대구 어업은 1800년대 중반 무렵의 중대한 변화들을 견뎌냈다. 초기의 대구 잡이 어부들은 선박의 측면 난간에서 줄줄이 늘어뜨린 미끼가 달린 뾰족한 낚싯바늘을 사용했다. 1850년대 중반이 되자 뉴잉글랜드 어부들은 유럽식 저인망 방식을 도입했다. 이 방식에서 어부는 미끼가 달린 다수의 낚싯바늘들이 일정 간격으로 걸려 있는 긴 줄을 바닥에 늘어놓았다. 이것을 설치하기 위해 스쿠너는 배 밑바닥이 평평하고 앞뒤로 사용 가능한 보트인 도리dory를 매단 채 다니기 시작했다. 스쿠너는 낚시 설치를 위해 매일 도리를 띄웠다. 추산하기로 이 새로운 방식은 기존의 외줄

낚시 방식보다 세 배쯤 효과가 더 컸다.

또 다른 혁신은 생선 저장 방식에서 일어났다. 1860년경 스쿠너 선장들은 신선한 생선을 위한 시장을 늘리려고 얼음을 사용하기 시작했다. 소금에 절인 대구로도 아주 먼 육지까지 내다 팔기에 적합하긴 했지만, 생선에 얼음을 가함으로써 동부 연안을 따라 다양한 종류의 신선한 해산물을 더 많이 공급할 수 있었다. 그중 하나가 조개류인데, 이전에는 대체로 여러 항구 도시에서 소비될 뿐이었지만, 이제 굴과 같은 인기 있는 진미 해산물들이 다른 지역(가령 체사피크만)으로부터 운송되었다. 굴은 미국 최초로 양식이 이루어졌다. 산란기에 굴 껍데기를 다량으로 바다 속에 넣어 놓으면, 거기에 새끼 굴들이 모여 자라거나 이 굴들을 다른 데 이식할 수도 있었다. 또한 생선의 보관을 위해 얼음을 사용하고 이동식 양식 우리를 제작한 덕분에 1840년대에는 바닷가재를 더 흔하게 접할 수 있었다. 1800년대 초기에 바닷가재와 멘헤이든menhaden(청어의 일종)은 주로 비료로 사용되었다. 삶고 압착한 다음에 말려서 만든 이 비료를 가리켜 농부들은 "물고기 구아노fish guano(구아노는 바닷새의 배설물이 쌓여 생긴 천연 비료-옮긴이)"라고 불렀다.21

미국 어업은 일찍부터 자원 사용을 제한하거나 규제하려는 노력을 기울였다. 초기의 규제 조치들은 캐나다 항구와 미국 항구 사이의 유입 물량에 균형을 이루려는 시도였다. 1818년 미국과 영국 협상가들은 미국 어부들이 래브라도와 뉴펀들랜드 사이의 버려진 해안에서 해산물 처리 단지를 짓는 데 동의했다. 이 협약은 미국 어부에게 톤당 수수료를 납부하도록 요구했고, 그로 인해 미국 어부들은 경쟁에서 불리한 위치에 처했다. 그럼에도 불구하고 풍력을 이용함으로써 어선단의 규모는 1815년의 3만 7,000톤에서 1860년에는 16만 3,000톤으로 증가했다.

포경산업을 둘러싼 치열한 경쟁

바다에서 획득하는 에너지는 바람에서 나왔다. 그러나 바다는 알고 보니 다른 원동력으로의 전환을 위한 관문이었다. 바다에서 얻은 또 하나의 선물은 미국 최초의 산업 하나가 꽃필 수 있는 재료가 되었다. 그 선물은 다름 아닌 고래였다. 고래 한 마리만 잡아도 초기의 작은 항구 하나가 먹고 사는 데 충분했다. 18세기와 19세기에 고래잡이는 미국의 주요 산업으로 발전하여 램프용 기름과 양초용 경뇌유鯨腦油를 제공했다. 아울러 미국의 영토 확장 및 외교 관계에도 영향을 미쳤다.

처음엔 낸터킷(매사추세츠 주의 한 섬)에서 고래잡이 어부였던 조지프 로치Joseph Rotch가 고래 기름의 성장 잠재력을 간파했다. 그는 기름 및 양초 제조업자로 인해 공급업자가 처한 한계를 보고서, 직접 경쟁에 뛰어들었다. 자체 양초를 제조함으로써 로치는 기름 업계의 첫 거물이 되었다. 본질적으로 그는 미국인들에게 일관된 빛을 제공한 단일 자원을 장악한 셈이다. 로치가 세운 빛의 제국의 그다음 정거장은 제조업에 대한 관심으로 낸터킷을 떠나 뉴베드퍼드로 갔을 때 찾아왔다. 뉴베드퍼드는 본토 타운인 다트머스에서 생긴 작은 마을이었다. 로치는 1765년에 애커시넷 강을 따라 10에이커의 땅을 구입해서 1767년에 가족과 함께 그곳으로 이사했다. 그가 뉴베드퍼드에서 하려던 일은 단 한 가지였다. 그곳을 포경, 기름 교역 및 양초 제조, 즉 빛의 세계 중심지로 만드는 것이었다. 1768년 뉴베드퍼드의 첫 양초 공장이 문을 열었다. 로치는 뉴포트의 제조업자 이삭 하울랜드Isaac Howland와 함께 그 공장을 공동 소유했다.

로치는 뉴베드퍼드를 발판으로 자신의 방대한 사업체들을 한데 묶었다. 이 사업체들은 아들이 낸터킷에 첫 양초 제조 시설을 연 1771년부터 더욱 성장했다. 뉴베드퍼드는 법인은 아니었지만 고래 기름 산업을 조직화하는 역할을 했다. 그 타운은 고래 기름과 부산물의 획득, 처리 및 유통을 포함한 일련의 사업들의 중심지였다. 우여곡절 끝에 로치는 가장 힘 있는 자리에 올랐다. 1769년 유나이티드 컴퍼니^{United Company}가 합병을 꾀하려고 뉴베드퍼드 컨소시엄에 접근했다. 하울랜드는 동의했지만, 로치는 의구심을 가졌다. 협의를 계속 해나가는 와중에 미국혁명(미국의 독립전쟁)이 발발했다. 1775년 영국의 포경선 강제 징발이 심해지자 로치 등은 자신들의 배들을 바다로 내보냈다. 그들은 전쟁이 끝나기를 기다렸다.

미국 내 많은 사람들이 뉴잉글랜드 포경업의 큰 잠재력을 알아차렸다. 심지어 국민들은 그곳의 일자리를 놓고 경쟁을 하기까지 했다. 존 애덤스와 토머스 제퍼슨은 18세기가 끝날 무렵 그 산업이 신생 국가에 대단히 중요하다는 사실을 깨달았다. 1789년에 제퍼슨은 국가의 교역에 대한 어려움을 고민하면서 포경업, 특히 프랑스 및 영국과의 관계에서 포경업의 역할을 집중적으로 살폈다. 그 결과 제퍼슨은 미국 수출품에서 담배 다음으로 중요한 제품을 고래 기름이라고 생각했다. 그의 판단은 옳았다. 이후 수십 년 동안 포경업에 대한 입찰 경쟁 그리고 낸터킷 섬의 포경업 종사자들을 확보하기 위한 경쟁이 벌어졌다.

미국 독립전쟁 이후, 영국은 이전에 자신의 백성이었던 낸터킷 어부들이 거의 독점적으로 포획하고 있던 고래 제품들의 중요성을 깨달았다. 영국은 그 고래잡이 어부들을 영국 백성으로 삼아서 캐나다 노바스코샤 주의 핼리팩스의 거류지에서 일하게 만들려고 대단한 노력을 기울였다. 이에 대한 반격으로 프랑스는 1785년에 낸터킷 출신 고래잡이 어부들을 모집하고자 덩케르크에 그들을 위한 거류지를 세웠다.

제퍼슨은 이렇게 생각했다. "어떤 다른 대안을 (고래잡이 어부들에게) 주는 것이 여러모로 가장 안전할 것이다. 확실한 방법은 프랑스의 항구들을 열어서 이들의 기름을 공급하는 것인데, 그러면 고국에 머무르면서도 어업을 여전히 수행할 수 있을 것이며, 그들이 잃었던 시장 대신에 새로운 시장을 찾을지 모른다."[22] 제퍼슨은 미국의 자유로운 상업을 강조했으면서도, 두 경쟁국의 공격적인 움직임을 물리치도록 의회가 행동에 나서 달라고 촉구했다. 이후 1789년에 다른 국가들에 의해 부과되고 시행된 금지와 독점을 완화하고 아울러 미국 포경업의 추가적 발전을 촉진하기 위한 법안이 통과되었다. 이러한 노력의 중요성은 자족적인 어업보다 훨씬 컸다.

그런 협상이 필요했다는 사실에서 드러나듯, 18세기 후반 포경 산업의 제품들은 전 세계적으로 중요했다. 하지만 그런 점은 해당 산업 내에서 발생하는 지속적인 갈등의 원천이기도 했다. 고래잡이 어부는 숙련 노동자로 볼 수 있지만, 그들의 사냥감이 포경 산업의 능력에 제약을 가했다. 실제로 열악한 사냥 방식 탓에 "고래 기름 사냥꾼blubberman"이라는 직업은 바닷일 가운데 거의 밑바닥에 위치했다. 고래의 공급량은 새로운

범선의 삭구(배에서 쓰는 로프나 쇠사슬 따위를 통틀어 이르는 말—옮긴이)는 천차만별이다. 이 그림의 대형 브리그는 수많은 가로돛으로 힘을 얻는다. ©Library of Congress Prints and Photographs Division

기술 없이는 기적적으로 커질 수 없었다. 고래는 소유된 자원이나 육지 기반의 자원과 같은 통제력이나 신뢰성이 결여된 공유 자원이었기 때문이다.

고래잡이의 경우, 윤리적 가치가 에너지 획득을 통제하거나 이끌었다. 그러나 에너지 획득의 강도가 변하고 있었다. 포경업이 낸터킷 범위를 벗어나자, 그 사업은 산업화되었다. 어업 중심지로서 낸터킷을 대체한 뉴베드퍼드는 포경의 산업화된 상태를 보여주는 전형이 되었다. 이제 포경업은 해양 사업을 뛰어넘어 산업 시대의 크기, 규모 및 조직을 두루 아우르게 되었다. 1800년대 초반에 포경업의 규모가 달라지면서 다양한 고래 개체군을 찾기 위해 포경 선단이 대서양을 넘어 범위를 확대하기 시작했다. 이런 흐름에서 분명히 드러나듯이, 이제 낸터킷보다 훨씬 더 크고 복잡한 거점 항구가 필요해졌다.

먼 육지에서 도착한 상품이 고래 기름이든 도자기이든, 해안가의 발달은 바다에서 점점 더 멀어지고 있던 내륙의 발전을 촉진했다. 그런 상품들을 항구의 배후지로 운송하는 데 사용된 길을 따라 새로운 기회들이 생겨났다.

세계사를 바꾼 기술 | 램프 조명

기름을 얻으려고 고래를 잡게 된 주된 원인은 육지에서 조명 용도로 쓰기 위해서였다. 처음에는 양초로, 이후로는 기름 램프에 사용했다. 고래의 경뇌유로 만든 경뇌 양초는 1750년에 로드아일랜드의 뉴포트에서 처음 만들어졌고, 사용되는 내내 고급 제품으로서 주로 유럽과 미국의 부유한 고객들에게만 이용되었다. 1700년대 후반, 여러 면에서 높아진 당시의 생활 기준에 맞추어, 미국의 정치가 겸 투자자인 벤저민 프랭클린이 기름 램프를 개량하는 데 관심을 쏟았다. 1700년대 후반에 프랭클린은 두 개의 불꽃을 태우는 램프, 즉 조명 성능이 두 배인 램프를 실험적으로 만들어냈다.

프랭클린의 성과를 발전시켜 프랑스 투자자들 그리고 특히 스위스 제네바의 물리학자 겸 화학자인 아미 아르강이 기름 램프의 상향 통풍에 관심을 쏟았다. 그가 설계한 램프는 아래에서 공기가 유입되도록 램프 바닥 위로 뻗은 금속 원통 위에 얇은 강판 등피燈皮를 부착했고 원통형 심지를 달았다. 최종적으로 그는 이 강판 등피를 유리 등피로 대체하여 불꽃에서 나오는 불빛을 가리지 않으면서 연소 영역을 늘렸다.[23] 그 결과는, 한 기자가 쓴 내용에 따르면, "덮개 없는 불꽃"처럼 타는 흔한 램프와 달리 "화로 속의 불과 같은 불꽃"이었다.[24] 당연히 그 둘의 차이는 불꽃의 세기와 불꽃이 내는 빛의 밝기였다.

램프 설계를 발전시키려는 노력은 1800년대 첫 10년 동안에도 계속되었지만, 램프 기술의 후속 혁신은 다양한 기름을 연료로 삼을 수 있는 능력이었다. 이런 유연성 덕분에 동일하거나 비슷한 램프들이 다양한 동물성 및 식물성 지방에서 얻은 기름을 태울 수 있었으며, 그 각각의 효과를 프랭클린 등의 과학자들이 면밀히 계산했다. 이런 비교는 각각의 기름을 동일한 램프에서 연소할 수 있었기에 더 간단하게 이루어

바다에서의 고래잡이는 지극히 위험한 초기의 에너지 교환 행위였다.
©Library of Congress Prints and Photographs Division

졌다. 특히 미국 시장에서 혁신가들은 다양한 돼지 기름으로 실험했고 또한 (소나무 껍질에서 뽑아낸) 증류용 테레빈유로도 실험했다. 1830년에는 미국인 이사야 제닝스 Isaiah Jennings가 캄펜camphene에 대한 특허를 취득했다. 캄펜은 테레빈유를 재증류한 물질로서, 단독으로 또는 알코올을 섞어서 사용되었다. 캄펜은 미국에서 으뜸가는 합성 기름 램프 연료가 되었으며, 최종적으로는 석유 및 고체 상태의 광물 역청에서도 만들어졌다.[25] 고래 기름 램프는 1840년대가 되자 캄펜을 태울 수 있도록 쉽게 변환이 가능해졌다.

전쟁을 계기로 일어난 에너지 전환

범선의 체계화를 통한 교역이 지닌 경제적 잠재력 덕분에 식민지들 중 한 곳인 미국은 독립을 추구할 수 있었다. 분명 이 새로운 나라는 교역을 국가의 핵심으로 삼아 세워졌고, 교역의 중심지이자 유럽인들이 초창기에 정착한 항구를 중심으로 미국의 반란이 시작되었다. 잉글랜드와 시작된 갈등은 1776년의 혁명으로 완전히 해결되지 못했다. 특히 북아메리카의 천연자원 및 이를 유럽에 운송하는 것과 관련된 문제들은 1800년대 초반 국가들 사이의 무역 분쟁으로 번지며 엄청난 반목이 소용돌이쳤다.

이런 불화가 정점에 이르렀을 때, 미국을 대영제국과의 싸움으로 몰고간 1812년 전쟁이 발발했다. 이 전쟁은 1812년에 시작하여 1815년에 교착상태에서 끝이 났다. 충돌의 근원은 영국 해군에 복무하도록 징집되고 있던 미국 선원들의 권리 때문이었다. 하지만 전쟁 동안 영국의 주요한 군사 조치는 교육과 더욱 관련이 깊었다. 필라델피아와 같은 항구들을 영국군이 봉쇄하면서 신생 공화국의 경제는 거의 허물어졌다. 영국 함대가 요크타운에서 그리고 오대호를 따라서 공격을 실시하긴 했지만, 그들은 분명 볼티모어 항에 눈독을 들였다. 영국 국왕은 육해군 합동으로 볼티모어를 차지하려 했다. 하지만 어느 전선에서도 성공하지 못했다. 1814년 9월 12일 볼티모어 군대는 영국 지상군의 도시 진입을 지연시키기 위해 2시간 동안 싸웠다.

볼티모어에 대한 공격은 전 세계적인 대항해의 시대에 이 항구 도시의 경제적 중요성을 알려주었다. 이 도시는 철도와 두 군데의 운하를 포함한 내부 교역로를 건설한 덕분에 여러 면에서 혜택을 누리고 있었다. 두 운하는 체서피크-델라웨어 운하Chesapeake and Delaware Canal와 서스쿼해나-타이드워터 운하Susquehanna and Tidewater Canal이다. 전자는 체서피크 만과 델라웨어 강을 연결하는 것으로, 1829년에 완공되었다(볼티모어는 체서피크 만의 안쪽 끝 부분에 위치한다-옮긴이). 후자는 서스쿼해나 강 하류를 따라 건설되었으며, 필라델피아로부터 펜실베이니아 주의 여러 지역으로 물품을 운송하는 역할을 했다.

이처럼 팽창하는 교역 기반시설의 혜택은 미국이 계속 누려야 한다고 미국인들은 주장했다. 반대로 영국은 대서양 교역 체계에서 가장 수익성이 높은 식민지 중 하나인 북아메리카의 경제적 역할을 놓치지 않기 위한 최후의 시도를 한 셈이다. 이 전쟁의 순간은 대서양 교역 체계가 발전해가는 와중에 피할 수 없는 위기였다. 동시에 이 사건은 에너지 사용의 분명한 전환을 이끌어냈다.

역설적이게도 1812년 전쟁에서 영국의 봉쇄는 미국이 다음 경제 시대로 진입하는 데 도움을 주었다. 즉 미국을 미래의 산업 국가로 신속히 이끌어주었다. 특히 필라델피아 주변의 땔감용 목재 공급의 감소와 영국 군대의 봉쇄가 맞물리면서, 영국에서 흔히 사용되었던 무연탄에 대한 미국 내

관심이 높아졌다(이에 관해서는 3장에서 자세히 살펴보기로 하자). 역사가 마틴 멜로시Martin Melosi는 이렇게 적고 있다. "전쟁이 발발했을 때 … 필라델피아는 심각한 연료 부족에 직면했다. 북동부 펜실베이니아의 무연탄지대의 주민들은 전쟁 전에 지역의 무연탄을 사용했지만, 필라델피아는 버지니아 및 대영제국에서 건너온 역청탄瀝青炭에 의존했다."[26]

석탄 가격은 1813년 4월에 200퍼센트 넘게 올랐다. 이에 대한 대책으로, 필라델피아의 장인과 기술자들은 다른 연료를 찾고자 뮤추얼 어시스턴스 코울 컴퍼니를 세웠다. 곧 무연탄이 펜실베이니아 주의 윌크스배리로부터 도착했다. 전쟁이 끝나자, 무연탄의 산업적 이용이 1830년까지 서서히 계속 증가했다. 1830년과 1850년 사이에 무연탄 사용은 1,000퍼센트나 증가했다.[27] 유럽과 영국에서 시작된 화석연료 에너지로의 전환은 이제 그 신생 독립국을 정의하는 수준에까지 이르렀다. 덕분에 결국 기존의 기반시설이 매우 부족했던 미국은 경쟁국들보다 훨씬 더 급격하게 산업화를 이루어냈을지 모른다.

산업화

산업화는 새로운 에너지 교환이 두드러지게 발생한 원산업 시기를 포함한다. 1700년대 초반 동안 유럽에서 시작된 산업혁명은 대체로 인간의 능력을 확대하고 확장시킨 기술과 시스템 사용의 전환이었다. 이런 시스템들은 오랜 세월 동안 지구 내부에서 형성된 방대한 화석 에너지로부터 갖추어졌다.

석탄 사용의 규모는 전 지구적인 초기의 산업화를 정의한 확실한 척도였다.

1인당 석탄 생산 (1,000명 당 TJ(테라 줄))

연도 / 대륙	1800	1850	1880	1910
아프리카				1,374
아메리카	109	3,717	20,870	76,145
아시아	0	0	5.5	975
유럽	1,493	7,139	20,414	35,582
오세아니아	0	0	9,822	41,082
나머지 세계	321	1,758	6,475	17,887

SOURCES: From Warde, Power to the People, p. 140. Etemad and Luciani, 1991, 202.

1인당 석탄 소비 (연간 GJ(기가 줄))

국가 / 연도	잉글랜드	독일	프랑스	네덜란드	스웨덴	포르투갈	이탈리아	스페인
1815	48.5	1.5	0.9	1.2	0.2			
1840	62.2	3	3.5	3.8	0.3			
1870	112.4	20.4	14.8	14.8	3.2	1.2	1.2	2
1890	136.5	45.6	27.6	24	10.2	3.3	4.5	5.2
1913	135	86.8	46.8	51.8	29.3	6.1	9.6	11.6

SOURCES: From Warde, Power to the People, p. 140. See www.energyhistory.org.

석탄을 다양한 용도를 위한 생산 동력으로 바꾸는 출발점은 석탄을 증기로 변환시킨 일이었다.

유럽과 미국의 정지된 증기 동력 사용량 (1,000명당 hp(마력))

연도 \ 국가	1840년	1870년
영국	10.5	81.7
프랑스	1.6	15.5
프러시아	0.4	15.9
벨기에	6.1	34.6
스웨덴	0.3	1.8
체코	0.1	7.5
미국	2.3	37.1

SOURCES: From Warde et al., p. 184. Allen, 2009, 179; Warde, 2007, 75; Landes, 1969, 221; Kander, 2002; Myska, 1996, 255. 체코의 인구는 매디슨(Maddison)이 체코슬로바키아에 대해 내놓은 인구수의 70퍼센트로 가정했다.

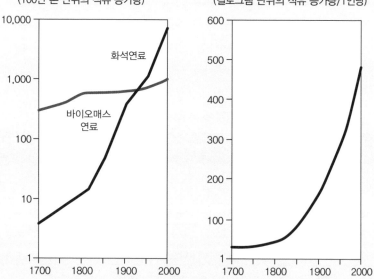

1차 에너지 공급량
(100만 톤 단위의 석유 등가량)

화석연료

바이오매스
연료

전 세계 가용 에너지 사용량
(킬로그램 단위의 석유 등가량/1인당)

생물연료 vs 화석연료. Astrid Kander, Paolo Malanima, and Paul Warde, Power to the People: Energy in Europe over the Last Five Centuries (Princeton, NJ: Princeton University Press, 2014).

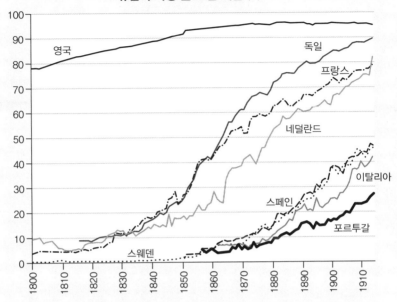

유럽의 숲 고갈. Astrid Kander, Paolo Malanima, and Paul Warde, Power to the People: Energy in Europe over the Last Five Centuries (Princeton, NJ: Princeton University Press, 2014).

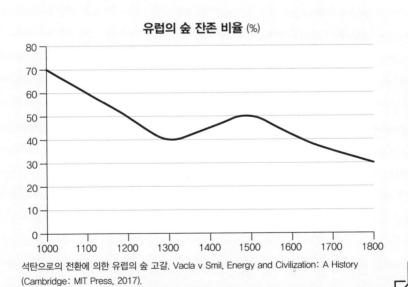

석탄으로의 전환에 의한 유럽의 숲 고갈. Vacla v Smil, Energy and Civilization: A History (Cambridge: MIT Press, 2017).

Chapter 3

화석연료,
산업화의 시대를 열다

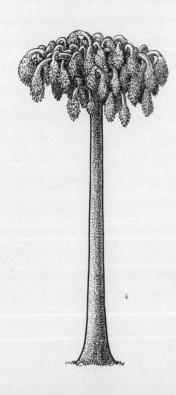

산업혁명의 출발점,
석탄의 탄생

당시 그린란드나 뉴펀들랜드와 같은 열대 지방에서 거대한 레피도덴드론^{Lepidodendron} 나무는 50미터 이상의 크기로 자랐다. 우뚝 솟아오른 이 나무들은 광합성으로 태양 에너지를 완전히 변환시키는 데 성공했음을 생생히 입증하는 증거였다. 두께가 2미터에 달하는 이 거대한 나무의 이름에는 비늘을 뜻하는 그리스어 단어인 'lepis'가 들어 있는데, 줄기가 도마뱀 살갗 모양의 아름다운 껍질로 덮여 있기 때문이다. 나무의 꼭대기로 올라갈수록 줄기가 가늘어지면서 나무의 넓은 가지들은 길이가 짧아지고 수가 줄었다. 그런 가지들에서 길이가 1미터 남짓의 좁은 잎들이 나서 나무는 털이 수북한 녹색 막대기처럼 보였다.

영국을 비롯한 세계의 여러 지역에서도 비슷한 나무들이 (3억 6,000만 년 전부터 2억 9,000만 년 전까지) 석탄기의 빽빽한 정글 속에서 자랐다. 이 나무들은 시길라리아^{Sigillaria}라고 알려졌다. 고식물 문헌에서는 그것을 "완전한 나무라기보다는 거대한 통과 같다"라고 이렇게 묘사했다. 역사가 바버라 프리스^{Babara Freese}는 이렇게 적고 있다. "그다음에 양치식물이 있었다. 매우 번성한 이 원시적인 식물은 우리 집의 화분에서 기르는 식물들과 식물학적으로 관련이 있다. 줄기가 있고 높이가 10미터나 되었다는 것만 빼면."[1]

전체적으로 지구를 뒤덮은 정글에는 상상할 수 없이 많은 식물들이 자랐다. 오랜 세월 동안 이 식물들은 오늘날 적당한 크기의 식물들처럼 썩지 않았다. 식물이 보통 죽으면, 산소가 식물의 세포 속으로 침투하여 세포를 이산화탄소와 물로 분해한다. 이와 달리 빽빽한 정글에서 성장한 석탄기 식물들은 죽으면서 산소가 부족한 물속이나 진흙 속에 빠져 다른 부패하는 식물들에 의해 둘러싸인 채 매우 천천히 오랫동안 매장되었다. 바닷물이 뒤덮었다가 다시 빠져나갔을 때에도 산소가 닿지 않아서 부패 과정이 완성되지 못했다. 탄소가 풍부한 식물에서 만들어진 작은 구멍 투성이의 이 물질은 처음에는 토탄土炭이 되었다가 천천히 압착되며 단단해져 마침내 석탄이 되었다. 프리스는 이 과정에 대해 이렇게 적고 있다. "석탄 안에 갇힌 것은 숲의 탄소만이 아니라, 수억 년 동안 태양으로부터 축적된 에너지였다. 그 에너지는 식물의 부패와 함께 방출되지 않은 채 지구의 어둡고 후미진 곳에 파묻혔다. 적어도 숲 바닥을 기어 다니던 양서류가 그걸 파낼 수 있는 생명체로 진화하기 이전까지 말이다."[2]

인간은 석탄기의 레피도덴드론과 시길라리아가 만들어낸 광물이 매장되어 있는 곳에서 공동체를 이루어 살기 시작했다. 인간 공동체는 생물학적 구체제에 바탕을 둔 생활방식을 이어오다가 항해, 교역 및 농경을 시작하면서 더 많은 에너지를 사용하기 위해 재정비를 시작했다. 이런 노력들이 결실을 거둘 무렵, 잉글랜드의 뉴캐슬에서 생산된 석탄은 인간을 산업화 시대로 이끌었다.

풍력이 국가 발전에 중요한 전환을 가져왔지만, 경제적 발전을 이룬 대부분의 유럽 국가들은 여러 가지 자원을 능숙하게 이용하여 신기술을 획득할 수 있었다. 하지만 이런 혁신들은 풍력이 제공하는 네트워크에 계속 의존했다. 이처럼 초기의 산업 활동은 여전히 생물학적 구체제에 해당하는 작은 규모의 노력들을 통해 발전했다.

기술을 연구하는 역사가들이 '위대한 전환'이라고 칭하는 것은 꼭 1700년대 중반의 산업혁명만을 의미하는 것은 아니다. 그런 산업혁명에 이르기까지는 지적인 사고는 물론이고 에너지 자원의 가용성 면에서도 '위대한 전환'이 필요했다. 나무와 숯과 같은 생물연료가 수세기 동안 사용되었지만, 그것으로는 새롭게 등장한 기계들을 사용할 수 있는 기반 시스템을 제대로 뒷받침할 수 없었다. 하지만 1600년대에 들어 석탄이 하나의 원동력으로 등장하며 기계를 기반으로 하는 새로운 시스템의 필수적 요건이 충족되었다.

역사적인 몇몇 전환들과 비슷하게, 석탄의 사용을 촉발한 가장 중요한 요인은 공급이었다. 1500년대에 심각한 목재 부족을 겪었던 잉글랜드에서 석탄은 확실한 목재의 대안이 되었다. 잉글랜드의 기존 탄전炭田 대부분이 1540년과 1640년 사이에 개발되었다. 1650년에 이르자 연간 석탄 채굴량은 200만 톤을 넘었고, 채굴 기술이 향상되면서 1700년대 말에 석탄 사용은 1,000만 톤까지 늘어났다.[3]

석탄은 기존의 자원을 훨씬 능가하는 에너지원을 품고 있었기에 새로운 산업적 능력들을 구현할 수 있었다. 그중 으뜸이 바로 증기엔진이었다. 이 유명한 원동기를 바탕으로 이루어진 혁신은 산업혁명이라는 중요한 전환을 가져왔다. 인류의 역사를 볼 때, 이 시기에 일어난 에너지 사용의 본질적 전환은 이전에 발생한 농업혁명에 버금가는 것이었다. 하지만

전 세계적으로 인간에 의한 광범위한 채굴로 인해 석탄 공급이 늘어났다.
©Library of Congress Prints and Photographs Division

인간이 저장된 에너지를 사용하기 위해 화석연료를 사용하게 된 '유레카'의 순간이 딱히 존재하지는 않았다. 그보다는 지속적인 일련의 혁신 기술들이 동물과 인간의 힘 대신 저장된 에너지원으로부터 노동을 얻어내려는 꾸준히 커져가는 욕구와 맞물렸다. 종합적으로 볼 때, 이런 전환에 의해 일어난 가장 큰 변화는 인간의 성취가 인체의 한계로부터 벗어났다는 것이다.

이 장에서는 인간 사회가 석탄 에너지를 사용해나가는 과정을 설명함으로써 어떤 종류든 에너지가 인간 경제 활동의 가장 중요한 요소로 등장할 때 인간 사회가 어떻게 변하는지를 집중적으로 살펴볼 것이다.[4] 석탄이 사용되기 전까지는 원동력의 한계 때문에 인간이 얻을 수 있는 노동 또한 제한적이었다. 원동력의 종류가 태양 빛이든, 세찬 바람이든, 사람이나 동물의 근육이든 또는 강물의 흐름이든 간에 인간의 생산성은 자연의 태생적 한계를 벗어나지 못했다. 20세기 말에 이르러서 인간이 사용하는 에너지의 기본 패러다임은 탄화수소의 연소가 되었으며, 인간의 활동은 더 이상 자연의 제약으로 인해 위축되지 않았다. 이러한 에너지 획득 방법이 널리 받아들여지고 일상적으로 사용되면서, 오늘날 과거 수천 년 동안 사용된 다른 에너지 획득 방법들은 하나의 '대안'으로 여겨지게 되었다. 화석연료 태우기는 그 시대의 '뉴노멀new normal'이 되었다. 그러나 우리가 산업화 시대를 역사적으로 중요한 사실이 불거진 기간이라고 보기 시작하면서 오늘날 우리는 자연으로부터 에너지를 얻는 대안적인 방법으로 다시 돌아가고 있다. 화석연료를 태워서 가능했던 지난 250년 간의 발전이 (유일한 원인은 아니더라도) 21세기의 기후변화를 초래했기 때문이다.

새로운 에너지원과 혁신 기술의 등장

원시적 형태의 산업은 1300년대 잉글랜드 시골 지역에서 여러 모습으로 나타났다. 2장에서 살펴봤듯이, 공장에 동력을 제공하는 에너지로는 풍력, 수력 및 조수 등이 있었는데, 각각의 동력은 한계가 뚜렷했고 사용할 수 있는 장소 또한 제한적이었다. 하지만 초기 산업들은 빠른 속도로 고정된 장소에서만 사용 가능한 바람이나 물의 힘이 아니라 목재, 숯, 석탄 등 이동이나 운송이 가능한 에너지원으로 상품을 만들어내기 시작했으며, 동시에 정적인 지리적 특징에 의존할 필요가 없는 에너지원 사업의 잠재력을 증가시켰다. 이런 환경에서 장작 및 (장작에서 얻은) 숯의 사용이 확대되었고, 이는 유럽의 장작 공급량에 영향을 미쳤다. 이러한 초기 산업 기간 동안 서유럽의 숲은 선박 제조 및 야금을 위한 재료로 쓰이면서 상당 부분 사라졌다. 그 결과 목재의 부족 때문에 잉글랜드 대장장이들은 산업 잠재력의 규모와 범위를 크게 증가시킬 새로운 에너지원을 사용하게 되었다. 잉글랜드에서 시작된 석탄, 더 구체적으로 말해 코크스의 사용은 전 세계적으로 이어진 제조업의 규모와 범위에 혁명을 일으켰다.[5]

서유럽은 보통 석탄이 풍부하게 공급되긴 했지만, 인과 같은 화학적 불순물 때문에 석탄으로는 강한 철을 만들기 어려웠다. 그런 이유로 철을 제련할 때는 나무로 만든 숯을 사용했다. 서유럽은 목재 부족으로 그 시기 동안 다른 지역에 비해 발전이 많이 뒤처졌다. 하지만 1709년경 에이브러햄 다비가 석탄을 부분적으로 태워서 정제하여 코크스를 만드는 법을 알아냈다. 1750년 다비는 철을 만들기 위한 제련용 연료로 코크스를 사용하는 방법을 세상에 공개했다. 이것은 화석연료 이용의 출발점이자 산업혁명을 촉발하는 계기가 되었다.

1500년에서 1750년까지 초창기 산업의 시기 동안 다양한 기술적 발전이 있었지만, 산업 분야에서 진정한 '혁명'은 일어나지 않았다. 사실, 종교개혁기의 유럽 사회는 새로운 기술의 발전에 전혀 도움이 되지 않았다. 기존 관행에 따르라는 압박 때문에 기술적 변화가 더뎠고, 에너지 발전도 꽤 제한적일 수밖에 없었다. 하지만 과학기술 혁신이 천대받고 에너지와 금전적 지원이 세계 탐험에 집중되던 시기에 이와 같은 발전이 일어났다는 사실만으로도 충분히 주목할 만하다.

이후의 사회와 문화는 기계의 사용을 지원하고 환호하며 궁극적으로는 가속화했다. 이러한 사회 변화는 이후 기술이 발전하고 활용되는 데 중대한 영향을 끼쳤으며, 산업은 도시 바깥으로 이동하기 시작했다. 서서히 발전하기 시작한 민족국가들도 고급 기술들을 어느 정도 지원했다. 가장 먼저 폭넓은 지원을 받은 대상은 전투에서 사용할 수 있는 요새 축성 기술, 대포 제작 기술 그리고 해군 전함의 성능 개량 기술들이었다. 하지만 18세기 동안 사회 전반의 대다수 구성원들에게 더욱 중요한 것은 잉글랜드의 면화 제조업에 공장 시스템이라는 생산 양식이 자리를 잡은 것이다. 이와 같은 일련의 혁신 기술들을 바탕으로 새로운 공장 기반 사회가 형성되며 기계는 거의 모든 노동자들의 삶의 일부가 되었고, 노동자들의 작업에 에너지 기술이 확대 적용되었다.

이 시기에 산업의 다른 분야에도 비슷한 발전이 이루어졌으며, 이 모두가 서로를 상호 발전시키면서 함께 작용한 덕분에 전체 시대가 기술 발전의 면에서 성장할 수 있었다. 간단히 말해서, 이 시대는 인간의 재능과 노력을 기계로 대체하는 과정을 통해 조직화되었다. 무생물에서 얻은 열이 동물과 인간의 근육을 대신했다. 더군다나 이런 변화는 실행 가능한 노동의 양, 즉 노동의 규모와 범위를 향상시켰다. 그것은 '혁명적'인 파급 효과였다.

두말할 것 없이 1750년 이후 증기엔진과 같은 혁신 기술들이 진정한 산업혁명을 낳았다. 경제사학자 조엘 모키르Joel Mokyr는 이렇게 적었다. "만약 유럽의 기술이 (1200년경의 이슬람, 1450년경의 중국과 1600년경의 일본이 그랬던 것처럼) 도중에 멈추어 섰다면, 전 지구의 평형 상태는 현상 유지에 머물렀을 것이다."[6] 하지만 그다음 두 세기에 걸쳐 인류의 삶은 이전 7,000년 동안의 변화보다 훨씬 더 많이 변했다. 이런 변화의 뿌리에는 기계 그리고 신기술들을 일상생활에 적용하는 데 여념이 없었던 산업사회가 있었고, 그 신기술 각각은 새롭고 유연하여 확장 가능한 에너지원에 의존했다.

《둠스데이 북》에서 남부 및 동부 잉글랜드에 6,000기 남짓의 밀이 있었다고 소개한 1086년부터, 물의 흐름을 이용한 수직형 오버샷 수차들이 제분이나 절단을 위해 사용되었다. 또한 언더샷 수차와 같은 설계의 혁신 덕분에 초기 기술자들은 어떤 강이나 개천에도 설치할 수 있는 조립형 수차를 제작할 수 있었고, 이런 잠재력 덕분에 공동체들은 그에 맞추어서 거주 위치를 정할 수 있었다. 스밀은 이렇게 적고 있다. "19세기의 시작부터 60년 동안 사상 유례가 없을 만큼 수력 용량이 더 커졌다. 그리고 이후에는 전기가 일차 원동력 시장을 정복해나갔다."[7]

이처럼 확연히 다른 성과들을 통해 알 수 있듯이, 영국과 미국에서 수력 기반의 공장 시스템이 확대되며 화석연료를 이용한 이후의 산업 팽창에 중요한 기반이 마련되었다. 직물 산업은 이전의 제한적 단계의 산업화 기술로부터 성장했지만, 사업가들은 새롭고 진정으로 혁명적인 수준의 규모와 복잡성을 추구했다.

에너지 사용 규모의 확대로 인해 직물 공장들이 생겨났는데, 그중 하나인 매사추세츠 주 로웰에 있던 직물 공장은 1823년 미국 최초의 완전 통합형 의류 제조업체가 되었다. 메리맥 강의 완전히 상업화된 물줄기가 수천 명을 고용한 드넓은 혁신적 공장들의 에너지원이 되었다. 마찬가지로 1840년에 스코틀랜드 그리녹에 있는 MW 쇼 급수장은 30개의 수차를 가동했으며, 1854년 세계 최대의 수차인 레이디 이사벨라가 맨 섬에서 처음 가동되어 랙시 탄광에서 물을 길어 올렸다.[8]

사라진 걸림돌

다른 모든 변화들이 그렇듯, 석탄에서 얻는 에너지를 사용하는 방향으로 나아가는 데에는 수세기 동안 이를 방해했던 문화적, 법적 및 사회적 걸림돌이 가득했다. 석탄은 1200년대 동안 잉글랜드의 여러 지역에서 발견되고 채굴되었고, 그중에 뉴캐슬이 주도적인 석탄 공급지였다. 탄광 근처에 사업체들이 등장했을 때, 타인 강이 석탄을 다른 지역으로 운송하는 역할을 했다. 초기의 광산업자들은 지하 탄광이 물에 침수되지 않게 하려고 물과 고군분투를 벌였는데, 프리스는 이렇게 적고 있다. "잉글랜드기 석탄을 많이 사용할 수 있었던 까닭은 오로지 그 나라가 물이 풍부해서 물길로 석탄을 시장에 운송할 수 있었기 때문이다."[9]

초창기 석탄 산업 발전의 가장 큰 제약은 별다른 게 아니었다. 타인 강을 따라 매장되어 있는 대부분의 석탄이 로마 가톨릭교회가 소유한 토지 아래에 놓여 있었다. 뉴캐슬 지역에는 교회가 나중에 영국의 총 생산량의 거의 절반을 공급하게 될 대다수 탄광층을 장악하고 있었다. 하지만 교회는 그 자원을 개발하기를 꺼려했다(거의 무관심했다고 할 수 있다). 교회는 이후에 혁명적 발전을 촉발할 대규모의 문화적 및 기술적 혁신을 위한 동력이 부족했다. 잉글랜드에서 군주들은 사유지에서 발견된 귀중한 광물을 거두어갔다. 하지만 석탄은 목재나 토탄과 한 묶음으로 취급되었으며, 토지 소유주의 몫이었다. 또한 탄부들은 사실상 노예라고 할 수 있는 농노로서, 생계를 위해 농사를 지으면서 틈틈이 석탄 채굴을 했다. 프리스는 초기의 석탄에 관해 이렇게 적고 있다. "이 소박하고 아마도 거름에 묻혀 있었을 연료는 세상의 관심사 밖이었다."[10]

그러다 작은 사업체 소유자들(주로 한때 농노였던 이들)이 1200년대 후반에 교회로부터 석탄 교역의 통제권을 빼앗아오려고 애쓰기 시작했다. 이런 노력은 그다음 몇 세기 동안 천천히 성공을 거두었다. 대규모의 전환을 촉발할 만큼 석탄의 사용이 빠르게 이루어지지 않은 까닭은 석탄의 더러움에 대한 사회적 불만과 심지어 혐오 때문이었다. 특히 태울 때 발생하는 골칫거리인 연기로 인해 농노에서부터 알리에노르 다키텐 여공작 Aliénor d'Aquitaine에 이르기까지 사람들은 일상생활에 석탄을 사용하지 않으려 했다. 따라서 난방과 조리를 위해 가정에서 쓰는 불은 대체로 지난 수십만 년 동안 인간이 사용했던 불과 별반 다르지 않았다.[11]

1285년부터 에드워드 1세가 석탄 연기 문제를 연구해서 해결해줄 다양한 위원회를 설립했다. 하지만 이것이 새로운 원동력으로 전환이 이루어진 핵심적인 이유는 아니었다. 분명 나무땔감에서 석탄으로의 전환은 주로 목재의 공급 감소, 특히 잉글랜드에서의 공급 감소에서 비롯되었다. 하지만 줄어드는 목재 공급으로 인한 압박은 1300년대의 흑사병으로 약간 완화되었다. 흑사병으로 잉글랜드의 인구가 너무나 많이 줄어드는 바람에 숲이 어느 정도 복원되었고 에너지 전환이 필요 없어졌기 때문이다. 게다가 심지어 웨일스 사람들은 림프절 페스트로 인해 인체에 생기는 가래톳(사타구니의 림프절이 부어 오른 멍울)을 "불타는 잉걸불"처럼 풀풀 날리는 "얇은 씨콜의 부서진 조각들"이라고 불렀다.[12] 이런 묘사는 석탄의 필요성을 알리는 데 도움이 되지 않았다.

지표면 근처의 석탄은 수천 년 동안 변하지 않았지만, 그것과 상호작용하는 인간 사회는 1500년대에 들어서며 급변하고 있었다. 이른바 산업혁명으로 이어지는 전환은 석탄 채굴 과정이 더욱 복잡해지면서 시작되었지만, 이는 헨리 8세의 결혼생활에 문제가 발생하지 않았다면 생기지 않았을지도 모른다. 1500년대 중반에는 채굴하기 가장 쉬운 석탄층이 이용되고 있었으나, 새로운 탄광을 개척하기 위한 투자가 필요해졌다. 하지만 교회는 새로운 탄광 개발에 관심이 없었고, 여전히 단기 임대를 통해 탄광을 운영하고 있었다. 이런 관행이 완전히 바뀌게 된 계기는 헨리 8세가 아들을 낳지 못한다는 이유로 아라곤의 캐서린Catherine of Aragon 왕비와의 혼인 관계를 끝내면서였다. 교황이 헨리 8세에게 이혼을 허용하지 않자, 잉글랜드는 로마 가톨릭교회와 완전히 갈라섰다. 그 결과 1536년에서 1539년 사이에 헨리 8세는 국가의 수도원들을 해체하고 토지를 몰수했다. 이때 몰수된 토지 중에 잉글랜드에서 가장 석탄 매장량이 많은 탄광들 중 일부도 포함되어 있었다. 이후 헨리 8세의 딸 엘리자베스가 1558년 왕위에 오르며 석탄으로의 전환을 이끄는 데 주도적인 역할을 했다.[13]

위대한 전환이 이루어지다

기술사가들이 '위대한 전환'이라고 부르는 것이 꼭 1700년대 중반의 신기술의 등장을 가리키진 않는다. 인간의 일상생활 방식을 혁신시키는 지점에 도달하려면, 지적인 사고에 "위대한 전환"이 이루어져 앞에서 논의했던 에너지 사용에서 산업적으로 큰 변화가 일어나야 한다. 목재나 숯과 같은 생물연료들이 오랜 세월 사용되긴 했지만, 그것으로는 기계들을 사용하기 위한 완전히 새로운 기반시설을 뒷받침할 수 없었다. 하지만 석탄이 1600년대 동안 새로운 산업을 위한 원동력으로 등장하며 그다음 세기의 일상생활도 완전히 달라졌다.

잉글랜드가 1500년대에 심각한 목재 부족을 겪은 이후, 잉글랜드의 기존 탄광 대다수가 1540년부터 1640년 사이에 개발되었다. 1650년이 되자 연간 석탄 생산량은 200만 톤을 넘었고, 1700년대 말에는 1,000만 톤까지 증가했다.[14] 사업가들은 석탄이라는 새로운 에너지 자원에서 당시 이용되던 어떤 자원보다 훨씬 뛰어난 잠재력을 보았으며, 석탄으로 전환하는 시기의 온갖 복잡한 과정들이 영국인의 생활의 모든 측면에 변화를 가져오기 시작했다. 농부들의 평온한 가정생활, 대다수 산업 그리고 영국 해군의 힘도 1500년대에 발생한 목재 부족의 영향을 받았다. 목재 벌채를 제한하는 법안이 통과되었고, 목재 부족 현상을 연구할 위원회가 가동되었다. 프리스는 이렇게 적고 있다. "숲이 계속 줄어들면서, 연료 부족이 나라 전체의 인구 증가를 늦추었다. … 하지만 석탄 덕분에 에너지 위기는 대단히 심해지지는 않았다."[15] 비록 상류층 사용자들이 처음에는 먼지와 연기 때문에 가정 난방을 꺼려하긴 했지만, 1600년대가 시작되고 몇 십 년이 흘렀을 즈음에는 부자든 빈자든 런던의 가정들은 석탄으로 난방을 했다.

런던은 그다음 세기에 급격히 성장했는데, 1750년에 런던이 유럽 최대의 도시가 된 주된 원인은 석탄이라는 에너지원 때문이었다. 이 전환의 상징은 석탄을 이용한 생활이 가능하도록 개발된 기술, 즉 굴뚝이었다. 난방과 요리를 위해서 실내에서 불을 피울 수 있도록 개발된 난로에는 나무를 땔 때에도 굴뚝이 있었다. 하지만 난로에 석탄을 때기 시작하며 공기가 더 잘 유입되게 하고 검은 연기를 집 밖으로 잘 내보내기 위해서, 혹은 그런 기대로 굴뚝은 더 좁게 만들어졌다.

정확히 무엇이 타고 있는지도 대단히 중요했다. 특히 가정에서 사용될 때, 석탄은 훨씬 더 깨끗하게 타는 숯을 만들기 위해 종종 토탄과 함께 이용되었다. '씨콜Sea cole'이라는 명칭은 탄광에서 가장 가까운 북쪽 항구들로부터 템스 강 하류의 부두까지 배로 그 석탄을 날랐기 때문에 붙은 이름이다. 그런데 사실 이 석탄은 역청탄, 즉 무른 연탄軟炭이었다. 1603년에 엘리자베스의 뒤를 이어 스코틀랜드의 제임스 6세가 잉글랜드의 제임스 1세가 되었을 때, 그는 런던의 모든 가정에서 석탄을 때라고 명령했다. 아울러 자신의 모국인 스코틀랜드에서 단단하고 연기가 나지 않는 무연탄을 수입해오라고 명령했다. 이로써 석탄의 진짜 혁명이 시작되었지만, 그것이 제 모습을 드러내는 데에는 추가적인 혁신이 필요했다.

세계사를 바꾼 기술 | 석탄

석탄을 태워서 에너지를 얻는 데 대한 잠재적 위험성을 언급했던 역사적 기록이 있다. 《푸미푸기움Fumifugium》은 공해의 문제점을 최초로 고발한 책으로, 그 발췌문이 오늘날의 생태학 교재에 종종 인용된다. 이 책에서 영국인 작가이자 하급 공무원인 존 이블린John Evelyn은 잉글랜드의 찰스 2세에게 자신이 관찰한 내용을 알린다. 당시에는 별로 주목받지 못했지만, 그는 산업적 변화를 바라보는 세간의 시각과 분명히 다른 견해를 드러낸다. 아래는 그가 쓴 글의 발췌문이다.

어느 날 제가 화이트홀에 있는 전하의 궁전(가끔 제가 영광스럽게도 만백성의 기쁨인 전하의 빛나는 용안을 뵙고서 생기를 되찾는 곳)에서 걷고 있을 때, 독한 연기가 노섬벌랜드 하우스Northumberland House 근처의 한두 개 굴뚝에서 뿜어져 나왔고, 스코틀랜드 야드Scotland Yard에서 멀지 않은 곳에서 연기가 들이닥쳤습니다. 그래서 모든 방과 회랑과 주변 장소들이 연기로 가득 차게 되었는데, 연기가 너무 심했던지라 사람들은 서로 누가 누군지 알아보지 못했고 몸을 지탱하지 못했습니다. 저로서는 이 해로운 사건을 오랫동안 자주 접해왔기에 그다지 개의치 않았습니다. 하지만 전하에게 끼칠 피해와 더불어 전하의 건강에 해롭다는 점 때문에 그 연기에 대한 저의 이러한 분노에 불이 붙었사오며, 그런 사정으로 이 글월을 작성하게 되었습니다.

고귀한 건물, 정원, 그림 및 왕실의 모든 장관을 사랑하시는 전하께서는 이 엄청난 골칫거리에서 벗어나셔야 마땅하옵니다. 또한 이런 연기는 광택과 아름다움에 크나큰 적이 됩니다. 일단 연기가 들어오고 나면 어떤 것도 타고난 장엄함과 완벽함을 오랫동안 지속할 수가 없습니다. 이 자리에서 꼭 말씀드려야 할 것이 있사온데, 전하의 유일한 누이이자 현재 오를레앙의 공작부인

이며 영롱하고 고귀한 공주님도 근래에 이 도시에 계시온데, 공주님께서도 제 말을 들으시고, 전하의 궁전에 머물 때 이 연기가 가슴과 폐에 미치는 효과를 불평하였습니다. 저는 대단히 두려워하지 않을 수가 없사온데, (다른 나라의 훌륭한 공기에 오랫동안 익숙하셨던) 전하께서도 그런 면에서 또한 마찬가지로 불편을 겪으실지 모르는데, 특히 그 해악이 너무나 널리 퍼져 있기 때문입니다. 전하의 백성들의 건강도 위태롭게 함으로써 전하의 영광에도 누가 될지 모릅니다.

전하, 저는 이 짧은 담론에서 어떻게 이 해로운 골칫거리를 해결할 수 있는지에 관한 방책을 마련하였습니다. 또한 공기에서 현재 느끼는 불편함을 제거할 뿐만 아니라, (그걸 없앰으로써) 전하의 궁전뿐만 아니라 도시 전체를 전 세계에서 가장 아름답고 가장 멋진 거주지로 바꾸어놓을 방책도 마련하였습니다. 게다가 비용도 거의 들지 않습니다.

런던을 늘 에워싸고 우리의 폐와 정신을 질식시키고 벽걸이를 망치고 쇠를 녹슬게 하는 것은 바로 석탄 연기입니다. 교회에서 일요일의 기침 소리를 들었던 어느 누구도 이 연기를 비웃지 못하게 하소서.[16]

온실효과를 예측한 과학자들

환경오염의 급증은 산업혁명과 큰 관련이 있었다. 중요한 점을 꼽자면, 초기 과학자들도 1700년대 후반에 석탄 연소로 인한 오염이 의미하는 바를 알아차렸다는 것이다. 하지만 그런 통찰은 대부분 화석연료 연소로 인한 급격한 경제 성장에 압도당했다. 이 문제를 이해하려는 연구는 1800년대 말에 가서야 재개되었다.

프랑스 화학자 장 밥티스트 조제프 푸리에Jean-Baptiste Joseph Fourier와 아일랜드의 박물학자 존 틴들John Tyndall의 초기 연구를 바탕으로 스웨덴 화학자 스반테 아우구스트 아레니우스Svante August Arrhenius는 1928년에 세상을 떠나기 전까지 은밀히 '온실' 이론을 연구했다. 그것은 환경오염이 지구의 대기에 미치는 영향을 모형화한 이론이었다. 1990년에 기후변화를 논의하기 시작하면서, 과학자들은 아레니우스가 1890년대에 쓴 논문하나를 발견해냈다. 과학사가인 게일 크리스티안슨Gale Christianson에 따르면, 그 논문에서 "아레니우스는 화석연료의 대량 소비가 기온을 높일 수 있다는 놀라운 통찰을 내놓았다"[17]

1883년 인도네시아 남서쪽의 크라카타우 화산이 폭발했을 때, 전 세계의 여러 과학자들이 화산 폭발이 대기에 미치는 영향을 기록했다. 크라카타우 바람이라고 불린 미세한 화산 먼지 입자들이 지구를 빙빙 돌면서 햇빛을 산란시켰다. 과학자들은 비슷한 사건들이 과거에도 주기적으로 빙하의 이동을 가져왔다고 짐작했다. 하지만 아레니우스는 "탄산, 황화수소 및 염산과 같은 휘발성이 큰 성분들이 넓은 지역에 퍼져서 열기와 독성으로 모든 생명체를 파괴할지 모른다"라며 화산 폭발의 내용물을 강조했다.[18]

이후 수십 년 동안 아레니우스는 이론 모형을 고안했는데, 이 모형에서는 '온실hothouse'이라는 용어를 사용하여 나중에 "온실효과greenhouse effect"로 불리게 될 현상을 기술했다. 아레니우스는 특히 수증기와 이산화탄소에 집중하여 어떻게 대기 성분의 의미심장한 변화가 전 지구적인 기온 변화를 촉발하는지를 증명해냈다. 그의 가설을 확장해보면, 그런 기체들의 압도적인 변화로 지구에 또 다시 빙하시대가 올 수 있다. 그가 주장한 기술적 내용들이 대체로 부정할 수 없게 보였음에도 정작 아레니우스 자신은 인간의 능력이 전 지구적인 영향을 미칠 수 있다는 생각에 대해서는 아직은 매우 회의적이라고 이야기했다. 1908년에 그가 발표한 문헌을 보면, 지구의 이산화탄소 양이 두 배가 되려면 3,000년 이상이 걸린다고 나와 있다. 이처럼 홀로 과학적 주장을 펼친 아레니우스는 1903년 노벨화학상을 수상했다. 그런 명성에도 불구하고, 아레니우스를 비롯한 초기 과학자들은 이런 예측을 하면서 실제로 벌어진 (혁명적이라고 할 만한) 화석연료 사용의 엄청난 증가와 이를 가능하게 만든 혁신 기술들을 간과했다.

증기기관, 산업 시스템을 확립하다

증기기관은 활용도가 높아서 점점 더 다양한 용도로 석탄을 활용할 수 있게 만들었고, 결국 그다음 세기에 산업화의 혁명을 가져왔다. 1700년대 탄광 지역의 노동력 증가는 새로운 경제적 및 사회적 계층화를 촉진했다. 역사가 캐럴 프리스Carol Freese는 이에 대해 다음과 같이 적고 있다.

> 석탄은 계급 사이에 새로운 격차를 만들어냈다. 중세의 농부들과 장인들에게도 나름대로의 시련과 고통이 있었지만, 17세기 탄광 지역의 광부들처럼 이웃들에게서 분리되지는 않았다.[19]

이 새로운 노동 계급은 오랜 세월 동안 작업 환경 개선을 위해 스스로를 조직화하지 못했다. 스코틀랜드의 경우 광부들은 일종의 산업 농노로 탄광 소유주에게 묶여 있었으며, 가족들도 수세대 동안 노예 상태로 지냈다.

형편없는 작업장이었던 이 초기의 탄광에는 온갖 위험들이 득실거렸다. 광부는 여러 직업 가운데에서도 가장 위험한 직업이었을지 모른다. 광부들은 비좁은 환경에서 힘겨운 노동에 시달렸을 뿐만 아니라, 화재, 익사, 천장 붕괴 및 산소 부족을 걱정하면서 캄캄한 어둠 속에서 일했다. "초그 댐프choke damp"라고 불린 이산화탄소 (그리고 다른 치명적인 가스) 내지 "화이트 댐프white damp"라고 불린 일산화탄소가 탄광 안에 쌓이면서 광부들은 순식간에 또는 천천히 중독될 수 있었다. 위험하기 그지없는 일산화탄소 때문에 광부들은 (카나리아나 생쥐 같은) 작은 동물을 우리에 넣어 작업장에 들고 와서는 독가스의 경고 장치로 삼기까지 했다. 그리고 "파이어 댐프fire damp"는 쉭쉭 소리를 내며 새어나오는 가연성 메탄을 가리키는 용어였는데, 이 기체는 탄층에서 새어나와서 랜턴 불꽃과 닿으면 불이 붙거나 폭발을 일으키곤 했다. 또 한 가지 기억해야 할 것은 탄광의 유일한 작업장 조명은 덮개 없는 옥외 불꽃이었다. 뉴캐슬 같은 지역들에서 끔찍한 탄광 폭발은 흔한 일이었다.

펌프와 증기기관의 사용이 폭발적으로 늘어난 것은 탄광 산업이 1700년대에 얼마나 빠르게 확대되었는지를 보여주는 증거라고 할 수 있다. 비용을 들여 새로운 기계들을 도입한 덕분에 훨씬 더 큰 규모의 탄광이 생겨나고 더 많은 노동력을 추구하는 경향이 가속화되었는데, 이는 회사들이 새로운 기계의 구입 때문에 지출한 큰 비용을 회수할 수 있는 가장 좋은 방법이었다. 이런 확장과 성장세가 지속되면서 탄광업은 금세 영국의 가장 큰 산업이 되었다.

1700년이 되자 영국의 석탄 생산은 1550년대의 10배로 성장했으며, 석탄의 잠재력은 목재를 훨씬 뛰어넘었다. 추산하기로, 1700년에 영국의 석탄 채굴량은 전 세계의 모든 나라가 채굴한 석탄보다 5배나 많았다.[20] 따라서 석탄에서 얻은 에너지를 수익을 얻기 위해 적절히 사용하려는 시도가 초기 산업혁명의 결정적인 특징이 되었다.

광부들의 노동으로 생산된 석탄은 세계를 변화시키고 있었으며, 이 세상에서 "가진 자들"에 속한다는 것이 어떤 의미인지 보여주는 원료가 되었다. 석탄 사용에서 사회의 상호관련성에 대해 날카로운 통찰을 보여준 작가 대니얼 디포Daniel Defoe는 뉴캐슬에 관해 다음과 같이 적고 있다.

> 런던에 있으면서 어마어마하게 많은 배들이 점점 커지고 있는 이 도시에 사용될 석탄들을 싣고서 줄기차게 들어오는 모습을 볼 때, 우리는 그 배들이 어디에서 오는지, 한 나라를 통째로 들고 오는 것은 아닌지 의문이 들곤 한다. 한편으로는 이 엄청난 양의 석탄 더미들을 볼 때, 다시 말해 모든 탄광에서 파낸 산더미 같은 석탄들을 볼 때, 이런 탄광이 얼마나 많으며 그 많은 석탄을 소비할 수 있는 사람들이 도대체 어디에 살고 있는지 마찬가지로 의문에 잠기게 된다.[21]

석탄을 때서 증기를 만드는 능력은 에너지 전환을 촉진하는 놀라운 요소였다. 제임스 와트를 비롯한 많은 사람들은 기본적인 증기기관 설계를 채택한 다음에 그것을 다양한 산업적 용도로 사용하기 시작했다. 1770년대에 이르러 이런 엔진들은 여전히 석탄으로 증기를 가열하긴 하지만, 같은 양의 석탄에서 이전보다 네 배나 많은 동력을 뽑아냈다. 제임스 와트의 증기기관은 제철, 양수는 물론이고 마침내 운송과 같은 목적 등 다양한 방식으로 사용되었다. 증기기관으로 석탄과 철, 모두에 대한 수요가 증가했고, 그 결과 각 제품의 생산이 더 쉬워졌다. 석탄 생산이 더 쉬워지자, 더 많은 사람들이 더 다양한 용도에서 증기기관을 사용하게 되었다. 그 결과 증기기관은 인간의 생활방식에 진정한 혁명을 가져다준 동력이 되었다. 프리스는 "증기력이 공장 시스템을 창조한 것은 아니지만, 산업 활동의 규모와 속성 및 위치를 돌이킬 수 없게 변화시켰다"라고 말했다.[22]

2장에서 살펴봤듯이, 영국에서 산업화는 석탄의 동력 없이 수력으로 가동되는 직물 공장에서 뿌리를 내렸다. 리처드 아크라이트Richard Arkwright와 새뮤얼 크롬프턴Samuel Crompton과 같은 혁신가들이 단순한 수차만으로 작동하는 베틀과 실감개의 정교한 시스템을 만들어낸 덕분이었다. 제니 방적기 시스템이 널리 사용되면서 방적 공장에서는 수천 명의 노동자를 고용했다. 하지만 증기기관은 이런 산업화를 새로운 수준으로 끌어올렸다. 예를 들어 영국에서는 증기기관의 잠재력을 이용해 주로 수차를 사용하던 방적 산업의 한계들을 극복할 수 있었다. 이제 더 이상 공장은 댐 등의 기반시설을 지을 수 있는 강가에 위치할 필요가 없었다.

런던과 그 주변 지역에 우뚝 솟아 있는 거대한 공장의 굴뚝은 곧 석탄 동력이라는 새 시대의 상징이 되었다. 1800년대 중반이 되면서 이 산업용 굴뚝들은 매년 100개 이상 솟아오르고 있었다. 도시 경관을 확 바꾼 이 굴뚝의 높이는 10미터가 훌쩍 넘었다. 그런 굴뚝을 짓는 데는 50만 장에서 100만 장까지의 벽돌이 사용되었으며, 접착제로는 천천히 마르는 석회가 든 회반죽이 쓰였다. 굴뚝은 화씨 1,200도에 이르는 뜨거운 기체를 견뎌야 했다. 사람들은 굴뚝이 높을수록 더러운 연기를 공장에서 빼내어 공기 중으로 내보낼 수 있다고 생각했다. 산업에 의한 오염을 제대로 이해하고 내린 판단은 아니었지만, 그런 굴뚝에서 석탄을 동력으로 한 산업에 단점이 있다는 초기의 인식을 엿볼 수 있다.

1800년대 중반까지 한 지역의 산업용 굴뚝의 크기는 그 지역의 영광의 배지 같은 것이었다. 가령 1857년 글래스고의 포트던다스 화학공장은 138미터 높이의 굴뚝을 세웠다(굳이 비교를 하자면 기자의 대피라미드보다 약 9미터 낮다). 이 높이의 굴뚝을 만들기 위한 사전 작업으로, 5만 2,000 제곱미터 넓이의 단단한 석회석 기초를 세워야 했다. 그 굴뚝은 아래의 외부 직경이 10미터가 조금 넘었지만, 위로 갈수록 가늘어져서 꼭대기 부분의 직경은 4미터 남짓이었다. 그런 구조는 무너질 위험성이 컸으며 실제로도 종종 무너졌다. 기초 아래에 안전한 지반을 만들지 않은 탓에 굴뚝을 건설하는 동안이나 완공한 직후에 굴뚝이 붕괴되는 일이 종종 벌어졌다. 독성 배기가스를 날려 보낼 줄 알았던 바람이 많은 굴뚝까지 날려 보내기도 했다. 이런 위험성 때문에 많은 기술자들은 사각형 굴뚝보다 원형 굴뚝을 선호했다.[23]

1889년 한 기술자는 이렇게 적었다. "모든 냇가나 발전소에서 보이는 전 세계에서 가장 두드러진 특징 그리고 한 마을이나 도시의 제조업 성격이 가장 쉽게 구별되는 특징은 굴뚝이다."[24] 산업 공장 시스템의 핵심적 배경이라 할 수 있는 굴뚝의 확장은 미국 회사 웨버 컴퍼티가 1903년에서 1910년 사이에 1,000개가 넘는 시멘트 굴뚝을 세울 때까지 계속되었다. 이로써 벽돌과 회반죽으로 만든 빅토리아 시대의 상징들은 사라지고, 금속과 시멘트 괴물들로 대체되었다.

증기기관, 산업화의 동력을 제공하다

인간 생활을 혁신할 수 있는 수준으로 석탄 공급을 늘리기 위해, 탄광 소유주들은 인간이 광물을 획득하는 탄광을 길들여야 했다. 이런 유례없는 상황에서 증기기관이라는 장치는 이런 목적을 달성하는 데 도움이 되었을 뿐만 아니라 다양한 방식으로 산업화에 동력을 제공하기도 했다.

증기기관의 기본 아이디어는 새로운 시대의 일부 혁명적 지식인들에게서 시작되었다. 이들은 인간 생활의 모든 측면에 중대한 변화를 가져올 혁신적 기술을 자유롭고 공개적으로 탐구했다. 가령 증기기관의 기초인 피스톤이라는 아이디어는 지구에 대기가 존재한다는 사실을 깨달은 후에 나타났다. 물론 다른 사회에서도 지구에 물체를 고정시켜주는 대기와 압력이라는 개념을 생각해냈지만, 이 효과를 축소된 형태로 재현해내기 위해 숙고하기 시작한 이들은 유럽인이었다.[25]

1600년대 중반에 영국인 기술자들이 응축을 이용하여 반복되는 진공 상태를 만들어내서 동력을 얻는 기계를 실험했다. 그런 장치의 최초 모델을 만든 사람이 드니 파팽Denis Papin인데, 그는 1691년에 증기를 이용하여 실린더 내부에서 움직이는 피스톤의 원형을 제작했다. 하지만 이 장치는 상업용으로는 믿을 만하게 작동하지 않았는데, 왜냐하면 온도를 제어할 수 없었기 때문이다. 이런 피스톤 때문에 증기기관은 연속적이고 안정적으로 일정한 힘을 발생시킬 때에만 사용할 수 있었다.

1712년 토머스 뉴커먼Thomas Newcomen이 물이 든 기계를 가열했다 냉각하는 과정을 반복하여 동력을 발생시키는 데 필요한 압력을 얻어냈다. 다트머스 출신의 철물상이었던 뉴커먼 집안은 헨리 8세의 혁명적 변화 이후에 토지를 잃었다. 그가 완성한 기관은 그 집안이 가지고 있는 재산 중에서도 특별한 목적이 있었다. 걸핏하면 탄광에 흘러들어와 탄광을 무용지물로 만들고 석탄을 캐낼 수 없게 만드는 물을 빼내는 것이었다. 그가 성공적으로 완성한 증기기관은 침수된 탄광에서 물을 빼내는 데만 사용되었다.

뉴커먼이 개발한 증기기관의 원리는 다음과 같았다. 단일 피스톤에 유입된 작은 차가운 물줄기를 가열하여 완전한 증기 상태로 바꾸면 피스톤을 아래로 미는 압력이 생기고, 이 압력이 흡입 펌프 막대기를 올려 땅

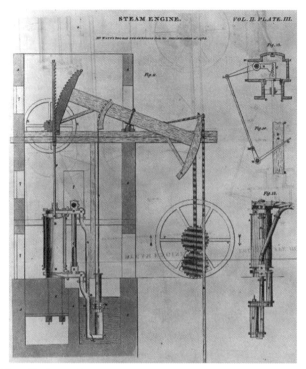

증기기관은 석탄을 연료로 사용하는 기술이었지만, 또한 지하 탄광에서 침수된 물을 빼냄으로써 석탄 공급량을 증가시키는 인간의 능력을 향상시켰다. ⓒLibrary of Congress Prints and Photographs Division

속의 물을 지면으로 끌어올리는 것이었다. 이 증기기관은 광산 갱도 바로 위에 설치되어 사람들이 지속적으로 보일러에 석탄을 투입하면서 목적을 달성할 수 있었다. 기계로서 초기의 증기기관은 엄청나게 비효율적이었고, 지속적으로 연료를 투입해야 했기에 탄광만이 증기기관을 이용하기에 적합한 유일한 장소였다.

뉴커먼의 증기기관은 영국 기술자들이 복제하기에 꽤 단순했기에, 1730년에 금세 벨기에, 프랑스, 독일, 스페인, 헝가리 및 스웨덴으로 퍼져나갔다. 효율이 부족했고 대규모 동력을 생산하지는 못했지만, 뉴커먼 증기기관은 열에너지를 운동에너지로 전환해주는, 경제적으로 현실성 있는 최초의 기계였다. 다양한 에너지원에 의해 동력을 얻는다는 이 개념이야말로 산업혁명을 이끌게 되는 유연한 동력원이었다.

단기적으로 볼 때, 증기기관을 이용함으로써 매장되어 있는 광대한 양의 무연탄을 새롭게 사용할 수 있게 되었다. 탄광 지역 어디에서든 지하침수의 문제기 광부와 탄광 소유주를 괴롭혔는데, 특히 해안가에 위치한 탄광들이 더 심했다. 증기기관이 이 문제를 해결함으로써, 폐광이 새로 개발되었고 전체 석탄 공급량이 엄청나게 증가하였다.

무연탄에서 시작된 미국의 팽창

이처럼 증기기관의 성능이 좋아지면서 막대한 양의 석탄이 공급되었다. 특히 미국에서는 무연탄, 즉 경탄硬炭이 가장 혁신적인 역할을 했다. 하지만 그 과정은 1600년대에 시작된 유럽인들의 기본적인 정착 활동에 뿌리를 두었다. 유럽 세력들은 범선을 이용하여 세계 곳곳에서 자신들에게 필요한 자원들을 찾아냈다. 그 결과 유럽의 중상주의 국가들은 식민지를 건설하기 시작했다. 북아메리카에서 정착 활동은 우선 농사에서부터 시작되었다. 하지만 미국이 발전하면서 유럽에서 완성된 기술들과 새롭게 개발된 신기술들을 사용하는 산업에 중점을 두었다. 각각의 사업을 연결하는 핵심은 에너지가 신생 국가를 발전시키는 데 꼭 필요한 원동력이었다. 미국은 일종의 실험실처럼 국가 전체를 발전시키는 데 온갖 산업적 방법들을 광범위하게 적용했는데, 이를 가리켜 "원대한 실험grand experiment"이라고 일컫는다.

1800년대 초반의 미국은 여전히 화석연료의 지속 가능한 대안으로 여겨진 에너지 기술에 의존했다. 하지만 사업가들이 숲의 사용을 확대하면서 전환이 시작되었고, 이는 추가적인 에너지원들까지 포함할 수 있는 기반시설을 만들어냈다. 하지만 이런 자원들 중 일부는 획득과 관리가 어려웠다. 그런 자원들을 획득하려면, 기존의 생활 방식들의 변화와 더불어 완전히 별도의 기술 혁신들이 필요했다. 한 신학자의 말에 따르면, 북아메리카의 지표의 석탄은, "창조주의 손으로 매우 신중하게 흩뿌려졌기에, 비록 오래 묻혀 있었더라도 귀중한 씨앗은 결국에는 솟아올라 영광스러운 수확을 가져다줄 운명이었다"[26]

1800년대 초반만 해도 목재나 (나무에서 얻은) 숯이 미국의 난방 및 에너지 생산 수요의 대부분을 충족시켰다. 이 상태는 1812년 전쟁 동안 급변했다. 교역 갈등으로 인해 미국과 영국이 맞붙은 이 전쟁은 1815년에 교착상태를 끝냈다. 앞에서 살펴보았듯이, 이 충돌은 미국인 선원들을 영국 해군에 복무하도록 강제 징집한 것이 발단이 되었다. 하지만 바다에서 영국의 주요한 해양 정책은 미국 항구로 들어가는 교역의 방해였다. 2장에서 다루었듯이 필라델피아의 경우 영국의 봉쇄로 인해 경제가 마비되었다.

1800년대 초반에서 중반까지 산업혁명이 유럽 전역을 휩쓸고 세계의 다른 지역들로도 퍼지면서, 그 영향을 가장 많이 받은 국가들은 원자재가 풍부했으며 경제 발전에서 개인적 자유를 중시하는 나라들이었다. 그런면에서 미국이 이 세계에서 주도적인 역할을 했다. 자유 경제와 석탄, 이후에는 석유와 같은 엄청난 양의 원자재에 대한 관심 덕분에 미국은 1900년대 초반에 전 세계의 산업 선도국이 되었다. 산업화에 전적으로 몰두한 지 고작 40~50년 만의 성과였다. 경제적 번영, 몇몇에게 돌아간 막대한 부 그리고 일하고 싶은 거의 모든 사람들에게 주어진 일자리는 미국 산업의 성과였다. 하지만 산업화로 인해 천연자원을 집중적으로 사용하면서 발생한 또 하나의 결과는 환경오염이었다.

1850년부터 1960년까지의 산업화 시대에 많은 미국 사업가들은 단기적 이익을 쫓아서 온갖 장기적인 환경 문제들과 엉망진창 사태들을 초래했다. 이런 이익들 중 일부는 비할 데가 없는 사적 재산의 형태로 나타났다. 물론 미국 주위의 공동체들과 지역들을 위한 상기적인 경세 발전이 포함되었다. 하지만 이런 경제 전략의 바탕에는 천연자원을 획득하고 조작하여 활용하는 능력이 필요했다. 천연자원 획득의 중요성에 대해서는 모든 산업 공동체들이 어느 정도 느끼고 있었지만, 아마도 채굴 지역들에서 가장 두드러졌다. 특히 석탄 및 석유와 같은 에너지 자원을 채굴하는 지역들에서 그 중요성을 실감하고 있었다.[27]

미국 사회가 화석연료에서 동력을 얻는 발전의 주된 과정에 몰두할 때, 채굴과 생산의 증거는 곧 발전의 상징으로 여겨졌다. 자연을 보살피고 보존하기 위한 견제와 균형은 거의 존재하지 않았다. 19세기에는 지구 깊숙이 묻힌 탄화수소의 채굴이 가져오는 환경적 결과는 별 관심사가 아니었다. 대체로 산업계에서는 화석연료 때문에 발생한 환경 문제를 그로 인해서 가능했던 경제 발전을 위한 수단이라고만 여겼다. 연기, 오염물질 및 산업 활동으로 인한 폐수는 경제 발전을 알리는 진보적 상징으로 보였다.

철도가 사업체들을 연결하다

산업 발전은 펜실베이니아 등의 지역에서 탄광 개발을 촉진했을 뿐만 아니라, 관련 사업의 발전에도 이바지하고 동력을 제공했다. 더 많은 산업들이 미국인의 일상생활에 필수적인 것이 되었다. 대다수의 경우 이런 사업들은 저마다 석탄이나 다른 화석연료들을 태우는 데서부터 시작했기에 공해 문제가 만연해졌다. 미국 역사를 통틀어, 교통은 에너지 사용의 가장 중요한 적용 사례 중 하나였다. 석탄의 경우, 1800년대에 철도 덕분에 석탄 공급이 원활해졌고 석탄 에너지가 다른 수많은 활동에 사용될 수 있었다.

미국에서 철도의 계획과 건설은 19세기 동안 빠르게 발전했다. 일부 역사가들이 보기에는 빠르도 너무 빨랐다. 건설 허가를 내준 주 정부로부터 지휘나 감독을 거의 받지 않고서 철도 회사들은 땅의 소유권을 취득할 수 있는 노선을 건설하거나 최소한의 변경이 필요한 땅에 철도를 건설해나갔다. 그런 개발의 첫 단계는 가능한 경로의 측량을 완료하는 일이었다.

1840년 이전에 대다수 측량은 짧은 여객 노선에 대해 이루어졌는데, 이는 금전적으로 수익이 나지 않았다. 운하 회사들과의 치열한 경쟁으로 많은 철도 노선들이 착공 후 결국에는 부분적으로 완성된 상태에서 버려졌다. 최초의 진정한 성공은 1830년대에 보스턴 로웰 철도Boston and Lowell Railroad가 미들섹스 운하Middlesex Canal로부터 운송 물량을 빼냈을 때 일어났다. 몇몇 회사들이 철도를 통한 상품 운송의 경제적 가능성을 증명하고 나자, 다른 회사들도 북동부 미국 전역에서 뒤를 따랐다.

철도 건설 과정은 인간이 경관을 바라보는 시각의 재구성에서부터 시작되었다. 경사, 고도 그리고 산과 산 사이의 경로와 같은 사안들이 국가 지도 제작의 새로운 고려사항이 되었다. 보통의 경우 초기의 철도 노선 측량과 이후의 철도 건설은 민간 투자자들이 자금을 제공했다. 비교적 짧은 노선이 성공적이라고 판명나면, 투자자들은 더 큰 계획을 논의하기 시작했다. 이러한 확장형 철도 건설 덕분에 미국에는 놀라운 경제 발전을 위한 기반시설이 마련되었고, 산업혁명의 여파가 더욱 확대되었다.[28]

하지만 1850년대에 이런 변화의 가장 눈부신 사례는 석탄으로 작동하는 철도였다. 철도 네트워크의 확대 덕분에 미국의 산업도 확대될 수 있었다. 석탄 동력의 철도들이 신생 미국을 서로 연결시킴으로써 응집력이 강한 사회 및 산업 네트워크가 형성된 것이다. 이로써 미시적으로는 철도가 피츠버그와 시카고 같은 도시들에 철강 제조와 같은 산업 과정에 쓰일 원자재를 실어다주었다. 그리고 거시적으로는 철도 덕분에 미국 정착지들이 서부로 확대될 수 있었다.[29]

잔혹한 역설이긴 하지만, 1800년대 후반에 발전한 산업 시대는 본질적으로 교통에 의존했다. 길고 가느다란 산들이 펜실베이니아와 같은 애팔래치아 지역을 대각선으로 가로지르는 탓에, 미국은 원자재를 운송하는 데 지극히 불리한 지형이었다. 고립된 산악 지역을 개척하려면 자본가와 정치인의 노력이 필요했는데, 이들은 자신들의 자원과 영향력을 이용하여 석탄 혁명을 가능하게 만든 교통망을 만들어냈다. 운하는 탄전의 위대한 잠재력을 실현하기 위한 첫 단계였다. 하지만 곧 사업가들은 어디에나 놓을 수 있는 더 유연한 교통 시스템인 철도에 초점을 맞추었다. 철, 강철 및 다른 제품을 만들기 위한 원자재들을 한데 이어주던 철도는 산업화의 과정인 동시에 산물이었다.[30]

무연탄을 연료로 한 용광로에서 제작된 철로는 미국 전역에 걸쳐 교통로를 확장시켰다. 이 같은 교통의 혁명은 기업의 연료 공급과 도시 주민의 난방에도 혁명을 일으켰다. 이로써 더 많은 광부와 노동자들이 필요해졌다. 철도가 일으킨 이러한 사회문화적 결과가 미국인의 생활을 바꾸긴 했지만, 어쨌든 철도는 우선적으로 경제 사업이었다. 초보적인 수준이긴 했지만, 남북전쟁 전의 철도는 미국 경제를 완전히 새로 만들었는데, 특히 가격과 비용이라는 개념 자체를 재구성했다. 이전에만 해도 가격은 유료 도로, 증기선 및 운하를 통해 제품을 운송하는 데 걸리는 시간을 고려해 책정되었다. 하지만 처음부터 철도는 마차보다 비용이 상당히 쌌다. 이

후 철도가 더더욱 체계적으로 운영되면서 비용이 훨씬 더 저렴해졌다.[31]

대서양 연안과 태평양 연안을 연결하는 철도의 가능성이 곧 의회에서 논의되었다. 그러자 연방 차원에서 미국 서부의 지도를 자세히 작성하고 측량하려는 노력이 시작되었다. 일련의 측량을 통해 철도는 여러 가지 가능한 경로 중 어느 것이든 무방하다는 사실이 드러났다. 하지만 가장 비용이 적게 드는 것은 32번째 왕복 노선인 듯했다. 결국 남태평양철도Southern Pacific Railroad가 이 노선을 따라 건설되었다. 물론 이 결정은 매우 정치적이었다. 남쪽 노선은 북부 정치가들이 반대했으며, 북쪽 노선은 남부 정치가들이 반대했다.

정치적으로 의문이 남는 사안이긴 했지만, 1862년 철도법Railroad Act of 1862은 대륙횡단 철도에 대한 연방정부의 지지 의사를 담았으며, 명확하게 미국 경제 발전을 석탄과 연결시켰다. 이 법 덕분에 연합태평양철도Union Pacific Railroad가 생겨났고, 이 철도는 그 후 1869년 5월 10일 유타주의 프로몬토리에서 중앙태평양철도Central Pacific Railroad와 결합되어 대륙 연결 시대의 서막을 알렸다.

철도 건설은 19세기 후반 미국 생활의 지배적인 원동력이었다. 가장 인상적인 요소는 전체 국토의 풍경을 탈바꿈시키는 철도의 능력이었다. 1880년 이후 철도 산업은 미국의 환경을 뒤바꾸었고, 미국인의 사고방식을 말이 끄는 과거에서 벗어나 철마가 주도하는 미래로 향하게 했다.

강철 제조와 기반시설의 설립

철도의 건설 그리고 석탄 연소를 통한 동력 확보 방식 덕분에 전례 없던 규모와 범위로 온갖 산업 활동이 시작되었다. 철 제조는 1850년 이후 더욱 강력해진 산업화 방식으로 규모가 확대되었으며, 강철이야말로 이 새로운 시대의 능력들 중 가장 탁월한 사례일 것이다. 연결 장치로 철도를 이용함으로써 앤드루 카네기Andrew Carnegie는 강철 제조 과정을 완성하여, 역사상 가장 큰 부를 일구었다.[32]

카네기가 관찰하기로, 1파운드의 강철에는 미네소타에서 1,000마일을 건너온 2파운드의 철광석이 들어갔고, 배로 피츠버그까지 50마일을 건너온 1.3파운드의 석탄이 들어갔으며, 피츠버그로부터 150마일 건너온 3분의 1파운드의 석회가 들어갔다. 강과 철도가 피츠버그의 머논가힐라 강을 따라 원자재를 카네기철강회사로 가져왔다. 그곳에서 베세머 용광로가 원자재를 녹여서 강철을 만들었다.

미국의 산업이 급성장한 가장 큰 이유 중 하나는 다른 국가들에 비해 유연했기 때문이다. 철도 건설이 다양한 산업들 속으로 재빠르게 통합될 수 있었기에, 미국은 새로운 베세머 강철 제조 기술을 즉시 수용할 수 있었다. 반면 영국과 같은 나라들은 고착된 기존의 방법을 재빨리 바꾸기가 어려웠다.

산업화 시대 후기에는 하나의 혁신 기술이 다른 혁신 기술을 낳았다. 예를 들어, 저렴한 에너지 덕분에 강철을 만드는 데 필요한 별도의 재료들을 모으기가 쉬워졌다. 강철은 철보다 더 강하면서도 펴서 늘리기 쉬웠기에 새로운 형태로 제작할 수 있었다. 철과 강철의 주된 차이점은 탄소의 함유량이었다. 이를 위해 용광로에서 직접 생산한 선철銑鐵에서 산소 성분을 제거하는 실험에는 일반적인 용광로보다 더 뜨거운 열이 필요했다. 베세머 용광로는 '베세머 폭발Bessemer blow'이라는 과정을 통해 탄소를 분리해내서 강철에 바람직한 0.4퍼센트의 산소 수준을 달성해냈다.

베세머 용광로 가동과 같은 새로운 과제는 특별하고 매우 위험한 일이었다. 이 때문에 제철소 노동은 공장 지역의 새로운 위계질서를 만들어냈

다. 강철 만들기의 경우, 베세머 용광로 주위에서 작업하는 것과 같은 뜨
겁거나 위험한 일은 결국에는 노예 제도 폐지 후의 아프리카계 미국인
노동자들의 몫이었다.[33]

기술이 바꾼 세계사 발전기가 새로운 에너지의 흐름을 만들어내다

미국에서 산업 발전은 신흥 종교의 수준에 이르렀다. 1876년 5월부터 시작한 필라
델피아의 백주년 박람회Centennial Exhibition에는 900만 명의 구경꾼들이 몰려들었다.
개막식에서 합창단이 헨델의 "할렐루야"를 불렀고, 미국 대통령 율리시스 그랜트
Ulysses S. Grant가 거대한 조종간을 잡아당겨 거대한 콜리스 증기기관을 작동시켰다.
그러자 증기가 방출되면서 귀청을 찢을 듯한 소리가 났다.

거대한 박람회장 곳곳에서 방문객들은 셀 수 없이 많은 혁신적인 기계 기술들이 구
현해낸 온갖 발전을 목격했다. 살포, 톱질, 재봉질, 퍼올리기 또는 인쇄 등에 인간 노
동자가 거의 필요하지 않았다. 대신에 석탄으로 작동하는 거대한 단일 기관의 동력이
각각의 기계를 구동시키며, 인간을 새롭고 대담한 방식으로 내쫓았다.[34]

뒤이어 등장할 발전기의 전신인 콜리스 증기기관은 인간 노동을 혁신할 위대한 도
약의 발판을 마련했다. 즉 무수히 많은 일에 적용 가능한 유연한 형태의 동력원이 생
겨났다. 특히 인공적으로 생성된 동력원인 전기가 등장한 것이다. 석탄 연소에서 생
긴 증기를 발전기에 투입하여 증기의 열을 전류로 변환시킴으로써, 전적으로 독립적
이며 엄청난 확장 가능성을 가진 동력원이 생겨난 것이다. 그다음 수십 년 동안 전기
를 이용한 에너지 변환에 값비싼 기반시설이 필요했기 때문에 조명과 전차가 전기
의 우선적인 적용 사례였다. 공공 부문과 민간 사업의 협력 덕분에 이런 전환이 더 쉽
게 가능해졌다.

1900년이 되자 공장들이 전기 사용을 급격하게 도입하기 시작했다. 환경 역사가인
크리스 존스Chris Jones는 이렇게 적고 있다. "1899년에 산업용 모터의 5퍼센트 미
만이 전기로 작동되었고, 증기기관과 수차가 훨씬 더 흔했다. 1914년이 되자, 전기
가 전국의 산업 동력의 거의 5분의 2를 공급했다." 전쟁 관련 활동이 이런 변화를 촉
진했기에, 1919년에는 "전기가 국가의 우선적인 동력원이 되었다".[35] 다른 동력원에

1876년의 콜리스 증기기관과 같은 사례에서, 기술은 새로운 산업 시대의 영웅적인 상징이 되었다.
©Library of Congress Prints and Photographs Division

비해서 전기는 훨씬 더 풍부하고 확장성이 높았기에 공장 소유주들은 전기가 더 안전하고 조용하며 더 믿음직스럽고 더 효율적이라고 여겼다.

존스의 설명에 의하면, 미국과 전 세계의 산업 발전을 위해 전기는 힘을 실체적이고 관리 가능하도록 만들었다. 그가 적기로, 가장 중요한 점은 "한 무더기의 힘을 나누어서 쉽게 다수의 작업장으로 전송할 수 있다는 것이었다".[36] 이전의 에너지들의 경우, 중앙의 수차나 증기기관으로부터 힘을 분배하여 전달하는 것은 값비싼 공학적 성과였다. 과거의 금속 축, 가죽 벨트와 도르래 및 지렛대에서 벗어나 이제 (공중에 걸리거나 땅 속에 묻힌 형태의) 케이블과 전선은 기적처럼 힘을 보이지 않게 시야에서 숨겼다가 분배해서 세상 어디에서든 다시 나타나게 할 수 있었다. 그래도 여전히 전기는 석탄에서 생겨났다. 어쨌든 마침내 전기 모터 덕분에 사업가들은 각각의 작업에 드는 힘의 비율을 관리하고 제어할 수 있게 되었다. 우리는 이런 가변성을 당연하다고 여기지만, 사실 그것은 인간 생활에 혁명적인 변화를 가져왔다.

전기는 단지 다른 종류의 동력원이 아니라 독특한 속성으로 제조업의 양상을 바꾸어 놓은 혁신이었다. 이후 수십 년이 지나면서 고전압 전송 방식과 전송선의 확대로 전기의 영향력은 전 세계로 퍼져나갔다. 이제 전기는 우리 삶의 패턴을 완전히 변화시킨 현대 사회의 상징이 되었다. 전기 사용 현황만 보아도 어느 국가와 공동체가 발전하는지 발전하지 못하는지 알 수 있다.

에너지를 '가진 자'들이 등장하다

미국이 1950년대에 석탄 생산의 전 세계적 종주국이긴 했지만, 1930년대쯤에 철광석 그리고 금속 생산은 소련으로 옮겨갔으며, 이후 20세기 말쯤에는 중국, 브라질, 호주 및 러시아로 옮겨갔다.[37] 곡괭이와 삽을 이용한 초기의 채굴 방법에서 벗어나, 새로운 도구와 전략을 통해 이제는 노천 채굴도 가능해졌다. 광물을 획득하기 위해 산을 깎아 채굴하는 데 초점을 맞추자, 지상 환경이 받는 영향은 심각했다. 이런 방식으로 1900년대 동안 채굴된 막대한 양의 값싼 석탄을 태우는 데 집중한 결과, 지역 환경 오염 문제의 규모는 1600년대 엘리자베스 여왕 시절처럼 확연해졌다. 역사가 존 맥닐John McNeill이 쓴 글에 의하면, 1870년 즈음 "엉국에는 석탄 동력의 증기기관이 대략 10만 대가 있었는데, 모조리 연기와 이산화황 기체를 뿜어냈다. 잉글랜드 미들랜드 지역은 '검은 나라Black Country'라고 불렸으며", 사망자들의 4분의 1이 폐 질환 때문인 것으로 추정된다.[38]

이렇게 시작된 고에너지 사용 시기 동안 석탄이 촉발한 산업화는 유럽, 미국 및 일본으로 확대되었고, 전 세계적으로 '가진 자들'이 출현했다. 북아메리카와 유럽의 도시들은 1910년대와 1920년대에 석탄 연소로 작동한 전력망을 획득했다. 이후에 더욱 강력한 산업화의 시기가 뒤따랐다. 1940년 이후에 동유럽에서, 1950년 이후에 일본에서, 1960년 이후에 동아시아, 특히 대한민국에서 그리고 1978년 이후에 중국에서 산업화가 이루어졌다. 오염물질은 흔한 결과물이었고, 가장 보편적인 배출구인 지구의 대기를 오염시켰다. 1980년대 이전에는 앞에서 말한 어떤 지역에서도 공해에 대한 규제가 중요하게 다루어지지 않았다.

산업화라고 알려진 혁명이 유럽 및 그 이외 지역에서 시작되긴 했지만, 폭발적인 규모로 성장한 것은 미국의 노동과 생산 방법을 통해서였다. 이 혁명은 어떻게 제품을 생산할 수 있는지, 그리고 화석 에너지, 특히 석탄이 생물학적 구체제와 구별되는 새로운 시스템을 낳는지가 관건이었다. 다음 장에서 어떻게 이 고에너지 능력이 생산 부문에서 벗어나, 풍부한 에너지를 이용할 수 있던 국가들에서 인간의 일상생활에도 영향을 미쳤는지 집중적으로 살펴보자.

Chapter 4

에너지 대중화의
시대가 열리다

루시퍼 성냥,
일상에 빛을 가져오다

　　역사가 제레미 잘렌Jeremy Zallen은 《아메리칸 루시퍼스American Lucifers》에서 1800년대 중반에 영국 맨체스터에서 다른 많은 어린 소년 소녀 노동자들과 함께 "어둠 속에서 빛났던" 15세의 리처드 토이Richard Toye의 독특한 상황을 설명하고 있다.[1] 이 어린 일꾼들은 어두운 세계에서 항상 빛을 사용하기 위해서는 무엇이 필요한지 우리에게 알려준 "가혹한 인燐의 생태계"의 일부였다. 다시 말하면 토이와 다른 아이들은 인간과 불의 관계를, 특히 그 부산물인 조명과의 관계를 바꿀 정도로 적은 비용으로 성냥을 만드는 산업 과정의 일부였다. 성냥은 그 자체로서도 혁명적이었지만, 보편적인 빛의 이용은 19세기의 에너지를 산업 작업장 이외에 일반 소비자로까지 확장하며 새로운 관계를 형성했다.

　　뼈나 새의 배설물인 구아노guano가 발견되는 곳이면 전 세계 어디서든 인이 빛으로 변환되기 시작했다. 프랑스 리옹과 잉글랜드 버밍엄의 제조업자들은 다양한 동물에서 나온 뼈 대신에 솜브레로 섬과 같은 서인도제도에서 채굴한 인이 풍부한 구아노를 원료로 사용하기 시작했다.[2] 이 독성 재료는 토이와 같은 노동자에게 아주 위험했지만, 당시는 노동자를 산업 기계 속의 톱니바퀴로 보던 시대였다. 한 역사가는 "19세기의 어떤 직업도 구아노 섬에서 새의 배설물이나 인을 삽으로 퍼 올리는 것만큼 어

렵고 위험하고 비천하지는 않았다"라고 말했다.[3]

어떻게 확보했는지 상관없이 인은 잉글랜드, 프랑스 및 나중에는 미국의 성냥 공장에 도착했다. 이 공장들 중 다수는 1800년대 중반에 초당 500개비의 성냥을 생산할 수 있었다. 1시간에 360만 개비, 1년이면 100억 개가 넘는 양이었다. 대규모로 생산될 수 있었던 최초의 제품들 중 하나인 이 성냥들은 인간의 생활방식을 뒤바꿀 잠재력을 가지고 있었다. '루시퍼lucifer'라고 불린 이 성냥개비들은 담배에 불을 붙이든 난로나 램프에 불을 붙이든 쉽고 반복적으로 이용할 수 있는 불꽃을 만들어냈다. "루시퍼 성냥은 작고 값싼 물건이었을지 모르나, 소비자들의 세계를 새롭게 만들었고 사람들도 그걸 알았다"라고 잘렌은 적고 있다.[4]

루시퍼 성냥을 통해 각각의 소비자들은 혁명적인 에너지 교환에 참여하게 되었다. 즉 소비자들이 이제 거대한 에너지 잠재력의 보유자가 된 것이다. 소비자로서 그들이 직접 내린 선택들이 성냥의 점화와 함께 널리 퍼져나갔다. 현대성에 대한 소비자들의 새로운 시각이 생겨나면서, 개인적 편의를 위해서든 효율성을 위해서든 에너지를 일상생활에 이용하려는 기대감이 자라났다. 에너지는 더 이상 산업용으로만 사용되지 않았고, 소비자들은 노동을 절약해주는 새로운 편리함을 요구했다.

이전의 다른 구조물들과 달리, 1851년 5월 1일에 런던 만국박람회의 중심지로서 개관한 수정궁Crystal Palace이 유지될 수 있었던 것은 오직 산업 시대에 인간의 창의성으로 개발한 여러 기적들 덕분이었다. 주 건물의 길이가 560미터, 폭이 124미터나 되는 수정궁은 가느다란 쇠기둥들이 복잡한 그물망 형태로 수직의 거대한 유리판들을 지탱하고 있었다. 가운데 트랜셉트transept(십자형 건물의 날개 부분-옮긴이)에서의 높이가 33미터였고, 면적은 7만 3,000제곱미터 남짓이었다. 바닥과 화랑에는 12.8킬로미터가 넘는 전시용 테이블이 있었는데, 그 위에는 전 세계에서 온 온갖 장치와 혁신 제품들이 놓여 있었다.

생각해보면, 진보에 대해 전 세계적으로 집단적인 전망을 형성한다는 것은 개별적인 신기술만큼이나 일상생활에 많은 에너지를 소비하는 고에너지 존재high-energy existence를 확장하는 데 중요한 역할을 한다는 사실을 알 수 있다. 다른 국가들이 자체 수정궁을 건설하려고 노력했든 말든, 런던 외곽에 세워진 수정궁의 상징성과 이곳에서 열린 국제박람회 행사는 새로운 생활방식이 대규모로 도입되리라는 전망을 사람들에게 심어주는 데 도움이 되었다. 이 구조물은 현대화의 상징이자 '가진 자'와 '갖지 못한 자'의 범주에 어느 나라가 포함될지를 알려주었으며, 미래에 대한 전망과 그 핵심에 놓인 에너지 공급량에 대한 그 시대의 생각을 엿볼 수 있다.

수정궁을 건설하려는 노력은 1849년 빅토리아 여왕의 남편이자 왕립예술협회의 회장인 앨버트 왕자Prince Albert가 박람회에 전 세계의 출품자들을 초대하려고 구상하면서부터 시작되었다. 조지프 팩스턴 경Sir Joseph Paxton이 설계한 수정궁에서 열린 박람회에는 의치, 의족, 연속사격 콜트 권총, 씹는 껌, 맥코믹 탈곡기, 강력한 증기기관, 펌프, 자동 면직기 그리고 나무 성냥이나 종이 성냥 등을 포함하여 대략 1만 4,000개의 출품작이 전시되었고, 600만 명 이상의 관람객들이 박람회에 몰려들어 탄성을 내질렀다. 관람객들은 모두 미래에 대해 새로운 기대와 생각을 품고 집으로 돌아갔다. 그리고 수정궁은 이후 이와 유사한 형태의 유리 온실로 지어진 국제박람회와 전시 행사장을 위한 건축 표준으로 자리 잡았다. 1851년의 런던 대박람회와 마찬가지로 이런 행사들은 새로운 아이디어와 혁신 기술을 위한 전시 공간으로서 일종의 근대화의 도구 역할을 했다.

에너지 사용의 확대로 새로운 공장이 늘어나고 작업장의 변화가 촉진되면서, 산업혁명은 경제를 변혁시켰고 여러 나라의 생산력은 이전과는 확연히 달라졌다. 산업 발전을 추구하던 나라들이 국제적으로 팽창해나가기 전에 영국 및 이외의 지역에서 산업혁명이 일어나며 세계 경제의 대역전이 시작된 것이다. 이후 산업화 덕분에 몇몇 국가들은 상당한 부를 축적할 수 있었고, 결국에는 노동자들이 안정적인 소득을 벌어들이면서 전반적인 생활 수준도 향상되었다. 이와 같은 경제적 성장 덕분에 여러 나라에서 인간 생활의 기본적 패턴에 혁명적 변화가 찾아왔다.

때때로 신기술과 일상생활과의 만남은 수정궁에서처럼 공공연히 찾아왔다. 한창 발전하는 국가가 혁신 기술을 자국민과 전 세계에 전시하는 경우였다. 하지만 다른 경우에는 개인 소비를 위해 형성된 시장에서 좀 더 기본적인 수준의 혁신적 기술이 제시되었다. 19세기 말쯤에는 구체적인 발명가들의 위대한 혁신 기술들이 한 국가, 더 나아가 전 인류의 생활 패턴을 뒤바꿀 수 있는 광범위한 시스템의 톱니바퀴가 되었다. 기술사가 토머스 휴스Thomas P. Hughes는 그런 시스템을 구축한 이들은 미국과 같은 국가에 초점을 맞추었다고 말하며 그들에 대해 다음과 같이 설명한다.

사회적으로 도움이 되는 것이든 파괴적인 것이든, 기술 시스템 건설이라는 그들의 목적에 특히 잘 맞는 것은 대량소비, 기업 활동의 자유 및 자본주의에 헌신하는 국가였다. 일부는 권력과 돈에 대한 갈망을 가지고 있었지만, 그들이 공유한 것은 자신들이 주도한 기술 시스템을 조직화하고 중앙집중화하고 통제하고 확장하려는 욕망이었다.[5]

지구의 역사를 통틀어 19세기의 미국이야말로 유연한 자본주의 시장이 혁신가들을 대량소비자들과 직접 연결하는 근대적 개념을 위한 완벽한 실험실이 되었다. 곧 이어 20세기의 핵심 과제는 다른 국가들이 미국의 그러한 노력에 착안하여 자신들의 사회를 중앙집권적으로 근대화하는 방법을 찾는 것이었다.

분명 1800년대 후반부터 (이후 20세기까지) 많은 국가에서 국가와 정부의 통제를 통해 경제 발전이 진행되었으며, 그것이 국가의 장기적 이익에 부합한다고 여겼다. 근대화가 본격적으로 진행된 이 결정적 시기의 핵심은 에너지, 특히 전기 형태의 에너지라는 신기술이 공장을 넘어서 일상생활에서 사용되기 시작했다는 것이다. 개개인이 에너지를 사용하게 되면서 일부 서양 국가들의 생활 기준은 다른 곳과 확연하게 달라졌다. 이 장에서는 인간 생활을 급진적으로 근대화시킨 다양한 기술들을 살펴볼 것이다. 그중에서도 인간 생활의 가장 기본이 되는 요소는 조명이었는데, 이는 성냥이 널리 이용되면서부터 시작되었다. 1850년에서 1930년 사이 조명의 급진적인 변화를 추적해보면, 기술 혁신의 단계와 함께 조명 기술을 갖춘 사회와 그렇지 못한 사회 간의 엄청난 간극도 드러난다.

하지만 이 장에서는 전체적으로 많은 사람들이 많은 에너지를 사용하며 생활하게 된 19세기 후반 이후의 기본적인 경향에 초점을 맞추었다.

이 경향은 산업화에서부터 시작되었으며, 이전의 생활 방식과 상당히 다른 것이었다. 거시적인 수준에서 보면, 새로운 에너지원이 교통 분야에 적용되며 국가 발전에 전략적으로 크게 이바지했다. 미시적 수준에서 보면, 비슷한 혁신 기술들이 음식, 개인 안전, 시간과 공간에 대한 개인의 생각과 같은 삶의 기본적 부분에 대한 사람들의 기대에 변화를 가져왔다. 요컨대 1850년 이후 상당 수의 사람들이 우리 종의 능력에 관해 근본적으로 새로운 개념을 갖게 되었다. 이 새로운 생활 방식의 도입 여부에 따라 가진 자들과 갖지 못한 자 사이에 상당한 간극이 형성되었다. 그리고 이런 생활 방식은 20세기 인간에 대한 기대를 재정의한 시간, 공간, 이동 및 건강에 대한 기본적인 개념들을 확고하게 만들었다. 이러한 발전은 에너지가 인간 생활에 필수적이며 에너지는 많을수록 좋다는 것을 인식하고 받아들인다는 점에서 1851년 건설된 수정궁과 그 출발점이 같다고 할 수 있다.

전신과 철도의 결합이 가져온 시너지 효과

철도와 같이 새롭고 활용도가 높은 기반시설들은 19세기에 새로운 세계에 정착하며 경제적으로 팽창해나가기 위한 구조를 마련해주었다. 이와 같은 방식으로 국가가 지원하거나 구현한 석탄 동력 기술의 성장을 위한 기반과 전략이 갖추어졌다. 1825년 잉글랜드 북부의 더럼에 있는 한 탄광에서 시작된 철도는 1850년에는 잉글랜드 내에서 3만 7,000킬로미터까지 늘어났으며, 철도의 혁신적 능력은 다른 분야에서도 전면적으로 실현되었다. 미국이 발전하는 시기에 도입되어 인구 분산에 큰 역할을 한 미국의 철도 시스템은 한 국가의 미래를 결정하는 논리, 구조 및 동기를 보여주는 가장 분명한 사례이다. 철, 강철 및 기타 제품 제작을 위한 원자재를 통합적으로 공급할 수 있다는 점에서 철도야말로 산업화의 과정인 동시에 산물이었다. 용광로에서 무연탄을 연료로 삼아 생산된 쇠로 만든 철로가 전국적으로 교통로를 확장하면서 일어난 교통 혁명은 산업용 연료 공급과 도시 주민용 난방에도 혁명을 불러왔고, 그 결과 광부와 노동자들이 더 많이 필요해졌다.

　증기기관의 연료인 석탄이나 목재와 같은 원동력에서 동력을 얻은 철도는 19세기 미국에서 다양한 분야에 영향을 미쳤다. 처음에는 소규모 철도 사용을 통해서 각종 원자재들을 단일 제조 작업장에 쉽게 옮겨오면서 철 및 강철 제조업과 같은 특정 산업들이 발전했다. 가령, 펜실베이니아주의 피츠버그가 정확히 그와 같은 방식으로 금속 제조업을 선도하는 세계적인 중심지가 되었다. 하지만 미국 서부에서 철도 기술은 그 어느 때보다도 더 중요해졌다. 먼 지역들을 서로 연결하고 자원들을 한데 모음으로써 결코 존재할 수 없었던 새롭고 확장된 경제를 창조해낸 일등공신이었기 때문이다.

　철도의 성공과 확장에 핵심적인 역할을 한 것은 통신이었다. 철도는 시간과 공간의 개념을 축소했다. 철도를 통해 먼 지역의 원자재들이 비교적 빠르게 거래될 수 있었기 때문이다. 확장되는 철도망은 자신만의 기반시설을 소유하고 있었는데, 바로 1844년 새뮤얼 모스Samuel F. B. Morse가 발명한 전신(전보)이다. 전신이 곧 확장된 우편 서비스의 하나가 될 거라는 아이디어를 의회가 거부하면서 이 신기술의 성장은 산발적으로 진행될 수밖에 없었다. 그런 시스템이 어떻게 자금을 조달받고 수익을 낼 수 있었을까? 1850년대 중반 실업가 하이럼 시블리Hiram Sibley가 투자자들을 설득한 말에 따르면, 전체 전신 시스템은 그 각 부분들을 합친 것보다 더 가치 있었다. 그는 동료들과 함께 웨스턴유니온Western Union을 세웠는데, 이 회사는 이후 10년 동안 미국 전역의 전신 시스템을 위한 허브가 되었다. 웨스트유니온은 버펄로와 시카고 사이의 회랑回廊 지대(내륙에서 항구 따위로 통하는 좁고 긴 지형-옮긴이)에 초점을 맞추어, 미국 서부 정착에 주도적인 역할을 했다. 시블리와 웨스트유니언은 연방정부의 의뢰를 받아 남북전쟁 직전에 광대한 미국 서부를 가로지르는 전신선을 깔았다. 전신 사업과 웨스턴유니언은 새로운 철도 시대의 결정적인 기술로 주목받으며 곧 가장 매력적인 투자 대상이 되었다. 유명한 미국 자본가 제이 굴드Jay Gould가 나서준 덕분에 시블리의 회사는 금세 그가 가진 가장 가치가 높은 자산의 하나가 되었다.

측량 기사들과 엔지니어들이 미국 전역에 걸쳐 가장 유망한 경로들을 정해두었기 때문에 그 경로를 따라 전신선을 설치하는 것이 합리적이었다. 그렇기는 해도 전신은 매우 빠른 속도로 철도 시스템에 필수불가결한 요소가 되었다. 1870년대쯤에는 전신을 통해 철도는 미국인들이 실생활에서 의존하는 하나의 시스템이 되었고, 산업 시스템도 전신망을 따라 구축되었다. 가령 기차역이 전신국으로 사용되었다. 전신과 철도는 일종의 관련 기술들의 결합이었다. 오랜 시간 미국 전역을 가로질러 다니던 기차 승무원들은 철도나 전신 시스템에 고장이 없는지 늘 유심히 살펴야했다.

전신선과 전신주는 철도 용지를 활용하여 철도 노선 바로 옆에 세워지며 미국 전역으로 뻗어나갔다. 특히 철도 기술과 전신 기술이 결합되어 기차역 사이의 통신이 촉진된 덕분에 시간과 공간은 더욱 축소되었다. 또한 철도 운행의 일정과 안전에 핵심적이라고 여겨졌던 이 통신 기술 덕분에 미국인들은 최초의 장거리 통신망을 가질 수 있었다. 북동부와 중서부에서 35년 동안 꾸준히 발전했지만 1865년까지도 미국 철도 시스템은 완성되지 않았다. 1865년 5만 6,000킬로미터이던 철도망은 1897년에는 거의 32만 킬로미터까지 이어졌다. 북동부의 간선 철도는 하나의 단위로서 인류 역사상 경제 자본이 집약된 성과물 중 가장 인상적인 사례라고 할 수 있다. 이후 이 기반시설 덕분에 19세기 미국 시회는 신업 및 싱업 면에서 독보적인 발전을 이룰 수 있었다.

철도를 이용하여 경제 발전을 촉진한 미국의 성공 사례를 바탕으로, 독일, 프랑스 및 러시아와 같은 다른 나라들도 1800년대 후반까지 경제 발전을 위해 철도를 집중적으로 활용했다. 1860년에 고작 약 1,100킬로미터에 불과했던 러시아의 철도는 연방 재무부의 활약 덕분에 급격한 발전을 이루어 1900년에는 5만 8,000킬로미터까지 늘어났고, 이로써 시베리아 오지를 산업 중심지와 연결할 수 있었다.[6]

미국 서부에서 시작된 철도의 마법

이후 미국이 지속적으로 발전할 수 있었던 핵심적 원인은 서부로 가는 주된 철도 노선이었다. 철도는 마치 마법처럼 한 지역에서 일상적으로 생산되는 자원을 더 가치 있고 중요하게 사용될 수 있는 다른 지역의 시장과 연결했다. 철도의 마법 중 가장 두드러진 사례는 텍사스에서 찾을 수 있는데, 이곳의 주요 간선도로는 북으로 이어진 풀이 난 길이었다.

오늘날 주간州間 고속도로를 따라 세워진 주유소와 마찬가지로 미국 내륙 대초원에서 풀을 벤 자리에는 소가 다니는 길이 생겨났다. 이 습한 풀밭에서는 알칼리성 토양 때문에 나무가 자랄 수 없었다. 그대신 빅블루스템과 리틀블루스템, 와이어그래스, 텍사스윈터그래스 그리고 버펄로그래스와 같은 풀들이 드넓은 하늘을 향해 자라났고, 이 풀들의 뿌리는 땅속으로 무려 2미터 넘게 뻗어나갔다. 드넓은 대초원은 누가 보아도 인상적이지만, 그것이 소의 제국이 될 텍사스의 미래를 위한 천연 에너지원임을 알아본 사람은 거의 없었다.

철도가 사람들이 미국 서부에 정착하게 만든 가장 중요한 요인이긴 했지만, 모든 지역이 선뜻 철도역을 받아들이지는 않았다. 사실 철도가 없는 지역에서도 소만으로도 충분히 이동할 수 있었다. 하지만 긴 트레일trail(사람이나 동물이 오래 다녀서 자연이나 시골 지역에 생긴 긴 길-옮긴이)을 따라 걸어야 했기에, 오마하나 시카고의 소 시장에 도착할 즈음엔 소들은 체중이 줄었고 그만큼 가치도 줄어들었다. 그렇기에 소 목장주들은 수백 킬로미터 떨어진 시장까지 걸으면서 풀을 뜯을 수 있는 길을 찾았다.

전 세계적으로 인간은 고기를 얻기 위해 오랫동안 소를 키워왔다. 하지만 미국인들은 소 사육을 더 큰 경제 시장과 연결시켰다. 그러려면 운

국가들은 전체 교통 시스템을 석탄에서 동력을 얻는 철도 운행을 중심으로 구성했다.
©Library of Congress Prints and Photographs Division

송이 필요했다. 이 통로가 없이는 시장과 연결될 수 없었다. 소는 일찍이 1700년대 후반부터 미국 서부의 트레일을 따라 이동했다. 텍사스를 포함한 서부 주들에 거미줄처럼 뻗어 있는 트레일의 규모는 1860년대까지 굉장히 확대되었다. 게다가 텍사스 목장주들은 뿔이 긴 롱혼longhorn과 매버릭(소유주의 낙인이 없는 어린 송아지-옮긴이)처럼 더 야생적인 짐승들을 운송했다. 남북전쟁 이후 텍사스의 주된 자산은 롱혼이었다(개체수가 300~600만 마리로 추정되는데, 이는 주의 인구보다 여섯 배나 많은 수이다).

남북전쟁 동안 외부 시장에 접근하기가 어려워지며 전후 텍사스의 트레일 운송은 완전히 끝난 것처럼 보였다. 하지만 일리노이 출신의 조지프 맥코이Joseph G. McCoy가 나서서 텍사스산 쇠고기를 소비자에게 전달하는 새로운 방식을 적극적으로 찾아냈다. 1867년 봄 그는 캔자스퍼시픽 철도의 고위직들을 설득하여 캔자스 주의 출입금지 구역 가장자리에 위치한 애빌린이라는 작은 마을에 철도 대피선siding을 놓자고 설득했다. 그리고는 캔자스 주를 설득하여 그 지역에 출입금지를 풀도록 했다. 캔자스는 철도와 더불어 중부 텍사스로 향하는 풀이 난 길에 대한 접근권을 허락했다. 맥코이는 울타리 및 가축을 싣고 내리는 시설을 지은 다음에 텍사스의 목장주들에게 소 시장이 열렸다고 알렸다. 그 해에 맥코이는 3만 5,000마리의 소를 운송했다. 그 수는 1871년까지 매년 두 배로 늘었고, 그 해에는 60만 마리의 소가 시장에 쏟아져 들어왔다.[7]

애빌린으로 향하는 이 치솜 트레일Chisholm Trail을 따라 간 첫 번째 소떼는 휠러O. W. Wheeler의 소유였다. 1867년 샌안토니오에서 거세한 수소 2,400마리를 구입한 휠러는 방목지에서 이 소들을 월동을 시킨 다음에 트레일로 캘리포니아까지 이동시킬 계획이었다. 14달러짜리 수소 한 마리가 캘리포니아의 황금 들판에서는 100달러 넘는 값을 받을 수 있었다.

그들은 마찻길을 따라가다가 마침내 스코틀랜드계 아버지와 체로키족 인디언 어머니 사이에서 태어난 제시 치솜Jesse Chisolm이 만든 트레일에 올랐다. 치솜은 1864년에 캔자스의 위치타에 있는 자신의 야영지에서 인디언 야영지까지 교역 물품을 끌고 다니기 시작했다. 보통의 경우 텍사스 소떼는 오래된 쇼니 트레일Shawnee Trail로 다녔는데, 이것은 오스틴 주의 샌안토니오에서 텍사스 주 웨이코를 걸쳐 북쪽으로 가는 길이었다. 치솜 트레일은 텍사스 주의 포트워스까지 이어진 후, 동쪽 지역을 통과하고 레드 리버Red River를 건너 애빌린에 이르렀다.

대초원의 풍성한 풀 덕분에 상황이 나쁘지 않으면 소들은 트레일에서도 실제로 체중이 불었다. 트레일 길잡이 한 명, 카우보이 열 명, 요리사 한 명 그리고 말지기 한 명이 두 당 60~75센트의 비용으로 석 달 동안 2,500마리의 소를 이동시켰다. 이때는 카우보이의 시대였다. 소떼를 이동시키는 것은 영화나 소설에 나오는 것과 달리 고된 작업이었고, 사나운 날씨나 소들이 우루루 도망치는 상황일 경우에만 중단되었다. 인디언 및 멕시코인 무리들이 소를 도둑질하지 못하도록 지키는 것은 주로 카우보이들의 몫이었다. 소 도둑질을 막기 위해 많은 목장주들은 낙인을 도입하기 시작했다(이는 스페인 선교단 목장에서 처음 실시되었다). 각각의 목장마다 고유한 낙인이 수소에 일일이 찍혔는데, 이 낙인은 지울 수가 없었다. 소에 낙인 찍기는 트인 목장의 소에게 어느 정도 질서를 부여했고 그 동물의 고기가 더 큰 경제 시스템에서 상품이 되도록 해주었다. 하지만 가장 기본적인 수준에서 볼 때, 낙인이 찍힌 수소는 미국 서부의 광대한 트인 공간의 일부를 소유하면 수익이 생긴다는 사실을 증명했다.

농업의 새로운 시스템, 곡물 엘리베이터

1850년대에 미국 중서부의 도시들은 곡물을 기르는 농장에서 사용하는 사일로silo라는 곡물 저장 시설을 이용하기 시작했다. 사일로의 도시형 모델은 훨씬 더 컸으며, 곡물 엘리베이터grain elevator라고 불렸다. 곡물을 기르고 철도로 운송하는 시스템의 중간 과정에 속했던 이 곡물 엘리베이터는 시장 판매 목적으로 곡물을 저장하는 데 사용되면서 혁명적인 장치가 되었다. 역사가 윌리엄 크로넌William Cronon은 이 장치에 대해 다음과 같이 적고 있다. "시카고 사람들은 곡물 엘리베이터가 은행과 공통점이 많다는 점을 알아차리기 시작했다. 비록 예금자에게 이자를 지급하지 않는 은행이긴 했지만."[8] 곡물 엘리베이터는 곡물을 저장하고 경작자들이 1년 내내 공급량을 유지할 수 있도록 해주는 일종의 저장 탱크 역할을 했다.

마치 값진 광물을 옮기는 것처럼 농부들은 밀이나 옥수수를 곡물 엘리베이터 운영자에게 보냈다. 운영자는 경작자들이 원할 때 곡물을 돌려받

미국 서부와 같은 지역에서 곡물 엘리베이터는 철도를 따라 곡물 저장을 위한 체계적인 기반시설을 마련해주었다. 그런 시스템 덕분에 외진 지역의 농사도 안정적이고 수지가 맞았다.
©Library of Congress Prints and Photographs Division

을 수 있는 영수증을 써주었다. 일찍부터 곡물은 부대에 담겨 측정되고 거래되고 팔렸다. 거래를 단순화하기 위해 곡물의 양을 측정하는 데 '액체' 방식을 도입하면서 곡물을 부대에 담을 필요가 없어졌다. 이런 변화 덕분에 중서부 도시라면 어디든 곡물 엘리베이터들을 찾아볼 수 있었다.

시카고 같은 도시에서는 곡물 공급량이 무한정인 듯 보였다. 나라 전체 수요의 상당 부분을 공급하는 시카고의 곡물 엘리베이터 운영자들은 곡물 브로커들이었다. 은행과 마찬가지로 이 브로커들은 곡물을 사고팔았다. 그런데 곡물 엘리베이터를 통해 곡물 시장은 곧 '선물futures, 先物' 시장이 되었다. 크로논은 이렇게 적고 있다. "곡물 엘리베이터와 등급 평가 시스템 덕분에 밀과 옥수수는 추상적인 통화 개념으로 거래되었고, 선물 계약으로 곡물 거래 자체가 기존의 실제 곡물 교환에서 벗어나면서 그 추상 개념은 한층 더 확대되었다."9 곡물 엘리베이터는 하나의 산업을 엄청나게 성장시키는 동시에 서부의 드넓은 공간이 농부들에게 든든한 수익원이 될 수 있음을 확인시켜주었다. 그리고 그 전체 시스템을 작동시킨 것은 석탄으로 동력을 얻은 철도였다.

시대의 상징이 된 컬럼비아 박람회

인간 생활에 이런 신기원이 펼쳐지게 된 것은 일상생활의 토대를 완전히 변화시킬 수 있는 기술에 대한 아이디어를 제시하고, 그것을 구현하는 동시에 사회적으로 그 시스템을 수용했기 때문이었다. 이런 기술의 대부분은 마르지 않는 동력의 공급에 의존했다. 이와 같은 급진적인 기술 변화는 놀라웠다. 하지만 훨씬 더 혁신적인 것은 철도와 같은 혁신적 수단을 통해 새로운 기술을 소비자들의 일상생활 속으로 전달하고, 그 기술의 파급력을 광범위하게 증폭시키는 사회의 능력이었다. 1851년의 영국의 수정궁에서부터 1876년의 필라델피아에서 개최된 백주년 박람회를 거쳐 1893년 시카고의 컬럼비아 박람회까지, 새로운 아이디어들이 환호를 받았고, 기술 혁신들이 이전에는 불가능했던 국경을 초월한 규모의 발전을 이끄는 주역으로 소개되었다. 이전의 어느 시대보다도 특정한 시스템과 기술을 획득할 수 있다면 인류의 진보에 대한 집단적 전망을 달성할 수 있는 시기였다.

1893년 미국은 전례 없이 자국의 재정과 기술을 컬럼비아 박람회에 맹렬하게 쏟아 부었다. 철도로 인해 가능해졌던 시스템을 공개 전시하는 행사였던 이 박람회에서 보여준 것은 제품을 생산하는 새로운 방식도, 흔한 질병의 치료법도, 결사적으로 공격해오는 적을 패배시킬 무기도 아니었다. 하지만 그 행사에는 20세기의 다른 위대한 많은 성취들이 포함되었다. 20세기의 미국 생활과 마찬가지로, 이 행사는 기술을 이용하여 일상 가정생활의 문제들을 해결하려는 근대적 발상에서 나왔다. 바로 그해에 미국인들은 자신들의 능력과 열망을 시카고의 세계 컬럼비아 박람회에서 세계적 장관을 연출해내는 데 집중했다. 박람회를 둘러본 방문객들이라면 그 나라가 앞으로 어디로 향할지 가늠할 수 있었다. 박람회의 설계자들은 자연을 이용하여 어떤 방문객이라도 재미와 감동을 받을 만한 공원과 박람회장을 만들었다. 그리고 그런 박람회장을 개설함으로써 자신들이 미래를 창조하는 데 일조할 수 있기를 바랐다. 그렇게 함으로서 컬럼비아 박람회의 주최자들은 기술과 공학적 해법들이 공장과 작업장에만 적용되지 않는 시대의 상징을 만들어냈다. 이처럼 근대 사회의 새로운 등장을 멋지게 보여주기 위해 장막 뒤에서는 15기의 증기기관이 박람회를 이끌었다. 이 원동력들은 1만 3,000마력을 생성하여 16개의 발전기를 가동해 8,955킬로와트의 전력을 생산해냈다. 이 전력은 17만 2,000개의 백열등을 켜기에 충분한 양이었다.[10] 그중에는 세계 최대의 탐조등도 포함되었는데, 이 등은 무게가 2,720킬로그램, 높이가 2.4미터에 달했다. 이에 대해 역사가 데이비드 버그David F. Bur는 "박람회장의 거의 모든 것이 전기의 힘으로 빛나고 소리를 내고 움직였다"라고 기록했다.[11]

역사가 토머스 휴스Thomas Hughes는 이 기술을 가리켜 "문제를 해결하기 위해 제품과 서비스를 발명하고 개발하고 생산하고 이용함으로써 세계를 조직화하려는 노력"이라고 불렀다.[12] 기술을 중시하는 미국 사회의 성향은 유럽의 경제 개발 모형에서 비롯된 것이었다. 휴스는 계속 이렇게 적고 있다.

> 유럽인들의 시각에서 볼 때, 미국인들이야말로 유럽인들이 이루고자 했던 현대화의 본보기였다. 유럽 기술자들, 자본가들, 예술가들 및 건축가들이 미국에 와서는 그곳의 '배관과 교량'에 감탄했으며 … 미국과 미국의 위대한 생산 시스템을 재발견했다. … 그러면서 그들은 근대 기술 문화의 형태와 상징을 고안해내고 있었다.[13]

인간의 생활상에 대한 이러한 새로운 고찰은 인간과 자연의 관계를 포함하여 20세기를 극적인 변화의 시대로 만드는 데 일조했다. 이에 대해 역사가 스티븐 컨Stephen Kern은 "이 오랜 받침대는 서구 세계의 생활방식과 문화를 너무나 오랫동안 지탱했기에 누구도 그런 방식과 문화가 어떻게 시작되고 왜 존재하는지 정확히 짚어내지 못했으며, 이를 파악해내는 데는 한 세대의 성실한 과학자들, 예술가들 그리고 철학자들이 필요했다"라고 적고 있다.[14] 컨의 주장에 따르면, 근대의 감수성은 시간과 공간, 자아를 포함하여 인간의 본질적인 개념들을 새롭게 정의했다. 이 각각의 관계에서 기술은 중개자로서 중요한 역할을 했다. 또한 에너지의 관리, 계획 및 규제라는 발상과 맞물리면서 기술이 전체 사회를 재구성했다.

세계사를 바꾼 기술 | 스탠더드 오일 등유 캔

중국, 인도 및 버마와 수마트라 같은 지역에서 인간은 1800년대 후반까지 매우 단순하게 살았다. 이 시기에 딱 한 번 사용되고 버려진 주석 캔이 이 지역으로 흘러 들어와 새로운 건축 재료 등의 용도로 사용되었다. 그런 곳에서는 상품을 제조할 수 있는 기술이나 시설이 거의 없기 때문에 어떤 폐기 재료도 건축 재료처럼 새로운 용도를 찾을 수 있었다. 만약 누군가가 찢어진 주석 캔을 자세히 살펴보았다면, 이런 문구가 새겨져 있는 것을 보았을지 모른다. "스탠더드 오일 오브 캘리포니아Standard Oil of California(미국의 다국적 에너지 회사로, 현재 명칭은 셰브론 코퍼레이션Chevron Corporation 이다—옮긴이)."

루시퍼 성냥과 같은 개인용 연소 장치가 사용되면서 1800년대 중반 기본적인 램프 기술과 결합된 조명이 하나의 제품으로 생산되었다. 기존의 역사에서는 이런 발전을 얼버무려버릴지 모른다. 하지만 에너지의 역사를 살펴보는 이 책은 1900년대에 보편적으로 세계 여러 지역에서 조명이 사용된 순간을 언급할 필요가 있다. 19세기 램프의 보급으로 소비자들이 다양한 종류의 기름을 사용하게 되면서, 고래의 경뇌유와 함께 시작된 시장은 광물에서 나온 기름이 주도하는 경쟁력 있는 시장으로 바뀌었다. 이 액체 에너지는 캔에 담긴 채 유조선에 실려 전 세계 곳곳의 소비자에 도달했고, 그런 캔에 담긴 등유는 대부분 난방, 요리 또는 조명을 위한 연료로 사용되었다. 물론 그런 기름을 사용하더라도 불을 붙이려면 성냥이 필요했다.

캔 속에 든 연료의 원료는 미국이었다. 석유를 미국의 개척 정신과 동일시하는 관점은 1859년에 시작되어 전 세계에 알려진 이후 지금도 여전히 지속되고 있다. 하지만 호황과 불황이 번갈아 나타나는 패턴이 초기 산업의 전반적인 양상이었고, 원유 개발이 전 세계로 번져나가자 기업과 국가의 지도자들은 중앙화된 계획과 체계적 관리를 통해 자본을 이용해야 큰 수익이 난다는 사실을 깨달았다. 이런 국제적인 개발 모형의 성공 사례는 주석 캔으로 대표되는 미국의 경험에서 나왔다.

예측 불가능한 호황과 불황 사이클에 대한 대비책으로서, 록펠러의 스탠더드 오일 컴퍼니는 원유 산업을 발전시킬 방법을 고안하던 국가들에게 하나의 모범인 동시에 경쟁 업체였다. 다른 국가들은 스스로 자원을 개발하거나 (스탠더드 오일 컴퍼니 등의) 기존 석유 회사들과 협력했고, 국제적 기업들이 모여 큰 시스템을 구축하기도 했다. 즉, 자국의 석유 공급량이 부족한 몇몇 강대국들은 어떻게든 석유를 획득할 기술적 및 정치적 메커니즘을 찾아야 했다. 그렇게 함으로써 영국, 네덜란드 및 프랑스는 21세기의 모든 국가들에게 닥칠 석유 부족 시대의 전조가 되었다.

1800년대 후반쯤에 석유는 중상주의 전통에 포함된 하나의 자원일 뿐이었다. 따라서 석유 개발은 주로 유럽의 석유 회사들이 석유 생산 지역에서 식민지의 권한을 행사한 왕실이나 정부와 협력하여 실행되었다. 당시 석유의 유용성에는 변화가 없었지만, 신기술 덕분에 매우 체계적이고 국제적인 석유 개발 모형이 나왔다. 이 모형에서는 (등유를 뽑아낸 석유가 어디에서 수확되었든) 등유를 전 세계에 분배하는 방법을 우선시했다. 비록 모든 원유의 수확과 분배의 과정에는 상당한 자본이 들긴 했지만, 파이프라인과 같은 기술들 덕분에 원유는 중앙화된 처리 및 정제 장소로 보내졌다. 또한 철도를 따라 운행되는 유조차 덕분에 정제된 기름을 더 쉽게 옮길 수 있었다.

이런 국제적인 사례들에서 일단 공급망이 안정적으로 갖추어지고 나면, 점점 확장되는 유통 기반시설은 고에너지 생활방식에서 얻을 위대한 기회와 수익을 가로막는 다음 장애물이자 개척지가 되었다(하나의 기반시설이 확립되고 나면, 그다음의 새로운 기회를 얻는 데 장애물이자 한계로 작용한다는 의미이다. 가령 철도망 다음에 자동차의 시대가 올 때 기존 철도망은 장애물로 작용하게 된다—옮긴이). 등유의 운송에는 정교하고 복잡한 기업 조직이 필요했지만, 소박한 캔 또한 생활방식을 문명화하는 상품이 전 세계로 퍼져나가는 매개 역할을 했다.[15] 그것은 전 세계 어디에서나 소비자에게 직접 전달할 수 있으며, 휴대가 가능하고 유연한 형태의 원동력의 아주 초기 사례였다.

여객선, 이민의 황금 문을 열다

새로운 교통 기술들은 대항해시대에 처음 시작되어 이후 대규모로 이루어진 경제 발전을 위한 시스템을 만들어냈다. 가령, 앞에서 살펴본 스탠더드 오일 캔은 1861년에 최초의 등유 선적 물량이 필라델피아를 출항한 이후에 가능해졌다.[16] 비록 화물의 안전에 대한 두려움이 컸지만 일단 항해가 무사히 이루어지고 등유가 놀랍도록 유용하다고 알려지자, 유럽인들은 더 많은 등유를 원했다. 이제 러시아 및 다른 여러 나라에 '새로운 빛'에 관한 소식이 퍼졌다.

1860년대와 1870년대 내내 대다수의 등유는 펜실베이니아의 유전에서 생산되어 스탠더드 오일 컴퍼니를 통해 유통되었다. 1890년대가 되자 전 세계에서 석유를 개발하고 운송하려는 국제적 경쟁이 심해지면서, 런던의 기업가 마커스 새뮤얼Marcus Samuel이 스탠더드 오일 컴퍼니의 경쟁사들을 위해 일하는 극동 지역 전체의 운송 인맥들과 함께 새로운 사업을 시작했다. 바로 1891년에 유조선 선단을 보내 수에즈 운하를 통과시킨 것이다. 그는 전 세계 소비자들이 등유를 채울 수 있는 빈 캔을 갖게 될 거라고 생각했다.

당시 새뮤얼은 미처 몰랐지만, 스탠더드 오일 컴퍼니의 주석 캔은 그 자체로서 극동 지역 사람들에게 선물이었다.[17] 로스차일드 가문에게서 얻은 경쟁력을 유지하고자 재빠르게 변신을 시도한 새뮤얼은 곧바로 등유 보관 용기를 만드는 데 사용할 미가공 주석을 실은 배들을 보냈다. 그의 빨간색 캔들은 금세 처음에 운송된 등유와 전혀 무관한 가옥 건설 등의 다른 활동에도 사용되었다. 분명 그것은 시간과 공간을 가로질러 서로 다른 세계들이 만나는 순간이었다.

전 세계적인 규모로 석탄과 석유는 새로운 해양 기술과 결합하여 인간의 삶을 대항해시대에서 벗어나 더욱 국제적인 사회로 이끌었다. 이 과정에서 해양 여객선들이 시간과 공간의 개념을 새롭게 정의하며 전 세계를 아우르는 새로운 교통망을 만들어냈다. 1860년 이후로 증기선들이 연안무역에서 더더욱 두드러진 역할을 했지만, 대양을 오가는 해양 선박들의 전환은 조금 느렸다. 그러다가 20세기 초반이 되자 석유로 인해 해양 선박들이 더 빨라질 수 있었다.[18] 거대한 대서양 횡단 여객선들은 영국의 항구도시에서 주로 철과 강철로 만들어졌다. 이 여객선들은 전 세계에 걸쳐 여행을 표준화함으로써 시간과 공간 그리고 연결성에 대한 개념을 탈바꿈시키는 결정적인 장치가 되었다.

교통 발전의 가장 중요한 점을 들자면, 3등 선실 승선권 덕분에 노동계급 이민자들이 전 세계 여러 곳으로 더 유연하게 이동할 수 있게 되었다는 것이다. 이 점이 특히 두드러지게 드러난 예가 바로 미국이 이민의 '황금 문golden door'이 된 것이다. 교통 발전으로 미국의 경제 성장이 촉진되자 미국은 일자리를 찾는 이들에게 가장 매력적인 목적지가 되었다. 그리하여 1900년대 초반은 역사상 가장 활발하게 이민이 이루어진 시기였고, 엄청난 수의 유럽인들이 뉴욕시 및 다른 주요 항구도시들을 통해 미국에 들어왔다.

거대한 규모의 이민자들이 쏟아져 들어오자, 자유의 여신상과 같은 미국의 상징물까지 만들어졌다. 이것은 다른 나라의 가난하고 굶주린 이들을 환영한다는 취지로 설계되었다. 그리고 물론 이 조각상이 있는 엘리스 섬에서는 새로운 이민자들을 일일이 체계적으로 분류했다. 이 상징물들은 1900년 이후 인간의 국제적 이동을 체계화하는 과정의 중요한 일부였다.

에디슨의 전구가 가져온 혁명

미국인들은 창의력과 더불어 세계의 선도국이 될 능력을 인정받았다. 공학을 통해 미국인들은 이전 시대의 한계를 거부했다. 이런 전환을 일으키고 촉진한 요인은 에너지를 이용해서 살아가는 새로운 방식이었디. 기령, 전기는 에너지원이 아니었다. 전기는 다른 동력원에서 힘을 뽑아내서 변환하고 전송하여 다른 곳에서 사용할 수 있게 해주는 (또는 장래에 사용하기 위해 특정 방식으로 저장하는) 수단이었다. 이처럼 동력을 유연하게 전송할 수 있었기에 전기는 새로운 시대의 가장 중요하고 유일한 기술이 되었으며, 또한 에너지를 인간 생활에 사용하는 완전히 새로운 방안을 마련해주었다. 가장 혁신적인 면에서 보자면, 전기는 인간의 노동과 산업을 재구성했던 석탄의 힘을 빼앗아 그것을 일상생활에서 전면적으로 사용할 수 있게 만들었다.

19세기에 점점 더 풍부해진 에너지는 산업과 노동을 탈바꿈시켰다. 하지만 조명과 같은 기본적인 가정용 기술들은 과거와 별반 다르지 않았다. 벤저민 프랭클린 같은 미국인 선구자들을 위시하여 혁신가들은 자연적 형태의 전기를 포획하는 실험을 했다. 1743년부터 프랭클린은 런던의 친구 피터 콜린슨Peter Collinson과 함께 유리관을 이용해 정전기를 발생시키는 연구를 시작했다. 당시로서는 정전기만이 전기의 유일한 형태로 알려져 있었다. 프랭클린은 1749년에 스쿨킬 강을 따라 '전기 소풍electric picnic'을 벌인 행사에 대해 썼는데, 그와 일행들은 강물을 일종의 전도체로 사용하여 강의 한쪽 둑에서 가연성 주정에 불을 붙여 생긴 스파크를 강의 좌우로 보냈다.[19] 야외 나들이의 일환으로 벌어진 이 행사에서 프랭클린은 일련의 라이덴병Leyden jar(아주 초창기의 배터리)을 이용하여 전기를 재빨리 저장했고, 그 힘을 이용해 칠면조를 요리하기까지 했다. 화학적 배터리가 아직 고안되지 않았던 시기에 프랭클린은 1752년의 유명한 번개 실험에서 라이덴병을 이용했다. 이 실험에 대해 런던왕립학회는 1753년에 코플리 메달Copley medal을 수여했다.

전기를 저장해서 다른 용도에 사용하려는 더 훌륭한 시도는 1800년에 이탈리아 외과의사이자 생리학자인 루이지 갈바니Luigi Galvani와 이탈리아 발명가 알레산드로 볼타Alessandro Volta가 진행한 실험이었다. 일련의 긴 실험들을 통해 두 사람은 전하를 전송하여 개구리 다리의 근육을 수축시키는 데 성공했다.[20] 볼타는 구리, 은, 주석 또는 아연 등의 금속 원판 사이에 소금물에 적신 마분지를 끼워 넣어 여러 층으로 쌓아 올려 최초의 화학전지인 볼타전지를 만들었다. 이후 다른 여러 혁신가들이 이 핵심 아이디어를 확장시켜 화석연료(석탄, 석유, 천연가스), 수력 또는 궁극적으로 원자력에서 생산된 전기를 저장하는 데 이용할 수 있는 배터리를 만들어냈다. 사업의 규모가 커지자 전기 서비스 산업은 대규모의 복잡한 전기 분배 시스템을 포함하게 되었으며, 이 시스템은 송전과 배전으로 나뉘었다.

유럽에서 이루어진 이런 실험에 이어 진행된 다음 도전 과제는 전기의 전송이었다. 이 일은 특히 미국의 가장 위대한 발명가 중 한 명인 토머스 에디슨을 사로잡았다. 1878년 영국인 과학자 조지프 스완Joseph Swan이 백열 필라멘트 전등을 발명했는데, 이후 12개월 만에 에디슨이 미국에서 비슷한 발명을 했다. 에디슨은 직류 발전기를 사용하여 전기를 공급해 자기 실험실에 조명을 켰으며, 이후 1882년 9월에 전등으로 뉴욕시의 거리를 최초로 밝혔다. 그 시점에 조지 웨스팅하우스George Westinghouse가 교류 생산용 발전기의 특허를 얻었다. 사회는 미래가 교류 전기 생산에 달렸다고 확신하게 되었다. 물론 그러려면 전기 서비스 산업이 미국 생활에 지배적인 역할을 할 수 있게 해줄 일정 수준의 기반시설이 필요했다.

이 기반시설의 필요성으로 인해 다시 한 번 엄청난 사업 기회가 생겼다. 영국 출신의 새뮤얼 인설Samuel Insull은 곧장 전기 기술의 본거지인 미국으로 향했다. 그리고 자신의 사업 인맥들에게 그런 기반시설의 개발이 필요함을 납득시켰다. 1870년 인설은 영국에 있는 토머스 에디슨의 대리인 중 한 명인 조지 구로George A. Gouraud의 비서가 되었다. 이후 그는 1881년에 스물둘의 나이로 미국에 와서 에디슨의 개인 비서가 되었다.[21] 그리고 1889년에 뉴욕 주 스키넥터디에 있는 에디슨 제너럴일렉트릭 컴퍼니의 부사장이 되었다. 금융가 J. P. 모건이 1892년에 에디슨의 전력 회사들을 인수하자, 인설은 서쪽의 시카고로 보내져 고군분투 중이던 시카고 에디슨 컴퍼니의 사장이 되었다. 인설의 지휘 아래 시카고 에디슨 컴퍼니는 1893년의 공황 후에 모든 경쟁사들을 적절한 가격에 사들였다. 이어서 해리슨 스트리트에 시카고 강을 따라 대규모 중앙 발전소를 건설했다. 이렇게 증기 동력에 의한 발전소를 운영하게 된 인설은 업계에서 막강한 영향력을 행사했다.

1908년이 되자 인설의 커먼웰스 에디슨 컴퍼니는 시카고 전력 전체를 생산하고 공급했다. 인설은 전기를 에너지 개념과 연결시켰고 또한 사업을 다각화하여 천연가스도 공급했다. 이후 그는 이 에너지원들을 시골에까지 전송하는 시스템을 구축했다. 이렇게 전기 에너지 전송망이 탄생했다. 이는 20세기 선진국에서 모든 개인의 일상생활을 뒷받침하는 기반시설이 되었다. 이 신기술을 사용함으로써 인간은 이제 태양과 계절의 한계를 넘어설 수 있었다. 하지만 훨씬 더 중요한 점은 모든 종류의 산업 생산성이 기하급수적으로 증가했다는 사실이다.[22] 전반적으로 볼 때, 화석 연료에서 만들어진 새로운 에너지가 1900년쯤에는 거의 모든 미국인의 생활을 변화시켰다. 1860년만 해도 미국의 공장 노동자는 150만 명 미만이었지만, 1920년에는 850만 명으로 증가했다. 그리고 1860년에는 미국의 철도는 대략 3만 1,000마일이었지만, 1915년에는 거의 25만 마일로 늘어났다. 게다가 그런 기반시설을 통해 흘러나가는 에너지는 이제 작업장에만 국한되지 않았다.

세계사를 바꾼 기술 | 에디슨의 전구

수십 년에 걸쳐 발명가들과 사업가들이 깨달은 바에 의하면, 전기를 가장 효과적으로 평등하게 사용할 수 있는 방법은 전기를 조명의 원천으로 삼는 것이었다. 특히 성냥 없이도 등에 불을 밝힐 수 있도록 만드는 것이었다. 당시에 사용되던 어떤 종류의 석유나 가스와는 달리 전기는 실제 불꽃이 타지 않았고, 불을 붙일 필요도 없었으며, 연료를 채울 필요도 없었다. 1800년대 후반에 전기를 이용한 조명은 꿈만 같은 일이었고, 기술적 난제들이 산적해 있었다. 어떤 발명가들은 전기를 전송하는 데 필요한 시스템에 중점을 두었고, 또 다른 발명가들은 전류를 받아들이는 전구를 만드는 일에 초점을 맞추었다. 그들은 진공관 속에 필라멘트를 넣는 방식을 연구했고, 그 다음에는 전류를 흘려서 필라멘트가 달아오르게 했다. 하지만 필라멘트는 번번이 전류가 닿자마자 끊어져버렸다.[23]

1878년 에디슨은 자신의 모든 능력을 쏟아 부어 전구 개발에 집중했다. 필라멘트의 재료로 탄소를 사용하는 대신에 에디슨은 더 탄력 있는 백금을 사용했다. 1879년에는 스프렝겔Sprengel 펌프라는 개량된 진공 펌프를 개발했는데, 이것이 성공의 촉매 역할을 했다. 이 새 펌프를 사용하여 에디슨은 다시 좀 더 저렴한 탄소 필라멘트로 되돌아갔다. 10월 후반에 재봉틀 실에 탄소를 입힌 조각을 필라멘트로 삼은 에디슨 전구에 불이 들어왔는데, 한 번 켜면 13시간 30분 동안 사용할 수 있었다. 이후에 에디슨이 말발굽 모양의 필라멘트로 바꾸자 100시간 넘게 사용할 수 있게 되었다. 드디어 실용적인 전구를 발명해낸 셈이다.

하지만 이보다 더 중요한 것은 에디슨이 인간 생활에 혁명을 가져올 전력 시스템 마련을 위한 길을 열었다는 사실이다.

바로 이 전력 시스템에서 모든 개인의 삶을 뒤바꿀 거대한 신산업을 창출한 시장이 탄생했다. 이제 전기 조명과 수없이 많은 전기 제품들에 의해 가능해진 활동들이 사람들의 일상을 새롭게 규정했다. 전구는 미국에 전기가 보급되는 데 결정적인 역할을 한 혁신적 기술이었으며, 더불어 전력 생산 산업을 촉진하기 위한 시장도 만들어냈다.[24]

전력 생산의 밑바탕에는 발전기가 있었다. 발전기는 어떤 형태든 역학적 에너지를 전력으로 바꾸는 장치였다.[25] 에디슨이 전구 개발을 시작했을 때 가장 효율이 좋은 발전기의 에너지 변환 효율은 약 40퍼센트였지만, 에디슨은 이 효율을 82퍼센트로 끌어올린 발전기를 개발해냈다.

이 모든 기술 발전 덕분에 에디슨은 뉴욕 시에 상업용으로 전기를 제공할 수 있었다. 1882년 9월에는 맨해튼의 펄 스트리트에 발전소를 개설했고, 마침내 뉴욕의 가로세로 1마일 구역에 전기를 공급했다. 이 지역들은 대륙횡단철도나 브루클린 다리와 마찬가지로 발전하는 국가의 미래지향적 상징이었으며, 전 세계 모든 인류에게 꿈을 심어주었다.

수력 발전, 국가 경쟁력을 강화하다

1900년대 초반 무렵 인류 역사의 최초의 동력원 중 하나를 근대화하려는 엔지니어의 능력과 전기를 얻으려는 인간의 욕구가 결합했다. 바로 댐을 통한 수력의 이용이다. 댐을 통한 강 관리 기술은 전 세계에서 홍수 조절과 건조 지역의 관개를 위해 사용되었다. 하지만 발전기를 이용한 미국의 실험으로 댐은 전기 발생 시설의 역할을 하게 되었다. 1800년대 후반에 미국 전역에 독립적인 수력발전용 댐들이 등장하기 시작했다. 시스템을 구축하는 이들은 기존의 전력망과 쉽게 연결되지 않는 전 지역, 더 나아가 전국을 변화시킬 수 있는 댐의 잠재력을 금세 간파해냈다. 수력발전용 댐은 인류 역사상 가장 큰 규모의 계획의 핵심 요소가 되었다. 그리고 빠른 속도로 사회를 변화시킬 수 있는 자급적인 전기 공급망을 갖추려는 갈망으로 여러 나라에서 댐 건설 프로젝트가 추진되었다.

이집트의 경우, 전기 도입의 꿈은 농업용으로 나일강을 관리하고자 아스완 댐을 건설하여 활용했던 영국의 성공 사례에서 비롯되었다. 이러한 사례를 통해 댐과 전기 시스템을 구축하는 기술은 식민주의의 근대 시기에 중요한 수출품이 되었다. 댐은 저개발 국가들에게 전기를 사용함으로써 근대화에 이르는 길을 열어주었다. 1882년부터 이집트를 점령한 영국은 자국의 발전된 기술을 이용하여 이집트의 물 공급을 돕고자 했다. 1902년 낮은 아스완 댐이 건설되었고, 이후 1912년과 1934년에 더 높이 증축되었다. 동력 생산 능력 증대에 대한 관심은 1800년대부터 시작되긴 했지만, 아스완 하이 댐은 국가적 근대화 프로젝트로서 1970년대가 되어서야 완성되었다. 이에 관해서는 이후에 다시 살펴보기로 하자.

남유럽은 1890년 이후 포 계곡(북부 이탈리아에 위치한 계곡-옮긴이)에서 수력 전기를 통한 전력 생산에 박차를 가했다. 수력 발전은 이탈리아에서 "흰 석탄white coal"이라고 불리며 밀라노와 트리노에서 산업 발전을 이끌었다. 실제 석탄 공급이 부족했던 탓에 이탈리아인들은 일련의 댐 프로젝트를 통해 포 계곡에 유입된 알프스 급류를 이용하여 전기를 얻을 수 있는 길을 모색했다. 이탈리아는 1898년에 최초의 대형 댐을 완성하면서 1905년에는 수력 전기 이용 면에서 전 유럽을 선도했으며, 1937년에는 이탈리아 대부분의 지역에 전기를 공급했다. 수력 전력 공급이 정착되면서 밀라노는 세계에서 두 번째로 전기 가로등을 사용하는 도시가 되었다.

1890년 이후 이탈리아가 포 계곡의 수력발전을 통해 전기 시스템을 도입함으로써 유럽의 열강으로 떠올랐다는 말은 결코 과장이 아니다.[26]

미국은 북아메리카 대륙의 넓은 지역을 차지하고 있었지만, 지역의 발전은 미국 전역에 걸친 대규모 수력발전용 댐 건설 계획에서 비롯되었다. 골로라도 강 주위에 위치한 미국 서부의 정착지는 불더(후버) 댐을 포함해 대형 댐들의 시스템에 의해 연결되었다. 이런 시스템 덕분에 네바다 주의 라스베이거스, 캘리포니아 주의 로스앤젤레스, 애리조나 주의 피닉스 등의 도시들이 전기를 바탕으로 1,500만 명 이상의 주민들을 거느린 도시들로 성장했다. 1930년대에는 뉴딜 정책으로 컬럼비아 강 및 테네시 강 유역의 계곡들에서 지역 특화 수력발전 프로젝트가 추진되었다. 특히 테네시와 같은 시골 지역에까지 전기가 도입되면서 전국에서 가장 발전이 더딘 지역마저도 현대화의 길을 걷게 되었다. 전기의 힘은 두 지역 모두에서 2차 세계대전 동안 무기 생산에 결정적인 역할을 했다.

워싱턴의 엘화 강에 있는 것과 같은 이런 수력발전용 댐들은 흐르는 강물로 발전기를 돌려서 전기를 생산한다. ©Library of Congress Prints and Photographs Division

석유가 농업 생산력을 결정하다

인류가 생물학적 구체제에서 벗어나면서 농업은 여러 면에서 기계화되어 전 세계적으로 생산이 증가했다(비록 1900년 즈음엔 대다수의 경작 가능토지가 이미 경작되고 있긴 했지만 말이다). 산업화의 첫 시기 동안 유럽 및그 밖의 지역에서 농업은 교통 혁신에 의해 크게 변화했다. 서유럽과 미국에서는 철도 덕분에 식량 생산과 유통을 위한 기반시설이 마련되었다. 이와 비슷하게 증기선 덕분에 막대한 양의 곡식들이 바다를 통해 전 세계로 운송되기 시작했다. 하지만 이런 초기 단계는 변화의 서막에 불과했다.

풍부한 석유 공급을 토대로 화학 비료와 살충제, 관개시설, 농기계 및품종 개량을 통해 농업 생산량이 증가했다. 1900년에 농업은 과거 수천년 동안과 비슷한 방식으로 이루어졌지만, 새로운 도구들을 통해 화석연료를 이용하면서 생산력이 높아졌고, 이런 경향은 특히 미국, 소련, 캐나다, 아르헨티나 및 호주에서 두드러졌다. 경제사학자인 크리스티안 스메드세우Christian Smedshaug는 선진국의 농업이 "건초와 귀리와 같은 신선한탄화수소가 아니라 경유와 휘발유 등의 화석연료에서 에너지를 얻으면서넓은 면적의 땅을 농경지로 이용할 수 있게 되었다"라고 적고 있다.[27] 트랙터 등의 장치를 통한 기계화 덕분에 이전보다 더 넓은 땅을 경작할 수있게 되었는데, 이는 농사용 가축을 먹이려고 남겨둔 땅을 경작용으로 돌린 덕분이었다. 1915년은 짐을 끄는 동물의 사용이 정점에 달한 해였다.[28]

이후로 휘발유를 동력으로 사용하는 트랙터를 사용하게 되면서 더 적은 농부들이 더 많은 땅을 경작할 수 있게 되었다. 미국에서 1차 세계대전 후에, 그리고 소련에서 1930년대부터 농업이 축력에서 벗어나기 시작했다. 콤바인을 이용해 수확을 한 덕분에 농부들은 하나의 작물만 기르는 단일 경작을 하면서도 경작 가능한 땅이 엄청나게 넓어졌다. 이와 같은 장비의 사용은 곧 일을 시키는 동물의 사료를 위해 작물을 경작할 필요가 없어졌다는 의미였다. 전반적으로 현대 농업의 특징은 체계적 시스템이 자리를 잡고 식량 생산에 대한 신뢰도가 증가한 것이라고 할 수 있다.

현대 농업이 다른 요인들과 결합되어 더 넓은 분야에서 기계를 이용하게 된 덕분에 산업화된 국가들은 19세기 후반 즈음엔 상당한 잉여 식량을 생산하게 되었다. 그리고 1920년 이후 석유의 사용으로 잉여 식량은 더욱 늘어났다.[29] 작물 신뢰성 또한 비료에 대한 새로운 지식과 능력을 바탕으로 향상되었다. 1900년 무렵에는 구아노와 같은 천연비료가 고갈되었고, 초석硝石과 같은 필수적인 공업용 재료는 군수품으로만 사용되었다. 그런 와중에 암모니아의 합성으로 생산되기 시작한 질소 비료 덕분에 생물학적 구체제의 자연적 한계에서 벗어나 인구 성장이 촉진되었다.

석유탄화수소를 기본 원료 내지 유효 성분으로 이용하여 해충과 해초와 관련된 농업 문제를 해결할 수 있는 화학물질도 개발되었다. 이렇게 개발된 다양한 화학물질들은 모두 석유 에너지로부터 얻거나 석유 에너지를 사용하여 생산된 것이었다. 농부들은 이런 화학물질을 이용하여 식물의 성장을 촉진하거나 해충을 구제했다. 화학물질은 특히 제초제와 살충제로 많이 쓰였다. 1900년대 중반에 석유화학 산업이 생겨나며 거대한 실험실과 같은 대규모 공장에서 이런 제품들이 제조되었다. 제조업체들은 화학 연구를 통해 기름을 선진국 농업에 필수적인 화학물질의 기본 재료로 사용했고, 기름을 각각의 연료 제품으로 만들려면 정제 시설이 필요했다. 그렇게 대다수의 석유화학 산업은 이제 세계 최대의 오염원 중 하나가 되었다. 그런 화학물질이 제조되면 어떤 형태로든 독성 폐기물이 남았기 때문이다.

20세기 농업에서 가장 중요한 점은 화학자들이 경작 능력을 향상시키는 합성질소를 만드는 방법을 발견했다는 것인데, 이 과정에도 역시 석유가 필요했다. 지구의 질소 공급량은 제한적이지만, 모든 생명은 아미노산, 단백질 및 핵산 합성의 기본 재료로 질소를 사용한다. 식물은 질소 없이는 자라지 않으며, 지구의 사용 가능한 질소 공급량의 대부분은 콩과 식물의 뿌리에 붙잡혀 있다. 합성질소는 이 질소를 '고정시키는' 방법, 즉 열을 가하여 질소 원자들을 분리시킨 다음 이 원자들을 수소와 결합시켜 합성 복제품을 만드는 과정을 통해 얻을 수 있다. 1909년에 프리츠 하버 Fritz Harber와 카를 보슈Carl Bosch가 이와 같은 질소 고정 방법을 발견해냈는데, 20세기의 합성 비료는 대부분 이런 방식으로 만들어졌다.

질소와 수소를 강한 열과 압력으로 결합시키는 하버-보슈의 방식에서 강한 열과 압력은 전기를 이용해 발생시키고, 수소는 화석연료, 주로 석유, 석탄 또는 천연가스를 이용해 발생시킨다. 기자인 마이클 폴란Michael Pollan은 이렇게 쓰고 있다. "인류가 질소를 고정시키는 능력을 획득하자, 전적으로 태양 에너지에 의존하던 토양 비옥도가 화석연료에 의존하는 것으로 바뀌었다."30 질소 비료의 공급이 짧은 시간 동안 거의 무한정 이루어지면서 인간은 자연적 한계에서 해방되었고, 농부들, 특히 미국의 농부들은 산업적 원리에 따라 작물을 관리할 수 있게 되었다. 폴란은 이렇게 덧붙인다. "질소를 고정시키는 방법으로 먹이연쇄가 생물학의 논리에서 벗어나 산업의 논리를 끌어안게 되었다. 오로지 태양으로부터 먹이를 얻는 대신에 인류는 이제 석유를 홀짝이기 시작했다."31

이른바 하버-보슈 과정은 이후의 세계사를 만들어냈다고 해도 과언이 아니다. 식물 성장의 자연적 한계를 어느 정도 극복하며 인류의 식량 생산 능력을 엄청나게 증대시켰기 때문이다. 하지만 다른 신기술 사례에서와 마찬가지로 증가한 식량 생산은 대체로 선진국에만 혜택을 가져다주면서 조금씩 나타나기 시작한 국가 간의 격차가 더 크게 벌어졌다.[32] 에너지 사용에 의한 이런 인위적인 호황 덕분에 1950년 이후의 농업은 토지의 자연적 제약을 넘어서 크게 확대될 수 있었다.

기술이 바꾼 세계사 | 모더니즘, 효율적 건설 양식을 완성하다

농업이든 교통이든 소비 국가의 새로운 생활방식의 바탕에는 새롭고 보편적인 형태의 에너지 사용이 자리하고 있었다. 새로운 기계와 노하우는 사람들이 각자 자기만의 세계를 마음껏 창조하는 데 도움이 되는 것처럼 보였다. 새로운 기계를 통해 작동하는 세계는 자연적으로 주어진 세계보다 훨씬 훌륭하게 작동하는 것만 같았다.

'모더니즘(현대주의)'이라고 알려진 이런 시각의 극단적인 버전은 유럽에서 비롯되었다. 특히 건축에 사용되는 재료의 측면에서 볼 때, 현대적 구조물들은 새로운 과정에 의해 창조된 요소들을 우선시했다. 주택과 건물 등 현대적 구조물들은 전기를 이용하여 형태와 기능의 측면에서 이전 세대보다도 더욱 효율적으로 작동되는 새로운 기술들의 기능을 통합했다.

'백색 건축white architecture'이라고도 불리는 이 양식은 페인트칠을 한 평평한 표면, 상자 모양의 공간 구조 그리고 건물 전면에 평면을 이루는 철제 테두리의 유리창을 특징으로 한다. 국제적인 양식의 건물들은 현대적 재료로 지어지며 장식이나 치장이 없다. 건축가들은 종종 한 건물의 표면에 특정 형태를 반복하여 (종이처럼 얇은 막 같이 보이게 하여) 구조물의 중량감을 줄인다. 이 아이디어는 얇은 벽에 둘러싸인 공간과 같은 인상을 주기 위해서였다. 이런 인공적인 환경은 종종 유리를 많이 사용하여 자연광이 들어오게 하고 벽이 없는 공간 같은 인상을 만들어냈다.

이 양식은 뉴욕 현대미술관에서 열린 1932년 전시회 이후로 "국제적 양식The International Style"이라는 이름을 얻었다. 이 양식의 선구자는 독일인 건축가이자 바우하우스 학교의 설립자인 발터 그로피우스Walter Gropius이며, 이후로 루트비히 미스 판 데어 로에Ludwig Mies van der Rohe, 발터 그로피우스, 네덜란드 건축가 J. J. P. 아우트 그리고 프랑스의 르 코르뷔지에Le Corbusier와 피에르 잔느레Pierre Jeanneret

가 이끌었다.

이 현대적 설계자들의 작품은 앞서 살펴보았던 수정궁에서 사용된 핵심 요소들을 참조하여 20세기 인간의 생활환경을 변화시킨 새로운 세대의 건물이었다. 이런 구조물의 핵심을 보면, 건축 기술은 더 단순해지고 더 유연해졌다. 또한 이런 건물을 더 빠른 속도, 더 큰 규모로 지을 수 있다는 뜻이기도 했다.

혁신 기술의 결정체, 마천루

건축가들은 신기술들을 종합적으로 사용하여 인간의 여러 활동을 집중화하려는 구상을 발전시켰다. 도시를 바깥쪽뿐만 아니라 위로도 뻗어나가게 하자는 발상이었다. 1800년대만 해도 종탑이나 첨탑이 있는 교회가 그 도시에서 가장 높은 구조물이었지만, 이제는 쇠와 강철을 이용하여 내부 골조를 만드는 방식을 이용한 사무실 건물들이 더 높은 구조물이 되었다. 이런 변화는 특히 미국 도시들에서 확연하게 나타났는데, 그중 두드러진 곳이 시카고와 뉴욕이었다. 가령 1889년에 미국에서 가장 높은 건물은 뉴욕 월스트리트 근처의 트리니트 처치Trinity Church였지만, 이듬해에는 26층의 뉴욕 월드 빌딩New York World Building이 가장 높은 건물이 되었다. 급격히 확장하는 도심 지역에서 사무실 공간의 수요가 급격하게 증가하여 마천루가 그 시대의 산업 발전을 대표하는 상징이 되었다.[33]

막대한 에너지 공급의 산물과 혁신 기술들 덕분에 건축가들은 중력의 한계를 극복할 수 있었다. 벽돌은 5~6층보다 높은 건물의 무게를 감당하지 못했지만, 1884년 시카고에서부터 강철 프레임이 시공되면서 건축가들은 전례 없는 높이의 건물을 설계할 수 있게 되었다. 다른 핵심 기술들로는 엘리베이터와 더불어 높고 좁은 공간 주위로 열을 전달하는 방법 등이 새로 개발되었다. 보통 초기의 마천루는 기존의 이웃 구조물들보다 두 배 가까이 높이 솟아올랐다.

1884년에 최초의 마천루를 설계한 인물은 시카고의 건축가인 윌리엄 르 바론 세니William Le Baron Jenny이다. 9층 높이의 홈리프 인슈어런스 빌딩이 외벽을 포함하여 전체 하중을 철 프레임으로 지지하도록 설계된 최초의 구조물이었다. 하지만 14년이 더 지나서 맨해튼에 이퀴터블 라이프 인슈어런스 빌딩이 지어지고 나서야 마천루는 중앙난방, 엘리베이터 및 가압식 배관 등 현대 마천루의 모든 특징을 갖추게 되었다.[34] 하중을 지탱하기 위해 조적벽을 사용하면 16층보다 높은 건물을 지을 수 있었지만, 그러려면 건물의 벽이 아주 두껍고 유리창이 작아야 했다. 이는 건물주에게 매력이 없었다. 1880년대의 철강 가격 하락으로 강철 프레임을 이용한 높은 건물도 건축비가 저렴해졌고, 덕분에 금속 골조를 이용하여 건물의 지붕과 바닥, 외벽까지 지탱하는 건물을 지을 수 있었다.

건물 내에서 사람들을 이동시키려면 엘리베이터가 필요했다. 1870년대에 5~6층 높이의 건물에 증기 동력 엘리베이터가 있었는데, 이 엘리베이터는 회전하는 커다란 원통 주위에 감긴 케이블로 작동되었다. 더 높은 건물에는 다른 기술이 필요했는데, 왜냐하면 원통이 비현실적으로 커져야 했기 때문이다. 1889년에 파리에서 지어진 에펠탑은 수력 동력의 엘리베이터를 사용했는데, 여기에는 막대한 동력원이 필요했다. 1890년대에는 더욱 현실적인 해결책으로서 전기 엘리베이터가 등장했다.

높은 건물은 겨울에는 공기를 덥히고 여름에는 냉각하는 공기 조절 시스템이 필요했다. 1860년대에 도입된 초기의 공기 조절 시스템은 증기 동력 팬을 이용하여 관을 따라 공기를 이동시켰다. 1890년 이후로 팬은 전기로 작동하게 되었다. 1885년에는 라디에이터를 이용한 증기 난방이 널리 이용되었고, 건물에 물을 순환시키기 위한 배관은 전기 펌프를 이용한 가압 시스템에 의존했다.

이런 초기의 사례들이 성공을 거두고 1930년 즈음엔 기술이 개선되면서 마천루들은 더욱 늘어났고 다른 나라들에까지 퍼져나갔다. 이 시기의 가장 대표적인 상징물은 1931년 5월에 공식적으로 문을 연 뉴욕 시의 엠파이어스테이트 빌딩이었다. 허버트 후버 대통령과 뉴욕 주지사 프랭클린 루스벨트가 이 102층짜리 381미터 높이 빌딩의 봉헌식에 참석했다. 건설 노동자들은 지상에서 300미터 이상의 높이에 위치한 대들보에서 균형을 잡은 채 작업을 했다. 완성된 건물은 지상에 머물러야 하는 인간의 속성을 거부하는 듯 보였다.

이런 신기술을 사용하여 건설된 마천루는 모든 현대 기술과 인간 생활을 변화시키는 능력의 상징이 되었다. 이런 건축물들은 에너지를 건축 구조물 자체뿐 아니라 건축 방법에도 적용함으로써 도시의 과밀을 해소했고, 이전에는 불가능했던 인구와 작업장의 집중을 가능하게 했다. 1910년대가 되자 기술 혁신으로 미국에서 인간 생활은 완전히 달라졌다. 마천루가 현대 기계 시대의 위대한 상징물의 하나로 솟아올랐고, 이것을 가능하게 한 것은 보편적이고 저렴한 동력이었다.[35]

일상탈출의 신세계를 만든 기술

기계의 사용이 산업 분야에서뿐만 아니라 일상생활에까지 스며들면서 인간이 재미있고 흥미롭다고 여기는 것에 변화가 생기는 건 시간문제였다. 과거의 시장이나 바자회 같은 형태가 오늘날에는 뉴욕의 코니 아일랜드(뉴욕에 위치한 놀이공원-옮긴이)와 같은 곳에서 나타났다. 이민, 공장의 성장 그리고 마천루를 통해서 뉴욕시는 1900년대 초반에 현대의 인간 생활을 확립하는 데 세계적으로 결정적인 역할을 했다. 기술과 동력의 발전으로 세계 여러 지역에서 생산과 소비가 증가하기는 했지만, 기술과 새로운 동력의 사용으로 직장 밖에서 새로운 생활이 펼쳐진 것이 이 시대 미국의 특징이라 할 수 있다.[36] 대표적으로 코니 아일랜드에서는 전기가 오락과 일상탈출의 신세계를 창조했다.

코니 아일랜드는 새로운 기술 시대가 다양한 인간들을 함께 연결시킬 수 있음을 증명했다. 새롭고 현대적인 생활 방식 덕분에 대중들의 흥미를 끌도록 디자인된 문화가 나타났고, 이런 문화 덕분에 종종 사람들은 인종, 젠더, 민족 및 경제적 계층의 차이를 극복할 수 있었다. 코니 아일랜

전기로 작동하는 놀이시설이 있는 코니 아일랜드는 에너지를 많이 사용하는 20세기 인류 생활방식을 잘 보여주는 대표적인 장소였다. ©Library of Congress Prints and Photographs Division

드와 같은 장소야말로 인간이 자신과 그리고 자기 주변의 세계와 접촉하는 성격이 극적으로 바뀌는 곳이었다. 새로운 전기 시대로 인해 이런 문화적 동질성이 생겨났고, 1900년대 초반에 지하철이 개통되면서 뉴욕시 전역에서 많은 방문객들이 이 관광명소로 몰려들었다. 1900년 여름 일요일이면 10만 명 가량이 이 휴양지를 찾았고, 1910년대에는 매일 50만 명이 찾았으며, 1920년대에는 매일 100만 명이 몰려들었다. 바다는 으뜸가는 관광지였지만, 조성된 휴양지의 경관에는 다른 요소들도 많았다. 가령 루나 파크, 스티플체이스 파크 그리고 여러 다른 관광시설과 음식점 매장들이 그런 예이다.[37]

현대 기술 덕분에 매일 독일의 옥토버페스트와 같은 축제를 즐길 수 있게 되었다. 전기를 동력으로 삼는 신기술들이 가져다준 현대적 감수성 덕분에 모든 인류를 신나게 할 공통적인 방법을 찾을 수 있게 된 것이다. 20세기 초반 등장한 새로운 기계들은 인간이 자연에 관여하는 가장 기본적인 부분들을 변화시켰고, 속력, 중력 및 재미라는 개념에 관한 인간의 한계를 허무는 혁신의 물결이 퍼져나갔다. 스릴 넘치는 놀이기구 타기의 기본적 정의는 사람의 얼을 빼놓아야 한다는 것이었다. 대회전 관람차는 하늘 높이 솟구쳐야 제격이었고, 더 나아가 인체가 허공으로 내동댕이쳐질 때 느껴지는 속도에서 스릴을 느끼기도 했다.

역사가 쥬디스 애덤스Judith Adams는 초기의 코니 아일랜드 개발자들이 만든 탈것과 놀이기구로 인해 이용자들은 이전에는 몰랐던 재미를 느꼈다고 말하며 다음과 같이 기록했다. "이용자들은 근육이 풀렸고, 자신들을 억제하던 모든 것으로부터 벗어나도록 고안된 간단한 기계 장치로 자제심은 산산이 흩어졌다."[38] 19세기만 해도 일상탈출의 기회는 문학, 예술 및 스토리텔링 등 개인적 상상력의 문제였다. 하지만 20세기에 들어서며 기술이 순간적 일탈과 기분 전환을 위한 새로운 요소가 되었다. 코니 아일랜드의 휴양 시설에서 선보인 기술을 통한 오락활동은 대중문화를 조성하는 데 도움을 주었다. 이후 나타난 혁신 기술들이 전기 에너지를 이용하여 영화, 텔레비전 및 다른 매체에서 이와 같은 발전을 지속시켰다.

록펠러 가문이 키운 석유 산업

오늘날 인간 생활에 석유가 갖는 복잡한 역할을 19세기 펜실베이니아 록 오일 컴퍼니의 석유를 사용하던 이들이 본다면 충격을 받을 것이다. 1800년대 초반에 대부분의 농부들에게 땅에서 흘러나오는 석유는 농사와 물 공급에 골칫거리였다. 하지만 이들 외에도 많은 이들이 석유를 다양한 용도로 사용하는 방법에 대해 고민했다. 어쨌든 석유도 수천 년 동안 인간 사회에 알려져 있었기 때문이다. 석유의 가치를 깨닫기 시작한 것은 유럽에서 건너온 미국인들이 석유를 이용하여 제품을 생산하기 시작하면서부터였다.

생물학적 구체제 시기에도 원유가 발견되어 전 세계 곳곳에서 어떤 식으로든 사용되었다. 하지만 석유의 쓸모를 최초로 알아차린 곳은 피츠버그에서 위쪽으로 160킬로미터 남짓 떨어진 서부 펜실베이니아의 산악 지역이었다. 오일크릭Oil Creek 주변에서 난 석유는 처음에는 유럽인의 정착 시기에 그 지역에서 살던 원주민인 세네카 부족의 이름을 따라서 '세네카 오일'이라고 불렸다. 1400년 이전 삼림시대Woodland period(북아메리카 지역에서 대략 기원전 1000년 전부터 유럽인과 접촉하기 이전의 시대-옮긴이) 후기 홍적세 원주민 또한 이 지역에서 종교 의식에 석유를 사용했다.[39]

유럽인들은 1840년대에 원유를 병에 담아서 에너지원이 아닌 신비로운 만병통치약이라며 팔기 시작했다. 그러다가 석유 조명을 개발한 이들이 1850년대에 석유로 실험을 시작했다. 1857년에 코네티컷의 펜실베이니아 록 오일 컴퍼니가 에드윈 드레이크Edwin Drake를 펜실베이니아로 보내서 최초의 유정을 뚫으려고 시도했다. 하지만 드레이크와 그의 조수 빌리 스미스Billy Smith는 곧 그 새로운 프로젝트에 흥미를 잃고 말았다. 마을사람들은 무턱대고 그들의 시도를 "미친 짓"이라며 야유를 보냈다. 1859년 늦여름에 드레이크는 자금이 바닥나서 코네티컷 주의 뉴헤이븐에 돈을 보내달라고 전보를 쳤다. 하지만 그 무렵 세네카 오일 컴퍼니로 이름을 바꾼 회사는 그에게 돌아올 여비만 주겠다는 내용의 답장을 보냈다. 그 어리석은 사업에 지원을 중단하겠다는 뜻이었다. 결국 드레이크는 개인 빚을 내서 작업을 계속했다. 며칠 후인 1859년 8월 29일 드레이크와 조수는 뿜어져 나오는 석유를 발견했다.[40]

남북전쟁 이후, 석유 산업은 꾸준히 성장하여 급기야 20세기에 석유는 에너지와 윤활제의 세계적인 주요 원천이 되었다. 석유는 너무나 잠재력이 큰 상품이었기에 역사상 가장 큰 성공을 거둔 사업가 중 한 명인 존 록펠러 경이 관심을 기울인 것도 당연하다. 록펠러는 1860년대 후반의 상당 기간 동안 사우스 임프루브먼트 컴퍼니에서 일하면서 석유 산업 전반의 각 과정을 감독하는 토대를 마련했다. 그리고 1870년에 오하이오에서 스탠더드 오일 컴퍼니를 설립했다. 석유 탐사는 1870년대 초반에 펜실베이니아의 오일크릭에서 성장했으며, 이후 몇 십 년 동안 펜실베이니아를 벗어나서 다른 주와 국가들로도 확대되었다. 1879년이 되자 스탠더드 오일 컴퍼니는 미국의 석유 정제 능력의 90퍼센트, 북동부의 도시 중심지들 사이의 철도선의 대다수 그리고 여러 석유 시추 지역에 있는 다수의 임대 회사들을 장악했다. 록펠러의 노력과 그가 만든 조직의 노력을 통해 석유는 미국과 전 세계 조명의 일차적 에너지원이 되었고, 결국에는 앞에서 살펴보았던 주석 캔이 이 석유로 채워졌다.

다양한 연료를 활용한 자동차의 개발

인류의 가장 중요한 변화 중 하나는 막대한 에너지의 공급으로 20세기 초반에 인간의 이동 패턴이 극적으로 변화한 것이다. 무엇보다 자동차가 교통 산업화의 일부가 되었다. 교통의 산업화는 15세기까지 거슬러 올라갈 수 있는데, 르네상스 시기에 레오나르도 다 빈치는 자체 추진 차량의 개념을 고안했고, 로베르토 발투리오Roberto Valturio가 바퀴에 수차를 장착하여 동력을 얻는 수레를 구상했다. 16세기에도 대부분은 사람이나 동물의 힘을 통해 짐이나 사람을 운송했는데, 증기 추진이 전 세계 각지의 발명가들에 의해 대안적인 원동력으로 제안되었다. 1678년에는 중국에 파견된 벨기에 선교사 페르디난트 페르비스트Ferdinand Verbiest가 터빈의 원리를 바탕으로 한 모형 증기 차량을 만들었고, 17세기에 네덜란드의 물리학자 크리스티안 하위헌스Christiaan Huygens가 화약 폭발로 생긴 공기 압력으로 작동하는 엔진을 제작했다. 또한 1750년경에는 프랑스 발명가 자크 드 보캉송Jacques de Vaucanson이 만든 큰 시계 장치 엔진으로 나아가는 차량이 시연되었다.[41]

20세기 초반에 나온 자동차의 확실한 전조가 된 최초의 발명품은 바퀴가 셋 달린 증기 동력 차량이었다. 증기 차량은 잉글랜드에서 18세기 후반에서 19세기 초반 사이에 윌리엄 머독William Murdock, 리처드 트레비

여행을 하는 것은 마을과 도시가 서로 촘촘히 연결되기 한참 전부터 인간이 갈망하던 일이었다.
©Library of Congress Prints and Photographs Division

식Richard Trevithick, 골즈워디 거니Goldsworthy Gurney 그리고 월터 핸콕Walter Hancock의 노력에 의해 만들어졌다. 1832년에 제작된 핸콕의 증기 버스는 런던과 패딩턴 사이를 정기 운행했다. 미국에서는 올리버 에번스Oliver Evans가 1805년에 육상 및 수상에서 작동하는 최초의 증기 동력 자동차를 제작했으며, 1867년 리처드 듀전Richard Dudgeon이 개발한 트랙터를 닮은 증기 자동차는 승객 열 명을 태울 수 있었다. 1890년대 후반 및 1900년대 초반 동안 약 100명의 제조업자가 증기로 구동되는 자동차를 만들어 냈다.

이 증기 자동차 제작자들 중 가장 유명한 사람은 미국의 프랜시스 스탠리Francis E. Stanley와 프리랜 스탠리Freelan O. Stanley였다. 이 쌍둥이 형제가 1897년에 개발한 자동차는 '스탠리 스티머Stanley Steamer'라고 불렸다. 이 증기 자동차는 등유를 태워 차의 부품인 물 탱크 내의 물을 가열한 다음 빠져나가는 증기의 압력으로 작동되었다. 증기 자동차의 인기는 1차 세계대전 무렵 쇠퇴했으며 생산은 1929년에 중단되었다. 인간의 이동을 현대화하는 방법에 대한 소망이 선진국을 휩쓸었지만, 신뢰성의 부족으로 인해 발명가들은 계속 다른 방법을 찾았다.

이 시기에 운송 장치를 구동시킬 에너지원 후보 중에서 확실한 선두주자는 전기였다. 1880년대 동안 다수의 전기 동력 자동차가 유럽에서 제작되었다. 1891년 윌리엄 모리슨William Morrison이 미국의 최초의 전기차를 제작하면서 시장은 금세 성장했다. 1896년부터 1915년까지 전기차의 인기가 가장 높았는데, 이 시기에 44곳의 제조업체에서 거의 3만 5,000대의 전기차를 생산했다. 그중 컬럼비아, 베이커 및 라이커가 가장 유명한 제조업체였다. 전기차는 매끄럽게 달렸고 작동하기도 간단했다. 하지만 시속 20마일(시속 36킬로미터)을 넘는 속력으로는 효율적으로 달리지 못했고, 배터리 교환 없이는 80킬로미터 이상 주행하지 못했다. 따라서 도시에서만 운행할 수 있었다.

결론적으로 초기의 전기 자동차는 추가적 개발을 가로막는 본질적 한계를 지니고 있었다. 자동차 교통의 진정한 혁명을 위해서는 우선 동력을 통해 인간의 이동을 뒷받침해줄 만큼 유연한 속성을 충족시킬 수 있는 새로운 에너지원이 필요했다.

석유 기반의 자동차 산업이 형성되다

석유와 같은 상품은 문화가 만들어낸다. 그 제품이 가치를 갖기 전에 시장이 먼저 가치를 부여하기 때문이다. 초창기 시절에 석유는 등유로 정제되었고, 램프의 고래 기름을 대체하는 조명용 연료로 쓰였다. 1900년 이후 대다수 조명의 에너지원으로 기름이 아닌 전기가 사용되면서 석유의 가장 큰 가치는 운송, 주로 자동차에서 나왔다. 앞에서 언급했듯이, (증기나 전기 등) 다른 동력원을 이용한 차량에 대해 실험을 해본 후 유럽에서 결국 휘발유로 구동되는 자동차가 최초로 개발되었다. 구체적으로 살펴보면, 1860년에 프랑스의 에티엔느 르누아르Étienne Lenoir에 의해 실용적인 가스 내연기관이 설계 및 제작되었는데, 이 엔진은 조명용 가스로 작동했다. 1862년에 그는 자신의 엔진으로 구동되는 차량을 제작했다. 오스트리아의 지그프리트 마르쿠스Siegfried Marcus가 휘발유로 구동되는 네 바퀴 차량 여러 대를 제작했고, 1876년에는 독일인 니콜라우스 오토Nikolaus Otto가 4행정 사이클 엔진을 완성해가고 있었다. 또한 1885년에는 다른 두 독일인 카를 벤츠Karl Benz와 고틀리프 다임러Gottlieb Daimler가 휘발유 자동차를 제작했다.

1900년대 초반에는 미국의 많은 발명가들도 새로운 모델의 자동차를 개발했다. 1893년 미국에서 프랭크 듀레이J. Frank Duryea와 찰스 듀레이Charles E. Duryea가 휘발유로 작동하는 자동차를 최초로 제작하는 데 성공했다. 두 사람은 1896년에 듀레이 자동차를 상업적으로 생산하기 시작했다. 같은 해에 헨리 포드가 디트로이트에서 자신의 첫 자동차를 작동시켰다. 1899년 뉴욕시에서 퍼시 오웬Percy Owen이 최초의 자동차 판매소를 열었으며, 1900년에는 최초의 자동차 전시회가 열렸다. 이로써 20세기를 지배하게 될 기술이 모습을 드러냈다.

개별적인 발명가들의 개발에서 벗어나, 1901년에는 랜섬 올즈Ransom E. Olds에 의해 자동차 산업에 대량생산 시스템이 도입되었다. 그는 1886년 이래 지속적으로 선구적인 실험을 해왔던 인물이다. 그의 회사는 그 첫해에 지금은 역사적 명물이 된 곡선형 계기판을 단 올즈모바일을 400대

넘게 제작했다. 차 한 대 가격은 달랑 650달러였다. 헨리 릴랜드Henry M. Leland와 헨리 포드는 1900년대 초기에 자동차의 대량생산 방식을 더욱 발전시켰다. 하지만 이 진화하는 기술을 실제로 누가 소유했는지는 불분명했다.

1879년 미국인 변호사 조지 셀든George B. Selden이 휘발유 구동 자동차의 일반적 특징에 적용할 수 있는 특허를 출원하여 1895년에 특허를 받았다. 1903년에는 셀든 특허의 가치를 알아본 회사들이 모여 라이선스 자동차 제조업체 협회Association of Licensed Automobile Manufacturers를 설립하고 제작되는 차량마다 셀든에게 로열티를 지급하기로 합의했다. 하지만 헨리 포드는 이 협회에 참여하길 거부하며, 자동차 산업에 대한 셀든의 지배력을 깨뜨리고자 소송을 걸었다. 치열한 소송 끝에 포드가 승소했고, 1911년 항소법원은 셀든의 특허는 오직 2행정 사이클 엔진에만 적용된다고 판시했다. 그 밖의 엔진은 다른 제조업체가 마음껏 사용할 수 있었다. 이 결정으로 대다수 미국 제조업체들 사이에 특허상호실시 계약이 맺어졌고, 자동차 제조업체 협회가 이를 주관했다. 이 협약 하에서 1903년에 포드 모터 컴퍼니가, 1908년에 제너럴모터스 코퍼레이션이, 그리고 1925년에 크라이슬러 코퍼레이션이 설립되었다.

1908년에 대량생산 시스템으로 최초의 모델 T 포드가 만들어졌고, 이후 24년이 지나며 이 모델은 1,500만 대 이상이 판매되었다. '플리버flivver' 또는 '틴 리지tin lizzie'라는 애칭으로 불리는 모델 T는 자동차의 역사에서 다른 어느 차종보다 대규모 자동차 산업의 발전에 기여했다. 포드는 휘발유를 동력으로 이용하기 위해 내연기관을 개량했는데, 다른 발명가들도 이 엔진으로 실험했다.

1차 세계대전 동안 자동차 산업을 이용하여 군대를 위한 차량, 모터 및 다른 군수 장비를 생산하면서 민수용 자동차의 제조는 사실상 중단되었다. 하지만 전쟁 직후 자동차는 미국인의 생활방식에 중요한 새로운 역할을 맡게 되었다.[42] 이제 자동차는 더 이상 화려하고 신기한 상품이 아니었으며, 많은 미국 가정에 사치품보다는 필수품으로 빠르게 자리 잡아갔다. 1920년대 초반 즈음에는 자동차 공학의 기본적인 기계적 문제들 대다수가 해결되었다. 이후 제조업체들은 자동차를 더 안전하고 더 맵시 있고 더 편안하게 만들기 위해 설계에 집중했다. 그러면서도 소비자들을 유혹하고 차량 소유 욕구를 일으킬 만한 안전성과 신뢰감을 줄 새로운 방법을 찾았다.

1929년에 약 90퍼센트의 차량이 소수의 초기 모델에서 나왔다. 하지만 자동차 군단의 다양화가 진행되고 있었다. 1920년대 중반에 헨리 포드는 페달이 세 개 달린 모델 T를 버리고 모델 A로 대체하기로 결정했는데, 모델 A에서는 재래식 기어장치가 장착되었다. 마지막 모델 T는 1927년에 생산되었으며, 최초의 모델 A가 1927년 10월 생산 라인에서 제작되었다. 고대해 마지않던 대중들은 곧 수천 대를 구입했다. 1928년 크라이슬러 코퍼레이션이 모델 A와 경쟁할 자사의 차량을 발표했다. 저렴한 신형 자동차 '플리머스'였다. 경관을 바라보며 사람을 이동시키는 자동차 시장에서 내연기관이 승리를 거둔 셈이다. 하지만 인간의 이동 방식에 관한 진정한 혁명에는 상당한 개선의 노력이 필요했다.

기술이 바꾼 세계사 자동차, 미국인들의 생활을 바꾸다

풍부한 휘발유 공급으로 저렴한 동력 이용이 가능해지며 자동차 회사들은 차량을 운행하게 될 환경에 영향을 줄 방법을 찾았다. 시가전차와 같은 교통 기술에 의존하는 데다 도로와 기반시설의 부족 때문에 미국인들은 자동차를 즉각 받아들이지 못했다. 포드와

같은 제조업체의 노력으로 1913년 즈음엔 이런 태도가 바뀌었는데, 그해에 미국인 8명당 자동차가 한 대 있었다. 대량생산의 결과, 1920년대에 차는 더 이상 사치품이 아니라 미국 중산층 생활의 필수품이 되었다.

하지만 주위 환경은 다른 교통 방식에 따라 설계되어 있었다. 가령 도시의 구조는 도보 이동을 중심으로 형성되어 있었다. 자동차는 운행에 필요한 기반시설만 받쳐준다면, 이전에는 불가능했던 자립적인 생활을 가능하게 해주었다. 자동차 세상을 열려면 건축의 대규모 변화도 필요했다. 가장 중요한 것은 자동차가 다니게 될 도로였다.

북아메리카에서 최초의 도로는 뉴멕시코와 캘리포니아에 있는 기존의 원주민 트레일을 따라 스페인인들이 건설했다. 식민지 주민들이 잉글랜드에서 미국으로 쏟아져 들어오자, 원주민들이 걸어다니며 낸 작은 길을 따라서 마차 트레일이 생겨났다. 미국에서 최초의 주요 도로 시스템은 미국 독립전쟁 후인 18세기 후반에 형성되기 시작했다. 1806년 미국 의회는 내셔널 로드National Road라고도 불린 컴벌랜드 로드 Cumberland Road의 건설을 승인했다. 메릴랜드 주의 컴벌랜드에서 일리노이 주의 반달리아까지 이어진 도로였다. 컴벌랜드 로드가 미국 서부를 열어젖혔다. 1800년대 후반, 미국 동부의 도로들 중 다수는 도로의 폭을 따라 나무 줄기를 깐 유료도로로, 일종의 통나무 도로였다. 쪼갠 통나무로 포장한 널빤지 도로들도 있었다.

미국의 초기 국도 설계는 대체로 유럽인들의 작품이었다. 스코틀랜드 기술자 존 루든 매캐넘John Loudon McAdam과 토머스 텔퍼드Thomas Telford가 도로 포장의 선구자였다. 두 사람은 부서진 돌들을 조심스레 층층이 조밀하게 쌓아 도로를 포장했다. 자동차는 사적인 도구이긴 했지만, 그 소유자는 공적인 공간에서 그것을 작동시켜야 했다. 이 공적인 큰길에 누가 비용을 지불할 것인가? 얼마간의 적응 기간이 지나자, 미국인들은 도로 건설을 사회경제적 요법의 한 형태라고 여겼다. 도로 개선은 길을 따라 재산세 수입 증가로 이어져 저절로 수익이 날 것이라는 이론에 따라 사람들은 그런 프로젝트에 공공자금을 투자하는 것이 타당하다고 보았다. 이 시기에는 아스팔트, 쇄석 및 콘크리트가 저마다 도로 포장 재료로 쓰였다.

1920년대가 되자, 도시 지역의 교통 정체로 인해 다른 지역들에까지 도로를 건설해야 할 필요성이 커졌다. 대다수의 도시 지역들은 곧 신호등이나 교차로가 없는 특급 거리를 제시했다. 미학적으로 구상된 이 도로들은 대체로 자연 지형을 따라 지어졌고,

파크웨이parkway라는 이름을 얻었다. 뉴욕 주의 롱아일랜드와 웨스트체스터 카운티는 파크웨이를 다리 및 터널과 함께 사용하여 지역의 다른 교통 체계와 분리시켰다. 가령 브롱크스 리버 파크웨이 1906가 강변 공원과 숲을 따라 지어졌는데, 이는 국가의 유적지로 지정된 최초의 도로이기도 하다. 운전하기에도 쾌적했던 이런 도로 덕분에 자동차 통근이 촉진되었다.[43]

힘 있는 이익단체들은 자동차 발전이야말로 미국에서 가장 큰 사회경제적 이익임을 확실히 간파했다. 1916년 연방보조도로법Federal Aid Road Act of 1916을 바탕으로 고속도로 부서를 마련한 주들에게 자금 지원이 되었으며, 36만 킬로미터의 도로를 주요 도로로 지정하여 연방 자금도 지원되었다. 또한 뒤따른 입법을 통해 공공도로국 Bureau of Public Roads이 설립되어, 5만 명 이상의 주민이 사는 모든 도시를 연결하는 고속도로망을 계획했다. 일부 주들은 휘발유세를 도입하여 새로운 도로에 자금을 댔다. 1925년이 되자 고속도로 건설 프로젝트의 경제적 가치가 10억 달러를 넘었다. 도로의 확장은 대공황 동안에도 계속되었고, 도로 건설이 도시와 타운 발전의 중심이 되었다.

뉴욕의 로버트 모시스Robert Moses가 이 새로운 역할을 규정한 도시 계획의 설계자이다. 1930년부터 1960년까지 뉴욕 대도시권에서 일군 성과를 통해 모시스는 대중교통의 반대 개념으로서 자동차를 포함시키고 강조한 대도시의 모범을 만들어냈다. 역사가 케네스 잭슨Kenneth Jackson은 이렇게 적고 있다. "무작정 이동성을 통해 현대성을 찾으려고 하다 보니, 미국의 도시인들은 19세기 동네들의 생활 환경을 파괴하기로 결정했다. 그 결과 사람들이 모이는 장소들은 교통 정체 지역으로, 놀이터는 자동차 도로로 그리고 상점 지역들은 길게 늘어선 주차장으로 바뀌었다."[44]

1920년대부터 입법을 통해, 공공도로국이 설립되어 5만 명 이상의 주민이 사는 모든 도시를 연결하는 고속도로망을 계획했다. 한 역사가는 이를 가리켜 "인류 역사상 최대의 건설 업적"이라고 부른다.[45] 어떤 주들은 새 도로에 자금을 대려고 휘발유세를 도입했다. 이런 발전에 덧붙여, 1950년대에 아이젠하워 대통령은 핵공격 대비 계획에도 전국 도로망 체계를 포함시켰다. 이런 발전은 어느 국가도 넘볼 수 없는 전국 도로 시스템을 구축하기 위한 주간고속도로법Interstate Highway Act의 확고한 밑바탕이 되었다.

대통령에 당선된 이후 아이젠하워는 자동차 제조업체 등과 함께 미국의 미래를 자동차와 연결시키는 1956년 계획을 고안했다. 주간고속도로 시스템은 인류 역사상 가장 비싼 공공사업 프로젝트였다. 이 장대한 프로젝트를 위한 공적인 이유는 핵전쟁이었다. 그런 도로는 핵전쟁과 같은 재앙에서 도시 중심부의 시민들이 탈출하기 위한 것이었다. 하지만 강조점은 분명 경제 확장에 놓여 있었다. 도시의 오랜 동네들과 소수 집단들이 차지하고 있던 구역들을 희생시키고서, 전국의 주요 도시들을 모조로 연결시킨 거대한 콘크리트의 물결이 넘실거렸다.

국가의 미래가 분명 자동차와 결부되어 있었기에, 미국의 국가 기획자들은 자동차를 미국의 가정생활 속으로 더욱 통합시키는 방법을 완성해나가기 시작했다. 20세기 초반, 많은 부유한 미국인 가정들은 곧 차량을 저장하는 공간이 필요해졌다. 대체로 이런 가정들에는 개조가 가능한 마차 차고나 마굿간이 딸려 있었다. 물론 금세 건축가들은 집에 부속건물을 고안하고서 그것에 프랑스어 명칭인 garage(차고)를 붙였다. 이 시점부터 미국의 주택들은 자동차와 도로를 미국 생활 속에 통합시키는 길을 바짝 뒤따라갔다.

한편 미국에서 도로와 관련된 사회적 경향이 생겨났다. 이 경향은 석유에 대한 미국인들의 의존성을 더욱 부채질했고, 그들의 삶을 원유와 더욱 밀착시켰다. 가장 중요한 점을 짚자면, 1945년부터 1954년 사이에 900만 명이 교외로 이사했다. 대다수 교외는 오직 자동차로만 도시에 접근할 수 있었다. 1950년부터 1976년까지 (대도시권의) 중심 도시 인구는 1,000만 명 늘어난 데 반해서 교외 인구는 8,500만 명 늘었다. 인구 분산에 동반된 주택 개발과 쇼핑몰이나 스트립몰strip mall(상점들이 줄지어 늘어서 있고 그 앞에 보도가 있는 야외 쇼핑몰—옮긴이) 문화는 자동차를 사실상의 생활필수품으로 만들었다. 쇼핑몰, 교외 및 패스트푸드 식당이 20세기 말에 미국 생활의 표준이 되었고, 이로써 미국의 석유 의존은 절정에 이르렀다.[46]

상류층과 중산층 미국인들은 1800년대 후반에 교외 지역으로 이사하기 시작했다. 뉴저지 주의 르웰린 파크Llewellyn Park와 같은 최초의 교외 개발에 뒤이어 철도 주변 지역 내지 초창기의 다른 대량 수송망 주변 지역이 개발되었다. 자동차는 이런 지역들 사이의 그리고 이런 지역들 너머에 있는 방대한 구역에 대한 접근을 가능하게 해주었다. 1940년대 초반이 되자 약 1,300만 명이 대중교통이 도달하는 지역 외부에

서 살게 되었다.[47]

이런 변화 때문에, 덜 부유한 미국인들을 대상으로도 교외 지역의 개발을 계획할 수 있게 되었다. 인기 잡지에 나오는 비슷한 디자인을 모델로 한 중산층 교외 지역은 일하는 중산층 미국인들에게 인기를 끌었다. 방갈로bungalow(베란다가 있는 간단한 양식의 목조 주택—옮긴이)가 미국에서 가장 인기 있는 설계 양식 중 하나가 되었다. 또한 대공황으로 인한 건설 중단으로 인해 랜치하우스ranch house(미국 특유의 옆으로 길게 지은 단층 주택—옮긴이)와 같은 최신의 아이디어와 설계 양식이 나오기도 했다.[48]

도시 설계자들은 이러한 주택 양식들을 이용하여 차례차례 지역들을 개발하면서, 각 지역을 외부 세계와 자동차로 연결했다. 레빗타운Levittown(레빗타운의 첫 주택들은 1947년에 지어짐)이라는 획일적인 지역은 자동차를 통한 이동에 전적으로 의존했다. 교외 생활로의 전환은 20세기 후반의 대표적인 특징이 되었으며, 1990년대가 되자 전 국민의 절반 이상이 교외에 거주했다. 하지만 이런 주거지를 뒷받침하는 도시 계획 시스템에는 도로보다 훨씬 더 많은 것들이 필요했다. 또한 외딴 교외 공동체를 뒷받침하는 데 필요한 공공 서비스들도 포함되어야 했다.

도시 중심가의 기존 방식 대신에, 자동차로 접근하는 교외는 새로운 방식이 필요했다. 처음에 제시 클라이드 니콜스Jesse Clyde Nichols와 같은 도시 설계자들은 이전의 형식들의 혼합 양식인 캔자스시티의 컨트리클럽 디스트릭트와 같은 쇼핑 구역을 고안했다. 하지만 곧 이런 '스트립몰'은 미래의 상업 구역으로 진화했다. 이 장소들은 금세 집 근처에서 기본적인 서비스를 제공하기 위한 교외 개발의 일부가 되었다. 자동차 없이 오는 쇼핑객은 드물었기에, 자동차는 이런 구역의 설계 프로그램의 일부가 되어야 했다. 자동차의 속력을 위해 지어진 가장 명백한 시설물은 표지판이었다. 또한 주차장과 드라이브스루drive-through 창구도 이 새로운 상업 지역의 교통 시스템에서 필수적인 역할을 하게 되었다.

값싼 석유에서 시작된 과시적 소비

에너지의 새로운 대량 공급 위에서 생겨난 새로운 생활방식은 인간 생활의 모든 측면을 바꾸었는데, 특히 미국과 같은 자본주의 국가들에서 더욱 그랬다. 어디서나 조명을 사용할 수 있게 되었으며, 1800년대 중반으로서는 대단히 혁명적인 도구였던 성냥은 이제 아득한 원시 시대의 상징물처럼 보였다. 역사가 존스는 이렇게 적고 있다. "미국의 총 에너지 소비가 1900년에서 1930년 사이에 2.5배 늘어난 반면에, 전기 사용은 스무 배 넘게 증가했다."[49] 공장과 산업체는 거의 어디든 전기를 이용했으며, 가장 낮은 요율의 전기료가 부과되었다. 1927년 미국 인구의 20퍼센트를 차지하는 동부 연안 지역의 산업체들이 총 전기 사용량의 30퍼센트 이상을 소비했다. 20세기의 첫 30년 만에 에너지 소비는 250퍼센트 증가했는데, 이는 인구 증가율의 두 배 이상이다.

가정에서 전기를 이용하기 시작하면서 1922년에서 1927년 사이에 미국인들은 9만 5,000개가 넘는 다리미, 5만 4,000개의 진공청소기, 2만 1,000개의 세탁기, 2,000개의 재봉틀 그리고 500개의 냉장고를 구입했다. 1935년에는 전체 미국인의 약 3분의 1이 냉장고를 사용하게 되었다. "전기화는 미국과 나머지 세계 사이의 간극을 더 벌렸다"라고 존스는 적고 있다. "1929년 미국의 전기 생산은 다른 모든 국가의 총합을 능가했다." 이런 에너지 변화는 미국을 모범적인 현대 국가로 만들 정도로 미국을 혁신적으로 변화시켰다.[50] 미국에서 광물 에너지 자원은 이제 사치품이 아니라 필수품이었다.

미국인들에게 이런 발전은 번영과 애국심이라는 개념과 맞물려 있었고, 미국인 소비자들은 인간 생활을 더 자동적이고 기계적으로 만들려는 열정을 숨기지 않았다. 이런 이상은 뉴욕시에서 열린 1939년 세계박람회장과 같은 행사장에서 전 세계에 드러났다. 미국이 아직 2차 세계대전에 관여하기 전이었기에, 미국인들은 그 기회를 빌미로 현실에서 벗어나 유토피아를 꿈꾸는 몽상가가 되었다. 이런 꿈들은 여러 형태를 띠긴 했지만, 보이지 않는 손, 구체적으로 말해서 값싼 에너지의 풍부한 공급과 연결되어 있었다. 소설가 닥터로Doctorow는 제너럴모터스 빌딩의 '퓨처라마Futurama' 전시를 이렇게 회상했다.

> 우리 앞에 온 세상이 켜져 있었고 … (그리고) … 어떻게 모든 것이 계획되었는지, 사람들이 이런 현대적인 유선형의 곡선 건물들 속에 사는지, 건물 각각이 작은 타운의 인구를 수용하고 온갖 것들, 학교, 식당, 세탁소, 영화관 등이 들어 있어서 사람들이 바깥에 나갈 필요조차 없는지를 생생하게 보여주었다.[51]

박람회 덕분에 과거와는 완전히 다른 생활양식의 3차원 정지화면이 만들어졌다. 비록 많은 인간 사회에서 달성하지는 못하겠지만, 선진국들은 루이스 멈퍼드Lewis Mumford와 같은 지식인의 모더니즘 개념들과 결합된 공상과학적 전망들을 바탕으로 새로운 사회를 갈망했다. 모더니즘은 이제 더 이상 유럽 살롱의 소수의 예술가들과 디자이너들에게 국한된 예술장르가 아니었다. 이제 모더니즘 디자인과 '새로운 것the new'은 특히 미국의 신흥 중산층의 것이었다. 이와 같은 소비자들의 기대가 인간의 생활방식에 급진적 변화를 일으킨 주요한 추진력이 되었다.

미국에서 2차 세계대전 후의 생활방식의 변화는 너무나 급격했기에 역사가들은 이에 대량소비라는 명칭까지 부여했다. 리자베스 코헨Lisabeth

Cohen과 같은 역사가들이 입증했듯이, 이러한 소비 증가 및 이를 실행한 중산층의 증가는 2차 세계대전에 뒤이은 냉전의 정책과 정치 그리고 이데올로기 갈등이 만들어낸 것이었다. 그런 사회 모형에서 보이지 않았던 것은 그토록 대규모의 소비로 인해 생겨난 결과들의 되먹임 고리feedback loop이다. 사실, 종종 우리는 그런 이상적 사회 뒤에 있는 주된 힘, 즉 값싼 석유를 간파해내지도 못한다.

미국인들의 주도로 인류는 20세기 후반에 석유를 생활의 거의 모든 영역으로 끌어들였다. 이 시기의 대부분 동안 저렴하고 이용하기 쉬운 석유에 의존하는 경향은 당연한 것처럼 여겨졌다. 하지만 석유의 지위는 결코 달라지지 않았다. 심지어 대량으로 공급되다 보니 치약 튜브 제조와 같은 평범한 일에 쓰일 정도가 되긴 했지만, 여전히 석유는 유한한 자원이었다. 하지만 이 현실을 무시함으로써 미국의 생활 기준은 전 세계의 부러움의 대상이 되었으며, 따라서 다른 국가들이 미국인의 행동을 모범으로 삼으면서 석유의 생태학적 영향력은 더욱 확대되었다.

석유의 사용으로 나타난 생태학적 결과들의 파괴적인 영향력이 아직 모습을 드러내지 않았기에 2차 세계대전 이후의 대량소비 시대는 아무런 의심 없이 석유의 소비를 확대해나간 행복한 시기였다. 미국이 이데올로기를 내세워 냉전을 치르고 있을 때, 이 소비사회는 비슷한 생활 기준을 갈망했던 국가들에게 위대한 이정표가 되었다. 짧게 말해서, 한참 간극이 벌어져 있는 선진국 측의 생활 기준이 후진국들을 그런 방향으로 나아가도록 부추겼다.

PART III

에너지
전쟁의 시대

역사가 로버트 마크스는 1910년대와 1920년대에 전 세계 인류가 "위대한 출발 Great Departure"을 경험하게 되었다고 설명하면서 1차 세계대전이 "제국주의 질서를 근본까지 뒤흔들며 20세기 세계의 형성에 중대한 영향을 미쳤다"라고 적었다.[1] 에너지는 가진 자들과 갖지 못한 자들 간의 간극이 커지게 만드는 촉매이자 도구 역할을 했다. 중동의 석유 매장지들은 신흥국의 독립에 대한 열망의 이유인 동시에 식민지 존속의 이유가 되었다. 아프리카 사막에 있는 가스와 석유의 천연 용출지는 1930년대에 이런 상황이 벌어지게 만든 무대가 되었다. 이런 상황을 이미지로 그려보자면, 정장 차림의 남자가 자기 발아래에 놓인 에너지원의 잠재력으로 인해 구현된, 선진국과 후진국의 간극 사이에 걸쳐 있는 형국이다.

Chapter 5

검은 황금,
석유 시대의 빛과 그림자

석탄 정거장, 보르네오 섬

대항해시대의 지리학은 꽤 단순했다. 하지만 석탄을 동력으로 한 해상 운송에는 새롭고 더욱 복잡한 기반시설이 필요했다. 재생 불가능한 동력원에 의존했던 까닭에 해상 운송 회사들은 '석탄 정거장coal station'이라고 불린 재보급 항구들을 낀 항로를 마련해야 했다. 석탄은 기존의 항구들에서도 구입하고 저장할 수 있었지만, 자체적으로 석탄을 생산하는 광산을 가지고 있던 몇몇 장소들이 인기를 끌었다. 영국과 미국이 1800년대 중반에 태평양 교역을 개설했을 때, 보르네오 섬의 석탄은 세계 최대의 해군들과 교역자들(영국 및 미국 해군과 교역자들을 가리킴-옮긴이)의 전략적 이점이 되었다.

보르네오의 석탄 자원에 대한 정보는 광저우에 있던 미국 무역회사 올리펀트 & 코의 초기 교역 네트워크를 통해 우연히 알려졌다. 그 회사 및 회사의 부수 조직인 성경 협회의 극동 대표자로 일했던 조지 트러데스칸트 레이George Tradescant Lay가 1837년 보르네오를 방문했는데, 술탄의 궁전에서 가진 한 모임에서 그 지역의 석탄 한 조각을 선물 받았다. 흥미를 느낀 그는 그 지역을 조사했고, 작은 분량의 석탄을 채굴했다. 레이는 자기가 발견한 내용을 2년 후에 영국 및 미국 정부의 고위 관계자들에게 서신으로 알렸다. 1842년 벵골의 영국 총독이 실무자들에게 보르네오의 석탄을 증기선에 사용할 수 있는지 검사해보라고 지시했다.

역사가 피터 슐먼Peter Schulman은 이렇게 적고 있다. "세상의 다른 어떤 지역도 더 큰 상업적 이익의 전망을 영국인들에게 약속해주지는 않았고, 동시에 상품과 정보의 흐름에 더 큰 장애를 안겨주지 않았다. … 의사소통과 함께 교역이 시작되었고, 교역과 함께 부와 권력이 따라왔다."[1]

영국의 유리한 첫 출발이 의미심장하긴 했지만, 1850년 즈음 미국도 증기선 운송에 치중하면서 더 수월하게 아시아에 다다를 수 있었다. 매튜 페리 제독Commodore Matthew Perry이 이런 선제적 조치에 동참하여 우편 증기선이 해군 함대의 사양을 충족시키도록 했다. 유사시 군사 목적에 우편 증기선을 이용할 수 있게 하기 위함이었다. 페리 제독은 1852년 태평양 원정을 이끌었는데, 이는 필요한 석탄 공급지로 보르네오 섬을 점찍어놓기 위한 것이었다. 본국의 미국인들이 석탄과 외교 정책 사이의 관련성을 갑론을박하고 있던 때, 페리 제독은 이미 현실에 발을 디딘 셈이었다. 그는 잠재적인 석탄 보급지로 삼고자 그 지역을 정찰했다.

아시아 세계와의 교역 중심지로 부상하던 보르네오 섬과 같은 태평양 항구들은 선박들이 에너지를 재충전하는 데 중요한 역할을 하게 되었다. 1800년대 후반에 이르자 석탄을 동력으로 하는 해군 함대가 세계 강대국의 으뜸가는 척도가 되었고, 석탄 정거장들의 중요성은 훨씬 더 커졌다.

범선부터 대포까지 에너지 공급의 관리야말로 국가 안보와 팽창의 중요한 수단이었다. 20세기에는 화석연료가 강조되면서, 막대한 에너지 공급의 토대가 되는 신기술들이 국력의 수단이 되었다. 특히 1950년까지의 전쟁 경험을 통해, 전략가들은 국제 무대에서 정치·경제적 힘을 규정하거나 확립하는 데 노움이 되는 새로운 기술을 적용할 방법을 고안해냈다.

역사가 로버트 마크스는 1910년대와 1920년대에 전 세계 인류가 '위대한 출발Great Departure'을 경험하게 되었다고 설명하면서 1차 세계대전이 "제국주의 질서를 근본까지 뒤흔들며 20세기 세계의 형성에 중대한 영향을 미쳤다"라고 적었다. 20세기의 급격한 산업 및 인구 증가는 인간과 환경의 관계를 새롭게 정의했으며, 확실히 인간을 생물학적 구체제의 제약에서 벗어나게 했다.

이 시기 동안 화석연료의 중요성을 배가시킨 사건들을 겪으며 에너지 소비는 더욱 빠르게 늘어났다. 그런 사례로 농업용과 폭발물 및 민간 교통로 개설을 위한 군사적 용도로 합성비료를 생산한 것을 들 수 있다(합성비료가 군사적 용도로 제조되었다고 한 것은 1차 세계대전에서 무기용으로 질소를 제조했다가 전후에 합성비료의 원료로 사용한 것을 의미하는 것으로, 합성비료 자체가 직접적인 군사적 용도에서 제조된 것은 아니다-옮긴이) 이런 사례들 및 다른 여러 사례들에서 볼 수 있듯이, 전 지구적으로 막대한 양의 에너지가 공급되고 그 에너지가 다양한 방식으로 사용되면서 인간의 생활에 근본적인 변화가 일어났다.

에너지 사용이 전반적으로 확대되면서, 이 시기의 신기술들은 인간의 영향력과 잠재력을 강화했을 뿐만 아니라 시간과 공간을 축소했다. 존 맥네일John McNeill의 저서 《태양 아래 새로운 것Something New Under the Sun》

에 따르면, 전 세계적으로 에너지 획득은 19세기에 약 5배 그리고 20세기엔 16배 증가했다. 1차 세계대전이 이러한 변화의 결정적인 고비가 되었다. 숲에서 이루어진 벌채와 탄광에서의 석탄 채굴은 물론이고 자동차 사용 및 내연기관의 확대에 이르기까지, 1차 세계대전은 인류 문명을 탈바꿈시키는 데 결정적인 역할을 했다. 실제로 1차 세계대전은 19세기와 20세기 인류의 생활방식을 가르는 기준이 되었고, 이후에 에너지 사용과 개발은 완전히 새로운 범위와 규모로 진행되었다. 또한 학자들이 생활양식의 변화를 역사적으로 해석하면서 1차 세계대전은 또한 '인류세'로 가는 관문이 되었다.

1차 세계대전 시기에 에너지 전환이 성공할 수 있었던 까닭은 오직 새로운 에너지원의 영향력을 높인 기술이 발전했기 때문이다. 역사가 크리스토퍼 존스Christopher Jones는 그런 부가적 기술의 가중 효과 덕분에 19세기에 더욱 광범위하게 사용되기 시작한 광물 기반 에너지원으로의 변화가 더욱 '강화'되었다고 말했다.[2]

이와 같은 새로운 에너지 시스템을 고려하면, 1차 세계대전이 에너지 관리에 미친 종합적인 영향은 상당히 다층적이고 복잡하지만 매우 혁신적으로 다가온다. 그리고 이런 변화는 2차 세계대전 동안에 전면적으로 진행되었다. 따라서 1914년부터 1945년까지의 시기는 에너지원들 사이의 단순한 전환을 훨씬 뛰어넘어 인간 생활에서 에너지의 중요성을 완전히 새로운 규모로 격상시켰다. 이러한 "위대한 가속Great Acceleration"의 효과가 확연히 드러나면서 그 잠재적 영향력도 분명하게 모습을 드러냈다.

보몬트 근처 동부 텍사스의 평지가 갑자기 둥근 언덕처럼 솟아올랐다가 다시 평평해졌다. 지질학자들은 아래가 텅 비어 있는 채로 갑자기 융기된 지형을 땅의 '돔dome'이라고 부른다. 시간이 흐르면서 암석층들이 하나의 공통된 정점을 향해 솟아오르고 그 아래에 넓은 저장고가 형성된다. 종종 이 텅 빈 지질학적 거품에서 소금이 형성되어 소금 돔이 생기기도 한다. 그리고 수백만 년이 지나는 동안 물이나 다른 광물이 그 저장고를 채울지 모른다. 적어도 파틸로 히긴스Pattillo Higgins는 1890년대에 동부 텍사스에서 그렇게 생각했다.

히긴스를 비롯한 많은 사람들은 그런 동굴이 천연의 보물 창고라고 상상했다. 하지만 그들의 생각에 동의하는 사람은 거의 없었다. 이미 알려진 유정들에서 시추할 석유가 많았던 까닭에 대다수 석유 업계 종사자들은 히긴스를 비웃었다. 히긴스는 조롱을 당하면서도 텍사스에서 석유를 찾는 데 몰두했다. 특히 히긴스의 관심을 끈 것은 남동부 텍사스에 있는 돔 모양의 한 언덕이었다. '스핀들탑Spindeltop'이라고 알려진 이 소금 돔이 (히긴스의 노력 덕분에) 인간 존재를 바꾸게 된다.

지구의 여러 지역에서 석유 탐사가 이루어지긴 했지만, 텍사스는 아직 석유 생산 지역으로 확인되지 않은 곳이었다. 미국에서 유명한 석유 생산 지역은 동쪽 지역, 특히 펜실베이니아 서부였다. 게다가 스탠더드 오일 컴퍼니 등의 회사들은 바쿠(아제르바이잔의 수도)와 같은 먼 지역을 탐사했다. 1890년대가 되자, 석유에서 뽑아낸 등유가 세계에서 가장 인기 있는 조명 연료가 되었다. 그런데 토머스 에디슨이 실시한 전등 실험이 석유의 미래에 의문을 불러일으켰다. 하지만 여전히 석유가 발견되는 지역마다 붐이 일어났다. 텍사스는 어땠을까? 스핀들탑의 '빅힐Big Hill'을 조사한 지질학자들은 하나같이 히긴스에게 바보짓이라고 했다.

포획의 규칙rule of capture(자원을 먼저 획득한 자가 그 주인이라는 규칙─옮긴이) 덕분에 히긴스와 같은 개인 투기꾼들이 펜실베이니아에서 시작된 석유 시추 산업에서 중요한 역할을 했다. 거대 기업이 활약하기 이전에 석유야말로 한 개인이 열심히 노력하고 위험을 철저히 계산한다면 (엄청난 재산을 포함해) 굉장한 성과를 얻어낼 수 있는 미국의 위대한 사례 중 하나였다.

1901년 텍사스의 스핀들탑이 막대한 양의 원유를 전 세계에 알렸다. 이제 우리는 그걸로 할 일을 찾아야 했다. ©Library of Congress Prints and Photographs Division

오늘날 석유 회사들은 과학(특히 지진파를 이용한 지형 찾기 기술)을 이용하여 석유 매장지를 찾아내고 원유의 속성들을 구체적으로 파악하고 있다. 이런 회사들은 매장의 규모와 석유를 캐내는 데 드는 경비를 추산해서 비용편익을 계산한 다음 수익이 난다고 판단될 때에만 사업을 추진했다. 그런데 스핀들탑은 아직 이익을 얻을 수 있다는 전망이 크지 않아 보였다.

드레이크에서부터 히긴스 그리고 심지어 21세기의 석유 기업에 이르기까지 분명 하나의 근본적인 연속성이 존재한다. 오늘날의 기업 문화와 비교하면 미약하긴 하지만, 1900년의 석유 투기는 진지한 사업이었다. 석유가 굉장히 가치 있는 자원이었기 때문이다. 20세기 초반에 원유를 획득하고 처리하고 유통하기 위한 기반시설이 발전하면서 20세기 전체를 통틀어 가장 뛰어난 국제적 기업체 중 하나가 생겨났다. 그리고 효율과 효과 덕분에 1900년대 초반이 되자 기업은 수익을 얻게 되었고, 덕분에 석유는 인류 역사상 가장 저렴한 에너지원 중 하나가 되었다.[3]

1901년의 석유 채굴 방식은 1860년대 펜실베이니아의 유정에서 사용된 방식은 물론이고 오늘날의 방식과도 흡사하다. 투기꾼들이 표면 용출이나 다른 증거를 바탕으로 지각을 뚫을 장소를 선택하는데, 이는 우물을 파는 방법과 비슷하다. 일단 석유가 충분히 흘러나오면, 유정 위에 유정탑을 설치한다. 이 유정탑이 석유를 지면으로 퍼올리고 석유를 퍼내는 양을 조절한다. 유정에서 가장 눈에 띄는 부분은 꾸준히 좌우로 움직이는 유정탑의 암arm이다. 그리고 이 암을 둘러싸고 있는 탱크는 유정탑에서 길어 올린 석유를 물과 분리하는 역할을 한다. 보통의 경우, 유정 시추는 꽤 고만고만한 산업 활동이었다. 하지만 일확천금을 노리는 이들이 땅 속으로 더 깊이 파고 들어갈수록, 석유가 매장된 곳의 압력은 대단히 높다. 천연가스가 차 있기 때문이다. 그런 상황에서 압력이 높은 유정을 드릴로 뚫으면 석유가 간헐온천처럼 하늘로 솟구치는 분출유정gusher이 생긴다. 위험하고 낭비가 많고 너저분한 분출유정은 석유 생산을 관리하고 체계화하려고 하는 이들의 눈살을 찌푸리게 만들었다.

스핀들탑은 이전에 본 적 없던 가장 거친 분출유정이었다. 1901년 1월 10일 스핀들탑에서 진흙이 뿜어져 나오기 시작했다. 그 자리에 있던 일꾼 너댓 명은 대포 발사와 같은 큰 소리를 들으면서 무슨 일이 일어난 것인지 의아해했다. 큰 소리에 뒤이어 갑자기 돌, 모래 및 일부 시추 도구들이 허공으로 솟구쳤고, 350미터 지하에서 발견된 루카스 간헐온천이 30미터 넘게 석유 줄기를 뿜었고, 이 온천은 9일 지나서야 뚜껑을 덮을 수 있었다. 이 기간 동안 그 유정에서는 (이전에 목격했던 다른 모든 유정의 분출량을 훌쩍 뛰어넘는) 하루 10만 배럴의 석유가 흘러나온 것으로 추정된다.

몇 달 후에는 빅힐에서 200개가 넘는 유정이 시추되었고, 추산하기로 1901년 말까지 2억 3,500만 달러가 텍사스의 석유에 투자되었다.[4] 스핀들탑과 이스트 텍사스 오일의 석유 생산량이 1901년 이후 전체 산업의 규모를 변화시켰다. 이 시기의 에너지 전환은 대체로 풍부한 (심지어 압도적인) 공급량에 의해 일어났는데, 그것이 특정한 하나의 기술에 의한 것은 아니었다. 그때까지만 해도 생산량은 압도적으로 많았지만, 석유의 사용처는 매우 적었다.

석유, 열강들의 전략적 도구가 되다

보르네오 등의 석탄 정거장과 같은 물류 기지는 항해의 동력원이 바람에서 석탄으로 전환되는 과정의 부산물이었다. 이전에는 바람이 큰 원을 그리며 순환하는 패턴과 구역에 따라 어느 정도 항해 경로가 정해졌다. 항해에 바람이 아닌 석탄을 이용하게 되었다고 해서 곧바로 태평양의 인기 있는 항로가 폐지되지는 않았지만, 슐먼에 따르면 "연료는 고가였는데, 상업용 및 해군용 증기선 모두 크기와 강도 면에서 증가했고, 선박의 정박 거리(두 항구 사이의 최단 거리-옮긴이)를 최소화함으로써 증기기관 설계의 한계 및 이용할 수 있는 석탄 보급지를 넘어서까지 자원을 최대한 사용할 수 있게 되었다"[5]

배 위에서 석탄 버너에 연료를 넣으려면 일정한 노동력이 필요했고, 큰 부피의 연료를 저장하려면 큰 규모의 짐칸이 필요했다. 이런 한계 그리고 배의 원료로서 석탄을 사용하는 일시적인 해결책에도 불구하고, 19세기 후반의 수십 년 동안 해군뿐만 아니라 무역선과 여객선에서도 에너지 전환이 일어났다. 하지만 분명 범선에서 석탄 증기선으로의 전환은 잠정적일 뿐인 듯했다.

1860년대에 펜실베이니아에서 석유 산업이 처음 등장한 이후 수십 년 동안 전 세계적으로 석유가 개발되며 (텍사스와 같은 지역에서) 석유 생산량이 늘어나긴 했지만, 새로운 사용처는 거의 없었다. 하지만 석유의 고유한 문화는 석유의 생산과 사용이 증가하던 시기에 형성되었다. 이런 시기가 도래한 데에는 기술과 기업의 혁신, 그리고 국가 및 소비자 차원에서 개인의 자율성에 대해 새로운 인식이 나타난 것이 어느 정도 일조했다. 그리고 바로 이런 시기에 원유가 인간 생활에 어떻게 사용될 수 있을지에 관한 혁신적인 발상이 나오기 시작했다.

등유의 인기가 높아지며 19세기에 석유의 가치 역시 함께 높아지긴 했지만, 1800년대 후반 무렵 조명은 원유의 일시적인 용도에 불과한 듯 보였다. 유럽과 미국의 기술자와 과학자들이 다양한 목적으로 광범위하게 전기를 사용하기 시작했다. 무엇보다 에디슨 등의 발명가들 그리고 시스템 설계자들이 한데 뭉쳐서 (석탄 또는 다른 수단으로 만든) 전기를 장래의 가장 가능성 있는 조명 에너지원으로 만들었다. 그러므로 1890년대에 석유의 가장 중요한 용도는 윤활제나 제조업에 사용되는 것이었다. 역설적이게도 바로 그 무렵에 석유를 개발하고 획득하려는 국제적 노력 또한 증가했다. 따라서 20세기의 첫 10년 동안에 지략 있는 정치 지도자들은 석유를 윤활제 용도 이외에 유용하고 필수적인 것으로 만들 방법을 찾으려 했다. 미국과 영국 모두에서 에너지 전환은 정치적, 군사적 기득권층에 의해 공개적으로 운영되고 조작되었다. 1910년에 일찌감치 석유의 공급이 풍부해지면서 석유는 열강의 전략적 도구로 부상했다. 석유를 처음 전략적으로 사용한 예로 이 두 나라 해군이 최강의 해군력을 확보한 것을 들 수 있다.

정치적으로 볼 때, 영국 해군의 변화를 이끈 것은 젊은 시절의 처칠이었다. 그는 국회의원으로 시작하여 1910년에는 통상위원회 회장을 맡았다. 그가 처음부터 해군의 확대에 동의한 것은 아니었지만, 1910년대 초반에 (속력, 저장과 공급의 유연성, 해상 재급유 가능 등) 석유의 이점을 명확히 인지하게 되었다. 나중에 그는 이렇게 적었다.

> 석탄을 이용하는 선박에 석탄이 떨어지면, 점점 더 많은 사람들이 멀리 떨어진 불편한 벙커에서 용광로에 더 가까운 벙커나 용광로 자체로 석탄을 퍼내어 날라야 했고, 필요하다면 포대에서 석탄을 빼내기도 했다. 이 과정은 어쩌면 전투에서 가장 중대한 순간에 배의 전투 효율을 약화시킨다. … 석유를 사용하면 모든 유형의 선박에서 화력이 더 커질 수 있고 선박의 크기를 더 작게 만들거나 낮은 비용으로 속력을 높일 수 있다.[6]

1912년에는 처칠이 기록했듯이, 세계 최강의 해군에서 "우리의 생명이 달려 있는 영국 해군의 최고의 전선들이 석유를 연료로 공급받으며 오직 석유만 공급받을 수 있는" 정책이 시행되었다. 처칠과 영국의 군사 전략가들은 자신들의 우수한 해군이 가져다줄 이익을 강조했지만, 사실 그들의 결정은 석유 문화의 새로운 시대를 열었다. 함대를 석유에 전적으로 의존한다는 것은 석유의 지속적이고 안정적인 공급이 (국가의 안보가 걸린) 가장 중요한 상품의 하나가 되었다는 것을 의미한다. 또한 그런 나라들과 경쟁하려면 어떤 나라든 그 방식을 따라야 한다는 뜻이기도 하다.

영국이 새로운 에너지 시대를 선언하면서 모든 경쟁국들은 이 새로운 논리로 석유를 고려하지 않을 수 없게 되었다. 미국의 지도자들 역시 자신들의 군대, 특히 해군의 에너지원을 석유로 전환하는 문제의 함의를 놓고 갑론을박했다. 이런 논의는 1800년대 후반에 처음 시작되긴 했지만, 영국의 사례로 국제 정서가 변하면서 더욱 시급한 과제가 되었다.

미국이 해군에서 석유를 사용하는 것으로 전환하는 데에는 한 가지 중요한 전략적 이점이 있었다. 1900년대 초 미국 유정들은 대략 전 세계 석유의 3분의 1을 생산했다. 미국이 그러한 전략적 결정을 고려하게 된 것은 미국이야말로 석유로 자국의 군대를 움직일 수 있으며 자체 보유고에서 석유를 공급할 수 있는 유일한 국가라는 사실을 깨달았기 때문이다. 즉, 미국은 이후에 '에너지 독립'이라고 불리게 된 석유 자주권을 가지고 있었다. 이는 다른 국가들에 비해서 명백한 이점이긴 했지만, 이와 같은 상황에서 미국은 기업과 정부의 관계를 새로 정리할 필요가 있었다. 군대에서 석유를 사용하기로 한 결정의 중요성을 감안할 때, 석유 공급을 연방정부가 감독 내지 관리할 필요가 있었다. 공급 초과의 시기에는 이런 통제를 가리켜 종종 '보존preservation'('절약'이라는 뜻-옮긴이)이라고 불렀다. 하지만 결국 1914년 6월 17일 영국 하원에서의 연설을 통해 20세기의 필수적인 새로운 전망을 가장 확고하게 밝힌 사람은 바로 처칠이었다.

> 오늘 오후 우리는 석유를 동력으로 하는 선박을 건조하거나 석탄을 동력으로 하는 선박의 보조연료로 석유를 사용하는 정책을 다룰 것이 아니라 … 세계의 광대한 석유 지역들을 살펴보아야 합니다.
>
> 석유 업계에서 두 거대 회사 가 두드러지게 활약하고 있습니다. 바로 신세계에 있는 스탠더드 오일 컴퍼니와 … 구세계에 있는 셸과 로열 더치의 위대한 연합입니다(네덜란드와 영국의 합작 정유회사. 미국의 거대 정유회사였던 스탠더드 오일 컴퍼니의 석유산업 독점에 대항하여 1907년 네덜란드의 석유회사인 로열더치와 영국의 운송회사인 셸이 합병하여 탄생한 기업이다-옮긴이).
>
> 오랜 세월 동안 외무부, 해군성 및 인도 정부의 정책은 페르시아 유정에서 영국의 독점적인 이익을 보존하고, 그 유정이 개발되고 무엇보다도 (다른 나라들로부터) 침범을 받지 않도록 하는 것이었습니다. 지난 2~3년 동안 석유의 새로운 용도를 발견했고, 그로 인해 … 석유가 특별한 목적에 필요하다는 사실을 깨닫게 되면서 전 세계적으로 부족 현상이 나타났습니다. 이것이 유가가 상승한 이유이며, 유대교 신조를 지닌 사악한 신사들 때문이 아닙니다.[7]

처칠의 연설에서도 알수 있듯이 1차 세계대전 직전에 석유의 지위는 완전히 달라졌으며, 석유의 중요성이 전 세계에 알려지게 되었다.

1913년에 처칠이 석유를 영국 해군에 전면적으로 도입했을 때, 그는 국가의 에너지 자주권을 영원히 잃고 말았다. 영국은 자국 내에 석유 공급원이 없었으며, 식민지에도 석유의 공급처가 없었다. 앵글로–페르시안 오일 컴퍼니(이후 BP로 사명을 바꿈)가 중앙아시아(특히 페르시아, 나중에 이란)의 석유 채취권을 얻게 되면서, 이 지역은 영국의 에너지 미래를 보장해줄 가장 합리적인 선택지가 되었다. 하지만 파이프라인 건설과 같은 대규모 자본 투자 때문에 1914년이 되자 이 회사는 큰 빚을 지고 파산 직전에 이르렀다.

회사를 돕고자 의회를 설득하려고 처칠은 이렇게 주장했다. "석유 없이 우리는 식량도 얻지 못하고, 면화도 얻지 못하며, 대영제국의 경제성 있는 에너지원들을 확보하는 데 필요한 수많은 상품들을 얻을 수 없습니다."[8] 의회는 1914년 6월 BP의 주식 51퍼센트를 220만 파운드에 매입하자는 그의 계획을 승인했다. 석유 공급처를 유지하고 개발하는 일은 곧 영국의 식민지 활동의 중대한 일부가 되었다.

전 세계의 석유 사용량은 1차 세계대전 동안 50퍼센트나 증가했는데, 이로 인해 전 세계에 걸쳐 석유 공급 관리의 어려움이 가중되었다. 이런 어려움은 1919년에 세계에서 가장 중요한 석유 생산국인 러시아가 정치적으로 불안정해지면서 더욱 악화되었다. 하지만 미국이 여전히 석유 생산을 주도하면서 전 세계 생산량의 약 70퍼센트에 달하는 100만 배럴을 생산했다. 그럼에도 석유 문화는 변하고 있었다.

전문가들이 말하는 '석유 공급 과잉'의 한 가지 이유는 석유에 관한 지구물리학oil geophysics의 지식이 많아졌기 때문이다. 이런 현상은 1908년의 미국 지질 측량 보고서 그리고 1902년에 창간된 〈오일 & 가스 저널Oil & Gas Journal〉과 같은 업계 간행물들과 함께 시작되었다. 특히 미국에서 1920년대의 변화하는 석유 문화로 인해 석유 산업에 과학이 도입되었다. 우선, 새로운 과학 지식이 알려지면서 유정을 먼저 발견하면 임자였던 포획의 규칙에 고삐를 죄는 규제와 통제가 시작되었다. 지하에서 하나로 연결되어 있는 유정의 특성이 알려지면서 배사 이론anticlinal theory, 背斜 理論(천연가스, 석유 및 물의 지하 생성 과정과 돔과 같은 지형과의 관련성을 밝혀낸 이론)을 포함한 여러 이론과 1차 세계대전 후에 지층학이 도입되며 지하 공간에 대한 지도 제작이 실현되었다.

지리의 지층학적 특징을 이용함으로써, 유정 시추는 기존의 어림짐작에서 크게 벗어나 기업 관리자들의 관여 하에 훨씬 더 과학기술적인 확실성을 얻게 되었다. 덕분에 (압력이 낮아져) 더 이상 시추가 어려운 기존 유정에 천연가스를 주입하는 시추 방법인 2차 회수 과정이 개발되었다.[9] 이로써 빅 오일Big Oil(전 세계 최대의 예닐곱 개 석유 및 가스 회사들—옮긴이)은 전례 없던 속도로 석유를 획득할 수 있게 되었다.

게다가 석유 정제에 화학이 사용되었다. 1913년에는 윌리엄 버튼William Burton이 열분해법이라는 혁신적 공정을 도입함으로써 원유를 정제하여 다양한 상품을 체계적으로 분리해낼 수 있게 되었다. 미국이 원유 1배럴에서 얻는 휘발유의 비율은 1900년에 15퍼센트에 불과했으나 1929년에는 39퍼센트까지 증가했다.[10] 빅 오일이 등장하던 시기에 셸과 BP와 같은 기업들은 새로운 과학 분야들을 두루 이용하여 다양한 사업을 펼친 반면에, 텍사코, 셰브론, 걸프와 같은 기업들은 유정 발견 및 원유 시추를 전문적으로 했고, 엑손은 석유 정제에 중점을 두었다.

휘발유가 가장 중요한 생산품으로 등극하자, 각 기업은 주유소를 통해 소비자와 만나는 방식으로 대중들에게 다가갔다. 산업 전문가 레오나르도 마우게리Leonardo Maugeri 는 이렇게 적고 있다. "석유 산업이 이처럼 현대적 형태로 변화한 것은 유입되는 자본 증가에 따른 방대한 인수합병 과정들과 관련이 있다. 인수합병은 기업을 단계적으로 육성하기보다 기업의 통합, 규모 확대 및 시장 조성을 달성하는 것이 더 빠르고 수지맞는 방법이라는 인식에서 비롯되었다."[11] 하나의 에너지원으로서 석유는 그 어느 때보다도 국제적으로 더 중요한 수단이 되어가고 있었다.

전쟁과 새로운 에너지 체제의 등장

이와 같은 에너지 전환의 촉매제는 전 지구적 규모의 충돌이었다. 예를 들어 인류의 운송 수단의 미래를 결정하는 문제는 다음과 같이 간단하게 설명할 수 있다. 1차 세계대전의 과정에서 차량이 많이 사용되었는데, 당시 소비자 시장의 여러 영역에서 등장하고 있었던 전기 동력을 사용한 대안적 운송 수단들은 전쟁에서 필요로 하는 목적에는 적합하지 않았다. 1차 세계대전 동안 민간기업의 설비를 군수용으로 전환하여 군대를 위한 선박, 자동차 그리고 기타 군수물자를 생산하면서 민수용 자동차의 생산은 사실상 중단되었다. 반면 전쟁에서 사용되는 자동차의 역할이 급부상했는데, 1914년 마른전투에서 파리의 택시들이 군사력 강화에 이용되면서 본격적으로 자동차가 사용되기 시작했다.[12]

1차 세계대전의 전장에서 연합군이 사용한 포드 모델 T는 12만 5,000대로 추산되며, 트럭의 생산은 두 배로 증가했다. 미국의 자동차 및 트럭 산업은 (포탄, 대포 등) 다른 제품들도 만들긴 했지만, 차량의 수요가 늘어나는 바람에 실제로 전쟁 동안 자동차의 생산량이 증가했다. 역사가 데이비드 커시David Kirsh의 자료에 따르면, 프랑스, 영국, 독일 그리고 이후에 러시아에서 트럭 구매자들은 승인된 차량 한 대를 구입할 때마다 정부로부터 최대 1,200달러까지 보조금을 받았다. 이때 전기 차량 대신에 석유 동력의 내연기관ICE 차량이 계약서에 명시되었다고 한다.

미국 제조업체들은 1916~1917년에 전쟁을 위한 표준 트럭에 대한 설계를 마쳤고, 이에 따라 생산된 차량을 전선에 수출하기 시작했다. 커시에 따르면, "1차 세계대전의 과정에서 트럭의 극적인 역할이 전쟁 이후 민수용 트럭의 표준화를 강화하고 가속화했다. … 1919년이 되자 전기 트럭은 미국에서 생산된 전체 민수용 차량의 1퍼센트 미만을 차지했는데, 이는 1909년의 11퍼센트에서 많이 감소한 비율이다".[13]

전쟁이 직접 벌어지지 않은 미국 국내에서의 교통 사정도 전쟁 수요의 영향을 받았다. 미국에서 국가 철도망에 대한 부담이 가중되면서 군대는 장거리 트럭을 통해 이동하게 되었고, 아울러 이를 위한 도로들이 필요하게 되었다. 게다가 전시의 대다수 트럭들은 중서부 지역에서 제조되었기에 해외로 운송하기 위해서는 동부의 해안 지역으로 옮겨야 했다. 추산하기로 1917~1918년 동안 1만 8,000대의 내연기관 트럭들이 이런 경로로 운송되었다. 미국의 경우 전쟁의 필요에 의해 진행된 이러한 운송 과정에서 드러나듯이, 트럭이 철도 대신에 주간고속도로 운송에 안정적으로 사용될 수 있었다. 이미 1912년에 연방 자금으로 이와 같은 도로들을 개발하기 시작했는데, 이는 우선적으로 미국 우편 시스템을 시골 지역에서도 이용할 수 있도록 만드는 데에 초점을 두었다. 1916년 연방 지원 도로법은 농부들이 농산물을 시골 지역에서 더 쉽고 간편하게 옮길 수 있게 해주는 도로에 연방 자금을 집중적으로 사용하도록 했다.[14]

전후에 미국의 민수용 트럭 운송은 기술 선택의 극적인 한 사례이다. 이 시기에 소비자들은 전기 차량 대신에 내연기관 차량을 선택했다. 도시 지역 내에서 민간 교통의 지배적인 형태는 여전히 말이었지만, 전기 동력의 트럭이 단거리 배달 시스템의 우수한 대안으로 여겨졌다. 하지만

20세기의 각 전장에서는 에너지, 특히 화석연료의 공급이 모든 전략적 결정의 필수적인 고려 요소가 되었다. ©Library of Congress Prints and Photographs Division

커시의 설명에 따르면, 1차 세계대전 후 철도보다 장거리 트럭을 이용하는 업계 내의 표준적 관행들 때문에 "전기 트럭을 적절하게 사용할 수 있는 분야가 더더욱 줄어들게" 되었다.[15] 전기차 옹호자들이 별도의 기술을 통해 또 다른 운송 영역에서 전기차가 사용될 수 있다고 강하게 주장했지만, 기업 소유주들은 내연기관차와 전기차를 동시에 생산하는 것을 지지하지 않았다. 내연기관 트럭을 결정할 때 기업들은 설령 다른 기술(전기 동력 차량)이 단거리 교통에는 더 타당할지라도 전반적으로 성공을 보장해주는 비용편익 시나리오를 받아들였다. 저렴한 연료 가격과 정부가 기반시설을 뒷받침하기로 결정한 덕분에 장래의 교통수단 방식이 결정된 것이다.

1차 세계대전 동안 풍부한 원유를 가지고 있던 미국은 어떤 규제 조치를 내리든 우월한 위치를 유지할 수 있었다. 석유를 소유하지 못한 다른 선진국들은 점점 더 타국에 석유를 의존할 수밖에 없었기에 교역과 외교의 방식이 달라졌다. 해군에서 석유를 사용하기로 결정하기 이전에 이미 석유는 전장에서 없어서는 안 되는 것이었다. 영국이 석유에 치중하면서 시작된 에너지 전환은 우선 1차 세계대전에서, 그리고 나중에 2차 세계대전에서 전쟁 전략에 명백한 영향을 끼쳤다. 역사가들은 별로 주목하지 않았으나, 국가 안보와 외교 문제에서 석유의 중요성이야말로 두 대전과 그 사이의 공백 기간을 함께 연결시키면서 이 시기의 전반적인 특징을 규정한다.

두 대전 모두 전적으로 석유 공급과 관련된 각국의 차이 때문에 발발한 것은 아니지만, 전쟁 과정에서 석유의 협상과 수요에 새로운 체계가 등장했다. 이후에 "지정학"이라고 불리는 이 체계에는 필요한 구체적인 자원과 더불어 장소까지 규정하는 '세력권sphere of influence'과 '교역권sphere of trade' 등의 개념이 포함된다. 1915~1945년 동안의 이런 거시적 양상을 고찰해보면, 석유는 선진국들의 에너지 안보라는 개념에서 핵심적인 부분을 차지하고 있다. 이제 국가 간의 충돌에서 국경을 둘러싼 분쟁의 중요성은 점점 줄어들고, 에너지와 같은 주요 자원들 그리고 특히 매우 제한된 장소에서 생산되는 변덕스러운 석유 공급이 더욱 중요하게 되었디.

이와 같은 유럽 국가 간의 충돌은 1차 세계대전으로 알려지게 되었다. 이 전쟁은 구세계의 전략들과 새로운 현대의 전략들의 결합으로 나타난 비참한 결과였다. 1,300만 명이 죽었고 수천만 명이 부상을 당하거나 처참한 상황에 내몰렸다. 이에 대해 대니얼 예긴Daniel Yergin은 "그것은 인간들과 기계들 사이에 벌어진 전쟁이었다. 그리고 이 기계들은 석유로 작동했다"라고 적고 있다.[16]

1914년 영국이 석유를 동력으로 사용하는 해군을 창설하려고 나섰을 때만 해도, 유럽은 그 어느 때보다도 더 평화로운 듯했다. 그러나 의회가 처칠의 석유에 관한 법안을 승인하고 고작 열하루 후에 오스트리아의 프란츠 페르디난트Franz Ferdinand 대공이 사라예보에서 암살당했다. 7월 30일 러시아가 군대의 총동원령을 내리자 독일이 8월 1일 러시아에 선전포고를 했고, 사흘 후인 1914년 8월 4일에 독일에 대한 영국의 적대조치가 시작되었다.

전쟁이 발발하자 군사 전략은 말 그리고 다른 동물들을 중심으로 마련되었다. 전장에서 사람 세 명 당 말 한 마리가 배정되었는데, 그런 원시적 방법이 이 '전환기적 충돌'에서 지배적인 전투 방법이었다. 전쟁 내내 말이 가스를 사용하는 트럭과 탱크로, 그리고 석유를 사용하는 선박과 항공기로 바뀌는 에너지 전환이 일어났다. 혁신적인 신기술들이 1차 세계대전의 끔찍한 전장에서 곧장 사용되었다. 영국은 참호전의 교착상태에서 벗어나려고 내연기관에 의해 작동하는 장갑 차량을 고안하기 시작했다. 탱크는 1916년에 솜 전투에서 처음 사용되긴 했지만, 결정적으로 중요하게 사용된 때는 1917년 8월 아미엥 전투에서였다. 이때 500대 남짓의 영국군 탱크 부대가 독일 전선을 돌파했다. 게다가 1914년에 프랑스에 갔던 영국 원정군은 827대의 자동차 및 15대의 오토바이로 구성된 부대의 지원을 받았다. 전쟁이 끝날 무렵 영국군은 트럭 5만 6,000대, 자동차 2만 3,000대 그리고 오토바이 3만 4,000대를 보유하고 있었다.[17] 이러한 휘발유 동력 차량들은 확실히 전장에서 월등한 유연성을 보여주었다. 하지만 여전히 다른 전투 방법들이 많이 사용되는 상황에서 이런 차량들이 육상 기반 전략에 미치는 영향을 완벽하게 체감할 수는 없었다.

공중과 해상에서는 전략의 변화가 더욱 명백했다. 1915년까지 영국은 250대의 비행기를 제작했다. 붉은 남작Red Baron(1차 세계대전 때의 전설적인 독일 전투기 조종사 만프레트 폰 리히트호펜Manfred von Richthofen) 등이 활약하던 이 시기에 초창기 비행기들은 조종사가 휴대무기를 챙겨서 적과의 싸움에 사용할 때가 왕왕 있었다. 하지만 대체로 비행 장치들은 전술 폭격을 위한 폭발물을 나르는 데 이용되었다. 독일 조종사들은 이 새로운 전략에 따라 영국을 맹렬히 폭격했는데, 처음에는 비행선을 이용했고 이후에는 전투기를 이용했다. 전쟁이 진행되면서 항공기의 사용은 놀랍도록 늘어나 영국 5만 5,000대, 프랑스 6만 8,000대, 이탈리아 2만 대, 미국 1만 5,000대, 독일 4만 8,000대의 비행기를 보유하게 되었다.[18]

바다에서 석유를 사용하는 데 대한 각국의 의견 차이로 전쟁을 초래한 기존의 갈등은 더 악화되었다. 역설적이게도 1916년의 유틀란트 해전이라는 단 한 번의 전투로 선박에서 석유를 사용하는 것은 예긴이 전쟁 중 선박 사용의 "교착상태"라고 부른 상황을 가져왔다. 하지만 이렇게 된 까닭은 석유를 동력으로 사용하는 영국 함대와 전적으로 석탄만을 사용하는 독일 함대 사이에 격차가 크게 벌어졌기 때문이다. 독일로서는 영국 해군과 대결한다는 것은 전략적으로 타당하지 않았다. 그런 까닭에 독일군은 잠수함 전투라는 새로운 전략을 들고 나왔다. 이 초기의 잠수함들은 해상에서는 주로 디젤 동력으로 운항하다가 공격을 할 때는 배터리를 작동시켜 일시적으로 잠수가 가능했다.

이처럼 새로운 용도가 생기자, 전시의 석유 공급은 군사 전략의 핵심적인 사안이 되었다. 로열 더치셸은 전쟁에 필요한 원유의 대부분을 제공했다. 게다가 영국은 중동에 훨씬 더 깊이 관여했다. 특히 영국은 금세 페르시아의 아바단 정유소에 의존하게 되었고, 1915년 튀르키예가 독일의 동맹국으로 전쟁에 참전했을 때, 영국 군인들은 그 시설을 튀르키예의 공격으로부터 지켜냈다. 게다가 영국군은 한술 더 떠서, 바스라에 이어 최종적으로 바그다드에 대한 통제권을 확보했다. 이런 방어 노력 덕분에 영국은 계속 아바단 정유소로부터 연료를 공급받을 수 있었다.

페르시아의 석유 생산은 전쟁 동안 하루 1,600배럴에서 1만 8,000배럴로 증가했다. 물론 석유 공급의 성장과 안정성은 영국의 앵글로-페르시안 오일 컴퍼니 덕분이었는데, 이 회사는 전쟁이 끝나자 영국 왕실로부터 브리티시 페트로울리엄(현재의 BP)이라는 석유 배급 회사를 인수했다. 이 회사는 필요한 곳으로 석유를 보내기 위해 금세 유조선 사업에서도 선도 업체가 되었다. 이런 이유로 1917년 유조선은 독일 잠수함 부대가 좋아하는 목표물이 되었다. 그해 후반에 유조선을 너무 많이 잃은 영국의 지도자들은 전쟁 수행이 곤란해지지 않을지 염려할 지경이었다.

연합군이 1918년에 전쟁 수행을 위해 새로운 조치들을 취했을 때, 모든 국가에서 석유를 하나의 무기로 염두에 두고 있었다. 연합군에서는 모든 석유의 공급과 유조선 운행을 조정하고 통제하기 위해 연합군 간 석유협의회Inter-Allied Petroleum Conference를 설립했다.[19] 이런 조직이 필요하게 된 이유는 미국이 전쟁에 참여했기 때문이었다. 왜냐하면 미국이 그때까지 연합군에서 석유를 조달하고 운반하는 역할의 상당 부분을 맡아왔기 때문이었다. 세계 석유 공급량의 70퍼센트를 생산하는 미국이 가진 최대의 무기는 원유였을지 모른다. 우드로 윌슨 대통령은 미국 최초로 미국의 에너지 업계 지도자들과의 긴밀히 협조할 책임을 가진 직책인 소위 '에너지 황제energy czar'를 임명했다. 이런 정책들 덕분에 미국 정부와 석유 기업 경영진들(빅 오일) 사이의 100년도 넘은 끈끈한 관계가 시작되었다. 전쟁 동안 미국 내 원유 가격이 오르자 에너지 황제는 이런 협력적 관계를 바탕으로 "휘발유 없는 일요일" 등의 자발적인 절약 조치들을 호소했다.

연합군은 또한 전장에서 가뜩이나 부족한 석유 공급을 방해할 전략을 짰다. 독일은 루마니아 유정에 크게 의존하고 있었는데, 이 작은 나라는 전쟁에 끼어들기를 거부했다. 결국 1916년 루마니아는 독일에 선전포고를 했다. 그 결과 독일군은 유정 지대로 진군하여 석유를 확보했다. 하지만 루마니아는 독일을 물리칠 능력이 없었고, 영국이 자체적인 방법으로 이 문제의 해결을 위해 나섰다. 즉, 루마니아 산업을 파괴하여 독일군이 이용할 수 없게 만드는 것이었다.

1916년 말쯤 영국은 폭발물을 이용하여 루마니아의 석유 산업 전체를 잿더미로 만들었다. 전면적인 파괴였다. 하지만 독일은 루마니아의 유정들을 되찾았고, 1918년에는 석유 공급량의 약 80퍼센트를 복구했다. 독일은 1917년 러시아혁명 이후 바쿠 유전을 차지하기 위해 진군했지만, 이보다 빠르게 독일의 동맹국인 튀르키예도 갑자기 무방비 상태가 된 소중한 자원인 석유를 얻기 위해 진군했다. 1918년 영국군은 바쿠의 지원 요청에 따라 독일로부터 유전을 지켜내려고 바쿠에 도착했다. 만약 방어가 불가능한 상태가 되면 유전을 파괴하라는 지시도 내렸다. 예긴은 이 시점에서 바쿠의 석유 공급 거부는 "독일에 가하는 결정적인 타격"이었다고 적고 있다.[20] 종전 직후에 이루어진 연합군 간 석유협의회의 회의에서, 한 발제자가 이렇게 선언했다. "연합군의 대의는 석유의 파도를 타고 승리로 흘러들었습니다." 또한 프랑스의 한 연사는 석유가 전쟁의 피였듯이, 이제는 "평화의 피가 되어야" 한다고 피력했다.[21]

석유가 중대한 생활 상품이 되면서 그 후 수십 년 동안 이런 인식이 인간 생활의 대부분을 규정했다. 하지만 더 중요한 점은 석유가 하나의 전략적 상품으로서 결코 중앙무대를 떠나지 않았다는 것이다. 우드로 윌슨의 주도로 세계 지도자들이 국제연맹의 결성에 관해 머리를 맞대고 있을 때, 영국군은 모술을 차지하여 메소포타미아 지역의 석유에 대한 통제권을 확보했다. 게다가 뒤이은 협정들을 통해 영국은 중동 지역에 대한 주도권을 확보했다. 영국이 이 지역에 관심을 기울이면서 석유 회사들과 석유 지질학자들의 탐사가 본격적으로 진행되었다.

1920년대 말에는 그런 탐사를 통해서 세계 최대 석유 공급량을 보유한 튀르키예에서 오만에 이르는 국가들에 걸친 일종의 '레드 라인red line'이 마련되었다. 1928년이 되자 이런 구도는 "레드라인 협정Red Line Agreement"을 통해 더욱 공식적인 형태를 띠게 되었다. 이에 따라 로열 더치 셸, 앵글로-페르시안, 다섯 개의 미국 민간 기업들, 그리고 프랑스 이익단체들은 오직 이 지역 내에서는 튀르키예 석유회사와 협력해서만 일하기로 협의했다. 튀르키예 석유회사를 이끄는 아르메니아의 사업가 칼루스트 사르키스 굴벤키안Calouste Sarkis Gulbenkian은 석유 시추를 맡았던 인물이었다. 그 조직의 구성원들은 컨소시엄으로 23.75퍼센트의 지분을 받았으며, 지정된 지역 내에서 독자적인 석유 개발에 참여하지 않겠다는 포기 규정에 서명했다.[22] 이와 같은 과정을 통해 에너지 공급을 둘러싼 새로운 세계 질서가 형성되어가고 있었다.

국가 안보를 위한 석유 쟁탈전

1919년 7월 7일, 한 무리의 미군들이 워싱턴의 백악관 잔디밭 정남쪽에서 제로 마일스톤Zero Milestone(워싱턴 DC에 있는 기념 표석으로서 미국의 모든 도로를 건설할 때 거리의 기준점 역할을 한다-옮긴이)을 봉헌했다. 이튿날 아침 그들은 자신들이 봉사하는 국가의 국내 운명을 결정하는 데 일조했다. 이 탐험가들은 트럭 42대, 승용차 5대 그리고 여러 대의 오토바이, 앰뷸런스, 유조차, 이동 식당차량, 이동 정비차량 그리고 통신부대의 서치라이트 트럭을 타고 출발하여 사흘 동안에 고작 8킬로미터를 이동했다. 이렇게 속도가 아주 더뎠던 까닭은 그들의 목적 때문이었다. 그들의 임무는 바로 전국을 누비며 미국 도로의 상태를 조사하는 일이었다.

이 탐사대를 이끈 사람은 미육군 대위 드와이트 아이젠하워Dwight D. Eisenhower였다. 그는 20세기 미국의 여러 분야에서 대단히 중요한 영향을 미쳤지만, 특히 도로에 대한 그의 열정이 국내 전선에 가장 중대한 영향을 미쳤다. 1차 세계대전에서 돌아온 후 아이젠하워는 군복을 벗고서 민간 분야의 직업을 수락할 참이었다. 그런데 결국 군에 남기로 한 그의 결정은 결과적으로 국가에 대단히 중요한 역할을 한 셈이었다.

20세기 전반기가 끝날 무렵 새로운 도로 풍경이 국가 및 국민들의 삶을 완전히 바꾸어놓았다. 하지만 아이젠하워에게 도로는 국내 개발의 문제일 뿐만 아니라 국가 안보의 문제이기도 했다.[23] 이런 인식은 아이젠하워의 성격에 걸맞았다. 그는 첫 이틀 동안의 이동을 "너무 좋지는 않았"으며 "가장 느린 군용열차만큼" 느렸다고 표현했다. 아이젠하워는 자신들이 이동한 도로들이 "없는 것과 마찬가지"라고 일갈했다.

> 어떤 곳에서는 무거운 트럭들이 도로 지면 밑으로 빠지는 바람에 우리는 궤도가 달린 트랙터로 한 대씩 끄집어내야 했다. 어떤 날은 100킬로미터 내지 150~160킬로미터는 가겠거니 싶었지만, 막상 5~6킬로미터가 고작이었다.[24]

아이젠하워 탐사대는 변경된 탐사 여정을 완료하고 1919년 9월 6일에 샌프란시스코에 도착했다. 서부 탐험에 나섰던 루이스Lewis와 클라크Clark 탐험대나 대륙횡단철도의 건설자들과 마찬가지로 아이젠하워 탐사대의 노력은 국가 발전에 중대한 역할을 했다. 하지만 인류를 위한 그 한 걸음의 중요성은 황금 대못golden spike(미국 대륙횡단철도 개통을 상징하는 기념물-옮긴이)이나 미국 성조기로 대미를 장식하는 데에서 멈추지 않았다. 그들은 한 세기 동안 미국인들에게 가치 있는 인식의 전환을 촉발했다. 아이젠하워 탐사대의 여정에서 비롯된 가장 명확한 효과는 도로의 중요성에 대한 인식이었다. 그리고 은연중에 느껴졌을 뿐 직접 드러나지 않았지만, 교통과 석유의 문제들이 이제 다른 여러 산업화된 국가들에서 그렇듯 군의 개입을 요구했다.

특유의 절제된 언어로 말하다보니, 아이젠하워의 회상을 들은 청중들은 그의 말 아래 도사린 극적인 변화를 간파하지 못했을지 모른다. 그는 "오랜 호송 활동을 통해 저는 훌륭한 이차선 고속도로에 대해 생각하게 되었습니다"라고 말했다.[25] 도로 그리고 특히 아이젠하워의 주간 도로 시스팀에 대한 강조는 나라를 탈바꿈시킬 잠재력을 가지고 있었다. 하지만 아이젠하워마저도 자신이 관여하고 있는 근본적 변화를 알아차리지 못하고 있었다. 과제는 명확했다. 도로 건설 조치를 통해서든 국제외교를 통해서든, 미국 및 다른 국가들의 석유 사용은 이제 국가 안정과 안보에 영향을 미치는 활동이 되고 말았다.

이와 같은 시각으로 인류 역사를 들여다보면 석유가 인간 생활의 필수품이 되어가는 과정은 모델 T를 작동시키거나 부풀어 오른 플라스틱 접시에 형태를 부여하는 석유의 능력에서 비롯된 것이 아니다. 석유 공급을 유지하려는 긴급한 노력은 각국의 국방을 위한 필요성에서 시작되었다. 석유 사용이 결국 다양한 분야에서 소비자의 삶을 더욱 단순하게 만들기는 했지만, 군대에서의 석유 사용은 완전히 다른 범주에 해당한다. 만약 군대에 석유가 충분하게 공급되지 않으면 국가를 보호하는 가장 기본적인 활동이 불가능해진다. 1919년 아이젠하워와 그의 탐사대는 자신들이 도로가 필요하다는 여론을 만들어가고 있다고만 생각했지만 사실 그들은 앞으로 수십 년 동안 외교의 지침이 될 미국의 정치적 과제를 선언한 셈이었다. 엄청난 국내 석유 매장량 덕분에 미국은 한참 늦게 이를 깨달았다. 하지만 그 과제는 원유의 필수적 공급량이 부족한 다른 나라들은 일찌감치 실행하고 있던 일이었다.

군대의 석유 의존은 20세기 인간 생활 전반의 석유 사용의 기틀이 되었다. 다른 자원들과 달리 군대 기반시설의 생명선 역할을 하게 된 이후 석유는 정부의 최고위급 행정 시스템을 통해 관리되었다. 역사가 데이비드 페인터David S. Painter는 이렇게 적고 있다. "그 결과 석유 산업에서 공공과 민간의 협력이 이루어졌고, 그 과정에서 미국의 정치적, 전략적 및 경제적 목적이 달성되고, 다양한 민간 이익집단들의 욕구가 수용되었다.

이는 미국의 이념적 지침에 부합했고, 의회 내의 반대 의견을 잠재울 수 있었다."[26] 안보와 석유의 결합을 통해 20세기 미국은 잘 드러나진 않았지만, 훨씬 더 중요하고 안정적인 원유 확보의 근거를 얻었다. 가장 기본적이고 필수적인 식량 자원과 마찬가지로 1920년경 정치 지도자들은 석유 공급을 우선순위에서 가장 높은 자리에 올려놓았다. 석유가 국가의 안보와 미래에 필수적이라고 인식했던 것이다. 국가 간의 협상가들은 이제 이 핵심 논리와 근거를 고려해야 했고, 이로써 지정학 개념의 가장 기본적 구성요소들 중 하나가 생겨났다.

불공정한 자원 분배가 가져온 충돌

지정학은 에너지, 특히 석유에 대한 국가들의 필요성에서 시작되었다. 석유 시장을 관리하기 위한 여러 협정들에서는 특히 미국을 배제했는데, 이는 미국을 끌어들였다가는 그 나라의 독과점 금지법을 위반하는 일이 생길까 염려했기 때문이다. 1930년대 초반에 미국이 국내 석유 수요를 관장할 공공 및 민간 협력을 추진하느라 바쁜 와중에, 다른 레드라인 국가들은 석유에 대한 국제적 세력권을 확보했다. 1934년에는 걸프 사와 앵글로-페르시안 사가 제휴하여 쿠웨이트 유전을 함께 개발했다. 그러자 중동에 널려 있는 횡재를 놓치지 않으려고, 1930년대 중반 내내 미국 회사들의 대표단도 사우디아라비아에서 유전 검사를 실시했다.

1930년에는 스탠더드 오일 오브 캘리포니아가 사우디아라비아 연안에 위치한 바레인 섬(현재는 독립 국가이지만 당시에는 영국령이었다-옮긴이)에서 채굴권을 획득했고, 이어서 1933년에는 사우디아라비아에서 채굴권을 획득했다. 1936년에는 텍사스의 한 회사와 연합하여 칼텍스를 설립할 때, 그 지역에서 스탠더드 오일 오브 캘리포니아의 주장들은 미국의 사우디아라비아 석유 개발의 근거가 되었다. 1939년 말에는 두 지역의 미국 회사에서 대규모 파업이 일어났다.

석유 및 다른 광물 자원들을 획득하고 통제하려는 미국과 영국의 노력은 다른 국가들의 눈에도 띄었다. 역사가 앨프리드 에케스Alfred Eckkes는 독일, 이탈리아 그리고 일본은 "이런 핵심 자원들의 고르지 않은 분배는 불공평할 뿐만 아니라 참을 수 없는 일이라며 거듭하여 격렬하게 불평을 쏟아냈다"라고 적고 있다. 그리고 1939년에는 영국과 미국이 모든 광물 자원의 4분의 3을 장악했고, 독일과 이탈리아와 일본은 고작 11퍼센트만을 차지했다.[27] 비록 다른 복잡한 사정들도 있지만, 에케스의 주장에 의하면 이런 국가들은 광물 자원의 격차를 줄이기 위해 현실적으로 전쟁을 고려하게 되었다. 그리고 석유야말로 이런 광물 자원들 가운데서 가장 중요한 것이었다.

앞에서 언급했던, 오랜 유전 지대인 바쿠에서는 소련의 점령으로 인해 1920년대와 1930년대에 생산이 회복되었다. 그래서 1940년 아제르바이잔의 석유 채굴은 2,220만 톤에 달했는데, 이는 소련의 전체 석유 채굴량의 71.5퍼센트에 해당했다. 이 시기 동안 석유 산업은 새로운 유전들을 개발했고, 비비헤이밧 만Bibi Heybat Bay을 매립했고(1927년), 바쿠-바투미Baku-Batumi 석유 파이프라인을 건설했으며(1925년), 공해에서 최초의 유정을 굴착했다. 원유 산업의 이런 기념비적인 성취에서도 드러나듯이, 두 번의 세계대전 사이에는 원유의 지정학적 중요성이 커졌다. 에너지 자원의 전략적 중요성으로 인해 충돌의 지점들이 생겨났는데, 이는 장래의 충돌을 야기함과 아울러 전쟁의 양상까지도 미리 엿보게 해주었다.

세계사를 바꾼 기술 전격전, 고에너지 전쟁의 전략

2차 세계대전은 인류의 마음에 지울 수 없는 이미지들을 많이 남겼는데, 수용소, 홀로코스트와 더불어 버섯구름과 원자력 기술 등이 바로 그런 예이다. 유럽인들에게 더 깊게 남겨진 또 하나의 이미지는 나치의 전쟁 기계가 현대전에서 했던 일이었다. 구체적으로 말해서, 나치의 석유 통합의 결과로 현대전에서 벌어졌던 일이다.

전격전Blitzkrieg, 電擊戰이라고 알려진 이 전쟁 방식에서는 나치의 혁신 기술들이 진군 전략과 결합되었다. 독일 군인 게프라이터 몰만Gefreiter Mollmann은 그 장면을 이렇게 회상한다.

> 운전병들이야말로 이 진군의 말 없는 영웅들이다. 그들은 이를 꽉 다문다. 어떤 일이 있어도 늘 깨어 있다. 언제나 똑같은 도로, 도로, 도로 ⋯ . 우리는 앞으로 굴러간다. 몇 킬로미터를 집어삼키며 ⋯ 우리는 전진한다. 전진 또 전진. 도로가의 끝없는 배수로를 지나친다. 우리에게 도로가에 있는 배수로는 일종의 '불가사의'가 존재한다. 배수로는 전진의 속성을 드러내준다. 버려진 차량들, 부서진 무기들, 온갖 내팽개쳐진 탄환들, 전투모들, 군복 물품들. 그리고 온통 쓰러진 적들의 시체들이 있다. 배수로를 보면 그곳에서 정확히 무슨 일이 있었는지 알 수 있다.[28]

또 한 명의 군인 디어츠 중위Oberleutnant Dietz는 이렇게 덧붙인다. "휴식을 위한 멈춤은 없다. 전진하고, 기습하고, 돌파하고, 추격하고, 파괴하고, 마지막 비축 물자까지 남김없이 그 작전에 쏟아넣는다. 이것이야말로 이 쾌속 진군 부대가 벌이는 전쟁의 모토. 그들의 성취는 초인적이다."[29] 사실 이런 성취는 석유 사용에 능숙하고 석유를 전투 방식에 훌륭하게 통합해낸 자들에게만 가능했다.

전장에 과감히 사용된 새로운 장치들 중 다수는 휘발유를 태워서 동력을 얻었다. 이것은 1차 세계대전에서 급격하게 촉발된 불평등한 혁명이었으며, 2차 세계대전에 이르러서는 전투에 대한 새로운 전략적 접근법으로 굳어졌다. 종군기자 베르너 샤퍼 중위Lieutenant Werner Shafer는 나치 침공군과 함께 유럽을 누볐던 인물로, 그 차이를 다음과 같이 생생하게 표현했다.

장교와 사병 모두 가장 큰 희망은 탱크다.

진군이라고? 우리는 질주할 것이다. 우리는 많은 차량에 요구할 것이다. …
이 기갑부대는 환상적이다. 포탄을 엄청나게 쏘아대며 굉장한 속력으로 마
른을 향해 몰아붙인다. … 우리는 이제 킬로미터 단위로만 거리를 측정한다.
우리의 역동적인 기갑부대 때문에 우리는 다른 어떤 종류의 계산도 하지 못
하게 되었다. 1차 세계대전 때 전선에 있는 병사들이라면 (나치 군대가) 폴란
드 전격전뿐만이 아니라 프랑스에서도 이런 속도를 유지할 수 있으리라고
믿을 수 있겠는가?[30]

독일 탱크들은 오토바이 부대, 자동차, 트럭뿐 아니라 항공기와 로켓과도 함께 작전
에 투입되어 석유 기반의 연료들을 사용해 인류의 전쟁 방식을 완전히 바꾸어놓았
다. 나치 군대가 이런 혁신을 전장에 도입하자, 연합군도 이를 따라잡으려고 노력했
고 결국 나치 군대를 능가해버렸다.

결국 일어나고 만 전쟁

1930년대 후반이 되자, 원유는 모든 산업화된 국가에서 긴급 사안이 되
었다. 석유가 아직은 부족하지 않지만, 기존 석유 매장지는 다른 국가
들한테 즉각적인 관심을 끌었다. 식민주의가 끝나가던 시절에 많은 국가
들이 중동의 석유 매장지들에 경쟁적으로 관심을 기울였는데, 그중에서
도 사우디아라비아의 엄청난 (대체로 무주공산인) 석유 매장지들이 유독
큰 관심을 받았다. 이런 갈등이 깊어지면서 결국 2차 세계대전이 시작되
었는데, 일부 학자들이 이 전쟁을 "석유 전쟁"이라고도 부르는 이유가 여
기에 있다. 이전의 연합국들이 기존의 석유 매장지들을 독점하고 있었으

나, 지질학자들은 사우디아라비아의 매장량은 헤아릴 수 없을 만큼 엄청날 것이라고 장담했다. 외교역사가 데이비드 페인터^{David Painter}는 사우디아라비아에 대한 미국의 이해관계는 세 가지 면에서 드러난다고 말했는데, 그것은 "미국의 석유 보유고의 적절성에 대한 우려의 증가, 사우디아라비아의 석유 잠재력의 크기에 대한 인식의 증가, 그리고 영국이 사우디아라비아에 대한 자신들의 영향력을 이용하여 미국의 석유 이익을 해칠지 모른다는 두려움의 증가"이다.[31]

일반적으로 원유 확보의 필요성은 중동 석유에 대한 권리가 없는 국가들에게는 전쟁을 일으킬 가장 큰 이유 중 하나가 되었다. 1941년 미국의 석유 생산은 세계 총 공급량의 64퍼센트에 달했지만, 미국의 에너지 소비 또한 비슷한 비율로 증가했다. 1920년부터 1941년까지 미국 인구가 고작 1억 600만에서 1억 3,300만 명으로 늘어난 데 반해서, 석유 및 석유제품의 연간 소비량은 무려 1인당 4.3배럴에서 11.2배럴로 증가했다. 그리고 페인터의 글에 따르면, 전쟁 직전에 "최초의 '영미 석유 질서'는 불경기의 여파, 세계대전 그리고 자신들의 경제적 운명을 스스로 결정하려는 산유국들의 능력과 욕구의 증가로 인해 붕괴했다"[32]

독일과 이탈리아를 비롯하여 추축국^{樞軸國, Axis powers}이 될 국가들은 에너지 결핍 상황에 직면하자, 사우디아라비아의 왕에게 선물 공세와 막대한 개발 이익을 약속하여 사우디아라비아와 채굴 협정을 맺으려 했고, 한편으로는 산유국들을 통제하려는 목적으로 군사적 팽창 조치를 실시했다.

일본 제국주의 연료를 향한 야망

특히 일본 제국주의의 경우, 석유 확보야말로 2차 세계대전으로 가는 길에 그야말로 기름을 부었다. 일본이 사용하는 석유의 대략 80퍼센트를 공급한 미국은 다른 서양 국가들과 연합하여 일본이 중국 및 기타 이웃 국가들로 세력을 팽창해나가는 것을 비난했다. 1937년 프랭클린 루스벨트 대통령은 "격리"라고 불린 일종의 경제 전쟁을 공개적으로 논의하기 시작했다. 이런 위협이 공개적으로 논의되자, 일본은 설령 미국이 공급을 중단하더라도 석유를 자체적으로 조달할 방법을 찾으려 했다. 1940년 나치가 서유럽을 침공하자 루스벨트 대통령은 그해 7월 2일 국방법에 서명했다. 이 정책을 통해 그는 대통령으로서 적대국에 대한 경제 활동을 동결할 수 있는 특권을 얻었다.

이에 대한 보복으로 일본군은 네덜란드령 동인도(인도네시아의 옛 이름)에서 원유를 추가적으로 공급받기 위해서 동남아시아 안으로 더 깊이 파고들었다. 미국 지도자들이 1940~1941년에 일본에 대한 석유 공급을 완전히 중단할지 여부를 논하고 있을 때, 일본 지도자들은 그런 우려가 현실화되리라고 가정했다. 연합국들한테 둘러싸여 있다고 느낀 일본은 미국을 전쟁에 끌어들일 결정적인 공격 계획을 세웠다. 이 공격이 바로 미 해군의 태평양함대 사령부인 진주만에 대한 해상 및 공중 공격이었다.

일본의 진주만 습격이 가능했던 것은 석유를 사용했기 때문이었다. 하지만 역설적이게도 미 해군의 피해는 일본군의 계획이 더 주도면밀했다면 벌어졌을 상황에 비교하면 그다지 심각하지는 않았다. 일본의 공격으로 다수의 함정과 200대 남짓의 항공기가 파괴되었으며, 2,400명 이상의 미군이 사망했다. 하지만 미 해군 함대가 오아후 섬에 저장해둔 석유는 손상을 입지 않았다. 일부 학자들은 그 원인이 일본이 그 석유의 존재를 몰랐기 때문이라고 보았다. 하지만 또 어떤 학자들은 반대로 일본이 진주만을 점령한 후에 그 석유를 사용하길 바랐기 때문이라고 본다.[33] 항공기 연료 확보가 관건인 군사전략으로 볼 때 그런 논리는 매우 타당한 듯하다.

유럽에서 전쟁에 사용할 기계에 연료를 제공하는 것이 얼마나 중요한 지 가장 빨리 간파한 사람은 독일 총통 아돌프 히틀러였다. 한 역사가는 1차 세계대전을 가리켜 정적인 전쟁, 2차 세계대전을 움직임의 전쟁이라고 불렀다.[34] 루스벨트가 미국에서 집권하던 헤인 1933년에 정부를 구성한 히틀러는 한계를 모르는 계획과 아이디어를 갖고 있었다. 전능한 독일에 대한 그의 전망 중 일부는 오늘날의 이른바 "에너지 독립"에서 비롯된 것이었다. 독일 과학자들이 합성 연료를 개발한 덕분에 히틀러는 새로운 형태의 에너지를 얻게 되었다.

하지만 이런 실험들은 더 일찍부터 시작되었고, 사실 그중 일부는 미국에서 실시되었다. 독일의 화학물질 제조업체인 이게파르벤은 스탠더드 오일 컴퍼니와 협력하여, 석유에서 추가적인 연료를 합성해내는 수소화水 素化 과정을 실험했다. 1931년 파르벤의 지도자인 카를 보슈는 이 중요한 과정을 개발한 업적으로 노벨상을 공동수상했다.

이와 같은 혁신적 기술은 히틀러 집권기에 독일 기계에 적용되었다. 에너지 자원의 안보상의 중요성으로 인해 민간 석유 기업들과 미국 및 대영제국의 정부 사이에 긴밀한 관계가 유지되었다면, 히틀러 치하의 독일은 그냥 이게파르벤을 국가기관으로 만들어버렸다. 하지만 어떤 상황에서든 석유에서 나오는 에너지는 국가 안보의 문제로 명확히 인식되었다. 히틀러는 1939년 이후에 진행된 제국주의적 팽창에서 합성 연료의 사용을 확대하는 동시에 석유 공급량을 장악하는 것을 가장 우선시했다.

전격전이라는 그의 기본 전략은 기계화 부대가 넓은 지역에 걸쳐 실시하는 단기간의 집중적 전투에서 중점적으로 시행되었다. 신속하게 전투를 진행해야 했던 이유 중 하나도 석유가 바닥나기 전에 전투를 마쳐야 했기 때문이다. 석유 공급이 모든 나치 지휘관들한테 영향을 미치긴 했지만, 석유 공급의 중요성을 가장 통렬하게 증명한 사례는 북아프리카의 넓은 지역에 걸친 에르빈 롬멜 장군의 진격이었다. 독일 기지에 석유 공급이 중단되면서 롬멜 장군도 진군을 멈출 수밖에 없었다.

나중에 롬멜은 이렇게 회상했다. "가장 용감한 자라도 총이 없으면 아무것도 할 수 없고, 총이 있어도 탄환이 없으면 아무것도 할 수 없으며, 총이나 탄환이 있어도 기동 전쟁에서는 돌아다니기에 충분한 석유를 실은 차량이 없으면 소용이 없다."[35] 게다가 히틀러가 유럽 공격을 위해 로켓을 발사하려고 해도 (주로 노예 노동으로 제조된) 합성 연료가 필요했다. 에너지의 중요성을 인식한 히틀러는 이전에 본 적 없던 (적어도 일시적으로는) 가장 가공할 군대를 만들어냈다.

석유가 전쟁을 좌우하다

이 전쟁 기계와 효과적으로 싸우기 위해 연합군은 자신들이 가진 가장 강력한 자원들을 강조했다. 군인들의 용기, 지도자들의 전략 그리고 마지막으로 거의 무한한 석유 공급량이 바로 그런 자원에 속했다. 이 엄청난 이점은 전장에서 즉시 전략에 반영되었다. 미군이 가장 활발하게 활동할 때는 1차 세계대전에서 미군이 사용했던 양보다 100배나 많은 휘발유를 2차 세계대전에서 사용했다. 예긴이 추산하기로, 1차 세계대전에서 보통의 미군 사단은 4,000마력을 사용한 반면에 2차 세계대전에서 18만 7,000마력을 이용했다. 1942년의 전시 활동을 계획하면서 미군은 전장의 군인 한 명을 뒷받침하는 데 대략 30킬로그램의 물자 공급이 필요할 것으로 예상했는데, 그중 절반이 석유 제품이었다.[36] 또한 1939년에서 1943년 사이에 미국의 석유 소비는 28퍼센트나 증가했다.[37]

연합국들은 대체로 미국 원유를 사용했지만, 소련은 1차 세계대전과 2차 세계대전 사이에 개발했던 바쿠 유전의 석유를 사용했다. 전쟁 활동에서 석유 수요의 비중이 커진 현실을 고려하여, 바쿠의 석유산업 노동자들은 1941년에 234억 8,200만 톤이나 되는 기록적인 수준의 석유를 채굴했다. 하지만 수천 명의 노동자들이 2차 세계대전에 참전하려고 유전을 떠나야 했기에 많은 일을 여성들이 수행했다. 1942년 여름에 2만 5,000명의 여성들이 바쿠의 석유 업계에서 근무한 것으로 추정되는데, 이는 그곳의 모든 소련 노동자들의 대략 33퍼센트에 해당했다.[38] 1942년 9월 2일 나치군은 이 거대한 원유 공급 시설을 장악하려고 나섰다.

대피를 계획하면서 바쿠의 노동자들은 1942년에 764군데 유정의 생산을 중단한 다음에 파괴할 준비를 했다. 또한 전통적인 운송 방식을 통해 석유를 중앙아시아로 보내 독일의 봉쇄 조치를 우회하려고 했다. 이를 위해 바쿠 유전 측은 최초로 철도용 유조탱크를 가져와 바쿠에서 크라스노봇스크(현재의 투르크멘바 시)로 가는 배에 매달아 석유를 수송하는 방식을 도입했다. 소련 국방위원회는 1942년 10월에 대략 1만 1,000명의 석유 기술자와 다량의 장비들을 바쿠에서 타타르스탄, 바시코르토스탄 및 기타 러시아 지역으로 대피시키라고 명령했다. 이들 노동자들 다수는 (타타르스탄의) 쿠이비셰프 시 근처로 옮겨져 그곳에서 '제2의 바쿠'를 세웠다. "산업의 회복은 바쿠 주변의 위험이 사라진 1943년 말에 시작되었다. 하지만 전쟁의 영향은 아제르바이잔의 석유 채굴량에 고스란히 드러났는데, 1945년에 채굴량은 1,150만 톤으로까지 감소했다."[39]

2차 세계대전 동안 석유는 전장의 판도를 바꾸었다. 실제로 중대한 변화는 전장 위에서 일어났다. 옥탄가(가솔린이 연소할 때 이상폭발을 일으키지 않는 정도를 나타내는 수치를 말한다. 옥탄가가 높은 가솔린일수록 이상폭발을 일으키지 않고 잘 연소하기 때문에 고급 휘발유로 평가된다-옮긴이) 100인 휘발유를 사용하여 영국 전투기 스핏파이어가 1940년 초반에 일찌감치 독일 전투기 메서슈미트 109기에 대한 결정적 우위를 입증해냈다. 미국에서 제조되고 소중한 금처럼 취급 받는 옥탄가 100인 휘발유는 유보트가 득실거리는 바다를 통해 극비리에 운송되었다. 그러므로 연합군의 최대 자원은 열분해 기술을 이용하여 옥탄가 100 휘발유와 같은 엔진 성능을 향상시키는 연료를 제조하는 미국 정유 산업인 셈이었다.

연합군의 노르망디 상륙작전만큼 이 새로운 전략적 연료의 중요성을 확실하게 입증한 순간은 없었다. 연료 공급이야말로 노르망디 상륙작전의 중대한 요소 중 하나였다. 실제로 연합군이 프랑스로 들어갔을 때, 조지 패튼George Patton 장군 등이 직면한 어려움은 연료 공급이 노르망디 상륙 시점의 상황 그대로라는 것이었다. 빠르게 움직이는 연합군은 석유 보급로를 금세 앞질러버렸다. 예긴은 당시의 상황을 이렇게 적고 있다.

반나절 정도 사용할 휘발유 비축량까지 떨어지자 패튼은 격분했다. 그는 "화난 수소처럼 으르렁거렸다." 그는 미군 사령관인 오마 브래들리 장군General Omar Bradley의 본부에서 이렇게 쏘아붙였다. "미 제3군(패튼 장군이 지휘하는 부대-옮긴이)을 계속 움직이게만 해주면, 이 망할 전쟁에서 우리가 이길 수 있을 거요. 제기랄, 브래들리 장군, 휘발유 40만 갤런만 주시오. 그러면 이틀 만에 장군을 독일 땅 안에 떡하니 데려다드리겠소."[40]

여전히 전 세계에서 최대 석유 공급국인 미국에서는 루스벨트 대통령이 석유 산업을 새롭게 조직했다. 석유 유통을 체계화하고, 석유 제품을 표준화했으며, 심지어 혁신적인 내장형 노즐을 갖춘 균일한 크기의 5갤런 짜리 휘발유통을 사용하는 사소한 일까지 규정했다. 이런 새로운 표준과 체계를 감독하기 위해 루스벨트 대통령은 '방어를 위한 석유 조정관Petroleum Coordinator for Defense'이라는 직책을 만들고서 내무장관 해럴드 이케스Harold Ickes에게 그 자리를 맡겼다. 이케스의 주요 업무 중 하나는 생산 초과라는 개념으로 구성된 석유 산업의 문화를 바꾸는 일이었다. 서신으로 지시된 이케스의 업무는 다음과 같았다.

(a) 석유 및 석유 제품들의 군사용 및 민간용 수요

(b) 석유 및 석유 제품들의 입수 가능성에 영향을 미치게 될, 제안된 모든 활동에 관한 정보 수집[41]

그의 직책은 정보 수집에 초점이 맞춰졌지만, 전시 활동의 필요성 때문에 어쩔 수 없이 그는 새로운 정책 하나를 공개적으로 논의하게 되었다. 바로 '절약'이었다. 가령 1942년 봄, 미국에서는 석유 배급제가 처음으로 실시되었다. 이 정책은 2차 세계대전에서 석유가 얼마나 중요한지를 단적으로 보여주는 사례다. 1941년 후반부터 1945년 8월까지 참전한 2차 세계대전 내내 미국에서는 국내 소비용 휘발유 배급의 규모와 절차가 계속 진화했다. 석유 배급의 첫 번째 조치는 자동차 경주를 위한 휘발유 사용의 금지였다. 다음 단계는 1942년 5월에 나왔는데, 이때부터 운전자가 주유소에서 주유를 마치면 구멍이 뚫리는 배급 카드가 미국 동부에서 사용되기 시작했다. 이후에는 카드 대신에 휘발유 구매용 쿠폰이 사용되었다. 휘발유 배급은 인구 밀도가 높은 북동부 지역에서 중점적으로 실시되었고, 서부 및 기타 지역은 휘발유를 대체로 마음껏 사용할 수 있었다.

다른 조치들로는 시속 35마일(약 시속 56.3킬로미터)의 속도 제한이 실시되었고, 필수적이지 않은 이유로 자동차를 운행하는 것이 제한되었다. 이로 인해 (의사와 성직자가 포함된 필수적인 운전에서부터 비필수적인 운전까지) 운전 상황을 다섯 단계로 구분하여 그에 따라 석유를 배급하는 시스템이 생겼는데, 운전자들은 각각의 상황을 나타내는 스티커를 자동차 앞 유리에 붙여두어야 했다. 기본적 수준의 비필수적 운전을 하는 시민들은 주당 1~4갤런까지 배급받았지만, 필수적 운전자는 배급 제한이 전혀 없었다. 게다가 운전은 고무 절약 등을 위한 조치처럼 다른 형태의 배급에도 영향을 받았다.

조금 과장하자면, 석유(특히 압도적인 비율의 미국의 석유) 덕분에 연합군은 추축국을 물리칠 수 있었다. 미국 소비자들은 대부분 이런 진실을 알지 못했지만, 미국의 지도자들은 그렇지 않았다. 워싱턴의 정치판에서는 적어도 석유 물량의 유통과 사용을 고려하는 외교 전략이 필요하다는 데 모두가 동의했다.

새로운 공급망, 파이프라인의 건설

전쟁을 통해 미국에서 중대한 에너지 기반시설의 건설이 촉진되었다. 특히 파이프라인 덕분에 초기 유정들에서 매장된 사실은 분명했지만 꺼내 쓸 수가 없었던 천연가스의 상품화가 마침내 가능해졌다. 1900년대 초반만 해도 파이프라인은 누출 문제 때문에 지역에 국한된 서비스에 가장 적합했다. 그리고 파이프라인은 조립식으로 각 파이프를 겹치고 끝단에 리벳을 체결한 다음 코킹 처리를 해서 건설되었다. 이후 1900년대의 첫 몇 십 년 동안 전기 아크 용접이 도입되어 파이프라인 기술이 향상되었다.

석유든 천연가스든 파이프라인으로 에너지를 이동시키는 방식이 2차 세계대전 동안 중요해졌고, 21세기까지도 여전히 이용되고 있다. ©Library of Congress Prints and Photographs Division

1800년대 후반 폴란드 기술자들이 처음 아크 용접 기술을 개발했다. 이 것은 전선이 이어진 손잡이 기구에 연결된 탄소 막대의 끝에 전류를 흘려서 용접하는 기술이다. 용접할 금속 조각들을 죔쇠로 붙잡은 상태에서, 용접공이 탄소 막대의 끝을 금속에 문지르면 뜨거운 전도성의 플라즈마가 생기면서 전류가 흐른다. 용접공은 막대를 직선으로 움직여서 두 금속을 녹여서 접합시켰다. 이 용접 방법은 보일러와 같이 특정한 연결에서는 통했지만, 1차 세계대전까지는 파이프라인이나 선박의 리벳 대신 사용되지 않았다.

역사가 리처드 로즈Richard Rhodes에 따르면, 미국에서 선박에 그런 변화가 일어난 까닭은 "독일에 의해 손상되거나 파손된 많은 선박을 수리하기" 위해서였다. 1918년 2월 미 해군부장관 조지퍼스 대니얼스Josephus Daniels는 이렇게 선언했다. "영국은 산소아세틸렌 용접용으로 산소와 카바이드carbide에 대한 수요가 너무 많았던 까닭에 그 대안으로서 전기 용접을 도입했는데, 결과적으로 아주 훌륭한 방법이었다."42

1925년부터 텍사스 주 갤버스턴의 매그놀리아 석유회사가 아크 용접을 이용하여, 이전에 리벳으로 건설되었던 누출 파이프라인을 새로 만들었다. 같은 기술을 사용하여 1931년에 파이프라인 노동자들은 텍사스 주 팬핸들에서 시카고까지 최초의 1,600킬로미터 길이의 천연가스 파이프라인을 건설하고 있었다. 비용과 깨끗한 연소라는 이점에도 불구하고, 천연가스는 파이프라인 건설 비용 때문에 사용하는 데 제약이 있었다. 하지만 이 건설 비용은 꾸준히 감소하다가 1940년에 이르러서는 천연가스 파이프라인 전국망이 텍사스에서 시작해 루이지애나를 거쳐 미국 중서부 및 펜실베이니아까지 뻗어나갔다.[43] 그래도 여전히 높은 운송 비용으로 인해 가스는 소모품 취급을 받아, 막대한 양이 새어나가거나 버려졌다. 실제로 국회에 제출된 보고서의 추산에 따르면, 1919년부터 1930년까지 미국에서 소비되는 가스보다 버려지는 가스가 20퍼센트 더 많았다.

2차 세계대전 기간인 1940년대 미국 전역에 걸쳐 석유 파이프라인의 대규모 건설이 진행되었다. 이에는 연방정부의 응급상황을 대비한 사업인 유명한 빅인치Big Inch와 리틀빅인치Little Big Inch 파이프라인도 포함되었다. 전쟁이 끝나자 이 파이프라인들은 폐쇄되었지만, 이해관계자들이 향후의 사용 방안을 마련하면서 대기 상태로 유지되었다. 강경한 어느 업계 조직은 그 파이프라인들을 다시 가동하여, 버려지는 천연가스를 텍사스에서 미국 동부까지 이동시키는 데 사용하자고 주장했다. 에너지 전환이 속속 진행되자, (탄광 노조 등) 석탄 이익집단들은 석탄을 대신할 것으로 여겨지는 천연가스를 내쫓으려고 혈안이 되었다. 하지만 1947년에 텍사스 이스턴 트랜스미션 사가 천연가스 운송을 위해 빅인치와 리틀빅인치를 매입해서, 지금까지도 그 목적으로 사용하고 있다.[44]

석유 전쟁의 격전지, 중동의 재평가

2차 세계대전으로 석유의 새로운 중요성이 드러나자, 국가들이 장래의 에너지 공급을 확보하려고 경쟁을 벌이게 되면서 가장 중요한 지정학적 전환 중 일부가 최대 매장지를 둔 여러 지역에 들이닥쳤다. 특히 20세기 중반에는 중동의 지정학적 중요성에 대한 전면 재평가가 이루어졌다.

미국에서 전시의 석유 관리 방식은 아이젠하워의 전략물자 업무로서 1950년대에도 지속되었다. 그렇기에 미국 대중은 전후에 값싼 석유를 풍족하게 사용했지만, 군사 및 정치 지도자들은 그 자원을 국가의 미래를 위한 전략적 계획 수립에 전면적으로 도입하기 시작했다. 구체적으로 말해, 그들은 아프리카 대륙의 석유가 풍부한 북동부 지역에서 전략적 제휴를 강화하는 영국과 프랑스의 방식을 따랐다. 일찍이 1943년에 이케스는 이렇게 적었다. "우리는 석유가 바닥나고 있다!" 더 나아가 그는 미국의 석유는 계속 줄어들고 있기 때문에 2차 세계대전은 다른 누군가의 석유로 치러야 한다고 강조했다.[45]

사우디아라비아의 국왕 이븐 사우드Ibn Saud 및 기타 지역 지도자들과 연락하는 일은 정부 관리들과 미국의 석유 회사들이 맡았다. 2차 세계대전의 와중에도 이런 노력은 일부 미국 관리들한테 연합국, 특히 영국에게 호의를 얻기 위한 경쟁으로 비쳤다. 전쟁 동안 이케스의 노력 덕분에 루스벨트가 페트로늄 리저브스 코퍼레이션Petroleum Reserves Corporation, PRC을 설립할 수 있었다. 이 경험을 통해 이커스는 석유 산업의 현안들에 미국 정부가 직접 관여하기에는 한계가 있음을 금세 알아차렸다. 따라서 연방 정부의 활동은 한 발 물러나서 대체로 일반대중의 관점에서 외교적 유대를 형성하는 일에 초점이 맞춰졌다. 이런 노력을 통해 21세기에 미국의 외교 관계 및 에너지 중요성이 새롭게 규정되었다. 그리고 이런 관계는 비단 중동 정부들과의 문제만이 아니었다.

2차 세계대전이 끝나기 전이자 1945년 루스벨트의 사망 이전에 당시 영국 수상이던 처칠은 이케스의 지속적인 활동을 면밀히 살펴보고는 그런 노력은 중동의 석유를 확보하려는 영국의 노선과 경쟁하는 조치라고 판단했다. 1944년 2월 20일 처칠은 루스벨트에게 전보를 보내, 자신은 석유와 관련하여 미국에서 오는 전보들을 "점점 더 우려스럽게" 보고 있노라고 말했다. 그는 이렇게 말을 이었다.

> 석유를 둘러싼 경쟁은 우리들을 옥죄게 될 엄청난 공통의 문제와 희생을 알리는 안타까운 전주곡일 것입니다. … 여기에서 우려가 되는 바는 미국이 중동에서 우리의 석유 자산을 빼앗으려는 마음이 있다는 겁니다. 무엇보다도 우리 해군의 전체 석유 공급량이 달려 있는 중동에서 말입니다.[46]

그는 일부 영국 관리들이 미국한테 "내몰리는" 느낌을 받았다고 결론 내렸다. 루스벨트도 물러나지 않았고, 둘은 한참 설전을 주고받다가 결국에는 각국이 서로 상대방의 활동을 인정해주기로 상호 확약을 했다. 즉, 영국은 이란과 이라크로 진출했고, 미국은 사우디아라비아로 진출했다. 이 결과를 가리켜 영미석유협정Anglo-American Petroleum Agreement이라고 하는데, 1944년 8월 8일에 체결된 이 협약은 모든 당사자의 평등 그리고 중동에서의 석유 채취와 이 석유를 연합국들에게 운송하기 위한 기술 및 개발 시스템의 협력적 사용을 보장하는 것이었다. 상원에서 통과가 불가능한 상황에 처하자, 그 법안은 루스벨트 대통령에 의해 철회되었다가 1945년 1월 얄타에서 협상 내용의 일부로 포함되었다.

당시 죽어가고 있던 대통령의 개인적 매력에 세계의 에너지 미래가 결정되었다고 말한다면 지나치게 가벼운 판단일까? 실제로도 그런 거래는 단지 루스벨트 대통령에 관한 문제만이 아니었다. 1945년 2월에 얄타회담이 열렸던 미 해군 순양함 퀸시호에서 무슨 일이 있었는지에 관한 기록이 남아 있지는 않지만, 얄타 협정 직후에 루스벨트 대통령이 이 국가들 사이에 새로운 관계를 마련했다는 데에는 이견이 없다.

그 순양함이 이집트의 수에즈 운하 지역에 정박해 있을 때, 배 한 척이 루스벨트 대통령을, 또 다른 배 한 척이 사우디아라비아 국왕 이븐 사우드를 데려왔다. 남아 있는 기록에 의하면, 두 사람은 죽이 잘 맞았다. 골초인 루스벨트는 국왕의 면전에서 흡연을 삼갔고, 전쟁에서 부상을 입어 두 다리를 거의 못 움직이는 국왕은 루스벨트의 휠체어를 탐내면서 자신과 루스벨트를 가리켜 "쌍둥이"라고 불렀다. 두 지도자는 5시간 동안 유대인의 건국 문제, 중동의 전후 재편성 그리고 사우디아라비아의 석유 공급에 관해 이야기했다. 이븐 사우드가 순양함을 떠날 때, 루스벨트는 자신의 예비 휠체어를 가져가라고 주었다. 이후 반세기 동안 미국의 석유 공급이 줄어들면서, 사우디아라비아는 미국의 가장 든든한 석유 공급국이 되었다.

1945년 일본이 항복한 뒤 1946년에는 뉴저지의 스탠더드 오일 컴퍼니와 다른 회사들과의 막후 논의를 통해, 아라비아 석유 개발을 위한 기회가 분배되었다. 영국이 추축국들과 관련된 소유자의 주식과 부동산을 뺏기 위해서 사용했던 '후발적 불법성supervening illegality' 개념을 적용하여, 석유 회사 중역들은 "레드라인"을 만들고 전쟁 전의 중동 석유를 분할했던 원래의 협정을 무효화했다. 미국 석유 중역들은 자신들의 방식을 협상 테이블에 올리고서 중동의 석유 매장지들을 공식적으로 나누어 갖게 해

245

달라고 요구했다. 사우디 석유 회사 아람코Aramco와 영국 지도자들은 결국 새로운 협약을 받아들이는 데 동의한 반면에, 프랑스는 거부했다. 당사자들이 이븐 사우드를 찾아가자, 그는 종전 후에 루스벨트 대통령과의 만남을 떠올린 듯 미국인들도 포함되어야 한다고만 요구했다. 결국 이렇게 해서 체결된 1948년 11월의 집단 협정으로 지정학을 기반으로 한 새로운 세계 질서가 마련되었다.

이러한 석유 중심의 새로운 세계관은 일찌감치 2차 세계대전 동안 형성되었다. 1941년에 바레인 석유회사의 부사장 중 한 명인 맥스 웨스턴 손버그Max Weston Thornburg가 고문 자격으로 미 국무부에 들어와 있었다. 석유의 중요성이 자꾸만 커지면서 석유 확보가 중차대한 문제임은 국무부에 이미 알려져 있었고, 손버그는 전쟁 기간 동안 바로 이 목적을 위해 일했다. 석유 외교에는 석유 공급 확보를 위해 외국의 경쟁자들을 다루는 일뿐만 아니라 멕시코와 베네수엘라에서 점차 커지고 있는 자원 민족주의의 욕구를 다루는 일도 포함되었다. 회의석상에서 손버그는 미국이 세계의 석유 이권에서 지배적인 위치를 계속 점하려면 "미국의 이익을 보호하고 아울러 위기가 생기기 전에 미국 석유 회사들과 외국 정부 간의 문제들을 예상해내는 '능동적인' 석유 외교 정책이 필요할 것이다"라고 주장했다.47

베네수엘라의 경우, 미국의 석유 이익에 더 부합할 가능성이 높은 정치 지도자를 지원해주는 정책이 필요했다. 20세기 중반 내내 그런 노력은 멕시코보다 베네수엘라에서 더 성공적이었다. 2차 세계대전 이후 미국이 가장 중점을 두었던 것은 무슨 수를 쓰든 중요한 에너지 자원을 확보하는 것이었다.

이 새로운 세계 질서의 일차적인 중심지는 줄곧 중동이었다. 미 국무부의 경제 고문 허버트 페이스Herbert Feis는 손버그와 함께 일한 사람으로서 이 시기에 대해 다음과 같이 말했다. "모든 상황을 살펴보니 연필은 놀랍게도 하나의 점이자 장소(중동)를 가리켰다."[48] 의자에 먼저 앉기 놀이라는 어린이 놀이와 비슷하게, 음악이 멈추고 서유럽 강국들이 저마다 석유를 소유한 지역이나 국가들과 찍을 맺자, 후발주자인 미국은 다른 국가가 관심을 두지 않은 곳, 즉 사우디아라비아와 짝을 맺게 된 것이다.[49]

1943년 내내 영국의 침공을 두려워하면서도, 미 국무부는 재정적 및 외교적 우호 조치를 통해 사우디와의 관계를 위한 초석을 놓았다. 1943년에 페트로늄 리저브 코퍼레이션을 설립하면서 미국은 "미국 외부의 출처에서 검증된 석유 매장지를 매입하거나 다른 방법으로 획득하는" 과제를 완수했다. 이 회사는 사우디아라비아에서 미국의 에너지 이익을 확보하는 데 필요한 민관 합동 노력을 위한 주요 조직이 되었다.[50]

연합국들과 관련된 석유 회사들은 편파적이고 착취적인 협약을 맺음으로써, 역사의 이 순간을 기회로 삼아 세계의 귀중한 석유 공급지를 확보했다. 그리고 이 사안은 "냉전"이라고 알려진 상황의 으뜸가는 요인이 되었다. 1950년 트루먼 대통령은 이븐 사우드에게 이런 글을 보냈다. "과거에 여러 번 했던 약속을 전하께 다시 드리는 바입니다. 미국은 사우디아라비아의 독립 유지와 영토 보전에 관심이 있음을 재차 알려드립니다. 미국이 즉각적으로 우려할 문제가 아닌 위협이 전하의 왕국에 생길 수는 없습니다."[51] 비슷한 협약들을 통해 마침내 쿠웨이트가 미국의 세력권에 포함되었고, 미국은 이란과 같은 국가들의 국내 정책에도 개입하기 시작했다.

Chapter 6

두 얼굴의 에너지

우크라이나 붉은 숲의 비극

무인 드론이 우크라이나의 암담한 현실을 영국 브리스톨대학의 실험실로 전달했다. 그 소식은 10제곱킬로미터 넓이의 붉은 숲Red Forest(폐허가 된 오래된 체르노빌 원자로 근처의 빽빽한 죽은 소나무숲 지대로서, 그 핵발전소에서 누출된 막대한 오염물질의 예봉을 30년 넘게 견뎌온 곳)이 지표면에서 방사능이 여전히 가장 강한 지역에 속한다는 사실이었다. 데이터로 볼 때 그 지역이 수십 년 동안 거주가 불가능하다는 점은 의심의 여지가 없었다. 우크라이나 당국은 그 지역에서 사람이 거주하는 것이 안전하다고 선언할 수 있으려면 수천 년이 걸릴지 모른다고 추산했다.

1986년 4월 25일 금요일, 이른 시간에 시작된 하나의 사건으로 붉은 숲 및 그 주변 지역은 이전과 완전히 달라졌다. 정기적인 가동 중지 이전에 체르노빌 4원자로를 검사하는 과정에서 벌어진 일이었다. 운영자들은 전혀 몰랐지만, 그 원자로의 노심은 그들이 원자로의 가동을 중단하려고 제어봉을 삽입하려고 했을 때 극도로 불안정한 상태였다. 제어봉을 삽입하자 급격한 전력 상승이 증기 폭발을 일으키면서 결국 원자로 노심이 대기에 노출되고 말았다.[1]

이후로 줄곧 붉은숲은 과학자들에겐 방사능의 영향을 평가할 전면적인 실험실이 되어주었다. 진원지 주변의 광범위한 출입금지 구역에 사람은 아무도 살 수 없지만, 그 숲에서 자라는 동물과 식물은 여전히 방사능 오염의 징후를 드러낸다. 과학자들의 보고에 의하면, 그 지역의 새들은 정상적인 새들보다 상당히 뇌가 작으며, 나무들은 더디게 자라고 있다. 게다가 곤충도 개체수가 적은 종들이 많았으며, 사냥감이 될 만한 동물들은 위험한 수준의 방사능을 지니고 있다.

훨씬 더 곤혹스러운 점은 (미생물, 균류 그리고 부패 과정을 이끄는 일부 유형의 곤충들과 같은) 분해자들이 줄어들고 있다는 것이다. 이는 소나무에서 맨 먼저 드러났는데, 사고 후에 소나무들은 붉어지다 시들어 죽어버렸다. 과학자들의 보고에 따르면, 1991년 이후로 죽은 소나무들은 정상적으로 분해되지 않았다. 검사를 해보니, 방사능 피해가 없는 지역에서는 죽은 소나무의 잎 중 70~90퍼센트가 1년 후에 사라졌다. 하지만 방사능이 더 많은 장소에서 죽은 소나무는 잎들이 원래 무게의 대략 60퍼센트 상태로 남아 있었다. 즉, 숲의 기본적 기능이 망가진 셈이다.[2]

새로운 지식이 급격히 늘어나면서, 에너지 관련 시스템들은 20세기에 등장한 현대세계의 중요한 일부가 되었다. 더 많은 세계 지도자들은 자국의 경제 발전을 위해 에너지 및 에너지를 제공하기 위한 시스템이 필요하며, 결국 발전은 그것에 의존하고 있다는 사실을 이해하게 되었다. 산업 및 일상생활에 동력을 제공할 수 있는 자원들의 공급 여부야말로 세계 속에서 한 국가의 정치적 위상을 알 수 있는 중요한 지표가 되었다. 이런 요소들을 염두에 두고서 많은 지도자들은 에너지 공급을 자국의 사회 개발과 정치적 계산의 일부로 삼았다. 초강대국들도 마찬가지였는데, 어쩌면 훨씬 더 했다.

학자들은 냉전의 근간을 자본주의와 공산주의 간의 이데올로기 경쟁으로 보아왔다. 하지만 역사가 로버트 마크스는 그런 개념은 이제 "소비주의 대 생산주의"라고 구분하는 편이 더 낫다고 주장한다.[3] 미국은 자본주의적 자유시장 경제를 추구하여, 소비와 생산을 호황과 불황의 반복 및 산업 투자에 고스란히 맡겨놓았다. 반대로 소련은 계획경제를 통해 중앙 국가가 직접 자원의 분배에 관한 선택과 결정을 했는데, 이로써 어떤 변동에서도 경제가 흔들리지 않게 만들었다. 소련의 가장 급격한 산업 발전 시기는 2차 세계대전 직전에 찾아왔다. 하지만 전쟁 후 소련은 천연자원 및 동유럽의 생산 능력을 통합하는 데 초점을 맞추었다.

이 패러다임 내에서 각 국가는 저마다의 경제 개발 전략을 추구했다. 각국의 접근법은 개인의 권리, 시장, 사유재산 소유 등 여러 수준에 걸쳐 상이했다. 하지만 어느 경제 체제든 발전의 원동력이 있어야 한다는 공통적 요소는 서로 일치했다. 바로 그 요소인 에너지 가용성이 국가 간 충돌의 경제적, 지정학적 및 기술적 전선이 되었다.

모든 국가는 자국 아니면 타국에서 자원을 확보할 필요가 있다. 이후의 장들은 소련과 미국 두 나라에서 화석연료 공급을 관리하는 방법에 대해 살펴볼 것이다. 두 나라 모두 이상적이고 바람직한 시스템은 자원 고갈 없이 최대한 국내 생산을 통해 에너지를 얻는 것이었다. 이런 사고를 바탕으로 각 국가들은 핵반응에서 생산된 에너지를 공격적으로 추구했다. 그리고 이는 초강대국이 아닌 많은 나라들 또한 핵 에너지에 관심을 갖게 만든 요인이었다.

이런 방식으로 핵 기술은 무기 시스템과의 관련성과 더불어 이른바 냉전이라는 갈등을 이끈 추진력이 되었다. 두 나라 모두 생산성 향상을 통해 세계 양대 강국 중의 하나라는 지위를 확보하면서 (3장에서 살펴보았듯이) 20세기에 국력은 지속적이고 안정적인 에너지 공급을 필요로 한다는 진실을 증명하는 최초의 선례를 남겼다. 1940년대부터 국가 발전에 에너지가 중요하다는 인식이 더 분명해지면서 일부 선진국들이 원자력 에너지의 개발에 전념하게 이끈 다른 여러 요인들도 나타났다. 핵 기술의 기술적 및 산업적 수요는 2차 세계대전 후에 등장한 현대적 민족국가 시대에 안성맞춤이었다. 특히 이런 경향이 나타난 이유는 원자력 기술이 복잡하고 잠재적 위험성이 높았기 때문이었다.

하지만 이런 내용들을 자세히 살펴보기 전에 먼저 다음의 사실을 알아두어야 할 필요가 있다. 원자력을 추구함으로써 이런 국가들은 에너지야말로 자국의 미래를 위한 핵심적인 부분임을 국가적 차원에서 직시했다는 것이다. 일단 이런 기본적 현실에서부터 전략적 사고가 출발하자, 엄청난 기술적 도전 과제들, 엄청나게 높은 투자 금액 그리고 원자력에 잠재된 재앙적인 위험성 등이 전부 만만한 것이 되고 말았다.

마지막으로 이 기념비적 시대는 냉전이라고 알려진 또 다른 기본적 현실에서 자라났다. 다른 에너지 기술과 달리 원자력 에너지는 결코 무기라는 출발점에서 벗어난 적이 없다. 반세기가 넘게 양면적인 특징을 가진 핵 기술은 최신 뉴스나 사고 소식에 따라 민간 분야에서의 이용을 부추기기도 하고 억제하기도 했다.

폭탄으로 시작된 원자력 시대

1930년대 후반 2차 세계대전으로 전 세계는 위험에 빠졌다. 각국 지도자들은 적군을 물리칠 온갖 묘수를 찾아나섰다. 미국과 독일의 과학자들은 강력한 폭탄을 이용하여 전쟁에 사용할 수 있는 핵반응을 실험했다. 독일의 지도자들은 그런 기술이 전쟁을 판가름할 결정적인 힘이 될지 모른다고 여겼다. 이에 대응하여 미국 과학자들은 미국 물리학자 앨버트 아인슈타인에게 요청하여, 자신들의 연구 결과를 프랭클린 루스벨트 대통령에게 서한으로 알려달라고 했다. 이 편지에서 아인슈타인은 이 기술의 잠재력, 특히 적이 먼저 이 기술을 개발했을 때의 위험성에 대해 설명했다. 그리고 1939년 10월 루스벨트는 원자력 연구에 대한 정부의 자금 지원을 승인했다.[4] 이로써 과학과 군대는 이전에는 결코 본 적 없는 방식으로 밀접한 관계를 갖게 되었다.

초기의 미국 과학자들은 핵반응의 이용 가능성을 증명해내야 했다. 물론 오늘날에는 핵 입자들을 분리시켜 생성되는 힘이라는 개념이 잘 알려져 있다. 하지만 1940년에만 해도 그런 개념은 공상과학에 좀 더 가까웠다. 2차 세계대전의 양측 모두 이 기술을 먼저 이용하려고 혈안이 된 상황이었는데도 말이다. 1940년 미국 물리학자 엔리코 페르미Enrico Fermi와 실라르드 레오Szilárd Leó가 미국 정부의 지원하에 컬럼비아대학교에 원자로를 짓는 일에 참여했다. 다른 원자로 실험은 시카고대학교의 서쪽 부지인 스태그 필드 지하의 실험실에서 진행되었다. 1942년 12월 페르미는 과학자들이 최초의 '스스로 유지되는 핵반응self-sustained nuclear reaction'이라고 부르는 핵반응을 성공시켰다. 이제 핵반응을 야외로 옮길 때였는데, 이 과정에서 실험의 범위와 규모가 엄청나게 커져야 했다.

1943년 2월 레슬리 그로브스General Leslie Groves 장군의 지도하에 미군은 워싱턴 주 핸퍼드 근처에 20만 2,343헥타르의 땅을 마련했다. 이 땅은 유용한 핵 기술의 개발이라는 임무가 부여된 트리니티 프로젝트Project Trinity의 세 가지 주요 장소 중 한 곳이었다. 미군의 감독하에 이루어진 이 세 장소의 협력 활동은 많은 현대 기업들의 활동 방식을 규정하는 계획과 전략의 혁신적인 모범이 되었다. 핸퍼드에서는 수력을 이용하여 플루토늄을 분리하여 무기로 사용하는 데 필요한 고수준의 핵원료가 생산되었다. 테네시 주의 오크리지 시는 우라늄 생산에 협력했다. 이런 생산 설비들의 도움 덕분에 미국의 물리학자 로버트 오펜하이머Robert Oppenheimer의 지도하에 뉴멕시코 주 로스앨러모스에서 진행되던 핵심 사업이 촉진될 수 있었다.[5]

오펜하이머의 감독하에서 핵 이론가들은 무기 내부에서 핵반응에 사용될 공식을 고안해냈다. 다양한 분야의 과학자들이 이 복잡한 이론 작업에 참여했다. 이론가들이 투입되고 재료가 공급되자, 이 프로젝트는 폭탄을 조립하고 검증하는 일이 되었다. 이 모든 일은 극비리에 광대한 로스앨러모스 기지에서 실시되어야 했다. 긴박하게 돌아가는 전쟁 상황에서 많은 사람들은 이렇게 잘 조직된 기업형 사업이 수많은 미국인들의 생명을 살릴 최선의 방법이라고 확신했다.[6]

1944년이 되자 전 세계 곳곳이 2차 세계대전으로 처참히 파괴되었고,

유럽에서의 전쟁은 곧 독일의 항복으로 끝나게 되리라 예상되었다. 독일의 핵무기 기술 개발에 뒤처지지 않으려고 미국 과학자들이 뛰어들면서 시작된 미국의 핵무기 프로젝트는 독일의 항복으로도 중단되지 않았다. 태평양에서의 전쟁은 여전히 진행 중이었고, 일본은 항복 권고를 받아들이지 않았다. 트리니티 프로젝트는 결국 실현되었고, 일본의 도시 히로시마와 나가사키가 핵폭발의 실제 위력을 실험하는 장소가 되었다. 미국 폭격기 에놀라 게이Enola Gay가 1945년 8월 6일 히로시마에 우라늄 폭탄 한 발을 투하했고, 미국 폭격기 복스 카Bock's Car가 사흘 후 나가사키에 플루토늄 폭탄 한 발을 투하했다. 사망자 수는 15만 명에서 30만 명사이로 추산되며, 대다수는 일본 민간인들이었다. 그렇게 원자력 시대 그리고 핵폭탄과 함께하는 삶이 시작되었다.

국가의 미래를 위한 원자력 기술

원자폭탄과 수소폭탄의 실험과 검사는 2차 세계대전 후 20년 남짓 계속되었다. 하지만 첫 실험에 관여한 과학자들 다수는 그 기술이 궁극적으로는 비군사적인 목적으로 사용되기를 바랐다. 오펜하이머도 대중이 실제 핵폭탄이 사용되는 것을 지켜보며 핵을 과학 탐구의 방법으로 이용하자는 쪽으로 입장을 바꾸었다고 여겼다. 1946년 한 강연에서 그는 이렇게 말했다. "우리는 무언가를 만들었습니다. 이 세상을 급작스럽고 심각하게 변화시킨 가장 끔찍한 무기를 말입니다. … 우리가 자라온 세계의 기준으로 보자면 그 무기는 사악한 것입니다."[7]

관련된 과학자들 다수는 원자력 기술은 이전의 어떠한 혁신적 기술과도 달리 통제가 필요하다고 믿었다. 원자폭탄 투하 직후부터 정치적인 연관성 없이 그 기술을 관리할 전 세계의 과학자 조직을 설립하자는 운동이 시작되었다. 하지만 전 세계를 위해 이 새로운 도구에 대한 통제력을 미군에게서 빼앗는 것은 불가능했다. 1946년에 결성된 미국원자력위원회 Atomic Energy Commission, AEC가 그 무기 기술은 물론이고 그 기술이 사용될지 모를 다른 방식에 대한 통제권을 미군 및 정부 당국의 손에 쥐어주었기 때문이다. 핵이라는 비장의 카드를 수중에 넣은 미국은 전 세계에 대한 지도력의 맨 윗자리에 올랐다.

미국의 평화를 위한 원자력 프로그램the Atoms for Peace program은 원자력 발전소가 무기처럼 작동하는 것, 즉 폭발이 불가능하도록 만전을 기했다. 1947년 1월 1일 맨해튼 엔지니어링 디스트릭트Manhattan Engineering District (맨해튼 프로젝트를 추진한 조직-옮긴이)를 계승한 미국원자력위원회는 원자로를 전기 생산용으로 사용하도록 장려하는 데 큰 역할을 했다. 미국원자력위원회 위원장인 루이스 스트라우스Lewis L. Strauss는 원자력은 곧 "값을 매기기 어려울 정도로 저렴해질" 것이라고 천명했다. 원자력 기술을 무기와 분리시키고, 그 기술을 에너지 생산에 더 많이 적용하기 위한 조치들이 즉시 시행되었다.

1946년의 원자력법에 의해 미국은 원자력 기술 개발을 연방정부의 독점 활동으로 삼았고, 모든 원자력 기술 개발은 극비로 취급되었다. 로즈에 의하면, 한 역사가는 미국원자력위원회야말로 "미국 역사에서 가장 전체주의적인 정부위원회"라고 불렀다고 한다.[8] "원자를 길들이기"라는 목표에 따라, 미국원자력위원회 등의 조직들은 원자폭탄을 사용함으로써 도로가 건설되고, 방사능을 이용해 암을 치료하는 미래에 관한 온갖 대중 기사들을 후원했다.[9]

결과가 어떻게 나오든, 핵반응을 위해서는 드물게 존재하는 고급 우라늄 광석을 빠르게 확보해야 했다. 그래서 탐사자들은 미국 서부와 이외의 지역, 특히 남아프리카공화국을 두루 뒤졌다.

언론에서 보여준 원자력이 활용되는 미래 사회의 모습에는 원자력 발전에 의한 농업과 자동차의 이미지가 포함되었다. 석탄이나 석유와 같은 제한적인 천연자원에 기대지 않고서 막대한 양의 에너지를 얻어낼 수 있다는 낙관적인 전망들이 흘러나왔다. 아이젠하워 대통령이 이끄는 행정부에게 그 기술은 무제한으로 전기를 공급함으로써 미국의 경제적 및 상업적 능력을 확대할 수 있음을 의미했다.

맥네일McNeill과 엥겔케Engelke는 냉전은 "돈과 노동력의 투입 그리고 국가가 지원하는 거대한 규모의 기반시설 프로젝트와 개발 캠페인 계획의 영웅적 추진을 … 정당화했다"라고 말했다.[10] 특히 소련과 중국과 같은 생산 지향적 경제에서 냉전은 '경제적 자급자족'을 위한 방안들을 촉진하고 합리화했으며, 무제한의 에너지가 그 핵심 역할을 맡았다. 유명한 1953년의 유엔 연설에서 아이젠하워 대통령은 핵 기술을 사용할 수 있는 많은 사례가 있겠지만, 그것의 특수한 목적은 "전 세계의 전력에 굶주리는 지역들에 풍부한 전기 에너지를 제공하는" 것이라고 명확하게 밝혔다.[11]

세계사를 바꾼 기술 | 핵분열 원자로

핵분열 반응으로부터 전기를 생산하는 것은 꽤 단순한 과정이다. 화석연료를 때는 발전소와 비슷하게, 원자력발전소는 열 에너지의 열기를 이용하여 터빈을 돌려서 전기를 생산한다. 이 열에너지는 핵분열에서 나온다. 핵분열 과정은 하나의 우라늄 핵에서 방출된 중성자가 다른 우라늄 원자핵을 때릴 때, 그 핵이 더 많은 중성자를 방출하고 분해되면서 열이 발생한다. 만약 새로운 중성자들이 다른 원자핵들을 때리면 연쇄반응이 발생한다. 이 연쇄반응이 핵에너지의 원천인데, 이 에너지가 물을 가열시켜 터빈을 작동시킨다.

미국원자력위원회의 후원하에 건설된 초기 원자로는 고작 150와트 전구 4개를 켤 정도의 전력을 생산했다. 하지만 기술은 급격히 발전하고 있었다. 실험용 증식로 Experimental Breeder Reactor I, EBR-I가 아이다호 주의 아이다호폴스 근처에 있는 미국 국립원자력시험소National Reactor Testing Station에 세워졌다. 이 시험소를 건설한 시카고대학교의 아르곤국립실험실Argonne National Laboratory은 그 대학의 스쿼시 코트에 있던 엔리코 페르미의 원자로에서부터 시작되었다. EBR-I는 건설된 바로 다음 날 가동되어 100와트의 전력을 생산했다. 아르곤국립실험실도 BORAX III를 설계했는데, 이는 하나의 타운 전체에 전력을 제공하기 위한 최초의 원자로였다. 이 원자로는 1955년 7월 17일 아이다호 주의 아코에 공급할 전력을 생산하기 시작했다. 하지만 흥미롭게도 원자력으로 생긴 전기를 기존의 전력망에 연결하는 것은 1954년에 모스크바 근처의 아주 작은 실험실에서 시작되었고, 1956~1957년 즈음 영국과 미국에서 더 큰 규모로 성장했다.[12]

이런 다양한 실험적 노력이 진행되는 동안, 1946년에 처음으로 테네시 주 오크리지의 원자력 시설을 담당했으며 이후에 핵잠수함 추진을 위한 해군 프로그램 개발에 참여했던 하이먼 리코버 제독Admiral Hyman Rickover이 연료를 우라늄 금속에서 이산화우라늄, 즉 일종의 도자기로 바꾸기로 결정했다. 이 기술을 전력 생산에 이용하기 위한 시범 프로젝트가 1957년 펜실베이니아 주의 쉬핑포트에 있는 듀케인 라이트 컴퍼니에 의해 실행되었다. 이렇게 60메가와트의 증식로 발전소가 1957년에 가동을 시작했는데, 이 발전소의 설계는 웨스팅하우스 사가 맡았고, 개발은 리코버가 맡았

미국에서 원자력을 공공사업으로 활용하는 첫 시도가 펜실베이니아 주의 쉬핑포트에서 이루어졌다. ©Library of Congress Prints and Photographs Division

다. 이 프로젝트의 착공식은 1954년 9월 6일에 열렸는데, 로즈는 그때 당시의 모습을 이렇게 묘사하고 있다. "심장마비에서 회복하고 있던 아이젠하워가 덴버의 한 송신기 위로 마술 지팡이와 같은 중성자 발생원을 휘두르자, 쉬핑포트의 한 로봇 불도저가 가동을 시작하여 새로운 발전소를 위한 첫 번째 흙을 퍼냈다."[13] 미국원자력위원회는 쉬핑포트의 발전소를 소련의 원자로와 구별하기 위해 "전적으로 평화 시 사용하기 위한 세계 최초의 본격적인 원자력발전소"라고 묘사했다.[14]

쉬핑포트는 연방 차원에서 진행한 원자력 발전 시범 사업의 일환으로 민간 전력회사들에 의한 원자력발전소 건설을 촉진하기 위해 고안되었으며, 1982년까지 가동되었다. 그런데 로즈는 가장 중요한 점으로 리코버가 일찍부터 "잠수함 및 대형 선박 원자로를 액체 나트륨과 같은 덜 알려졌지만 더 효과적인 냉각제 대신에 물로 감속시키자는 자신의 역사적 결정"을 들고 있다. 이 결정은 "여러 해 동안 큰 반향을 일으켰으며" 다른 나라들도 중수, 헬륨, 나트륨, 납 또는 체르노빌처럼 물 냉각을 겸한 흑연 감속 등 저마다 다른 선택을 했다.[15]

업계는 미지근한 반응을 보였는데, 미국원자력위원회가 권고하고 자료를 제공했음에도 불구하고 곧바로 원자력발전소가 지어지지 않았다. 여기에는 정부의 영향력이 필수적인 듯 보였는데, 민간 기업들은 오직 정부로부터 중요한 지원을 받고 나서야 관심을 갖곤 했다. 예를 들어 연구 자료 제공과 개발 지원 그리고 가동 시작 후 5년 동안 원자로 연료 충전 비용의 면제 등의 지원이 이루어졌다. 미국의 정부 지도자들은 국가의 지원은 임시적일 뿐일 것이라고 생각했다. 그래서 1957년에 스트라우스 위원장은 만약 업계가 합당한 시기 내에 원자력발전소를 지을 기회를 잡지 못한다면, 위원회가 나서서 원자로를 "자체적으로" 지을 것이라고 밝혔다.

냉전이 불러온 원자력 경쟁

핵에 대한 지식은 군사 전략을 바꾸어놓았고, 거의 무제한적인 에너지 지원인 핵 기술은 냉전 시대의 경제와 함께 성장했다. 역사가 막스는 "다른 어떤 것보다도 냉전이야말로 경제 전쟁이었다"라고 말했다.[16] 그의 설명에 따르면, 미국은 소비를 강조했고 소련은 생산을 강조했다. 현시대의 상징으로서 각각의 경제 모델은 실제로 원자력 에너지 개발의 가능성에 주목했다. 하지만 지금 와서 보면 각각의 모델은 아주 다른 결과를 내놓은 듯하다.

미국의 경우, 정부 지원금과 규제 조치가 원자력 에너지 개발을 이끌었다. 하지만 원자력 에너지는 여전히 경쟁 시장에서 전력 생산 방식의 한 종류일 뿐이었다. 이런 초기의 실증주의적 '핵 문화'는 미국의 자부심의 원천이 되었고, 각 공동체는 2차 세계대전 후에 저마다의 원자력발전소 설립 계획을 원했다. 일반적으로 이런 소비주의적 접근법으로 인해 원자력 산업은 시장의 취향에 따라 변하기 쉬웠다.

반대로 생산주의적 접근은 처음에는 소련에서 하향식 조치를 통해 원자력 산업이 강력한 입지를 다지게 만들었고, 이후 권위주의나 사회주의 국가들로까지 확장되었다. 특히 소련에서는 이런 접근법 때문에 원자력 에너지에 대한 철저한 규제와 안전 조치가 취해지지 않았다. 맥네일은 다음과 같이 말하고 있다.

원자력은 유럽의 과학계에 기원을 두고 있으며, 미국에서 성숙했고 이후 전 세계로 퍼졌다. 세계 최초의 스스로 유지되는 핵반응은 1942년 미국의 핵무기 개발을 위한 연구 도중에 시카고대학교의 스쿼시 코트에서 일어났다. 민간용 원자력 개발은 1954년 소련에서 시작되었다가 1955년 영국이 뒤를 이었고 1956년에는 미국의 원자력 개발이 댐 건설과 같은 정치적 매력을 얻게 되었다. 원자력은 활력과 현대성을 상징했다.[17]

핵무기를 중심으로 냉전의 형태가 갖추어져 있던 시절, 아이젠하워 정부는 비록 소련의 미사일이 미국인의 생명을 위협하는 와중에도 원자력을 민수용으로 개발할 방법을 모색하기 시작했다. 그리하여 아이젠하워 정부에서 플라쉐어 프로젝트project Plowshare가 추진되어 파괴적인 핵무기를 민수용으로 사용하기 위한 노력이 시작되었다. 산을 레이저로 자른 듯한 고속도로 건설, 곡물 생산 증대를 위해 중서부 지역에서 연방의 자금 지원으로 건설되는 원자력 온실, 잡초와 해충 구제를 단순화해줄 방사능을 쬔 토양 등 이용 가능 사례의 목록은 굉장했다.

1945년에 일본에서 최초로 핵무기가 폭발했을 때, 전 세계의 관찰자들은 인간의 삶이 순식간에 바뀌었음을 알게 되었다. 이후 원자력 기술은 대중이 그 기술을 악이라고 여기던 시기에 스스로 공공선의 모습을 보이기 위해 애썼다. 그 주창자들은 원자로에서 만든 전기는 다른 에너지원보다 전 세계에 더 깨끗한 에너지를 제공할 능력이 있다고 주장했다. 하지만 반대자들은 그 말을 믿지 않고 부정했다. 논쟁이 격해지면서 원자력은 국제정치적 역학관계에서 점점 더 중요한 요소가 되었다. 한편 아프리카의 국가들은 프랑스 등의 나라에서 핵 폐기물을 받아들이기로 결정했는데, 이는 결국 해당 지역 전체에 의료 문제를 초래할 수 있다. 에너지원에 쓰이든, 무기에 쓰이든 원자력 기술은 거의 한 세기 동안 가장 중요한 초국가적 문제들 중 하나로 남아 있다.

전 세계, 특히 미국과 소련에서 원자력 기술은 (규제 및 보험료율의 제한을 포함하여) 막대한 정부 지원금의 혜택을 받았고, 덕분에 급격한 발전이 이루어졌다. 1998년이 되자 21개국에서 약 437기의 원자력발전소가 가동되기에 이르렀다. 1965년에서 1980년 사이에 전 세계를 통틀어 원자력에서 생산된 전기의 비율은 1퍼센트 미만에서 10퍼센트까지 증가했고, 2013년에는 13퍼센트로 정점을 찍었다. 하지만 맥네일이 주장하듯이, "원자력발전소는 어디에서든 경제적으로는 타당하지 않았다. 하나같이 막대한 정부 지원금이라는 '정신 나간' 경제 정책으로 살아남았기" 때문이다.[18]

전 세계적으로 원자력은 화석연료를 적절하게 공급받기에 여의치 않았던 국가들에게 급격한 국가 발전을 위한 해결책이 되었다. 원자력은 국가들이 화석연료를 구입하지 않고도 사회의 주요한 발전을 이룰 수 있는 저렴한 에너지를 확보하게 해주었기 때문이다. 2010년이 되자 그런 전략적 사고의 직접적인 영향으로 다양한 국가들에서 원자력으로 생산된 전기를 중시하게 되었다. 대략 프랑스, 리투아니아 및 벨기에의 절반, 일본과 한국의 4분의 1 그리고 미국의 5분의 1이 원자력에서 얻은 전기로 충당되고 있다. 전력 수요에 대한 국가적 차원의 인식이 높아지면서 원자력 에너지는 전 세계적으로 미래의 에너지원으로 자리 잡았다.

비록 막대한 정부 지원금을 통해 민수용의 원자력 전기 생산이 정부 활동의 장기적 성과가 되긴 했지만, 원자력은 결코 군사 무기로서의 능력이나 잠재적인 위험성에서 완전히 벗어난 적이 없다. 가장 극명한 사례가 바로 원자력발전소에서 발생한 산업재해이다.

1986년 체르노빌 원자력발전소

정상적으로 가동될 경우 원자력발전소는 전기 생산을 크게 향상시킬 수 있는 이상적인 에너지원이라 할 수 있다. 하지만 원자력 기술은 언제나 중대한 잠재적 문제점과 위험을 품고 있다. 1986년 4월 25일 당시 소련 영토였던 우크라이나의 체르노빌 원자력발전소에 있는 소련 원자로 4호기에서 이런 암울한 가능성은 현실이 되었다. 수십 년 후에도 그 지역 전체는 회복되지 않았는데, 이는 앞에서 설명했던 붉은 숲의 상황에 잘 드러나 있다.

체르노빌의 문제점들은 원자력발전소 설계에서부터 시작되었다. 이 발전소는 격납 구조물이 없었고, 발전소를 운영하는 기술자들은 미숙했다. 끔찍한 요인들이 함께 작용하자 최악의 시나리오가 펼쳐졌다. 사고 당일 기술자들은 원자로가 어려운 조건에서 어떻게 반응하는지 검사해보려고 여러 가지 비상용 안전장치를 껐다. 기술자들은 미처 알지 못했지만, (전면적인 노심 용융을 막기 위해 해야 작동해야 하는) 예비 냉각 시스템이 작동하지 않고 있었다. 검사가 계속되고 있을 때, 열기가 걷잡을 수 없이 치솟았다. 열기가 원자로 내의 물과 접촉하면서 엄청난 폭발이 일어났다. 원자로의 1,000톤짜리 뚜껑을 날려버릴 정도로 강력한 폭발이었다. 그 결과 방사능 물질이 주변 지역으로 누출되었는데, 굉장한 폭발력으로 인해 방사능 물질은 지구 대기 속으로까지 퍼졌다.

통제불능의 인공 독성 물질이 활화산처럼 타오른 체르노빌 화재는 즉각적인 위험을 초래했기에 수천 명의 소방 및 군사 전문가들이 진화에 나섰다. 이들 중 대다수는 즉시 심각한 상황에 처하거나 아니면 장기적인 후유증을 앓았다. 헬리콥터에서도 진화를 위한 다양한 물질을 투하했다. 하지만 이 사고에서 생성된 방사능은 너무 심각했기에 소련은 한 도시와 지역 전체에서 인구 13만 명 이상을 소개疏開해야 했다.

이 지역 대부분은 수십 년이 지나서도 여전히 사람이 살 수 없는 곳이 되어버렸다. 회복이 불가능해지자, 원자로는 결국 무게 3만 5,000톤, 두께 20미터의 콘크리트와 강철 구조물로 덮어씌워야 했다. 정확한 기록으로 입증하긴 어렵지만, 체르노빌 사고는 '인류 역사에서 가장 심각한 기술적 재앙'이라고 여겨진다. 사고 초기에 사망한 소련인이 수천 명이고, 방사능으로 인해 암에 걸린 그 지역 사람들까지 포함하면 피해자가 수백만 명에 이른다.[19]

1970년대 후반에 많은 원자력발전소 사고들이 발생했지만, 미국 대중은 대체로 모르고 지나갔다. 안전 문제가 지속적으로 제기되었음에도 원자력은 점점 더 인기를 끌었다. 원자력발전소는 다른 종류의 발전소들과는 여러 면에서 다르지만, 가장 중요한 점은 (폐기물을 포함한) 활동의 집중화일지 모른다. 즉, 온갖 요소가 한 장소에 모여 있다 보니 시스템 붕괴의 가능성이 높다는 뜻이다. 따라서 위험천만한 반응과 독성 부산물을 지닌 원자력 기술이 아주 심각한 대중들의 상황 인식과 맞닥뜨리는 것은 시간문제였다.

우선 1979년에 펜실베이니아 주의 해리스버그 외곽의 한 거주 지역에서 최초의 원자력 사고가 발생했다. 쓰리마일 아일랜드 원자력발전소에서 발생한 이 사고는 미국의 전력 생산의 풍경을 완전히 바꾸었다. 비교적 소량의 방사능 가스가 유출되었을 뿐이지만, 이 사고로 인해 대중의 인식 부족이 여실히 드러났다. 공포감이 그 주를 강타했으며, 해리스버그의 일부 지역이 소개되었다.

국제 공동체가 쓰리마일의 사고를 알게 되었을 때에도 이를 전 세계의 심각한 위협으로 여기지는 않았다. 세계의 다른 초강대국은 원자력 산업에 훨씬 더 큰 어려움을 안고 있었고, 그 시기 내내 이런저런 사고들로 업계는 골머리를 앓았다. 하지만 어느 것도 체르노빌 노심 용융에 비할 바는 아니었다.

21세기 초에 전기 수요는 계속 높아져 원자력 개발에 대한 관심이 지속되었고, 중국이 그 선두에 섰다. 많은 국가들에서 원자력의 위대한 전망은 잠재적 위험을 능가했다. 2010년에는 44개국에 걸쳐 440개의 원자력발전소가 가동되고 있었다.

원자력의 전도유망한 미래 속에 또 다른 유명한 사건 하나가 끼어들었다. 2011년 3월 11일, 지진의 여파로 발생한 거대한 해일이 후쿠시마 원자로가 있는 원자력발전소를 포함한 일본의 동북부 해안 지역을 초토화했다. 그곳의 6개 원자로 중에서 3개의 원자로에서 완전한 노심 용융이 일어났다. 이 비상사태는 엄청난 혼란을 초래했으며, 결국 반경 20킬로미터 지역이 완전히 소개되었다. 몇 달 내에 일본은 원자로 54기 전부를 가동 중단했다. 몇 기는 다시 가동을 재개했으나, 원자력에 대한 대중의 확신은 돌아오지 않았고, 부족한 전기는 화석연료를 사용하여 채워야 했다.

후쿠시마 사태는 원자로들을 적절하게 분산해둘 필요성에 관심을 집중시켰다. 하지만 많은 관찰자들이 보기에 그 사건은 원자력 기술이 민수용으로 준비가 부족하다는 증거를 다시 한 번 보여주었다. 국가는 원자로에서 발생할 수 있는 모든 변수에 만반의 대비를 했다고 확신할 수 있을까?

원자력 발전에 잠재된 위험

체르노빌 사건 이전에도 환경단체들은 핵무기와 원자력의 영향에 지대한 관심을 갖고 있었다. 체르노빌 사건 후에 그린피스와 같은 국제적 환경단체들은 원자력이야말로 조만간 벌어지고야 말 초국가적 환경 재앙이 될 것이라고 규정했다. 흥미롭게도 환경운동 내부에서조차 원자력은 줄곧 '깨끗한' 에너지 생산의 잠재력으로 인해 상당한 지지를 받았다. 전기를 많이 생산하는 다른 방법들은 거의 전부 연기나 기타 오염물질을 배출하는 반면에, 원자력은 수증기만 배출하기 때문이다. 하지만 대중의 마음에는 여전히 핵폭발의 가능성이 남아 있었다.

사고로 인해 원자력 발전에 대한 대중들의 관심은 줄어들었으나, 국제 공동체는 그 기술을 빠르게 평가절하하길 거부했다. 1990년대 초부터 원자력은 세계에서 가장 빠르게 성장하는 전기 발생원 중 하나였기 때문이다. 21세기의 첫 번째 10년이 지날 즈음 자국 전기의 적어도 4분의 1을 원자력에 의존하는 국가들은 벨기에, 불가리아, 헝가리, 일본, 리투아니아, 슬로바키아, 한국, 스웨덴, 스위스, 슬로베니아 및 우크라이나 등이었다. 탄소 배출량을 줄여야 한다는 압력이 커지면서 원자력은 많은 국가들에서 화석연료의 대안으로서 줄곧 매력적으로 여겨졌다.

하지만 분명한 용도와 무관하게 원자력 에너지의 가장 치명적인 부작용에 대한 우려는 여전히 남아 있다. 즉, 원자로는 가동 수명 동안 완벽하게 작동하더라도 핵반응으로 인해 위험한 핵 폐기물이 발생한다. 다 쓴 핵 연료봉에서 생기는 핵 폐기물은 5만 년 동안 사람에게 해로운 것으로 여겨진다. 현재 각 원자력 국가는 핵 폐기물에 대한 나름의 방안을 갖고 있다. 미국의 원자력 전력 기업들은 현재 방사능 폐기물을 일곱 곳이 넘는 지역에 저장하고 있으며, 아울러 네바다 주의 유카 마운틴 내부에 핵 폐기물 저장고를 건설해서 개설하려 준비하고 있다.

이 수십 년 된 논란으로 최근 연방 수준에서 자금 지원이 끊기는 바람에, 미국은 폐기물 저장에 마땅한 전략이 없는 상태이다. 다른 국가들의 상황도 다르지 않다. 독일의 핵 반대자들은 핵 폐기물의 이송을 가로막았으며, 플루토늄이 포함된 폐기물을 재처리하기 위해 일본으로 이송하려는 계획이 자주 논란이 되었다. 어떤 이들은 후진국이 선진국을 위해 자국을 폐기물 처리장으로 내줄지 모른다며 우려를 표했다. 그런 조치로 얻을 수익은 많은 국가들한테 거절하기 어려울 정도로 클지 모른다.

온갖 에너지의 가격이 모조리 오르는 바람에 원자력 산업은 21세기에 들어와 확실하게 주목을 받았다. 특히 이미 사용된 핵 물질의 재처리에 관심이 집중되었다. 이런 방식으로 '핵 폐기물'이라는 개념 자체가 새롭게 정의되었다. 원자력 발전의 옹호론자들은 사용된 연료봉을 재처리해서 다른 종류의 발전소에 연료로 쓸 수 있다면 폐기물이란 것이 존재하지 않는다고 주장한다. 이런 노력은 특히 원자력의 세계적 선도국인 프랑스에서 진전되었다.

에너지 산업의 관계자들은 원자력이야말로 여전히 미래에도 에너지를 공급할 최상의 희망이라고 믿고 있다. 안전 문제와 핵 폐기물 처리는 분명

해결되어야 하지만, 에너지 자원의 공급이 부족한 국가들로서는 원자력이야말로 (비록 관련된 우려가 있긴 하지만) 여전히 가장 적절한 대안이며, 아마도 가장 지속 가능한 미래 에너지원일 것이다.

맥네일이 요약한대로, 냉전 시대의 핵무기 프로그램이 수십 만 명 내지 최대 100만 명의 사람들을 죽였다. 하지만 전반적으로 핵반응에서 생긴 폐기물의 위험으로 인한 사망자 수치는 극히 일부에 지나지 않는다. 이야기는 무기에서 멈추지 않는다고 맥네일은 아래와 같이 피력한다.

> 그것은 적어도 수십만 년 동안 끝나지 않을 것이다. 대부분의 방사능은 몇 시간, 며칠, 또는 몇 달 안에 붕괴하며, 생명체에 가해지는 위협은 금세 멈춘다. … (하지만 일부 폐기물은) 10만 년 이상 치명적인 방사능을 방출한다. 이것이 앞으로 3,000세대의 인간에게 주어진 폐기물 관리 의무이다. 만약 이 폐기물을 지속적으로 능숙하게 다루지 못하면, 앞으로 오랫동안 사람, 특히 어린이에게 백혈병 및 암 발생률이 증가할 것이다. … 사람들은 장래에 생길 모든 정치적 혼란, 혁명, 전쟁, 정권 교체, 전염병, 지진, 대홍수, 해수면 상승과 하락, 빙하시대 그리고 소행성 충돌을 겪으면서도 냉전의 핵 폐기물을 어떻게든 관리해내거나 아니면 어쩔 수 없이 관리 실패로 고통을 받게 될 것이다.[20]

원자력은 초강대국의 냉전 이데올로기를 대변하기도 하지만, 또한 초강대국 간의 충돌(그리고 소련)을 끝낸 원인이라고 할 수도 있다. 맥네일에 따르면, 체르노빌 사건과 이후에 그 사건을 은폐하려는 시도가 "소련을 지탱하던 마지막 지지대를 차버렸다. 그 사태는 전 세계 원자력발전소에 대한 대중의 인식을 완전히 뒤바꾸었으며, 특히 유럽에서는 몇몇 국가를 제외하고 원자력발전소는 정치적으로 달갑지 않는 선택이 되고 말았다."[21] 맥네일은 다음과 같이 다른 에너지원과의 차이점을 주장했다.

원자력은 자동차가 말을 대체했듯이 다른 유형의 에너지 생산을 대체하지는 않았다. 석유와 내연기관이 했던 방식으로 세상을 변혁시킨 새로운 기술적 및 사회적 혁신을 동반하지도 않았다. 대신에 원자력은 화석연료를 보완했다. 원자력은 세계 에너지 공급량의 5퍼센트 이상을 차지한 적이 없다. … 어떤 단일 기술도, 심지어 원자력도 사회와 자연을 변화시키는 능력 면에서 모타운 클러스터Motown cluster(Motown은 자동차의 도시motor town 디트로이트를 가리킴-옮긴이)에 필적하지 못했다.[22]

수력 발전의 정치적 효용성

수력발전용 댐도 초강대국 내부에서 경제 발전을 위한 필수적인 수단이 되었다. 미국이 서부와 남부에서 기울인 노력은 앞에서도 언급했는데, 그 노력은 특히 군사적 용도 때문이었다. 소련의 경우 1937년에 볼가 강을 따라 최초의 댐이 건설되었고, 이후에 드니프로 강, 돈 강 및 드네스트르 강을 따라 댐이 건설되었다. 1950년대가 되자 이런저런 방식으로 물길이 바뀌면서 소련 남서부의 모든 큰 강들의 수량이 감소했고, 지속된 소련의 국토 개발이 카스피 해와 아랄 해에 미친 영향이 드러났다.

아랄 지역은 1950년 이후 중앙아시아에서 가장 큰 강인 시르다리야 강과 아무다리야 강을 개발하려는 소련의 계획에 영향을 받았다. 비록 관개가 주목적이긴 했지만, 맥네일에 의하면 그런 노력은 "계획된 암살"이나 마찬가지였다. 그 노력의 일환이었던 목화 재배에 대한 막대한 투자로 인해 아랄 지역은 건조해졌는데, 1990년대 중반에는 과거와 비교해 아랄 해에 유입되는 수량이 10분의 1로 줄어들었다. 아예 유입되는 수량이 전혀 없는 때도 가끔 있었다. 이런 변화 때문에 남은 바다의 염도는 1960년에서 1993년 사이에 세 배로 높아졌다. 전문가들의 예상에 의하면, 한때 "블루 씨Blue Sea"라고 불렸던 아랄 해는 생명이 없는 소금물로 채워진 염전이 될 것이라고 한다.[23] 이런 결과에도 불구하고 시베리아의 큰 강인 오비 강과 예니세이 강의 흐름을 바꾸려는 훨씬 더 큰 야심찬 계획이 추진되었지만, 1990년대에 소련이 붕괴하며 이 계획 역시 중단될 수밖에 없었다.

에너지 집중화에 대한 인식은 개발도상국들의 충성을 얻어내려고 수력 전기 기술을 수출하는 데에도 영향을 미쳤다. 1930년부터 1970년까지 야심 많고 현대적인 국가들, 특히 이전에 식민지였다가 새로 독립한 국가들이 적극적으로 댐 건설을 추진했다. 댐 건설 기술 자체는 미국이나 소련이 자국의 사회 및 정치 체제의 미덕을 뽐내는 하나의 수단이 되었다. 맥네일에 따르면, 댐의 정치적 효용은 "비경제적이고 생태적으로 의심스러운 댐들이 그렇게나 많이 존재했던 이유를 설명해준다. 평균적으로 1960년대 동안 대형 댐들이 하루에 한 개 넘게 완공되었다"[24]

소련의 붕괴를 가져온 에너지 정책

이러한 에너지 시책에도 불구하고 냉전 시대의 에너지 구조는 화석연료에 확고한 기반을 두고 있었다. 미국이 중동에서의 기회에 치중한 반면에 소련의 관리들은 바쿠에서 석유 생산을 확대했다. 가장 위대한 노력 중 하나는 세계 최초의 네프트 다슬라리Neft Dashlari(석유 암초Oil Rocks)

근처의 연안에서 유정을 시추하는 데 집중되었다. 이 유정은 바쿠에서 대략 110킬로미터 떨어진 카스피 해에 위치하고 있었다. 1948년 11월 14일, 니콜라이 바이바코프Nikolai Baibakov가 이끄는 석유 노동자 부대가 공해에서 가라 다슬라Gara Dashlar(검은 암초Black Rocks)라는 암초 지대에 도착했다. 이 부대에는 지질학자 아가구르반 알리예프Agagurban Aliyev가 있었는데, 바로 그 바다에 석유가 존재한다는 주장을 제기했던 인물이었다.[25]

그들은 바위 위에 작은 수력발전소를 건설한 후에 1949년 6월 24일 첫 번째 유정을 굴착하기 시작했는데, 11월 7일 1,100미터 깊이에서 석유가 나왔다. 몇 달 만에 유조선들이 석유를 뭍으로 실어 나르기 시작했다. 곧 하나의 섬이 네프트 다슬라리 지역에 만들어졌고, 이후 또 하나가 만들어졌다. 1952년에 이 인공 섬들을 서로 잇는 잔교棧橋가 추가로 건설되었다. 곧 그 지역에는 5층짜리 그리고 심지어 9층짜리 건물들이 들어섰다. 호스텔, 병원, 문화의 전당, 제빵소 등이 건물 안에 자리 잡았다. 레모네이드 공장도 지어졌고, 나무들이 심어진 공원도 조성되었다. 1949년 이후 2,000개 남짓의 유정이 네프트 다슬라리에서 시추되었는데, 생산량은 석유가 1억 6,000만 톤, 천연가스는 120억 세제곱미터가 넘었다.

게다가 소련은 1960년대에 세계에서 제일 긴 파이프라인을 건설했다. 이 드루즈바 파이프라인은 별칭으로 '우정 파이프라인Friendship Pipeline'이나 '코메콘 파이프라인Comecon Pipeline'으로도 불리는데, 길이가 장장 4,000킬로미터에 이르며, 러시아 남동부에서 출발해 우크라이나, 벨라루스, 폴란드, 헝가리, 슬로바키아, 체코 및 독일까지 이어져 있다. 1964년 이후로 이 파이프라인은 소련 제국을 관통하면서 러시아산 원유를 에너지가 부족한 소련의 서부 지역뿐만 아니라 이전 소련 블록에 포함되었던 '사회주의 동맹국들'과 서유럽으로까지 운송하고 있다. 그리고 오늘날에도 러시아산(그리고 카자크산) 원유를 유럽을 가로질러 보내는 주요한 최대 수송관 역할을 하고 있다.

일부 학자들의 견해에 따르면, 기반시설의 증대에도 불구하고 1980년대 동안 전 세계의 석유 가격과 소련 석유 생산량의 변동이 80년대가 끝나면서 일어난 소련의 붕괴에 이바지했나. 1970년대 동안 소련은 첫 번째 오일쇼크를 비교적 무사히 견뎌냈는데, 비결은 자체적으로 안정적인 석유 공급을 유지했기 때문이다. 소련의 석유 가격은 인위적으로 세계 가격보다 훨씬 낮게 그리고 공산주의 체제 내에서의 석유의 희소가치보다 훨씬 낮게 책정되었다. 이 낮은 가격은 1980년대까지 거의 무제한적인 석유 공급과 맞물려서 소련과 동유럽에 경제적 혜택을 안겨주었다.

하지만 1988년에서 1992년 사이에 소련의 석유 생산이 대략 30퍼센트 감소하면서 국내 가격이 상승했다. 이런 압력이 소련 내부에서 석유 위기를 초래했고, 그 여파로 동유럽으로 가는 석유 수출이 끊어지는 경우도 많았다. 그리하여 먼저 석유 생산이 감소했고 이어서 소비가 줄어들었다. 그 결과 어쩔 수 없이 자원이 개발되지 않고 보존되었으며 가격이 높아졌는데, 이로써 소련과 동유럽 경제는 지탱할 수 없는 상태가 되었다. 일부 학자들의 주장에 의하면, 이런 내부적인 경제 침체가 소련의 국제적 경쟁력 상실에 중요한 역할을 했으며, 냉전의 핵심요소였던 양극성을 와해시켰다.[26]

소련 붕괴의 원인이 무엇이든, 냉전의 종말로 바쿠 석유에는 새로운 기회가 찾아왔는데, 바로 새로운 파이프라인의 건설이었다. 가장 유명한 것은 바쿠-트빌리시-제이한Baku-Tbilisi-Ceyhan 파이프라인으로, 이 파이프라인의 길이는 카스피 해 근처의 아제리-시락-구냐슐리Azeri-Chirag-Guneshli 유전에서부터 지중해까지 1,768킬로미터나 된다. 이 파이프라인은 아제르바이잔의 수도 바쿠와 조지아의 수도인 트빌리시와 튀르키예의 남동 지중해 연안의 항구인 제이한을 연결시킴으로써, 아제르바이잔이 새로 얻은 주권을 든든하게 받쳐주었다. 오늘날 이것은 드루즈바 이후 옛 소련 지역에서 두 번째로 긴 원유 파이프라인으로, 비록 옛 소련 지역에 일부 걸쳐 있긴 하지만, 2006년 이후로 제이한에 원유를 수송해왔다.

이 파이프라인과 이 라인으로 수송할 수 있는 엄청난 양의 원유는 즉시 국제 정세에 영향을 미쳤다. 미국 및 다른 서양 국가들은 이 파이프라인을 통해 원유가 흘러가는 세 국가의 사정에 훨씬 더 깊이 관여하게 되었다. 그 나라들은 이러한 개입을 러시아와 이란이 그 지역에 대해 갖는 경제적, 군사적 지배권에 맞설 수단으로 사용하려고 해왔다. 최근에는 중국의 영향력 또한 커졌다. 요약하자면, 냉전이 끝난 후 바쿠의 원유 공급은 이런 외진 나라들을 세계 무대의 중요한 에너지 브로커로 만들었다.

석유 산업의 또 다른 재앙, 플라스틱

초강대국 지도자들 사이의 치열한 설전에서부터 미국 시민들의 일상생활에 이르기까지, 미국인의 고에너지 생활방식의 세세한 내용들이 소비 사회의 성공을 대변하는 상징이 되었다. 교통을 위한 석유 사용과 비슷하게, 석유를 인간 생활의 다른 측면들에 기본적으로 적용하는 경향은 유연성, 계획적 구식화 및 일회성 등의 몇 가지 기본적 제도에서 비롯되었다. 값싼 석유 덕분에 종종 인간들은 값싼 물건들을 만들어냈고, 이로 인해 대량소비가 일어나면서 제품 포장에서부터 월마트와 같은 대형 상점의 출현에 이르는 광범위한 변화를 초래했다. 또한 값싼 석유 덕분에 화학자들이 고가 제품의 (주로 중합체polymer로 만들어지며 플라스틱이라고 알려진) 저렴한 복제품을 만들어낼 수 있게 되었다.

플라스틱은 석유로 만드는 '합성물synthetics'의 대표적인 예로, (화학물질의 상태든 이런 화학물질들을 이용해서 만드는 제품의 상태든) 저렴한 복제품의 대명사라고 할 수 있다. 대부분의 사람들은 플라스틱이 '석유 부산물'임을 알지만, 검은 황금(석유)이 그것을 만드는 데 어떤 역할을 하는지 아는 사람은 거의 없다. 사실 초기의 수십 년 동안에는 플라스틱의 생산에 석유가 필요하지 않았다. 플라스틱과 관련되는 합성 물질의 제조는 1907년에 시작되었다. 그해에 뉴욕의 화학자 리오 베이클랜드Leo Baekeland가 냉각시켜서 굳히면 무슨 형태든 원하는 대로 복제품을 만들 수 있는 액체 물질을 개발했다. 그는 이 합성수지를 '베이클라이트Bakelite'라고 불렀다. 이 물질이 바로 최초의 열경화성수지로, 한번 형태가 정해지면 그 형태를 잃지 않았다. 실제로 베이클라이트는 흔히 구입할 수 있는 어떤 산酸이나 용제에도 타거나 끓거나 녹거나 용해되지 않는다.

1900년대 초반의 발명가들은 이와 동일한 일반적인 제품으로 레이온과 셀로판을 개발했다. 듀폰과 같은 대형 화학 회사들은 종종 실험실의 과학자들에게 유용하게 사용될 수 있는 합성 물질을 개발하도록 했다. 이런 식으로 듀폰은 1930년대에 나일론을, 1939년에 최초의 스타킹을 개발했다. 1930년대에는 비슷한 혁신적인 물질들이 많이 발명되었는데, 폴리염화비닐, 비닐 랩Saran Wrap, 테플론 및 폴리에틸렌이 그런 예다. 이런 제품 각각은 민수용으로도 잘 알려져 있지만, 대다수는 처음 다른 물질에 사용되었다. 예를 들어, 2차 세계대전 동안 폴리에틸렌은 먼저 수중 케이블 피복제로 쓰였다가 이어서 레이더 장치의 중요한 절연재로 사용되었다. 레이더 장치의 무게를 줄여준 덕분에 이 물질은 비행기에 설치될 수 있을 정도로 레이더의 휴대성을 높였다.

1930년대에는 이와 같은 인공적인 현대의 물질들을 우리 일상생활 속의 평범한 장소에서 사용하는 것이 (과거로부터 벗어나는) 진보의 신호가 되었다. 그렇기는 해도 아직 이런 물질들 대다수가 어디에나 사용되지는 않았다. 대체로 석탄에서 소량으로만 만들어낼 수 있었기 때문이다. 화학자들은 석탄에서 페놀을 뽑아냈다. 그다음에 중합重合 과정을 통해 합성수지를 개발했는데, 이것은 페놀과 포름알데히드를 응결시켜서 만들어졌다. 이 합성수지는 원하는 대로 형태를 만들고 색깔을 넣을 수 있었다. 이런 과정을 통해 화학자들은 초기의 베이클라이트에서부터 이어지는 일련의 상업적 제품들을 만들어냈다. 그중 하나인 셀룰로이드가 아크릴 플라스틱 및 비닐 화합물 그리고 최종적으로는 폴리스티렌으로 이어졌다.

역사가 제프리 메이클Jeffrey Meikle의 말에 의하면, 이런 발전은 2차 세계대전 후에 플라스틱이 더 저렴하고 더 단단하고 더 가볍고 점점 더 풍부해지면서 열가소성수지라는 새로운 범주를 낳았는데, 이는 "시장 수요에 의해서라기보다는 공급의 압박, 즉 사용되기를 기다리는 화학물질의 과잉에 의해" 생겨났다.[27] 물론 주된 대체 원료는 석유였는데, 석유는 석탄에서 얻을 수 있는 것과 비슷한 파생 제품들을 만들어낼 수 있었다. 이번에도 발전의 열쇠는 값싼 석유였다.

1976년이 되자 플라스틱은 모든 강철, 구리 및 알루미늄 제품을 합친 양보다 더 많이 제조되었다. 플라스틱의 확산은 어느 정도 생산의 특이성에서 기인했다. 다른 제품들에 비해서 플라스틱은 소량으로 제작하기에는 비쌌다. 왜냐하면 주형과 생산 설비를 만드는 데 드는 고정비용이 높았기 때문이다. 따라서 기업들은 투자금을 회수할 수 있을 만큼 대량으로 생산해야만 했다. 과시적 소비를 부추기는 상황이었다.

오늘날 다섯 가지 합성수지가 소비자들이 사용하는 모든 플라스틱의 60퍼센트 가량을 차지한다. 저밀도의 폴리에틸렌이 쓰레기봉투에 사용되고, 폴리염화비닐이 요리용 기름병에 사용되며, 고밀도의 폴리에틸렌이 우유 담는 병에 사용되고, 폴리프로필렌이 자동차 배터리 케이스에 사용되며, 폴리스티렌이 일회용 음식 용기에 사용된다. 일상생활에 플라스틱이 대단히 많이 사용되는 오늘날 우리는 이 물질이 형태의 유연성 이외에도 다른 속성이 하나 더 있음을 알게 되었다. 놀랍도록 내구성이 뛰어나다는 것이다. 실제로 플라스틱을 처리한다는 것은 거의 불가능하다.

비분해성 플라스틱 포장은 매립지 운영 비용의 증가, 환경오염 그리고 땅과 바다의 생명체에 가하는 위협의 주범으로 꼽힌다. 비분해성 플라스틱 쓰레기는 모든 도시고형폐기물municipal solid waste의 약 4분의 1을 차지한다. 이것이 특히 큰 문제인 까닭은 플라스틱의 뛰어난 내구성 때문이다. 1980년대가 되면서 매년 2,300만 킬로그램의 포장 재료가 상선들에 의해 바다에 버려지고, 아울러 1억 3,000만 킬로그램의 그물이 버려지는 것으로 추정된다. 그 덕분에 끔찍하게 외진 장소에 플라스틱이 조수에 의해 밀려와 쌓인 모습이 플라스틱 및 과시 소비 시대에 전 세계적으로 가장 기이한 이미지 중 하나가 되었다.

20세기 동안 선진국의 생활 환경은 국가들 사이의 간극을 극명하게 보여주었다. 이전과 달리 값싼 석유가 인간들 사이에서 안락함, 안전 및 건강 면에서 중요한 차이를 만들어냈다. 거주 주택의 면에서 볼 때, 선진국들은 석유 기반의 교통 시스템을 통해서 생활 환경을 탈중앙화하면서 다양한 방식으로 교외 거주 구역을 개발하였다. 농업을 변화시켰던 것과 비슷한 중장비가 주택 지구 조성에 쓰이는 지형을 균질화했다. 이런 주택에서는 석유 산업 덕분에 생산된 조립식 재료들이 사용되면서 주택 가격이 상당히 낮아졌다. 전 세계적으로 새로운 주택들이 새로운 부류의 사람들에게 제공되었다. 이런 집들 내부에서 많은 사람들은 이전에는 대다수 종들이 누리지 못했던 안락과 안전을 누리며 살게 되었다.

석유가 플라스틱에 갖는 역할과 비슷하게, 석유화학 '원료feedstock'들은 플라스틱, 약품, 세제 및 합성섬유를 생산하는 데 사용되었다. 화학 산업만으로 하루에 150만 배럴의 천연가스 액체와 정유가스가 석유화학 원료로 사용된다. 이 원료는 다양한 석유 연료들을 처리하여 기본적인 화학 원소들로 분해하여 얻어진다. 이 원소들은 대다수의 소비자용 및 산업용 화학물질을 위한 기본적 구성요소가 된다. 이 범주에서 석유를 기반으로 만들어진 화학물질들은 특히 냉장 및 냉동에 사용되는 기술을 운용하는 데 매우 중요하다.

토머스 미즐리 주니어Thomas Midgley Jr와 찰스 케터링Charles Kettering이 석유를 사용하여 프레온이라고 알려진 디클로로디플루오로메탄을 발명했다. 이 물질은 암모니아, 클로로메탄 및 이산화황처럼 기존에 냉매로 쓰이던 독성 가스를 대체하기 위해 만들어졌다. 이런 성과에 뒤이어 한 족family의 관련된 화학물질들이 쏟아져 나왔다. 이 각각의 프레온 제품에는 숫자가 붙었는데, 가령 냉매인 프레온-11(트리클로로디플루오로메탄)와 프레온-12(디클로로디플루오로메탄), 세제 원료인 프레온-13(트리클로로트리플루오로에탄) 등이다.

프레온은 유용했지만 애초부터 위험했다. 가령 온도가 화씨 400도를 넘어가면, 프레온은 포스겐 가스로 바뀌었다. 흔히 신경가스라고 알려진 포스겐 가스는 1차 세계대전 당시 자른 풀과 같은 싱그러운 냄새로 악명이 높았다. 이 가스는 "모든 전쟁을 종식시키기 위한 전쟁"에서 9만 명을 죽였으며, 2차 세계대전에서 나치가 가스실에서 죽인 사망자를 제외하고도 35만 명을 죽였다.

클로로플루오르카본chlorofluorocarbons, CFCs(에어컨 및 기타 목적에 종종 쓰이는 화학물질)과 프레온은 현대 환경시대에서 처음 주목 받는 물질이었으며, 새로운 '석유의 생태학' 내에서 벌어지는 문제들에 대해 최초의 교훈을 안겨준 물질이었다. 기후변화라는 개념이 공개직으로 논의되기 한참 전부터, 프레온과 같은 클로로플루오르카본이 모든 인간에 영향을 미칠 재난을 초래할 가능성은 대단히 컸다. 데브라 데이비스Devra Davis는 (자신이 "자유라디칼free radical"이라고 부르는) 오존과 클로로플루오르카본에 관해 이렇게 적고 있다.

> 낮은 대기에서 클로로플루오르카본은 기본적으로 불활성이다. ⋯ 하지만 성층권으로 올라가면, 강한 자외선에 노출되어 클로로플루오르카본 분자들이 분해되어 염소 원자들이 방출된다. 각각의 염소 원자는 수만 개의 오존 분자들을 파괴할 수 있는데 ⋯ 오존은 지구를 햇빛으로부터 차단해주는 역할을 한다.[28]

DDT와 같은 화학물질의 사용과 이런 물질들의 생산을 통해 드러났듯이, 큰 이점에도 불구하고 석유화학 물질의 제조에는 환경에 심각한 대가가 뒤따른다. 미국에서 이런 생산 시설의 대부분은 미국 남부에 집중되어 있다. 가령, 벤젠 등의 석유화학 물질을 생산하는 장소는 환경 정의와 인종차별이 가장 크게 선동되는 지역 중 하나다. 규제와 꼼꼼한 환경 감시로 그런 지역의 충격이 어느 정도 약해지긴 했지만, 대체로 업계의 대응은 그저 규제가 덜한 곳을 찾아 생산 지역을 해외로 옮기는 것뿐이다.

석유를 사용하는 이런 각각의 사례가 사람의 건강에 어느 정도 해로운 결과를 나타내긴 하지만, 막대한 양의 석유가 사용되는 석유화학 물질의 생산은 전 세계의 공동체에 심각한 영향을 미쳤다. 석유 산업이 초래할 결과로서 으뜸가는 사례가 1984년 12월 인도의 보팔에서 벌어졌다. 다국적 화학기업 유니온카바이드 사의 인도 현지 법인 살충제 공장에서 가스가 누출되어 3,700명이 넘는 주민이 사망하고 50만 명 이상이 부상을 입었다. 하지만 21세기에는 비슷한 대재앙의 가장자리에서 위태롭게 서 있는 다른 지역들이 만연해 있다.[29]

냉전에서 자원 전쟁의 시대로

냉전의 고착화는 세계의 일부 지역들을 수십 년 동안 발전하지 못하게 막았다. 이런 양극화된 세계에서 최초의 균열은 에너지 자원, 특히 원유의 중요성이 점점 증가하며 나타났다. 에너지 자원이 국가의 이데올로기 국경을 초월하면서 생긴 현상이다. 원유와 그것을 필요로 하는 사람들을 가진 국가들에게 이런 발전은 에너지 확보를 강조하는 새로운 세계질서의 전조였다. 1950년 저지 오일 컴퍼니의 한 중역은 이렇게 명쾌하게 말했다. "아마도 미래에 중동의 원유는 … 필요한 양을 크게 초과할지 모른다."[30]

1960년이 되자, 독립 운동과 탈식민지화가 중동의 많은 국가들에 영향을 미쳤다. 자치권이 커지면서, 석유 생산 국가들은 단합을 통해서 착취적인 상황을 고쳐나가려고 했다. 1960년에 석유 수출 국가들은 세력을 합쳐서 국제 석유 회사들의 막강한 영향력과 맞섰다. 바로 석유수출국기구OPEC를 결성한 것인데, 이에 대해서는 7장에서 더 자세히 살펴볼 것이다. 이후 여러 해 동안 OPEC은 자체적인 활동뿐만 아니라 미국과 같은 선진국의 연료 의존을 통해서도 정치적 영향력을 확보해나갔다. 1948년에서 1972년까지 미국의 석유 소비는 하루 580만 배럴에서 1,640만 배럴로 증가했다. 다른 지역의 석유 사용량도 급격하게 증가했다. 서유럽의 석유 사용은 16배 증가했고 일본은 137배 증가했다. 이런 증가는 자동차와 밀집한 관계가 있었다. 진 세계적으로 자동차 소유는 1949년에 1,890만 대였던 것이 1972년에는 1억 6,100만 대가 되었다. 이런 증가분에서 미국이 차지하는 비율은 상당했는데, 그 기간 동안 미국의 자동차는 4,500만 대에서 1억 1,900만 대로 늘었다. 신기술 덕분에 일부 정유회사들이 석유 1배럴에서 얻는 휘발유, 경유 및 제트 연료 및 난방용 기름의 산출량은 늘어났지만, 수요는 전 세계가 이전에 보지 못했던 수준으로 높아졌다.

연료에 대한 이와 같은 의존 때문에 미국 정부는 관련 정책들에 줄곧 의문을 두었다. 1969년에 닉슨 정부는 석유 수입량에 대한 자국의 쿼터, 즉 한계를 논의하기 시작했다. 1973년 4월 닉슨은 에너지에 관한 최초의 대통령 연설을 했는데, 여기서 그는 자신은 쿼터 체제를 폐지하고 국제 원유 수입 시장에서 미국을 완전한 경쟁국으로서 밀어붙일 것이라고 했다. 하지만 현실은 국내 생산이 미국인의 수요를 따라갈 수 없다는 것이었다. 분명 쿼터는 당시 형성되던 결핍의 세계에서가 아니라, 공급 과잉 시장에서 원유의 공급을 관리 및 제한하려는 의도였다.

수입 장벽 없이 오랫동안 자체 원유 공급을 해왔던 미국은 이제 세계 석유 시장에서 매우 의존적인 구성원이 되고 말았다. 1990년에 냉전이 끝나자, 석유의 국제적 풍경은 매우 극적으로 변했다. 즉, 어느 국가든 에너지는 개발에 필수적인 수단이었기에 미국도 꾸준하게 원유를 확보하려면 다른 모든 국가들과 함께 줄을 서야 했다.

숫자로 보는 에너지 전환

고에너지 존재

인류세를 형성하고 규정하는 에너지 교환의 위대한 가속 시대에는 주로 화석연료와 함께 시작된 시스템들을 통합하고 확장하는 현대적인 생활방식이 등장했다. 에너지 공급을 바탕으로 한 에너지 집중적인 생활방식은 선진국과 후진국에서 확연히 다르게 나타난다.

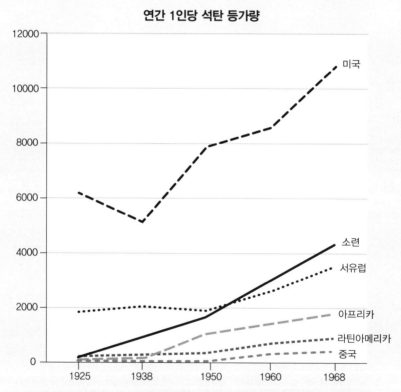

연간 1인당 석탄 등가량

1925년에서 1968년까지 국가별 위대한 가속의 흐름 (연간 1인당 석탄 등가량, 단위 킬로그램).
Astrid Kander, Paolo Malanima, and Paul Warde, Power to the People: Energy in Europe over the Last Five Centuries (Princeton, NJ: Princeton University Press, 2014).

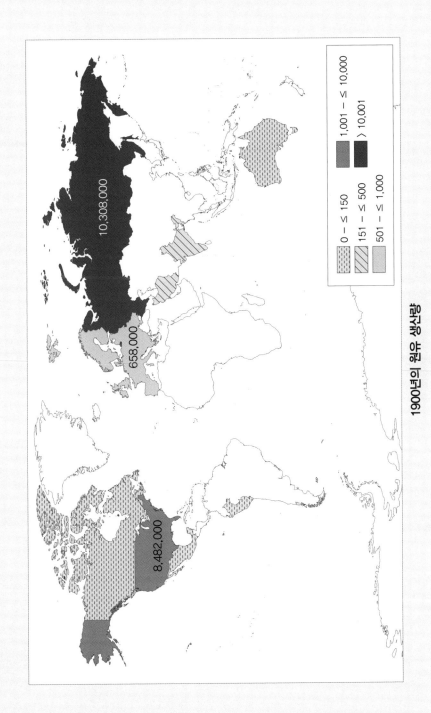

1900년의 원유 생산량

0 – ≤ 150		1,001 – ≤ 10,000	
151 – ≤ 500		〉 10,001	
501 – ≤ 1,000			

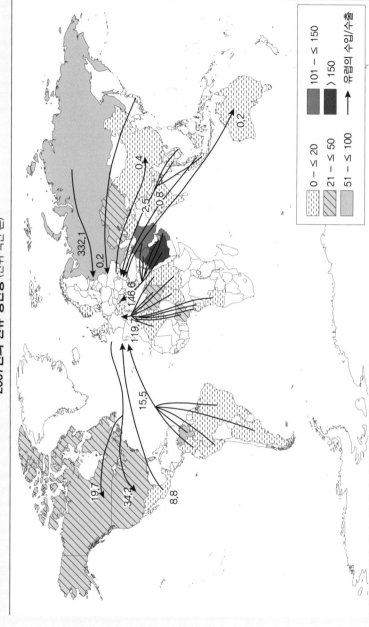

2007년의 원유 생산량 (단위 백만 톤)

0 – ≤ 20
21 – ≤ 50
51 – ≤ 100
101 – ≤ 150
> 150
유럽의 수입/수출

332.1
0.2
0.4
2.5
0.8
0.2
146.6
119.7
15.5
19.7
34.2
8.8

1900년 세계 원유 생산량 그리고 2006년 유럽의 원유 수입. Astrid Kander, Paolo Malanima, and Paul Warde, Power to the People: Energy in Europe over the Last Five Centuries (Princeton, NJ: Princeton University Press, 2014).

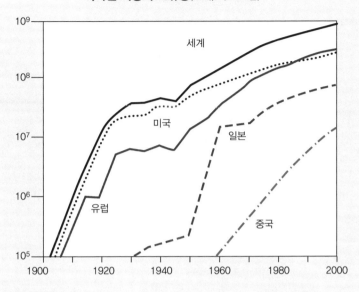

국가별 자동차 소유량(트럭, 버스 포함)

세계

미국

일본

유럽

중국

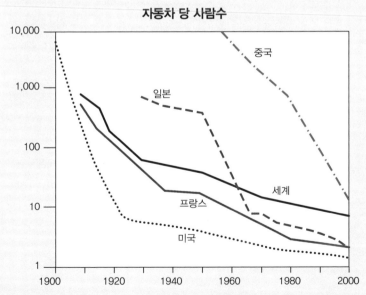

자동차 당 사람수

중국

일본

세계

프랑스

미국

1900–2000년, 국가별 자동차 소유. Vaclav Smil, Energy and Civilization: A History (Cambridge: MIT Press, 2017).

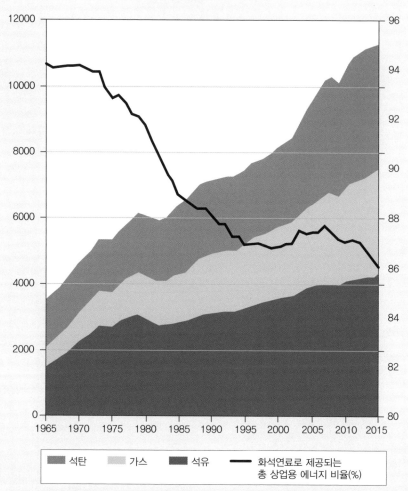

석유 등가량(단위 100만 톤)

| 석탄 | 가스 | 석유 | ━━ 화석연료로 제공되는 총 상업용 에너지 비율(%) |

1965-2015년. 상업용 에너지의 전 세계 화석연료 소비와 감소. Simon Pirani, Burning Up: A Global History of Fossil Fuel Consumption (London: Pluto Press, 2018).

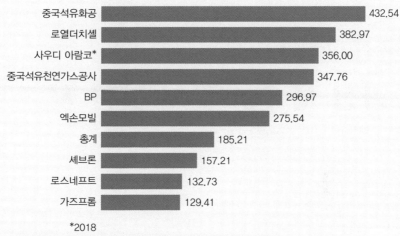

세계 최대의 석유 및 가스 회사들(10억 달러 단위)

중국석유화공	432.54
로열더치셸	382.97
사우디 아람코*	356.00
중국석유천연가스공사	347.76
BP	296.97
엑손모빌	275.54
총계	185.21
셰브론	157.21
로스네프트	132.73
가즈프롬	129.41

*2018

세계 최대의 석유 및 가스 회사들 (10억 달러 단위). https://www.statista.com/chart/17930/the-biggest-oil-and-gas-compa nies-in-the-world/. 접속 2022년 1월 6일.

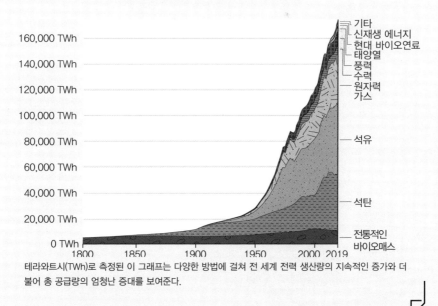

에너지원별 전 세계 에너지 사용량

테라와트시(TWh)로 측정된 이 그래프는 다양한 방법에 걸쳐 전 세계 전력 생산량의 지속적인 증가와 더불어 총 공급량의 엄청난 증대를 보여준다.

Chapter 7

가진 자 vs. 갖지 못한 자

자동차 효율성에 대한
새로운 시각

닷지로열 모나코, 포드, 뷰익 리비에라, 크라이슬러 뉴요커, 쉐보레 임팔라, 캐딜락 엘도라도. 고작 몇 가지 예일 뿐이지만, 이상은 개인의 경제적 성공을 알리는 지위의 상징으로 1970년대에 등장한 위대한 미국 자동차들이다. 1950년대 이후 소비자 문화의 자부심이자 상징이었던 크고 무거운 미국산 자동자들은 순식간에 과거의 공룡과 같은 신세가 되고 말았다.

1970년대 미국의 도로 및 다른 국제적 시장들은 더 작고 더 효율적인 경쟁자들에게 길을 내주었다. 가령 1973년에 국제 시장에 등장했던 일본산 혼다 시빅이 그런 예다. 특히 미국 제조업체들이 자신들의 디자인을 재고하기 이전인 1970년대에 새로운 디자인을 수용하여 자동차 시장을 국제화하기 위한 다양한 제조업체들의 노력이 진행되었다. 선진국의 소비자들은 효율성에 주목하며 일본에서 생산된 닷선, 도요타, 혼다 및 소형차로 몰려들었다.

1970년대에 소비자들이 효율성을 중요하게 여기기 시작하자 일본의 차량들이 시장을 주도하게 되었다. 1970년에 일본의 사륜 차량 수출량은 109만 대에 이르렀고, 이탈리아, 미국, 영국을 (순서대로) 추월했다. 덕분에 일본은 세계에서 세 번째로 가장 큰 자동차 수출국이 되었다.[1] 왜 일본은 처음부터 작고 효율적인 차량에 집중했을까?

일본은 비효율적이고 낭비적인 차량 설계를 지원할 만큼 원유를 충분하게 공급받지 못했다. 1973년 일본은 첫 번째 석유 위기로 휘발유 가격이 217퍼센트나 치솟았다. 석유 절약은 국가 정책이 되었고, 일본 자동차 제조업체들도 세계에서 가장 엄격한 배기가스 규제를 시행했다. 일본 자동차 제조업체들은 휘발유 한 방울당 최대의 주행거리를 짜내는 데 능했다.

차량 무게를 최대한 가볍게 하는 것도 연료 효율 향상에 이바지하는 요인이었다. 무게를 줄일 확실한 방법은 차량 크기를 줄이는 것이었고, 미국과 유럽 제조업체와는 달리 이것은 수십 년 동안 소형차를 생산해온 일본 제조업체들로서는 그다지 어려운 일이 아니었다. 무게를 줄이는 방법 중 하나는 전륜 구동 시스템을 도입하는 것이었고, 다른 한 방법은 고장력high-tension 강판, 알루미늄 및 플라스틱과 같은 가벼운 부품과 재료를 사용하는 것이었다. 연료 효율을 높이는 또 다른 방법은 전기적으로 제어되는 연료 주입 시스템, 공기 저항 감소 그리고 섬유강화 금속, 플라스틱 및 세라믹과 같은 신기술을 이용한 재료를 사용하는 것이었다.

1975년에서 1985년까지 소형 승용차와 대중적인 가격의 소형 차량들 간의 경쟁이 특히 일본에서 신제품 개발과 시장 확대를 이끈 동력이었다. 소형 승용차 판매는 석유 위기의 여파로 시장을 선도했다. 왜냐하면 정부의 엄격한 배기가스 규제에 따르면서도 가격 경쟁력이 높은 새로운 모델들이 개발되었기 때문이다. 1970년대가 끝날 무렵 미국의 도로에 포드 핀토, 셰보레 베가, AMC 그렘린을 포함하여 수입된 플리머스 크리켓, 닷지 콜트 그리고 폭스바겐 비틀이 등장했는데, 이 모두는 일본 디자인을 따른 차들이었다.

냉전을 이끈 초강대국들만이 아니라 1970년 이후에 전 세계적으로 에너지가 국가 발전에서 가장 중요한 요소가 되었다. 규모 면에서 현대인의 능력은 이전과는 비교할 수 없이 커졌다. 가령 양쯔 강 댐 건설은 일찍이 1919년에 민족주의자 쑨이셴孫逸仙이 제안했지만, 세계 최대의 수력발전 프로젝트를 진행하기로 결정한 1989년에서야 비로소 추진되었다. 이 프로젝트는 관개, 홍수 조절 및 전력 생산에서 풍부한 잠재력을 가지고 있었지만, 1989년에 정점에 달했던 정치사회적 소요 사태 때문에 프로젝트의 다른 측면이 부각되었다. 공산당이 당시 등장하던 새로운 중국을 여전히 틀어쥐고 있음을 그 프로젝트가 상징적으로 드러냈던 것이다. 이렇게 지어진 싼샤 댐은 슈피리어 호의 저수량에 맞먹는 현재 세계 최대의 댐으로, 이 댐을 건설하기 위해 대략 200만 명의 중국 농촌 주민들이 이주해야 했다.

20세기 내내 중국은 수력발전을 위해 엄청난 노력을 쏟아 부었다. 전 세계에서 높이가 15미터가 넘는 댐의 절반 이상이 중국에 있는데, 그중 거의 대다수는 1949년 이후부터 지어졌다. 역사가 케네스 포메란츠 Kenneth Pomeranz에 의하면 21세기에 "중국은 여전히 미개발된 수력 잠재력이 (세계에서 최고일 정도로) 대단히 크며, 더 부유한 다른 나라들의 상황과 달리 중국 정부는 큰 댐이 가져올 환경과 관련된 우려가 크지 않은 듯하다." 천연가스 매장지가 없는 까닭에 중국은 청정 에너지라는 선택지도 거의 없다.

포메란츠의 견해에 따르면, 마치 20세기의 냉전 초강대국들처럼 중국은 국가 계획에서 에너지의 중요성을 강조하고 있다. 그는 이렇게 적고 있다.

（중국의 경우) 기술관료 집단은 엄청난 환경 리스크를 안고 있음에도 … 상당한 권력을 행사하는 초대규모 공사 프로젝트를 선호한다. 근래 수십 년 동안 중국의 고위 지도자들 중 대부분이 기술자들이었다. 중국에서는 중앙 권력에 대한 헌법적 제약이 부족한 까닭에 이런 프로젝트들이 추진될 가능성이 훨씬 더 높다. (이주 예정 주민들을 포함하여) 이런 프로젝트의 영향을 받는 시민들뿐만 아니라 (환경주의자와 같이) 프로젝트에 저항하는 이들도 제 목소리를 내기 어려울 뿐만 아니라, 지방 정부도 자신들의 자원을 중앙 정부에 뺏기는 데 반대할 법적 기반이 부족하다.[2]

물론 싼샤 댐 프로젝트를 추진할 당시 중국은 태양에너지와 다른 신재생 에너지원의 세계적 선도국으로도 부상했다. 이런 프로젝트들의 공통적인 주제는 자율적이고 안정적인 에너지의 개발이 우선이라는 것을 모두가 함께 공감하는 것이었다.

최근 수십 년 동안 전 세계에 걸쳐 에너지 집중에 대한 인식이 다양한 형태로 나타났다. 중국에서부터 스웨덴과 노르웨이를 거쳐 브라질까지, 기존의 국가들은 국가적인 에너지 의제를 마련한 반면에 신흥국들은 '부자 국가들'을 따라잡을 가장 효율적인 길을 찾아 나섰다. 냉전 후 전환기의 지구에서 에너지 확보는 국가들 사이의 공통 의제가 되었는데, 이런 현상은 특히 식민주의 시대부터 등장하기 시작한 국가들에게서 더욱 두드러졌다.

2차 세계대전 후에 시작된 이 국가들의 독립 운동은 냉전 기간에도 계속되었다. 미국과 소련 두 나라 모두 강하게 반식민주의적 이념을 가지고 있었으며, 식민지를 유지하려는 유럽 국가들에 반대했다. 미국은 인권의 시각에서 식민주의를 끝내길 원했지만 동시에 식민지 당국이 통제했던 원자재 시장에서 경쟁자로 나서는 데 관심이 있었다. 소련이 식민지 종식에 관심을 가진 것은 그것이 공산주의 세계로 나아가는 하나의 단계가 될 수도 있다는 사회주의적 변화의 가능성 때문이었다. 세계의 많은 지역에서 냉전의 이해관계와 맞물리면서 탈식민지화 경향이 나타났고, 국가 발전과 세력권을 놓고 열띤 경쟁이 일어났다.

식민지 국가들의 독립 과정에서 현대화, 도시화 그리고 이 책에서 살펴본 에너지 관련 상품들이 강조되었다. 특히 에너지는 새로운 세계질서의 기본 교리를 만들어내는 데 일조했다. 에너지 자원의 확보야말로 세계무대에 오르는 지름길이었다. 경제사가인 사이먼 피라니Simon Pirani는 특히 1980년대에 "자동차화의 눈보라가 개발도상국 도시들을 강타했는데, 이는 부유한 세계의 자동차 기반 도시들이 입은 피해에 관해 도시 설계자들이 배운 모든 교훈을 무시한 국제기구와 정부들이 부추긴 것이었다"라고 적고 있다. 가령, 1990년에 멕시코시티에는 400만 대의 자동차가 있었던 것으로 추정되는데, 이는 1950년의 40배에 달하는 수치다.[3] 전기의 경우에도 경향은 비슷했다. 1950년 세계 화석연료의 10분의 1이 전기 생산에 사용되었는데, 2011년에는 화석연료의 3분의 1 이상이 전기 생산에 사용되었다. 피라니는 이렇게 적고 있다.

1970년만 해도 부유한 세계 바깥의 사람들 중 4분의 3을 포함하여 전 세계 37억 인구 중 대다수(51퍼센트)는 전기를 사용할 수 없었다. 하지만 20년이 지난 1990년에는 전 세계 53억 인구 중 약 32억 명이 전기를 공급받았는데, 여기에는 부유한 세계 바깥에서 사는 사람들도 절반 남짓 포함되었다. 다시 20년이 흐른 2013년에는 전 세계 72억 인구 중 60억이 전기를 사용했는데, 여기에는 부유한 세계 바깥의 사람들의 4분의 3이 넘게 포함되었다.[4]

국제화 시대는 모든 국가들을 공동의 시장에 참여하게 만들었고, 원활한 에너지 공급을 전면에 내세우며 정치경제적 안전성이라는 공통의 목표를 제시했다. 에너지의 중요성은 20세기 벽두에 몇몇 강대국들 사이에 은밀히 등장했다가, 냉전 기간에는 경제적 지배력을 확보하는 무언의 경로가 되었고, 이제는 냉전 후 세계질서의 새로운 구조를 형성하고 있다.

1990년 이후 세계에서 에너지 자원의 중요성은 에너지 공급이 감소하거나 새로운 에너지로 전환되는 흐름과 맞물리면서, 에너지 확보 능력이 있는 국가들과 그렇지 못한 국가들에게 또 다시 부각되었다. 이런 상황 때문에 싼샤 댐 프로젝트 추진과 더불어 각종 에너지 자원의 확보가 훨씬 더 중요해졌다. 이런 거시적인 패턴이 탈식민시대부터 드러나긴 했지만, 경제적, 정치적 충돌의 화약고는 여전히 초국가적 에너지 자원인 원유였다.

기술이 바꾼 세계사 최초의 국제 정치 조직, OPEC이 탄생하다

21세기에 원유의 가치는 누구나 잘 알고 있으며, 원유를 소유한 국가들은 그 가치를 이용하여 상당한 이익을 얻었다. 세계의 지정학적 구조에서 이 점은 한 세기 전과는 크게 다르다. 그때만 해도 국제적 기업들과 이런 기업들을 지원하는 국가들은 원유의 가치에 눈 뜨지 못한 석유 소유국들을 괴롭히고 지배했다. 전환의 계기는 1970년 대였는데, 바로 이 시기에 미국과 유럽의 주유소에 늘어선 자동차들이 2차 세계대전 후 국제 정세의 엄청난 변화를 알려주는 신호 역할을 했다.

'탈식민화'의 시대에 들어서며 식민 당국에서 독립한 많은 국가들이 자치권을 갖고서 자국의 발전을 이끌며 직접 주권을 행사했다. 비록 냉전으로 인해 미국과 소련이 자국의 이념을 퍼뜨리고 상대방의 이념을 억누르면서 유사 식민 당국처럼 힘을 행사했지만, 전반적으로 아프리카 그리고 특히 중동의 국가들은 자국의 미래를 추구할 수 있었다. 비록 내부의 정치적 기반이 부족하긴 했지만, 그 국가들 각각은 자신들이 가진 힘을 확대하려고 했다. 이 새로운 환경에서 에너지 자원의 사용과 관리는 전략적으로 매우 중요했는데, 세계에서 가장 요긴한 상품의 관리야말로 그런 변화를 가장 극명하게 보여주었다. 단적으로 말해, 1970년대에 석유 공급이 불안정해지자, 석유를 '가진' 나라들, 특히 미국과 유럽의 소비자를 붙들 안전망이 사라져버렸다. 공급의 일시적 장애를 해소할 연방 차원의 방법이 없었던 것이다.

석유는 서구 열강들 그리고 이들을 지배하는 대형 석유 기업늘의 억압에서 벗어나 초휘발성 거래 상품이 되었다. 예긴은 이 새로운 시대에서 여실히 드러났듯이, "석유는 이제 석유 기업가들에게 맡기기엔 확실히 너무 중요해졌다"라고 말했다.[5] 자국의 원유를 바탕으로 국력을 키워나갈 방법을 모색하던 산유국의 정치 지도자들은 비슷한 처지의 국가들끼리 힘을 합치는 것이 도움이 된다는 사실을 깨달았다. 산유국들은 세력 규합을 통해 공급과 가격을 통제했으며, 마침내 초국가적 기업들과의 협상에서 경쟁 우위를 이루어냈다.

이것이 바로 1960년 9월에 산유국들이 이란에서 석유수출국기구OPEC을 결성할 때의 핵심 목표였다. 2차 세계대전 이후 석유 시장이 변화하고 저개발 국가들이 국제적으로 새로운 지위를 얻게 되면서 OPEC의 결성이 촉진되었다. 탐사 기술, 생산 기술, 정제 능력 및 유통망이 부족했기에 산유국들은 2차 세계대전 이전에는 석유 기업들의 지배에 도전할 수 없었다.[6] OPEC 덕분에 산유국들은 석유 착취 시대에 자신들을 지배했던 막강한 석유 기업들을 주무를 수 있었다. 그것은 단 하나의 자원을 중심으로 결성된 최초의 대규모 국제적 정치 조직(카르텔)들 중 하나였다.

1960년에 OPEC의 창립 회원국들은 이란, 이라크, 쿠웨이트, 사우디아라비아 그리고 베네수엘라였고, 카타르(1961년), 인도네시아(1962년), 리비아(1962년), 아랍에미리트연합(1967년), 알제리(1969년), 나이지리아(1971년), 에콰도르(1973년) 그리고 가봉(1975년)이 나중에 가세했다(에콰도르와 가봉은 각각 1992년과 1994년에 탈퇴했다).

위치, 기후, 종교 및 정치 체제의 차이에도 불구하고 이 국가들은 석유라는 공통 관심사가 있었다. 정도의 차이가 있긴 하지만, 모두 소국이었고 세계 무대에서 정치적 영향력도 부족했다. 하지만 OPEC 국가들은 명백한 목적이 있었다. 높은 가격을 유지하도록 시장에서 원유 공급을 관리하고, 그럼으로써 회원국들의 이익을 높이는 것이었다. 간단하게 말해, 이 국가들은 미국과 같은 국가들을 통해 성장해온 석유 문화를 자신들이 이용 및 육성하고 아울러 (선진국들에서 필요성이 더욱 높아지는데도 석유 공급은 계속 어려워지는) 새로운 지정학적 상황을 이용하고자 했다.

기업이든 국가든 오늘날 석유 생산자들이 석유 가격을 자신들에게 이익이 되도록 유지하려고 시장을 조작하는 상황은 문제인 듯하다. 주요 석유 기업들은 1920년대부터 1960년대까지 식민주의와 같은 수단을 통해 자체적으로 뭉치거나 열강들과 결탁하여 가격(그리고 수익)의 하락을 막았다. 이런 기업들의 영향력이 줄어들자, 다른 방법들이 도입되었다. 가장 큰 어려움 중 하나는 가격이 떨어지면 국내 생산자들이 더이상 경쟁이 되지 않는다는 것이었다. 게다가 1950년대 동안 아이젠하워 정부는 (일본이 2차 세계대전 이전에 그랬듯이) 외국산 석유에 대한 의존이 미국의 국가 안보를 위험에 빠뜨렸다고 결론 내렸다. 이에 대응하여 미국은 수입 쿼터를 실시했는데, 이 조치는 국내 석유 가격을 인위적으로 높여서 부의 순이동이 미국 석유 소비자들로부터 미국 석유 생산 기업으로 향하도록 하기 위해서였다. 1970년이 되자, 세계의 원유 가격은 배럴당 1.30달러인데도 미국 국내 가격은 3.18달러였다.[7]

OPEC와 석유의 무기화

가격을 조작하는 OPEC의 능력은 1973년 초에 이집트 지도자 안와르 사다트Anwar Sadat가 회원국들에게 "석유 무기를 꺼내라"라고 촉구하면서 전면적으로 실현되었다. 이런 행동의 주된 이유는 정치였다. 1960년대 후반 이스라엘의 군사 침략은 이웃 아랍 국가들을 격분시켰다. 1967년 이집트에 대한 이스라엘의 공격으로 인해 금수 조치가 내려졌지만, 세계 시장에서 원유의 과잉 공급 때문에 이 조치는 성공하지 못했다. 1973년 10월 미국 대통령 리처드 닉슨은 이집트와 시리아가 이스라엘을 기습 공격한 후에 더 많은 전투기를 이스라엘에 제공하기로 합의했다. 10월 19일 OPEC

의 아랍 국가들Organization of Arab Petroleum Exporting Countries, OAPEC은 미국과 네덜란드에 대한 원유 수출 중단을 결의했다.

석유 업계에서 이 금수 조치가 '첫 번째 오일쇼크'라고 불리는 것에서도 알 수 있듯이, 이 사태는 1970년대 초반 새로운 시장의 특징들을 보여준다. 첫째는 석유 생산 억제로, 매달 5퍼센트씩 생산량이 감소되었다. 둘째는 미국과 네덜란드 그리고 최종적으로는 포르투갈, 남아프리카공화국 및 로디지아(지금의 짐바브웨 지역으로 당시 영국의 식민지-옮긴이)에 대한 석유 수출의 전면 금지였다. 다른 곳에서 생산이 증가한 것을 감안하면, 1973년 12월 공급량의 순감소는 하루에 440만 배럴이었는데, 이는 이전 총 공급량의 대략 9퍼센트에 해당하는 양이었다.[8] 비록 이 수치만으로도 전체적인 공급 부족이 드러나지만, 변덕스러운 석유 시장에 상당한 불안과 공포감이 조성되며 금수 조치의 중요성이 여실히 드러났다. 그 충격을 가장 크게 느낀 쪽은 미국 소비자들이었는데, 그들은 풍부한 석유에 기반을 둔 문화에 완전히 젖어 있었기 때문이다.

소비자에게 석유를 공급하기 위해 브로커들은 기존의 석유 업체들에 입찰하기 시작했다. 1973년 11월에는 배럴당 가격이 대략 5달러에서 16달러를 넘어섰다. 석유 소비국들은 충분한 석유를 확보하기 위해 경쟁적으로 입찰에 나섰다. 미국의 휘발유 소매가격이 40퍼센트 넘게 치솟았다. 높은 가격만으로도 대단히 당혹스러운데, 석유 부족으로 일시적으로 공급이 중단되기도 했다. 연료가 다 떨어질 때까지 마음껏 운전을 즐기던 미국 소비자들은 몇 갤런의 배급을 받으려고 줄을 섰다. 한 기자는 뉴욕시 근처의 장면을 이렇게 묘사했다.

불안한 기색이 역력한 운전자들이 어제 (뉴욕) 메트로폴리탄 지역의 주유소에 떼거지로 들이닥쳤는데, 그날 일찍부터 많은 주유소에서 기름이 바닥났다. 업자들은 2월의 할당량에 따른 인도분이 들어와서 주중까지는 상황이 회복되기를 바랐다. 브루클린에서는 애비뉴Z와 이스트 17번가의 AYS 주유소의 소유주인 머리 코헨Murray Cohen은 차 한 대당 주유 가능 금액을 최고 3달러로 정해두었지만, 정작 대다수 차들은 기름을 가득 채우는 데 고작 75센트어치만 필요하다는 사실을 알게 되었다고 말했다. 어떤 사람은 1시간 동안 줄을 서놓고선, 고작 35센트어치만 기름을 넣을 수 있었다고 한다. 워싱턴에서 연방에너지청Federal Energy Office의 수장인 윌리엄 사이먼William E. Simon은 이전에 운전자들에게 한 번에 10갤런 넘게 사지 말라고 부탁했던 사람인데, 어제 다시 호소하기를 적어도 3달러어치를 사지 않으면 주유소에 얼씬거리지도 말라며 이렇게 말했다. "패닉 바잉panic buying은 이 상황에 도움이 되지 않습니다."9

석유 소비의 새 시대를 이끄는 대표주자답게 미국은 이 거짓 희소성의 시기 동안 뼈저린 현실을 맞이했다. 미국의 많은 주들은 자동차 번호판에 따라 홀수 아니면 짝수 날에 석유를 구입할 수 있는 이부제를 실시했다. 1973년에서 1974년 사이에 미국의 운전자들은 종종 기름을 사기 위해 종종 엔진에 시동을 걸어둔 채로 1~2시간 이상 줄을 서야 했다. 최악의 상황을 알리는 "죄송합니다. 오늘은 석유가 없습니다"라는 안내문구가 등장하기도 했다. 고속도로의 속도제한은 시속 110킬로미터 남짓에서 80킬로미터로 낮아졌다. 도시 지역에서 카풀을 하는 운전자들에게는 일부 통행료를 받지 않았다.

배급제가 실시되지는 않았지만 미국의 석유 문화는 대중에게 유출된 계획으로 인해 (적어도 일시적으로는) 달라졌다. 연방에너지청의 추산에 의하면, 뉴욕시에서 18세 이상의 주민들은 한 달에 37갤런의 석유 구입 상품권을 받을 수 있기를 기대했다고 했다.[10] 1973년 말에는 실제로 미국과 유럽(가진 자들) 전역에서 주유 대기 줄이 길어졌다. 석유 공급은 서부 해안 지대에서 가장 타격이 덜했지만, 다음 해 2월이 되자 캘리포니아조차도 홀수 날과 짝수 날을 정해 배급제를 도입했다. 주유소 직원들은 홀대, 폭력 그리고 심지어 살해 위협까지 낭했나. 운전지들은 다른 운전자들을 난폭하게 대하면서 대기 줄에 먼저 끼어들었다.

그런 아귀다툼의 뿌리에는 (아이들 등교시키기, 어른들의 출근이나 쇼핑, 상품들의 전국적 운송 그리고 심지어 잔디 깎기 등의) 온갖 일상생활들이 제약을 받을지 모른다는 냉혹한 현실이 있었다. 미국과 같은 선진 사회에 사는 사람들도 자신들의 선택이 제한되는 현실을 실감했다. 소비주의의 확대라는 이상과는 가장 맞지 않는 상황이 아닐 수 없었다. 이런 이유로 1970년대 석유 위기의 영향은 다양하고도 변혁적이었는데, 특히 석유 수입의 의존도가 가장 큰 국가에서 더욱 심했다.

미국의 소비 문화에 닥친 위기

금수 조치는 경제적 의미를 가지면서도, 한편으로는 아랍석유수출국기구OAPEC 국가들이 시작한 정치 활동이기도 하다. 미국 대통령 리처드 닉슨은 국제 정치 협상을 포함한 다양한 방면으로 OAPEC 국가들의 활동에 대응했다. 이런 협상은 당시에 대두되던 지정학적 세계 질서를 바탕으로 이루어졌는데, 사실 이런 협상은 석유의 교역과는 실제로 큰 관계가 없었다. 협상은 여러 전선에서 활발하게 진행되었는데, 가령 이스라엘과 이웃 아랍 국가들 사이에서, 미국과 그 동맹국들 사이에서, 그리고 석유 소비국들과 아랍의 석유 수출국들 사이에서 벌어졌다. 교역망의 상호연결이 새로운 긴급 현안이 되었고, 상호 존중하에서 논의를 진행하는 것이 모든 당사국들의 우선순위가 되었다. 닉슨 행정부는 아랍 석유 수출국들에게 금수 조치 시행 중에는 협상이 시작될 수 없다고 설득함으로써 1974년 3월에 생산량 회복을 이끌어냈다. 하지만 석유 부족 사태의 현실을 직시한 많은 미국 정치인들은 미국의 소비 방식을 개혁할 새로운 대안을 고려하기 시작했다. 잠시나마 일부 미국 소비자들도 자신들의 대량소비 문화가 지속 불가능할지 모른다는 점을 인정하게 되었다.

장막 뒤에서는 금수 조치와 공급 악화로 중동에서의 내부 관계가 상당히 달라졌다. 《석유 왕Oil Kings》의 저자인 역사가 앤드루 스콧 쿠퍼Andrew Scott Cooper는 어떻게 이란 국왕이 따로 리처드 닉슨 대통령과 손잡고서 OPEC의 권력 구조와 생산 한계에 맞섰는지를 보여준다. 쿠퍼는 "석유 달러와 미국산 무기가 엄청나게 쏟아져 들어갔기에, 이란 제국과 샤한샤Shahansha(이란 통치자의 칭호, "왕 중의 왕"이라는 뜻-옮긴이)가 페르시아 만은 물론이고 중앙아시아로 들어가는 관문 역할의 땅, 나아가 아프리카 동부 해안까지 지배하는 것을 막을 세력은 어디에도 없을 듯했다"라고 적었다.[11] 하지만 1970년대 초에 미국과 이란의 관계는 무기 교역과 쿼터 축소를 통해 실제로 그 지역 및 이란에서 국왕의 권력을 위태롭게 만들었다. 1975년 이후 미국이 사우디아라비아로부터의 석유 수입을 늘리자, 이란 국왕의 지위는 더욱 약해졌다.

석유 수입의 문제는 1970년대 말에 이르자 훨씬 더 복잡해졌다. 마침 일부 미국인들이 석유 공급 문제는 과거지사라고 여기기 시작할 무렵 이란과의 관계가 악화되었기 때문이다. 1979년에 이란인들이 미국인을 인질로 잡는 사건이 발생하자, 미국 대통령 지미 카터는 이란 석유의 미국 수입을 금지했고 이란 자산을 동결했다. 그 결과 '2차 오일쇼크'가 발생했는데, 1980년에는 이란-이라크 전쟁의 발발로 세계 석유 시장에서 하루 400만 달러 가량(OPEC의 총 공급량의 15퍼센트이자 자유세계 수요의 8퍼센트)의 석유 공급이 감소하는 바람에 미국 내 석유 공급은 더욱 악화되었다.

함정에 빠진 미국

미국과 여러 선진국에서 많은 활동가, 정치인 및 정책 기획자들에게 1970년대는 대체로 다른 나라로부터 석유 수입에 의존하는 위험한 상태에서 벗어날 시기로 여겨졌다. 많은 미국인들이 자신들의 소비적인 생활방식과 관련하여 상황이 달라졌음을 인식하게 되었다. 특히 폭넓은 의미에서 에너지 사용에 관한 미국적 개념이 새삼 의심을 받았다. 이 충격은 전문 원자력 기술자 출신의 미국 대통령 지미 카터의 집무실에서 명확히 드러났다. 카터는 미국 사회가 에너지를 마구 소비하는 방식을 깊이 고찰하게 되었다.

그는 경제학자 에머리 로빈스Amory Lovins가 1976년에 <포린 어페어스 Foreing Affairs>에 기고한 <연성 에너지 경로Soft Energy Paths>라는 제목의 기사에 나온 새로운 혁명적인 개념을 진지하게 살폈다. 이후 같은 제목으로 출간한 책에서 로빈스는 당시 대다수 전력 회사들이 예상한 '경성 에너지 경로hard energy path(화석연료와 핵 에너지를 중앙집중형으로 공급하는 에너지 공급 방식-옮긴이)'를 자신과 같은 비판론자들이 옹호한 '연성 에너지 경로(재생 에너지와 자연 에너지 중심의 에너지 시스템-옮긴이)'와 대조해서 설명했다. 그는 이렇게 적고 있다.

전통적인 지혜에 따르면 에너지 문제는 … 예상되는 수요를 충족시키고자 … 에너지 공급을 어떻게 늘리느냐의 문제인데 … 하지만 사회적 목적을 달성하기 위해 우리가 에너지를 얼마나 많이 쓰는지는 성공의 척도라기보다는 실패의 척도로 간주될 수 있다. … 연성 에너지 경로는 실직자에게는 일자리를, 기업인에게는 자본을, 환경보호론자에게는 환경보호를, 군대에게는 국가 안보를, 중소기업에게는 혁신을 그리고 대기업에게는 스스로를 재생할 기회를, 속인들에게는 흥미로운 기술을, 종교적인 이들에게는 영적 가치를, 노인에게는 전통적 미덕을, 젊은이에게는 급격한 개혁을, 국제주의자에게는 세계 질서와 평화를, 고립주의자에게는 에너지 독립을 가져다줄 것이다. 현재의 경성 경로는 몇몇 힘센 기관들의 단기적 이익과 부합하는 반면에, 연성 경로는 일맥상통하는 풀뿌리 상태의 훨씬 더 많은 사회적 변화들과 부합한다.[12]

카터 대통령은 석탄과 원자력을 권장하는 동시에 에너지 절약의 윤리를 미국인들에 직접 설파했다.[13] 카터 행정부는 이란 인질 사태와 같은 사건들로 기억되겠지만, 카터 대통령은 에너지와 관련된 의제를 주도적으로 제시하면서 미국의 담론을 에너지 문제로 돌렸다. 1977년 연설에서 카터 대통령은 전 국민에게 다음과 같이 촉구했다.

오늘밤 저는 우리 역사에서 전례가 없었던 문제에 관하여 여러분과 그다지 즐겁지 않은 이야기를 하고 싶습니다. 전쟁을 제외하고서 이것은 우리나라가 우리의 평생 동안 마주치게 될 가장 큰 도전 과제입니다. 에너지 위기는 우리를 아직 압도하진 않았지만, 재빨리 행동하지 않을 경우 우리는 에너지 위기에 직면하게 될 것입니다. 이는 앞으로 몇 년 만에 해결될 문제가 아니며, 이 세기의 나머지 기간 내내 계속 더 나빠질 가능성이 큰 문제입니다. 우리가 자녀 세대와 그다음 세대에게 온전한 세상을 물려주고 싶다면 우리는 결코 이기적이어서도 소심해서도 안 됩니다. 우리는 에너지 수요와 급감하는 자원 사이에 균형을 맞추어야만 합니다. 우리는 지금 행동함으로써 미래가 우리를 통제하는 대신에 우리가 미래를 통제할 수 있습니다. … 에너지에 관한 우리의 결정은 미국인들의 성향 그리고 대통령과 의회의 국정 운행 능력을 시험할 것입니다. 이 어려운 노력은 "전시에 맞먹는 도덕적인 노력"일 것입니다. 파괴가 아니라 건설을 위해 우리의 노력을 합친다는 점만 제외하고 말입니다.[14]

위험천만한 정치적 시도를 통해 카터는 미국인들을 급격한 사회적, 문화적 변화가 필요한 낯선 길로 이끌려고 했다. 또한 그의 주장에 따르면, '퓨처라마'와 '고출력' 자동차라는 전후의 이상은 억제와 절약에 따른 자원 관리에 우선순위를 넘겨주어야 했다. 이는 1970년대 후반 환경적인 관점이 거의 없던 미국에서 꺼내기에는 조심스러운 주장이었다. 그는 미국의 석유 생태계의 바탕에 놓인 과시형 소비에 깃든 윤리에 초점을 맞추어 설명했다. 그가 점점 더 희소해지는 에너지 자원을 바탕으로 하는 제한적인 미래를 분명히 보여주었지만, 1980년대의 많은 미국인들은 이전과 마찬가지로 (또는 더 나쁘게) 각자의 삶으로 돌아가고 있었다. 하지만 1970년대의 석유 위기에 대한 이러한 반응을 볼 때 미국인들은 선진국들 가운데서 예외였다. 다른 많은 국가들의 경우 1970년대의 석유 위기의 여파로 석유의 낭비적 소비를 통해 형성된 과시적 소비는 바람직하지 않다는 각성이 일었다. 또한 대부분 신재생 에너지를 중시하는 에너지에 대한 새로운 개념으로 가는 패러다임 전환이 일어났다.

다른 일부 선진국들의 경우, (사회주의 정권을 포함하여) 중앙집권적 당국이 세금, 대규모 교통수단의 개발 및 에너지 공급의 다변화를 통해서

1970년대의 교훈을 더 빠르게 실행해나갔다. 1970년대의 위기에 대한 대응 방식은 선진국들 내에서도 서로 달랐는데, 1970년대로부터의 전환을 제도화한 쪽(특히 유럽연합)과 뒤로 물러난 쪽(미국)이 대조를 이루었다. 선진국들 내에서도 '가진 자와 갖지 못한 자'의 개념에 새로운 변이가 생겨난 셈이다. 그다음 몇십 년 동안에는 수입 원유에 대한 지나친 의존이 새로운 국제관계 그리고 심지어 전쟁 도발의 근거를 규정하게 되었다.

1970년대의 사건들은 기존 에너지 문화의 기본 구조를 뒤흔들었는데, 그 영향력이 너무나 셌기에 급진적 변화들이 새로운 주목을 받았다. 선진국 정부들은 너나 할 것 없이 화석연료에 대한 의존이 자국의 경제 발전과 국가 안보를 망가뜨렸다는 현실을 깨달았다. 그래서 장단기적으로 에너지 공급을 확보할 다양한 방법을 모색했다. OPEC의 활동은 국가들 간에 확연히 다른 반응을 이끌어냈으며, 그 결과 매우 상이하고 서로 상충하는 잠재적 에너지 경로들이 함께 나타났다. 서로 다른 방법을 모색하긴 했지만, 이런 행동들은 모두 에너지가 반드시 필요하다는 기본적 인식에서 비롯된 것이었다. 그것이 바로 OPEC의 활동의 근저에 있는 인식이었다.

기술이 바꾼 세계사 | 친환경 에너지의 대안을 찾다

1970년대의 에너지 부족 사태를 계기로 소비국들은 대안적인 에너지원을 더 진지하게 찾게 되었다. 전력 생산에 대한 이런 지속 가능한 접근법들 중 다수는 도리어 생물학적 구체제에 맞닿아 있었다. 화석연료가 여전히 훨씬 더 값싼 에너지원이긴 했지만, 선진국들은 정부 지원금을 통해서 전력 생산을 위해 대안 에너지원을 사용하는 방법을 본격적으로 탐구하기 시작했다. 1970년대 이후 인기가 높아지며 전 세계의 에너지 사용 방식을 크게 변화시킨 기술은 태양열과 풍력이었다.

1970년대 이후 태양 에너지 기술은 네 가지 방식으로 태양 에너지를 얻는 데 초점이 맞춰졌다. 태양광전지 패널을 사용하여 태양 에너지를 곧바로 전기로 변환하는 방식, 태양열 집열기를 이용하여 물이나 공기를 데우는 방식, 태양열을 집중시켜 생산한 태양열 전기로 물을 끓이고 이때 생긴 증기로 터빈을 가동하여 전기를 생산하는 방식, 마지막으로 유리창으로 비쳐 들어오는 햇빛의 양을 극대화하기 위해 건물 설계에 수동 태양 에너지 소자를 통합시켜 건물에 난방을 공급하는 방식이 그것이다. 어떤 방식이든 더 많은 장소에서 햇빛을 이용해야만 전기를 더 많이 생산할 수 있으므로 기후가 바람직한 곳에 그런 장치를 설치하는 데 초점이 맞춰졌다. 태양 에너지를 모으는 네 가지 방법 모두 공해가 없고, 이산화탄소 배출이 없으며, 대다수의 경우 담수가 사용되지 않는다.

20세기 동안 태양 에너지 산업의 초점은 태양광전지 패널을 더 저렴하게 만드는 것이었다. 이 패널은 햇빛을 받는 곳이면 어디에나 설치가 가능하다. 태양광전지 패널을 설치하면 전력 회사에서 구입해야 하는 전기의 양을 줄여주며, 심지어 월 기본 고정 사용료를 제외하고 연간 전기 요금을 거의 제로까지 낮출 수 있다. 현재 태양광전지 패널은 시스템 하나를 설치하는 데 와트당 8달러 정도의 비용이 든다. 이 정도로는 독립 발전을 제외하고는 수지타산이 맞지 않는다. 하지만 많은 장소, 지역, 주 및 연방 인센티브를 통해서 태양광전지 패널 설치 비용을 줄일 수 있다. 일부 장소에서는 이런 인센티브 덕분에 설치 비용이 와트당 2달러까지 낮아진다. 이런 큰 인센티브를 이용하면, 태양광전지 패널은 KWh당 10센트 미만으로 전기를 제공할 수 있기 때문에 태양열 전기는 전력 회사의 전기보다 더 싸진다.

대항해시대의 동력원이었던 풍력도 1970년 이후에 다시 주목을 받았다. 풍력 에너지는 태양이 지구의 여러 지역에 햇빛을 비출 때 햇빛을 받은 지역의 공기가 더워져서 팽창될 때 생긴다. 이 팽창하는 공기가 이른바 바람이며, 산업화의 초기 단계에서와 마찬가지로 터빈은 움직이는 공기의 운동 에너지를 전기 에너지로 변환하는 장치이다. 현대의 풍력 에너지는 전기를 생산하는 데에만 사용되며, 바람이 불어오는 시간에만 제한적으로 생산된다. 바람이 불 때 생긴 풍력 에너지를 저장하여 바람이 불지 않을 때 이용하는 방법들이 있긴 하지만, 추가 비용 때문에 웬만해서는 이런 방법을 사용하지 않는다. 풍력 터빈은 비교적 적합하지 않은 장소에 설치될 수도 있지만, 그럴 경우 전기 생산량이 적고 가격도 비싸다. 하지만 풍력 터빈은 토지를 농사, 방목 또는 심지어 상업이나 산업 시설 용도로 사용하는 장소에도 세울 수 있다. 풍력 에너지가 현재의 화석연료 기술(석탄과 천연가스)에 비해 가격 경쟁력을 갖게 된 이후로, 전 세계적으로 풍력발전 지대의 수가 급증했다. 풍력 에너지는 이산화탄소 배출, 공해 및 수질오염이 없다. 하지만 소음 공해의 심각성, 풍력발전기의 미관 그리고 이웃의 부동산 가치에 대한 영향을 놓고서는 서로 엇갈리는 정보들이 많다. 분명 이런 기술들이 1970년 이후로 국제 에너지 시장에 변화를 초래했다. 게다가 풍력 및 태양열 기술의 급속한 발전으로 인해 여러 국가들은 어떻게 지원금과 화석연료에 대한 규제를 통해 이런 기술들의 경쟁력을 향상시킬 수 있는지를 실험하게 되었다.

전략비축유와 석유 안보

몇몇 선진국에서 1970년대의 석유 부족에 대해 보인 가장 명백한 반응은 석유를 비축하기 위한 도구를 만드는 것이었다. 이는 계속 희소해지는 자원에 대한 통제력을 확보하기 위한 수단이었다. 1970년대에 구상된 미국 전략비축유Strategic Petroleum Reserve, SPR는 세계 최대의 비상 원유 저장 물량이다. 20세기 후반 미국인들은 연료 절약이 꼭 필요하진 않았지만, 정책상 마련된 전략비축유는 미국의 전략 입안자들이 분명한 교훈을 얻었음을 잘 보여준다. 미국에서 이 교훈은 대중들에게 잘 알려지지 않았다. 특히 전략비축유와 관련하여 미국이 시작하려는 극적인 조치들을 다른 국가들은 모르는 편이 미국에 도움이 되었다.[15]

다른 곳에서 얻는 석유가 필요하다는 엄연한 현실에 직면한 미국은 석유의 확보를 국가 안보로 삼으면서도, 실제 논리는 미국 소비자들에게 대체로 숨겼다. 아직 '원유 생산의 정점'에 대한 국가적 논의가 없었지만, 어쨌든 전략비축유는 석유의 공급량이 유한하다는 사실을 인정한다는 의미였다. 따라서 평화와 안정의 시기에 석유를 비축해두어야 했다. 그래야 어떤 이유로 균형이 무너질 때 닥칠지 모르는 석유 부족 사태에 철저한 대비를 할 수 있기 때문이었다.

1940년대 이후로 전략적으로 석유를 비축하는 방법이 고려되긴 했지만, 1973~1974년 사이 OPEC의 금수 조치로 인해 미국 지도자들은 정치 상황에 의해서든 자연재해에 의해서든 석유 공급 불안을 해소하기 위해 비축유를 보유할 필요성을 절감했다. 포드 대통령은 1975년 12월 22일 에너지정책 및 절약법Energy Policy and Conservation Act, EPCA에 서명했는데, 이 법에서는 10억 배럴까지 석유를 비축하는 것이 미국의 정책이라고 선언했다. 멕시코만 지역은 원유 수송과 정제가 용이할 뿐만 아니라 석유 비축에 필요한 지형인 지하 소금 돔까지 갖추었다. 이를 이용하면, 사우디아라비아 등에서 지상으로 뽑아 올린 원유를 다시 미국 땅 아래에 저장할 수 있었다.

몇몇 대안들을 제치고 멕시코만의 돔 지대가 비축유의 저장고로 선택되었는데, 그밖의 대안들로는 유조선 선단 또는 지상 장소에 대형 고무 용기를 이용해 저장하는 방법 등이 있었다. 일단 지하 동굴이 선택되자 그곳은 '용해 채광법solution mining'이라는 기술을 통해 비축유 저장 공간으로 준비되었다. 돔 속으로 물을 집어넣은 다음에 상당히 큰 지하 동굴이 생길 때까지 물을 빼내는 방식이었다. 소금 엔지니어링을 통해서 지하 동굴은 방수(또는 방유) 상태로 만들어졌는데, 소금이 원유 주위를 마치 플라스틱처럼 둘러싸고 있기 때문에 지하 동굴에서는 누유가 일어나지 않는다. 이후 20년 동안 연방 정부는 전략비축유를 위한 공간을 원유로 채우는 데 370억 달러를 썼다.

1977년 4월 미국 정부는 최초의 저장고로 사용할 소금 동굴 여러 곳을 확보했다(추산하기로 그런 동굴은 500개가 있었다고 한다). 최초의 지상 시설은 1977년 6월에 건설되기 시작했고, 7월에 기름으로 채워지기 시작했다. 석유 비축은 이후 수십 년 동안 계속되었지만, 대중이 전략비축유에 대해 알게 된 계기는 한 대통령이 EPCA의 규정에 따라 비축유 인출을 고려한다는 소식을 통해서였다. 에너지 비상사태의 경우, 전략비축유는 경매를 통해 분배하도록 정해져 있었다. 이런 상황에서 (1991년의 사막폭풍작전 동안에 그리고 2005년의 허리케인 카트리나 사태 이후에) 딱 두 차례 전략비축유가 사용된 적이 있었다.

오늘날 미국의 전략비축유는 대략 7억 배럴까지 증가했는데, 이 물량을 15억 배럴까지 올리는 계획이 추진 중이다. 이 계획을 추진하는 이들은 이런 조치가 석유 수입에 대한 불안을 크게 해소해주며 외교정책의 핵심 수단이 된다고 주장한다. 또한 석유 생산이 감소하는 시기에 전략비축유 덕분에 미국은 '에너지 무능력'을 극복할 수 있다고 한다. 하지만 각국이 저마다 그런 시도를 한다면 과연 전략비축유가 효과적일까? 한번 알아보자. 2006까지 나름의 방식의 전략비축유를 선언한 국가들에는 유럽연합 각국(이는 27개국의 연합을 구성하는 지시의 한 요건이다), 중국, 이스라엘, 요르단, 싱가포르, 한국, 대만, 태국, 일본 그리고 남아프리카공화국이 포함되었다. 게다가 비축유 저장고를 개발 중인 국가들로는 인도, 러시아, 이란, 호주, 뉴질랜드 그리고 필리핀이 있다.

미국 에너지정보국Energy Information Agency, EIA에 따르면 대략 41억 배럴의 원유가 전략적 저장고에 비축되어 있는데, 그중에 14억 배럴이 정부에 의해 관리되고 나머지는 민간 기업이 보유한다. 현재 미국의 보유고는 세계 최대인데, 텍사스에 두 곳(프리포트 근처에 위치한 브라이언마운드 그리고 비니 근처의 빅힐), 루이지애나에 두 곳(레이크 찰스 근처의 웨스트핵베리 그리고 배턴루지 근처의 베이유촉토)이 있으며, 미시시피 주의 리치턴이 추가될 마지막 장소이다. 이런 개발은 원유 생산 기업들에게는 두말할 것 없이 수익이 나는 일이지만, 진징한 석유 부족 시대가 낳은 경쟁적 시장의 상황을 그대로 보여준다. 이것은 1973년 금수 조치 때와 같은 거짓 희소성의 장면이 아니다. 이 희소성은 '원유 생산의 정점'이라는 개념에서 도출되었으며 막바지라는 느낌을 풍긴다. 이 혁신적인 새로운 논리 속에서 석유 공급량이 제한적이라는 과학적 현실이 소비문화와 맞물리면서 석유 사용국들은 저마다 사회의 기반이 되는 희소한 자원을 가장 먼저 확보하려고 치닫고 만다.

교통망으로 연결된 세계

1970년대 이후에 에너지 사용 방식을 공공연하게 전환하려는 노력들이 진행되는 동시에 사람들은 다음과 같은 사실도 명확히 인식하게 되었다. 즉, 탈식민화와 냉전의 종말 덕분에 화석연료 사용의 확대 내지 지속에 의해 가능했던 새로운 국제화 경향이 나타났고, 이를 바탕으로 교통 기반시설이 조성되면서 사람들이 전 세계를 마음껏 이동할 수 있게 된 것이다. 개인 교통은 인간 이동에서 일어난 가장 명백한 혁명이었다. 하지만 이것은 20세기에 시간과 공간에 대한 인간의 관념에 일어난 변화 중극히 일부에 지나지 않았다. 더 큰 규모에서 보면, 석유 원료로 가동되는 교통망은 트럭 사용에 의한 육지 운송망과 항공기 운항을 가능하게 만든 혁신 기술을 통해 우리 사회를 변화시켰다. 특히 항공기는 석유를 바탕으로 성장한 연결 시스템이 인간 사회를 국내외적으로 확장한 대표적인 사례이다. 각각의 경우, 초기의 혁신들을 바탕으로 복잡한 네트워크가 점진적으로 구축되기 시작했고, 이로써 인간은 이전에는 상상도 못했거나 돌파할 수 없던 국경과 공간적 한계를 뛰어넘게 되었다.

지상에서는 장기 트럭 운송이 철도로는 불가능했던 유연성을 가져왔다. 주로 탱크로리와 트럭을 위한 시스템은 디젤 연료라는 석유 부산물을 통해서 수지타산을 맞출 수 있었다. 1870년대 후반에 루돌프 디젤Rudolf Diesel은 다른 초기 동력 시스템들의 비효율성을 극복하려는 노력에서 디젤 연료와 그것을 이용하는 엔진을 개발했다. 초기 방식의 동력 전달용 엔진들은 내재된 에너지의 고작 10퍼센트만을 실제로 움직이는 차량에 전달할 수 있었다. 하지만 디젤 엔진은 연료와 더불어 압축 공기를 이용하여 엔진의 온도를 높여서 더 많은 연료를 차량을 움직이게 하는 데 사용할 수 있었다.

디젤 엔진의 경우, 연료가 공기와 함께 피스톤실 안으로 주입되면서 급격한 폭발을 일으켜 피스톤을 아래로 밀어내린다. 게다가 필요한 연료 자체가 달랐다. 애초부터 디젤 연료는 반드시 석유를 필요로 하지 않았고, 휘발유는 여러 천연 식물성 기름으로 희석하고 혼합시킬 수 있었다. 그가 1897년에 최초의 실용적인 디젤 엔진을 내놓았을 때, 디젤 엔진의 효율성은 약 75퍼센트였다. 땅콩 기름으로 만든 바이오디젤을 사용했는데, 디젤이 이것을 선택한 까닭은 지역의 중소기업들이 타지에서 수입되는 휘발유를 보완하도록 하기 위해서였다. 1900년이 되면서 디젤 엔진은 산업계와 운송 분야에서 인기를 끌었다. 하지만 디젤 엔진의 크기와 무게 때문에 줄곧 사용에 제약이 뒤따랐다.

이런 제약을 극복하기 위해 기업가들은 디젤 엔진을 다른 유형의 교통, 특히 트럭에 사용했다. 디젤 동력의 탱크로리가 1920년대 중반부터 독일의 도로를 달렸고, 메르세데스벤츠는 1936년에 디젤 엔진을 장착한 최초의 자동차를 출시했다. 디젤 엔진이 특히 미국에서 트럭 제작에 많이 쓰이자, 정유회사들은 바이오연료의 사용을 줄이고 화석연료 잔여물에서 디젤 연료를 만들어냈다. 그 결과 바이오디젤은 대략 한 세기 동안 주요 시장에서 배제되고, 석유 기반의 디젤 연료가 20세기에 미국의 트럭 운송 및 산업에서 1차 원료로 사용되었다. 디젤 연료를 사용한 트럭 운송은 저개발국가에서도 상업 발전에 도움이 되었다. 도로 개발의 한계로 트럭 운송에 제약이 있긴 했지만, 그렇다고 해서 그 영향력이 완전히 줄어들지는 않았다. 미국이 자국의 상업적 미래를 장거리 트럭 운송을 중심으로 구축해나가기 시작하면서 디젤 연료의 영향력은 광대한 미국에서 가장 크게 느껴졌다.

1차 세계대전 후에 지역 운송을 넘어서 트럭의 사용이 확대되었는데, 이 기간 동안 미국은 대략 60만 대의 트럭을 사용했다. 1935년에 자동차 운송법은 주간州間 트럭 운송의 미래에서 미국 연방정부를 대놓고 배제하고 주간통상위원회Interstate Commerce Commission, ICC의 권한을 확대했다. 그리하여 이 위원회는 철도 및 해상 교통에 대한 규제를 넘어 주간州間 교역에 관여하는 트럭 운송 회사들까지 규제 대상에 포함시켰다. 1950년대에 주간고속도로를 확장해야 하는 이유는 다양했지만, 가장 큰 영향을 받은 업계는 장거리 트럭 운송 산업이었다. 주간고속도로 덕분에 미국의 트럭 운송업은 다른 어느 국가에서도 본 적이 없을 만큼 발달했다. 트럭 운송 문화는 한 번에 며칠이나 몇 주 동안 도로 위를 달려야 하는 운전자들에게 필수적인 트럭 정거장 네트워크를 중심으로 형성되었다. 이제 디젤 연료 이용은 주간고속도로가 통과하는 미국의 외딴 지역에서 꼭 필요해졌고, 트럭 정거장이 이를 위한 필수적인 수단이 되었다.

특히 미국 기업들은 20세기의 나머지 기간 내내 트럭 운송망을 국내 산업 전반에 깊숙이 끌어들였다. 역사가 셰인 해밀턴Shane Hamilton은 미국의 시골 지역에서 장거리 트럭 운송의 확장은 "산업화된 농업이 대다수 시골 사람들의 사회경제적 삶에서 농업 행위를 점점 더 부수적인 것으로 만들면서" 일어났다고 적고 있다. 본질적으로 트럭 운송은 개별적인 행위들을 함께 연결했고, 시골 지역에서 운전자들에게 일관된 직업을 제공함으로써 이런 전환을 촉진했다.16 해밀턴은 이렇게 말을 잇는다. "트럭은 농부와 식품 가공업자 및 소매자들이 선택할 교통 방식들 중에서 기차를 점점 더 밀어냈는데, 이는 트럭 운송이 본질적으로 철도 운송보다 '더 낫거나' 비용이 싸서가 아니라 트럭이 새로운 운송 방식에 필요한 기술적 유연성 면에서 뛰어났기 때문이다."17

도로 건설과 보조금 지원에 관한 정치적 활동에서 성공하면서 시작된 트럭 운송은 20세기 말에 이르러서는 그 자체로서 하나의 시스템으로 정착되었다. 이와 같은 운송 시스템 덕분에 1980년대에 월마트에서 정점에 달한 소매업 혁신이 가능했다. 트럭 정거장에서부터 냉동음식에 이르기까지, 효율적 유통을 통해 월마트 세계를 이룩하는 데에는 많은 혁신들이 필요했다. 그 바탕에는 디젤 동력의 장거리 트럭 운송업이 있었다.

항공 운송에는 훨씬 더 많은 복잡한 혁신 기술들이 필요했는데, 그 각각은 석유 상품들로 동력을 얻는 내연기관에 의존했다. 초기의 비행 기계들은 다양한 석유 파생물들로 동력을 얻었지만, 2차 세계대전 때 나치 화학자들에 의해 개발된 혁신적 기술들이 제트 연료의 사용을 통해 새로운 가능성을 열었다. 1910년대 라이트 형제들이 시작한 프로펠러 기반의 비행기를 실험한 데 이어, 1차 세계대전에서는 개별 복엽기와 조종사가 기관총을 사용하고 폭탄을 투하하며 싸웠다. 붉은 남작으로 대표되는 이 시기는 '곡예비행가'라고 알려진 스턴트 비행사들에게 자리를 넘겨주었다. 이들 덕분에 하늘을 나는 인간은 세간의 인기를 끌게 되었다. 1930년대 후반에 이르자, 항공기는 미국 전역에 걸쳐 우편물과 승객을 실어 나르기 시작했다. 비행은 비쌌고 느렸지만, 비행기를 이용할 여건이 되는 미국인들은 비행의 편리함을 누리기 시작했다.

2차 세계대전은 미국의 항공 운송을 여러 면에서 상업화하는 데 일조했다. 가령, 퇴역 군용 공항이 시(市)에 팔려서 민간 공항으로 사용되었고, 더글라스와 보잉과 같은 제조업체들이 압력을 높이고 난방 장치가 된 자사의 비행기들을 민간용으로 개조했다. 1950년이 되자 수백만 명의 미국인들이 현실성 있는 교통수단으로서 비행기를 이용했으며, 제트 엔진 또한 2차 세계대전 시기에 나온 이런저런 엔진 기종들에 추가되었다. 최초의 제트 엔진은 1931년에 만들어졌으며, 1950년대에는 보잉747, 767 및 777 등의 대형 제트 항공기들이 하늘을 날았다.

한스 폰 오하인Hans von Ohain이 만든 제트 엔진을 장착한 비행기가 1939년 8월 27일에 하늘을 날았다. 이 엔진은 휘발유로 작동했다. 영국인 프랭크 휘틀Frank Whittle이 자신의 제트 엔진을 개발했지만, 1941년 5월 14일 이전까지는 비행기에 사용되지 않았다. 전쟁으로 인한 휘발유 부족 때문에 휘틀의 엔진은 등유를 사용했는데, 등유는 아직도 현대 제트 연료의 기본을 이루고 있다. 오늘날에는 정유를 통해 제트 A와 제트 A-1을 포함한 다양한 종류의 항공기 연료가 생산된다.

이런 에너지원들을 사용한 항공 운행은 1960년대에 여행과 교역 면에서 전 지구를 완전히 새로운 방식으로 통합했다. 미국 택배회사 페더럴 익스프레스Federal Express의 배달에서부터 외교 임무에 이르기까지, 항공 운행이 국제 경제의 생명선이 되었다. 이런 연결성은 최초의 제트 여객기인 보잉 707로 거슬러 올라가는데, 이 비행기는 1959년에 뉴욕과 런던 사이를 비행하기 시작했으며, 대서양의 횡단 시간을 6시간으로 단축했다. 미국에서는 엄격한 연방 규제 때문에 1978년까지 항공료가 비쌌지만, 그해부터 여객기에 대한 규제가 해제되었다. 일부 여객기들은 기업인 탑승객에 중점을 두어서 요금을 비교적 높게 유지했지만, (사우스웨스트, 제트블루 그리고 에이트란 등) 새로운 저가 항공사들이 생겨나서 여행 목적의 탑승객들을 끌어들였다. 항공 교통 수치는 규제 해제 전인 1975년의 2억 500만 명에서 규제 후인 1980년에는 2억 9,700만 명으로 증가하더니 2000년에는 6억 3,800만 명까지 치솟았다.[18]

현대인들에게는 당연해 보이지만, 인간과 물품을 이동하기 위한 이런 교통망 덕분에 국경 없는 국제화 시대가 가능하게 되었다. 상호연결성은 유엔과 같은 영향력 높은 기구뿐만 아니라 글로벌 기업들의 확장도 가능하게 해주었다. 하지만 국제화의 잠재적 효과들은 또한 심각한 안보 문제를 초래했다. 여객기가 항공기 납치범의 수중에 들어가거나 그들이 가하는 위협에 직면하는 경우 여객기는 테러리스트들이 선진국에 타격을 줄 수 있는 대표적인 먹잇감이 되었다.

게다가 물자와 인간의 이동은 언제나 생물체 간 교환의 사례들을 만들어냈는데, 특히 질병이 그런 예다. 2008년의 '조류독감'의 사례는 어떻게 복잡한 상호연결이 병원균을 세계의 새로운 지역으로 이동시키는지를 보여주는 하나의 예일 뿐이다. 1980년대 AIDS의 확산 또한 항공이라는 새로운 연결망의 확대로 인해 악화되었고, 2020년의 코로나19의 확산은 중국에서 시작되었다가 금세 여행객들을 통해서 전 세계의 인구 조밀 지역으로 퍼진 것으로 보인다.

도시화의 빛과 그림자

　복잡성과 자원 집중 면에서 볼 때, 현대 도시는 과거의 생활 환경을 초라하게 만든다. 맥네일은 이렇게 적고 있다. "현 시대 이전에 큰 규모를 이루었던 도시들은 정치적 운명에 따라 부침을 겪었던 제국의 중심지들과 해외 교역망에 의존했던 무역 중심지들뿐이었다."[19] 심지어 18세기 후반에도 전 세계의 도시들 중에서 인구 50만을 넘는 도시는 소수에 불과했다. 하지만 20세기 후반에는 온갖 요인들이 합쳐지면서 도시화가 위대한 가속 시대를 보여주는 명백한 현상이 되었다.

　1940년 이전에 아프리카, 라틴아메리카 및 아시아에서도 이미 유럽과 북미 지역에서와 똑같은 이유로 대도시들이 등장하기 시작했다. 예를 들어, 1937년에 카이로의 인구는 130만 명으로 늘어났고, 1950년에 부에노스아이레스의 인구는 300만 명까지 증가했으며, 멕시코시티는 1920년에서 1940년 사이에 크기가 두 배가 되었다.[20] 하지만 맥네일이 말한 "도시화의 크레센도the crescendo of urbanization"가 시작된 시기는 탈식민화 이후였다.

　1950년 이후 세계 곳곳에서 도시들이 시골 지역보다 빠르게 성장했다. 1950년에는 인구가 천만이 넘는 도시는 딱 두 곳뿐이었다. 하지만 20세기 말이 되자 그런 거대도시는 '메가시티'라고 불리게 되었으며, 전 세계 여기저기에 스무 곳이나 되었다. 선진국의 경우 1950년부터 2003년까지 도시에 사는 사람들의 수는 4억 3,000만 명에서 9억 명으로 두 배 이상 증가했다. 이와 같은 엄청난 인구 집중으로 인해 필연적으로 자연환경에 강한 스트레스가 가해졌는데, 공기 및 수질 오염, 위생 문제 및 질병 등이 그런 예다.

　도시화 그리고 특히 메가시티의 발전은 개발도상국들에게 가장 큰 영향을 미쳤는데, 도시 거주자의 비율이 1950년에서 2003년 사이에 두 배 이상 증가했기 때문이다. 그런 변화는 현대화를 위한 국가 전략에 따른 현상이었는데, 문화대혁명 시기의 중국이 그런 예다. 다른 지역들의 경우, 농업의 기계화로 인해 많은 농부들이 도시로 내몰릴 수밖에 없었다.

맥네일에 따르면, 페르시아만 지역에서 "1973~1974년에 원유 가격 상승이 그 지역에 막대한 수익을 안겨다주었다. 그에 따라 두바이와 아부다비와 같은 전시용 도시들이 등장했는데, 막대한 부와 인구 유입이 그런 도시들의 특징이었다"[21] 종종 기존의 지방 정부들은 인구 유입에 압도당했다. 방글라데시의 경우 다카는 1950년에 인구 40만 명의 소도시였는데 2007년에는 300만이 넘는 대도시가 되었다.

인구가 너무 급격하게 유입되면서 팽창한 도시 변두리에 정착촌이 생기기도 했다. 교외 지구가 아닌 변두리 정착촌에는 불법 거주민들이 득실거렸으며 때때로 도시 전체 인구의 3분의 1이 기반시설이나 하수도 시설도 없는 이런 지역에 살기도 했다. 멕시코시티 변두리의 900만 명, 상파울루의 300만 명 그리고 뭄바이 인구의 절반 이상이 그런 곳에서 살고 있다.[22] 맥네일은 21세기가 시작될 즈음 "개발도상국의 도시는 극도의 가난과 소수에게 집중된 부로 인한 환경적 결과로 몸살을 앓았다"라고 적고 있다.[23]

도로를 통한 자동차의 국제화

도시 팽창을 촉진한 현대화의 노력과 더불어, 1900년대 후반 여러 국가의 시민들은 (화석연료, 특히 석유에서 나온 휘발유로 작동하는 개인 교통수단인) 차량을 구입하기 시작했다. 앞에서 논의했듯이 자동차는 근본적으로 에너지의 안정적인 공급에 의존한다. 다시 말해서, 자동차의 사용은 곧 사회가 에너지에 의존한다는 지표이다. 자동차 자체는 20세기 동안 완성되었지만, 그것의 기반이 되는 혁신은 매우 유연한 기술이었기에 전 세계의 사업가들이나 각국 정부는 자신들만의 방식을 만들어낼 수 있었다. 선진국들이 1970년대에 석유 공급의 한계에 맞닥뜨렸을 때조차 (나라마다 규모와 범위가 제각각이었지만) 개발도상국들은 변함없이 자동차를 사회의 틀을 바꿀 첫걸음으로 여겼다. 이로써 도로, 주유소, 교량 및 새로운 양식의 생활 및 쇼핑 시스템을 포함한 기반시설의 현대화가 촉발되었다. 특히 저개발국가들이 탈식민화 이후에 현대화를 추구하면서 자동차는 변화를 위한 이상적인 도구가 되었다.

자동차는 20세기 초반에 대량으로 생산된 직후부터 인간의 기본적인 생활방식을 변화시키기 시작했고, 오늘날에도 여전히 변화를 일으키고 있다. 승용차나 트럭을 통한 이동성은 사람들이 어디에서 집을 짓고 음식을 사고 기분 전환을 하고 사업체를 정할지를 결정하는 요인이 된다. 자동차와 트럭에 의한 이동의 직접성과 정확성은 독특한 형태의 교통을 만들어낸다. 철도, 활주로 또는 물길의 제약을 받지 않고서 사람들은 농장이나 제품의 원천이나 목적지 근처로 이동할 수 있다.

오늘날 전 세계의 산업국가들에서 광대한 교통망이 전국을 뒤덮고 있다. 20세기 초반부터 선진국들이 국가 도로 시스템을 우선시했듯이, 21세기에 현대화를 추구하는 국가들도 여전히 고속도로를 자국의 경제 발전을 위한 필수적인 기반시설로 여기고 있다. 대표적인 사례들 중 하나를 들자면, 1960년대 브라질이 자국의 열대우림 지역을 농업 및 경제 발전의 방해물로 여기고서 개발에 나섰다. 그에 따라 숲에 접근하기 위한 대규모 도로 건설에 착수했는데, 모든 벌채의 약 95퍼센트가 브라질 아마존 내의 고속도로나 도로에서 50킬로미터 내에서 벌어졌다. 도로 건설을 위한 삼림 훼손으로 인해 나무들이 죽고 가뭄이 발생하고 외래생물종이 침투했다.[24]

아마존 강 유역의 첫 번째 주요 고속도로는 수도 브라질리아에서부터 아마존 입구에 있는 벨렝까지 놓였는데, 브라질 북부 지역으로의 인구 정착을 권장하기 위해서였다. 1970년대에는 아마존 횡단 고속도로의 착공과 함께 벌채가 증가했다. 동서 방향의 이 고속도로를 따라 벌목꾼들, 농장 정착민들 그리고 토지 투기꾼들이 몰려왔고, 숲은 종종 부동산 소유권을 위해 베어졌다. 새 정착민들은 방목을 함으로써 더 넓은 지역의 소유권을 주장할 수 있었다.[25]

1990년대 초반에는 5,000만 대가 넘는 자동차가 매년 전 세계에서 생산되었다. 선도적인 제조업 지역은 일본, 미국 및 서유럽이었다. 자동차는 미국과 캐나다에서 2차 세계대전 후에 대량소비 물품이 되었는데, 특히 많은 사람들이 교외에서 거주하게 되면서 이런 현상이 두드러지게 나타났다. 1950년부터 1970년 사이에 자동차는 서유럽, 일본 및 호주에서 소비 물품으로 등장했는데, 1990년에 미국인들이 여전히 다른 어떤 사회보다 자동차를 더 많이 소유했다. 일본의 경우 미국처럼 교외로 나갈 공간이 많지는 않았지만, 일본의 차량 소유는 1960년 이후에 극적으로 증가했다. 맥네일에 따르면, "1990년에 평균적으로 미국인들은 유럽인들보다 개인 차량으로 매년 두 배 더 멀리 이동했는데, 특히 호주인들보다는 훨씬 더 멀리 이동했다." 그리고 물론 전체적으로 볼 때, 미국 제조업체들과 소비자들은 다른 국가들보다 더 크고 무거운 차량을 선호했다.[26]

자동차 문화는 20세기 내내 발전했지만, 가장 분명한 몇 가지 변화들은 1970년대, 1980년대 그리고 1990년대 초반에 일어났다. 안전과 환경오염에 대한 걱정으로 인해 설계 방식이 변했고 신기술이 도입되었다. 또한 자동차 차체와 엔진은 휘발유를 절약하기 위해 더 작고 더 가벼워졌으며, 최근 과학자들은 휘발유 엔진의 대안을 강구하고 있다.

개발도상국에서 도로 안전

많은 개발도상국의 경우, 도로 부족 문제가 새로운 차량과 운전자들의 유입을 방해하는 유일한 어려움이었던 것은 아니다. 도로와 운전에 관한 지침이나 감독이 별로 없었기에 많은 국가들에서 차량에 의한 이동은 꽤 위험한 일이었다. 매년 대략 135만 명이 도로 교통사고로 사망하며, 2,000만~5,000만 명의 사람들이 부상을 입었다. 전 세계적으로 도로에서 일어난 사망 사고의 대략 93퍼센트가 소득이 낮거나 중간인 국가들에서 발생했다. 이 나라들의 차량은 전 세계 차량의 고작 60퍼센트에 불과한데도 말이다. 교통사고는 다섯 살에서 스물아홉 살까지의 아동 및 청년들의 사망에서 주요한 원인이기도 하다.

세계보건기구WHO는 교통사고를 산업국가의 주요 문제점으로 인식하고서, 도로 안전 정책의 계획, 실시 및 평가를 위해 회원국들과 협력해서 일하고 있다. 가령, WHO는 글로벌 도로 안전을 위한 블룸버그 이니셔티브BIGRS 2015~2019와 협력하여, 저소득 및 중간 소득 국가와 도시를 대상으로 도로 교통사고로 인한 사망률과 부상률을 줄이기 위한 활동을 벌였고, 이는 BIGRS 2020~2025로 이어지고 있다. 또한 2017년 WHO는 "생명을 살리자: 도로 안전 기술 패키지"를 통해 도로 교통사고의 사망률과 부상률을 크게 줄일 수 있는 기반 조치들을 종합적으로 제시했다. 속력 관리, 리더십, 기반시설 설계 및 향상, 차량 안전 기준, 교통 법규 시행 그리고 사고 후의 생존 대책 등을 우선순위에 따라 6가지 범주와 22가지 해결책으로 제시하는 동시에 회원국들에게 정책 시행 지침을 제공했고, 이를 통해 2020년까지 도로 교통사고로 인한 전 세계의 사망자 및 부상자 수를 절반으로 줄이고자 했다.[27]

이런 움직임들을 통해 자칫 발전이 더뎠을지 모를 국가들에서도 신기술이 갑자기 (거의 인위적으로) 등장할 수 있었다. 선진국들은 자동차 자체와 더불어 교통망을 통합하고 운용하는 방법과 노하우까지 수출했고, 그 덕분에 자신들이 가지고 있는 교훈들을 새로운 후발주자들에게 알려줄 수 있었다.[28]

배기가스 규제와 감축을 위한 노력

과학자들이 1960년대 후반에 공해의 복잡성을 이해하기 시작하면서, 다음과 같은 사실이 점점 더 분명해졌다. 즉, 차량의 내연기관이야말로 납과 같은 특정한 독성 물질을 배출할 뿐만 아니라 스모그라고 불리는 도시에서 발생하는 공해의 주된 요인이었다. 가령 미국에서는 2억 대 남짓의 자동차와 트럭이 전국적 공해의 절반 가량 그리고 도시 지역 공해의 80퍼센트 이상을 야기했다. 미국폐협회American Lung Association의 추산에 따르면, 미국은 공해의 직접적인 결과로 인한 의료비를 매년 600억 달러 넘게 지출한다.[29]

자동차 및 다른 차량의 엔진은 휘발유를 연소할 때 공해를 발생시킨다. 이때 발생한 배기가스는 공기, 특히 정체된 도시 지역의 공기에 큰 영향을 미친다. 하지만 그걸 추적하거나 뒤쫓기가 어려운데, 왜냐하면 오염원이 움직이고 있기 때문이다. 이 배가스 내의 오염물질에는 이산화탄소,

탄화수소, 산화질소 그리고 미세먼지 등이 포함된다. 미국 전역에서 자동차 오염원이 공해 물질의 발생에서 가장 많은 부분을 차지하는데, 이런 공해 물질은 암을 비롯한 심각한 질병들을 일으킨다고 알려져 있거나 그럴 것으로 의심을 받는다. 온실가스도 암을 비롯한 심각한 질병들을 일으킨다고 알려져 있거나 그럴 것으로 의심을 받는 오염 물질이지만, 온실가스가 유일한 문젯거리는 아니다. 과학자들은 내연기관에서 배출되는 온실가스가 열을 지구의 대기 안에 가두는 역할을 한다고 여기고 있다.

자동차 배기가스를 통제하려는 첫 시도는 1961년으로 거슬러 올라간다. 그해에 캘리포니아 주 단독으로 전국 차원에서 고려되던 수준을 훌쩍 뛰어넘어 모든 자동차에 PCV 밸브 장착을 요구했다. 이 밸브는 일부 배기가스를 자동차의 크랭크실 내부에 가두어두는 역할을 했다. 이후 1965년에 연방 차원의 규제가 자동차공해법과 함께 시작되었고, 뒤이어 1970년에 최초의 청정대기법이 나왔다. 아울러 1970년 지구의날Earth Day에 현대적 환경주의의 새로운 사회운동이 시작되었고, 유권자들은 많은 국회의원들에게 차량에 대해 과감한 조치를 취하라고 압박했다.

실제로 1970년 지구의날을 창립한 게이로드 넬슨Gaylord Nelson이 "자동차 공해 문제는 내연기관을 1975년 1월 1일까지 대체하는 규제 요건을 통해 정면으로 다루어져야 한다"라고 천명했다.[30] 앞에서 논의했듯이 1973년의 석유 금수 조치로 인해 더욱 효율적인 엔진 제작에 대한 관심이 배가되었다. 청정대기 규제의 주요 주창자 중 한 명은 메인 주 출신의 민주당 의원인 에드윈 머스키Edwin Muskie 상원의원이었다. 그는 미국 지구의날 행사에서 시작된 새로운 환경 NGO들과 (연방정부를 이용하여 국가의 여러 해악들을 규제하거나 궁극적으로 해결하자는) 1960년대의 개념 사이에서 가교 역할을 했다. 이렇듯 여러 관계자들은 대중들이 내연기관을 미국인들의 건강과 안전을 위협하는 비효율적인 오염원으로 여기도록 하는 데 집중했다. 넬슨 등이 내연기관의 완전한 금지를 주장했지만, 가장 타당한 결론은 미국 자동차에 대한 (캘리포니아에서 시행된 것과 비슷한) 연방정부 차원의 규제인 듯했다.

미국 정책결정자들이 이 새로운 우려를 1970년대 에너지 위기 동안 자동차 제조사들이 가지고 있던 우려와 조화시키려고 하면서, 기업평균연비Corporate Average Fuel Economy, CAFE 기준이라는 규제 기준이 마련되었다. 의회에서 세부 내용을 논의한 결과, 머스키는 1975년까지 일산화탄소CO나 염화수소HCl와 같은 차량 배기가스에 포함된 특정 오염물질을 1970년의 90퍼센트 수준으로 감축하도록 요구하는 큰 성과를 올렸다. 물론 이런 조치의 의도는 제조업체들이 새로운 기준을 충족시킬 수 있는 기술을 개발하도록 하는 것이었다. 1975년에 캘리포니아의 한 법안은 소음기消音器 앞의 차량 배기가스 시스템을 개조하여 촉매 변환기라는 장치를 포함시키도록 규정했다. 비용이 대략 300달러인 초기의 변환기는 배기가스를 스테인리스 스틸이나 세라믹으로 만든 벌집 모양의 통을 통해 배출했다. 변환기는 기존의 차량을 개조하여 자동차 배기가스에 관한 새로운 기준을 충족시키는 혁신적이고 비용 효율적인 장치 중 하나였다.

자동차 배기가스에 관한 과학적 연구는훨씬 더 구체적인 측면에서 진행되었다. 배기가스 및 배기가스가 일으키는 스모그에 대한 공기 검사를 통해 자동차 사용이 가져오는 부정할 수 없는 현실이 드러났다. 바로 납 중독이었다. 1920년대부터 휘발유에 납 첨가물을 넣는 것이 줄곧 허용되었다. 하지만 1970년대의 새로운 기준에 따라 자동차 제조업체들은 대중의 기대를 반영하여 납 배출물에 대한 극적인 변화를 모색해야 했다. 이 시점에 1갤런의 휘발유에 첨가된 납의 양은 대략 2.4그램 정도였다. 1971년

1월 미국 환경보호청Environmental Protection Agency, EPA의 첫 수장인 윌리엄 럭켈스하우스William D. Ruckelshaus는 이렇게 천명했다. "종합적인 정보에 의하면, 휘발유에 첨가된 알킬납alkyl lead은 … 대중의 건강에 위협을 가하는 납 입자를 발생시킨다." 1973년 11월 28일에 발표된 미국 환경보호청의 연구 보고서에 의해 자동차 배기가스에서 나온 납이 대중의 건강에 직접적인 위협을 가한다는 사실이 확인되었다. 이에 따라 미국 환경보호청은 어느 등급의 휘발유든 전국의 모든 휘발유 속의 납 성분을 점진적으로 줄이도록 하는 규제안을 발표했다.[31]

규제의 수위와 차량에 대한 대중의 높아진 기대로 인해, 미국 자동차 제조업체들은 1970년대 내내 압박감을 느끼지 않을 수 없었다. 자동차 업계의 지도자는 누구든 차량 가격을 높이고 미국 노동자들을 일터에서 내몰 혹독한 변화가 닥치리라고 내다보았다. 실제로 일부는 자동차가 21세기쯤에도 미국에서 여전히 생산될 수 있을지 공공연히 의혹을 제기했다. 자동차 제작의 미국적 전통을 다음 세기까지 이어나가기 위해서는 상당한 창의력이 필요했다. 하지만 분명 미국 제조업체들은 이 창의적인 설계 노력을 새 규제안을 우회하는 방향으로 사용했다. 실제로 공해는 단지 화석연료 연소의 직접적인 결과일 뿐이었다. 이러한 배기가스의 의미와 영향은 내연기관의 미래를 훨씬 더 어렵게 만들었다.

녹색혁명과 식량 과학

위대한 가속의 시대에 영향을 받은 일상생활은 교통만이 아니었다. 식량 준비와 가용성도 저렴한 에너지의 가용성 확대와 함께 크게 달라졌다.

농업 생산의 단순화 및 증대는 석유가 단지 연료 이상의 역할을 하게 되는 과정을 극명하게 보여주는 사례이다. 유통을 위한 트럭 운송 시스템과 트랙터 및 콤바인과 같은 농기계들도 전부 디젤 연료로 작동하는데, 이 모두가 인간의 식량 네트워크를 변화시키는 한편, 대부분의 경우 식량 가격을 상당히 낮추었다. 화학자들 또한 석유를 이용하여 쇼핑카트에 올라오는 식량을 확대하고 단순화하며 때로는 발전시키는 데 중요한 역할을 했다.

그런 석유화학 분야의 성취 덕분에 농업국들은 농업을 확대하고 단순화했으며, 전 세계에 걸친 현대적 농업 기업들을 위해 나름의 역할을 했다. 게다가 이런 방법과 화학물질들은 "녹색혁명Green Revolution"이라는 최초의 위대한 국제적 협력 사례를 촉진했다. 국가 간의 '격차'를 해소하기 위해 1960년대 선진 세계의 농업 과학자들은 기술과 잡종 종자를 저개발국가의 농부들과 공유했다. 농업혁명은 농업이 이런저런 이유로 실패하고 있던 많은 문명에게 농업 기술을 전해주었고, 덕분에 아프리카와 남아메리카의 굶주리는 사람들은 식량을 얻을 수 있었다. 전 세계로 퍼진 이 혁명은 멕시코(곧 이어 인도)의 밀 작물에서 시작되었고, 나중에는 아프리카의 옥수수로까지 확대되었다.[32]

하지만 이런 과정에서 많은 기술과 상품들은 농부들을 훨씬 더 석유에 의존하는 농업 방식으로 내몰았다. 이는 화학비료와 같은 농사용 화학물질의 사용에서 가장 명백히 드러난다. 화학비료의 사용은 1975년에서 2000년 사이에 일곱 배 증가했다.[33] 지형학자 데이비드 몽고메리David Montgomery는 다음과 같이 적고 있다. "1961년에서 2000년까지 전 세계의 비료 사용과 전 세계의 곡물 생산 사이에는 거의 완벽한 상관관계가 있다."[34] 아시아와 중앙아메리카 및 남아메리카의 많은 국가들에서 농업혁명의 성공으로 식량 생산이 크게 증가했다. 예를 들어 아시아에서는 재배된 쌀의 4분의 3 이상이 (토종이 아닌) 도입된 작물이다. 한편 아프리카와 같은 다른 지역들에서는 성과가 덜 했다.

제3세계 석유 독재자들의 등장

석유 비축의 시대에, 원유 소유국들(가진 자들)은 국제적 위상이 크게 올라갔고, 아제르바이잔부터 베네수엘라에 이르는 지역의 여러 지도자들은 '석유독재자petrodictator'라는 별명으로 불렸다. 그런 경우, 비축유는 국민들을 위해 사용되기 보다 지도자들이 국제 시장에서 수익을 올리는 데 사용되었다. 일부 지도자들은 원유 수익을 이용하여 자국의 국제적 위상을 드높였다. 다른 지도자들은 나라가 경제적으로 곤궁해지든 말든 개인적 부를 축적하기도 했다.

이런 독재자들이 석유를 투자수익원으로만 사용하지 않는 것은 "새로운 석유 전쟁"을 장식하는 풍경의 일부이다. 1979년부터 2003년까지 이라크의 지도자 사담 후세인이 석유를 통해 개인적인 이익을 추구한 것이 이런 현상을 보여주는 사례이다(이라크는 1972년에 자국의 석유 산업을 국유화했다). 결국 대다수의 논평가들이 주장하듯이, 후세인은 자신이 지닌 석유의 이득을 과시하다가 망하고 말았다. 이후에 나온 석유독재자들은 후세인의 사례로부터 새로운 자원 전쟁의 시대에 그 상품을 어떻게 주무를지에 대한 교훈을 얻었다.

1980년대에 쿠웨이트의 지도자들은 미국을 만족시키려는 일념에서 원유 생산의 상한을 꾸준히 높였다. 이런 노력을 통해 쿠웨이트와 서구 열강들과의 관계는 좋아졌지만, OPEC 지도자들은 점점 더 쿠웨이트의 독단적인 석유 생산에 분개했다. 1979년 이라크에서 독재적인 권좌에 오른 후세인은 그 지역에서 가장 큰 군대를 육성하기 시작했다. 먼저 1979년에 후세인은 그 군대를 이라크 침공에 사용했다. 그리고 1990년에는 페르시아만에 접한 쿠웨이트에 눈독을 들이더니, OPEC의 집행자가 되기로 결심하고서 쿠웨이트를 침공했다. 과감한 후세인은 생산을 제한하여 국제 원유 가격을 관리함으로써 OPEC의 이익을 챙기는 일에 적극 나섰다.

하룻밤 만에 후세인의 석유 보유고가 20퍼센트나 높아지자, 전 세계는 만약 후세인의 군사작전이 무장이 약한 사우디아라비아와 아랍에미리트 연합에까지 뻗어나가면 어떤 결과가 생길지 주목하게 되었다. 만약 그렇다면 후세인은 전 세계에 알려진 석유 보유량의 대략 절반을 장악하게 될 터였다. 석유 보유고 확보가 절대적으로 중요한 미국과 동맹국들은 결국 이라크의 쿠웨이트 침략을 결코 인정하지 않았다.

이후 여러 달 동안 유엔을 통해 이 상황을 비군사적으로 해소하려는 노력이 계속되었다. 하지만 결국 그 시도는 1991년 1월 17일에 중단되었고, 그날 유엔이 승인하고 미국이 주도한 대규모 다국적군이 페르시아만에 상륙했다. 후세인과 그의 군대를 이라크로 내쫓는 것이 다국적군의 목표였다. 대다수 전투는 고작 몇 시간 만에 끝났고, 후세인의 군대는 세계에서 가장 발전한 군사 기술 앞에서 엄청난 패배를 당하고 말았다.

사실 그 전쟁은 선진국과 저개발국가 사이의 격차를 보여주는 상징적 사건이었다. 중동과 아프리카 지역에서 맹위를 떨쳤던 후세인의 군대가 마치 장난감 군대처럼 다국적군에게 상대가 되지 않았기 때문이다. 하지만 그렇다고 후세인의 군대가 그 충돌의 진정한 원천에 큰 손상을 가할 수 없었다는 뜻은 아니다. 후퇴 전에 후세인 군대는 대략 800군데의 쿠웨이트 유정에 불을 질러, 전례 없던 환경 재난을 초래했다.

간신히 바그다드로 후퇴한 후세인은 계속 권좌에 머물러 있었다. 하지만 조지 부시 대통령이 2003년에 기회를 포착하여 그 독재자를 축출했다. 2003년에 벌어진 이 전쟁의 논리는 2001년 9월 11일 미국 영토에 가해진 공격과 관련이 깊었다. 조지 W. 부시 대통령은 후세인과 같은 지도자들에 대한 조치는 장래의 공격이나 충돌을 막아내기 위한 '선제적' 전쟁이라는 새로운 전략이라고 주장했다. 하지만 비판자들은 그것이 일종의 자원 전쟁으로서, 이라크의 원유 보유고를 미국이 마음껏 사용하고 개발하기 위한 시도라고 주장했다. 원유 확보의 관점으로 현시점에서 그때를 되돌아보자면, 후세인 축출은 그다지 실익이 없었다. 후세인의 몰락, 체포 및 죽음 후에 찾아온 정세 불안은 이라크 원유의 즉각적인 개발에 대한 희망을 무너뜨렸다. 하지만 2010년이 되자 이라크의 새로운 석유 질서는 정돈되었다.

후세인의 통치 방식을 배운 그다음의 가장 명백한 석유독재자는 베네수엘라의 우고 차베스Hugo Chávez였다. 쿠바의 피델 카스트로를 대단히 존경했던 차베스는 1998년에 정권을 잡았고, 이후로 자국의 막대한 석유 보유량을 이용하여 자신과 조국의 국제적 지위를 드높이려고 했다. 국내적으로 차베스는 '혁명적인' 사회주의 정책을 약속했고, 기득권을 쥔 '독점적 신흥재벌predatory oligarch'을 가리켜 국제자본의 부패한 노예들이라고 비난했다. 국제적으로 차베스는 자칭 '석유 외교'를 실시했다.

그는 베네수엘라는 "지정학적 무대에서 휘두를 석유라는 강력한 카드"가 있다고 설명하며 다음과 같이 말했다. "이 카드는 우리가 세계에서 가장 난폭한 국가인 미국을 상대로 거칠게 휘둘러야 할 카드이다."[35] OPEC에서 차베스는 석유 가격을 높게 유지하자고 강경하게 나섰고, 심지어 배럴당 석유 가격을 미국 달러를 기반으로 매겨야 하냐며 대놓고 의문을 표했다. 미국을 악마화하려고 유엔에서 연설할 때든 자국의 원유를 미국의 소외 계층에게만 직접 판매하겠다고 으름장을 놓을 때든, 차베스의 국제적 위상은 자국의 막대한 원유 공급량을 바탕으로 하고 있다.

러시아는 근래에 다른 정치적 모형을 따랐다. 러시아에서 석유는 공산주의 몰락 후에 국력의 바탕을 이루는 중요한 요소로 등장했다. 석유 생산은 더 이상 국가 예산의 지원을 받지 않으며, 대신 다른 국가들에 석유를 팔아서 비용을 충당했다. 공산주의 정권이 무너지고 러시아가 독립적인 지역으로 등장했을 때, 전직 소련의 석유장관이 루크오일이라는 주식회사를 세우게 해달라고 모스크바에 간청했다.[36] 다른 석유 자원들은 러시아 독립 초기 동안 매우 복잡하고 불분명한 방식으로 노동자들 및 민간 기업들에게 분배되었다.

역사가 존 그레이스John D. Grace는 이렇게 적고 있다. "1995년 초반이 되자, 소련 시절 러시아의 대략 36개 생산업체들 가운데서 20곳 이상이 여전히 국가 소유였고 13곳이 민간 기업이 되어 있었다. 이들 중 가장 중요한 업체는 루크오일, 유코스, 수르구트네프테가스, 슬라브네프트, 시단코, 코미네프트, 이스턴오일 그리고 오나코이다." 그레이스는 (타타르스탄과 바시코로토스탄) 지방 정부의 통제 하에 남은 볼가-우랄 유역의 두 회사를 추가했다.[37] 몇몇 러시아인들이 국가의 은행 시스템을 장악했고, 이들 '신흥재벌'은 곧 새로 등장한 석유 회사들, 특히 루크오일에서 중요한 역할을 하게 되었다.

21세기 초반이 되자 루크오일은 서구의 석유 및 가스 기업들을 모범으로 삼아 작은 회사들을 인수했다. 그리고 탐사와 생산을 넘어서 석유 정제, 마케팅 및 석유화학 산업 등의 분야로 사업을 다각화하여 국제적으로 기업을 운영했다. 2002년 루크오일은 (런던에 있는) 서구의 증권거래소에 상장한 최초의 러시아 석유 회사가 되었다.[38] 루크오일은 콜롬비아와 이라크에서도 활발히 사업을 펼쳤으며, 카스피해 근처의 주요 파이프라인 프로젝트들을 다수 인수했다. 또한 아시아 국가들과 특히 일본 및 중국과도 새로운 교역 관계를 맺었다. 이렇듯 루크오일은 21세기의 급성장하는 세계 석유 시장의 이점을 십분 활용했다. 석유 회사들이 진정으로 독립적으로 운영되느냐 여부와 무관하게, 그런 회사들의 급성장 덕분에 새로 태어난 러시아는 오늘날 석유 생산과 유통에서 선도국 자리에 올라 있다.

종종 석유독재자들은 꽤 긴 기간 동안 나라를 장악했다. 하지만 점점 더 드러나는 증거에 의하면, 독재권력에 의한 일방적인 석유 개발은 말로가 좋지가 않다. 그럼에도 불구하고 석유 공급은 위에서 논의한 저개발국가들에게는 선진국과의 격차를 줄여줄 가장 중요한 수단으로 부상했다.

다른 국가들은 국유 내지 사회주의 모형을 통해서 기반시설의 마련을 뒷받침하기 위한 석유 개발을 강조했다. 가령 북해 원유를 개발할 때, 일군의 유럽 국가들은 공동 프로젝트를 실시했다. 영국, 덴마크, 노르웨이, 독일 및 네덜란드가 세금과 면허를 공동으로 사용하는 합의체를 결성하여 1968년 이후에 험난한 북해 연안 원유 개발을 이끌어냈다.

노르웨이의 경우 국유인 스탓오일 사가 그 나라를 세계에서 세 번째로 큰 원유 수출국이자 여덟 번째로 큰 생산국으로 만들었다. OPEC에 참여하지 않는 대신 노르웨이는 1990년에 노르웨이석유기금Petroleum Fund of Norway을 세워서 판매 및 로열티 수익을 올렸다. 세계에서 가장 큰 공공기금 중 하나인 노르웨이 석유기금은 원유 공급이 감소할 때 국가의 경제적 안정을 확보하는 것이 주된 목적이다. 특히 노르웨이의 인구는 500만 미만이므로, 근래에 비판자들은 그런 대규모 기금 조성이 필요한지에 의문을 품어왔다. 최근에는 많은 비판자들은 그 기금이 노르웨이 국내의 발전과 수요 충족을 위해 더 많이 사용되기를 요구하고 있다.

석유 확보를 위한 치열한 전쟁

선진국의 관점에서 보면, 석유의 정치 무기화는 국가의 적극적인 개입을 점점 더 요구하고 있다. 1989년 미국 대통령 취임식에서 조지 W. 부시는 중동과 석유독재자들에게 다음과 같이 대놓고 말했다. "그들이 맞이한 미국 대통령은 석유와 가스 업계 출신이기 때문에 그 업계를 알아도 너무 잘 아는 사람입니다." 부시의 세계관은 자신의 사업 경험과 잘 맞아떨어졌다. 그는 (당시 세계 석유 생산의 3분의 2를 담당하던) OPEC 주도의 중동에서 미국의 영향력이 지닌 전략적 중요성을 확고하게 (그리고 드러내놓고) 믿는 최초의 서구 지도자 중 한 명이었다.

이 역사적인 분기점에서 OPEC은 모든 회원국들에게 이익이 되도록 석유 가격을 고정시키는 방법을 고민하고 있었지만, 개별 국가들은 자국의 경제적 한계 때문에 석유 생산 억제를 달가워하지 않았다. 1990년 후세인이 쿠웨이트를 침공하자, 미국 대통령이자 석유 기업가인 부시는 유엔군의 합동 작전을 통해 후세인의 진격을 막았으며, 최종적으로 이라크 군대를 자국으로 철수시켰다. 이라크 군대는 쿠웨이트에서 철수하면서 그 나라의 많은 유정에 불을 질렀다. 이 테러 행위는 환경 재앙을 초래했으며, 쿠웨이트가 곧바로 원유를 생산할 수 있는 능력을 훼손시켰다.

하지만 가장 큰 손해는 후세인의 계산착오로 말미암아 미국이 세계의 석유 지역에서 군사 활동을 개시했다는 사실이었다. 부시는 페르시아만의 국가들과 미국 사이에 상호 의존적인 관계 수립이라는 자신의 목표를 달성했다. 하지만 그렇다고 해서 가격 안정이 지속된다는 의미는 아니었다. 1990년대 후반에는 생산 감소와 관련된 더 많은 문제들이 나타났다. 생산 불균형으로 인해 1999~2000년 사이에 휘발유 가격이 세 배로 올랐다. 칼도어Kaldor와 동료들은 이라크에서 벌어진 21세기 전쟁의 근원을 추적했다. 그들에 의하면 미국은 석유를 통해 전쟁에 대한 결심을 쉽게 내릴 수 있었고, 이후 석유를 둘러싸고 이어진 '구식 전쟁'에 전면으로 나서게 되었다. 또한 그들은 이라크 전쟁에서 드는 비용은 그곳에서 얻게 될 "석유 수익"으로 충당될 것이라고 주장했다.[39]

역사의 장난인지, 2000년 미국 대선에서 이전 대통령의 아들인 조지 부시가 당선되었다. 이라크의 지도자 후세인과 중동 석유 공급 문제가 아들 부시의 우려 사항이긴 했지만, 석유 가격은 조금 낮게 유지되었다. 하지만 에너지 안보는 2001년 9·11 공격으로 대중의 관심사로 등극했다. 비록 후세인과는 아무런 관계가 없었지만, 부시 대통령은 이 공격을 빌미로 삼아 두 가지 이유에서 이라크 지도자 축출을 미군의 임무로 삼았다. 첫째는 신뢰할 수 없으며 잠재적으로 위험한 후세인이 그런 중요한 석유 보유국을 장악하고 있다는 점이었고, 둘째는 만약 후세인 축출을 위한 침공이 실행된다면 석유 판매로 인한 수익이 새로운 이라크를 빠르게 안정화할 테니 미국이나 기타 점령국들이 지원해야할 금융 자원이 줄어들 것이라는 점이었다. 이 두 가지 전쟁 구실 모두 석유의 중요성에서 비롯된 것이었다.

에너지에 대한 전략적 필요가 커졌기에 선진국들은 원유의 안정적 공급이 필요했다. 그리고 20세기 내내 해외에서 에너지 안보를 유지할 필요성은 꾸준히 증가했다. 2차 세계대전이 끝날 때까지, 미국은 국내 공급이 충분했던 까닭에 유럽 열강들이 중동 석유 공급 지역을 식민화하고 개발하는 것을 지켜만 보았다. 하지만 종전 후에는 미국 외교 정책결정자들도 유럽과 마찬가지의 현실을 인식하게 되었다.

21세기의 거의 모든 외교 활동에서는 지정학적 요소들이 중요하게 고려되었다. 반세기 넘게 그릇된 정보로 인해 이런 현실을 알아차리지 못했던 미국 소비자들은 석유 의존성의 의미를 제일 마지막에 가서야 인식했다. 이라크에 대한 침공과 점령 그리고 지원의 핵심에는 원유가 놓여 있었다. 하지만 분명 이 전쟁은 부국과 빈국이 만들어낸 새로운 세계의 석유 질서, 그리고 그 질서 속에서 각국의 지위를 드높이기 위한 다양한 노력들을 극명하게 보여주는 상징이었다.

새로운 석유 질서를 훨씬 더 명확히 하기 위해, 2004년 낸시 버드솔Nancy Birdsall과 아르빈드 수브라마니안Arvind Subramanian은 영향력 있는 저널인 <포린 어페어스>에 '이라크를 석유로부터 구하기'라는 기사를 실었다. 이 기사는 미국 및 점령국들에게 어떻게 새로운 나라를 개발하기 위해 이라크의 석유를 가장 잘 활용할지에 대해 조언하는 내용이었다. 그 내용은 단순하면서도 훌륭한 발상에 바탕을 두고 있다. 두 저자는 석유라는 '자원의 저주'를 이렇게 적고 있다.

석유가 많은 나라들은 세간의 예상과 달리 전혀 축복받은 존재가 아니다. 사실 그런 나라들은 바로 석유가 풍부하다는 그 이유로 종종 빈곤해지고 만다. 석유와 광물이 많다는 사실은 성장에 나쁘며 민주주의에 나쁘다. 왜냐하면 그런 요소들이 시장을 중심으로 하는 열린 경제와 정치적 자유에 필수적인 제도와 가치의 개발을 방해하는 경향이 있기 때문이다.[40]

이라크전쟁의 쓰라린 역설은 원래의 출발점에서 벗어나 '새로운 석유 전쟁'이 되어버렸고, 이라크에서 비국가 활동 세력이 증오를 조장하고 그 나라에 대한 미국의 점령을 혼란에 빠트리는 데 적극적인 역할을 했다는 점이다. 그 과정에서 테러리스트들의 활동 때문에 원유에서 나오는 수익으로 새로운 이라크의 재건을 돕는 일이 유야무야되고 말았다.

원유를 향한 대이주

상징은 어느 사회에나 매우 중요할 수 있는데, 특히 한 사회가 독립적이고 현대적인 국가의 이미지를 만들어내려고 시도할 때 더욱 그렇다. 예를 들어 9·11 사태에서 여실히 드러났듯이, 저개발국가의 어떤 이들은 자국의 자원을 개발하고 이용할 기회가 없다고 좌절한 나머지, 뉴욕시의 세계무역센터라는 쌍둥이 빌딩을 그 격차를 (어떤 사소한 또는 잠재적으로 의미심장한 방식으로) 해소할 수 있는 지점으로 삼았다. 그날 그 사건은 미국이 군사 활동을 더욱 확대하고 국가 안보를 더욱 중시하는 풍조만 낳았을 뿐, 세계의 마천루들은 그 격차가 전혀 좁혀지지 않았음을 보여준다. 하지만 힘의 중심은 이동하기 시작했을지 모른다. 예를 들어, 아랍에미리트연합의 대다수 인구는 극심한 가난 속에서 생활하며 현대생활의 기본적 혜택을 제대로 누리지 못하지만, 두바이를 국제적인 중심지로서 발전시키는 일에는 단연 두각을 나타내고 있다.

효용성보다 상징성을 훨씬 높이 사서 하늘 위로 치솟은 부르즈 할리파 Burj Khalifa가 2010년 초 두바이에서 개장했다. 새로운 세계 질서의 상징인 부르즈 할리파는 높이가 무려 828미터에 달하는 로켓 모양의 빌딩이다.

세계에서 가장 높은 이 건물은 시야가 무려 100킬로미터에 달한다. 타이페이에 있는 가장 높은 건물의 기록을 훌쩍 뛰어넘은 이 건물의 높이는 163층으로, 짓는 데 5년 이상이 걸렸으며, 가격은 15억 달러로 추정된다. 만약 1970년대의 석유 위기가 선진국들이 석유 수요를 저개발국가들로부터 채워야 한다고 인정할 수밖에 없게 된 계기라면, 부르즈 할리파는 그 우선순위가 영구적으로 고착화되었음을 보여준다.

부르즈 할리파가 우뚝 서 있는 도시인 두바이는 21세기의 첫 번째 10년 동안 국제적 현상으로 등장했다. 아랍에미리트연합의 일곱 개 에미리트 중 하나이며, 아라비아반도의 페르시아만 남쪽에 위치하는 두바이 시는 때때로 에미리트와 구별하기 위해 "두바이 주"라고도 불린다. 이 도시는 20세기 말에 석유 산업과 함께 성장했고, 21세기가 시작되면서 신흥 국제 경제의 중심지로 자리매김했다. 또한 중동과 동남아시아의 여러 프로젝트에 대한 재정 지원에 집중하는 동시에 페르시아만 내에서 활동하기 시작한 다양한 노동자들의 오아시스 역할도 한다.

에너지의 중요성이 높아지는 경향은 21세기의 벽두에 정치적 지도력에서만 드러난 현상이 아니었다. 어디든 원유 생산은 이웃 지역들로부터 노동자를 이주시켰다. 페르시아만의 경우, 석유와 관련된 인구 이동이 전체 지역의 결정적 특성이 되었다. 1990년 이후로 인도의 케랄라로부터 페르시아만으로 가장 큰 규모의 노동력이 유입되었다. 1998년에 140만 명 남짓의 케랄라 사람들이 인도에서 이주해왔는데, 이는 중동의 아랍 국가들이 목표한 전체 이주민 중 대략 95퍼센트에 해당했다. 총 이주민 중에서 거의 40퍼센트가 사우디아라비아로 갔고, 30퍼센트가 아랍에미리트연합국으로 향했다.

중동에서 노동자 세대는 석유 산업과 함께 이동했다. 저임금 일자리나

실직 상태에 처한 많은 이들은 수십 년 동안 해외에서 노동자, 택시 운전사 또는 식당일을 하면서 가족에게 돈을 송금하거나 가끔씩 귀국할 때 번 돈을 가지고 갔다. 근래에는 전문기술직 노동자들, 특히 이집트와 같은 국가 출신의 전문기술직 노동자들이 많이 늘어났다. 과거에는 전문기술직 노동자들이 훈련을 거쳐서 유럽이나 미국에서 일자리를 찾으려 했다면, 요즘에는 집에서 가까운 곳에서 일자리를 찾을 기회가 많아지고 있다.

이집트는 500만 명의 해외 노동자들이 있는 것으로 추정되는데, 그중 걸프만 지역이 기반인 사람들이 150만 명이다. 미국, 유럽 및 페르시아만에서 보내는 송금이 이집트 외환의 원천이다. 이집트인들은 2007-2008 회계연도에 송금을 통해 집으로 85억 6,000만 달러를 보냈는데, 이는 1년 전의 63억 2,000만 달러보다 늘어난 금액이다.

이런 일자리 대부분은 그 지역에서 생겨난 신도시에 집중되어 있는데, 신도시에서 생기는 국제 교역 일자리와 실제 물리적 건물을 짓는 일자리가 주를 이룬다. 세계무역센터와 흥청망청하는 라스베이거스를 합친 느낌의 두바이의 중심지인 부르즈 할리파에는 나이트클럽, 모스크 사원, 호화로운 객실 및 회의실 등이 들어서 있다. 부르즈 할리파에 가면 세계 최초의 아르마니 호텔의 화려한 장관, 세계 최고 높이의 수영장(76층), 세계 최고 높이의 모스크 사원(158층) 그리고 시속 65킬로미터까지 속력을 낼 수 있는 54대의 엘리베이터를 만날 수 있다. 그 건물의 55만 제곱미터 넓이를 채우는 1만 2,000명이 넘는 사람들에게 부르즈 할리파는 건물 주변뿐만 아니라 아랍에미리트연합국 국민들 대다수의 참담한 가난이라는 사막 속에 존재하는 오아시스이다.[41]

더 커지는 에너지 격차

2008년 9월 23일에 시작된 그 사업은 그냥 '평범한' 일일 뿐이었다. 그런 순간에 사무실을 연다는 것은 말 그대로 사무실을 여는 것일 뿐이다. 가령 책상과 복사기와 종이 클립을 사는 일이었다. 하지만 어떤 경우에는 상징적인 수준에서 이루어지는 일도 있다. 그날 이라크 바그다드의 셸오일 사무실의 경우가 바로 상징적인 의미에서만 움직이는 일터였다. 의도야 사업을 한다는 것이지만, 그 장소는 비밀에 부쳐져야 했다. 만약 그 장소가 알려지면, 그 사무실은 알카에다 내지는 미국이 점령한 불안정한 그 나라의 다른 적들의 공격 대상이 될 것이 분명했다. 따라서 그것은 5년 전부터 미국이 시작한 위태로운 점령 상황을 대변하는 하나의 상징이었다. 셸 사무실의 개설은 또한 32년 간 떠나 있었던 외국 석유 기업의 재입성 사례이기도 했다. 셸 사무실은 조지 W. 부시의 미국 행정부가 오랫동안 부정했던 침공의 진실을 은연중에 드러냈다. 석유야말로 2003년 미국이 이라크를 침공하면서 진지하게 고려한 요소였다는 진실 말이다.

석유가 국가 안보의 문제라는 것은 1950년의 미국 대중에게는 생소한 생각이었다. 하지만 오늘날 이 개념은 너무 자명하고, 대다수 미국인들은 자신들이 전 세계 석유 공급량의 대부분을 통제했던 날을 이제와서 떠올리기는 쉽지 않다. 진정한 의미에서 원유에서 나오는 권력(원유를 분명 갖고 있지만 충분한 보유고를 소유하지는 못한 이들 그리고 소유하고 있지만 자기들로서는 그게 필요하지 않은 이들)이 조직한 새로운 세계 질서가 펼쳐진 것이다. 가진 자들과 갖지 못한 자들로 나뉘어진 21세기의 세계에 대해 정치과학자 마이클 클레어Michael Klare는 이렇게 적고 있다. 즉, 미국과 다른 선진국들은 현재 '자원 전쟁'의 시대에 존재하는데, 그는 이 전쟁을 다음과 같이 설명한다.

> 미국의 군사 기득권에게 이런 우려는 다음과 같은 특별한 울림을 낳는다. 군이 교역을 촉진하거나 금융 안정을 향상시키는 데 별로 기여할 수는 없지만, 자원 공급을 보호하는 데는 핵심 역할을 할 수 있다. 자원은 유형의 자산으로서, 정치적 소요와 국제적 충돌에 의해 위험에 노출될 수 있다. 그렇기에 자원은 물리적 보호가 필요하다. 외교와 경제 제재가 다른 경제적 목표를 촉진하는 데 효과적일 수 있지만, 전쟁과 위기의 시기에는 오직 군사력만이 석유 및 다른 중요 자원들의 지속적인 흐름을 보장할 수 있다. 그러므로 국가의 경제 안보에 특별한 공헌을 하는 실체로서 군대는 핵심 자원들의 국제적 흐름을 보호하는 능력을 체계적으로 키워왔다.[42]

경제학자들도 자원 전쟁의 개념을 새로우면서도 오래된 전쟁의 범주에 포함시켰다. 그럼으로써 경제학자들은 이 장의 논리에 따라 석유를 둘러싼 전쟁이 20세기 시작부터 긴밀하게 이어지고 있다고 주장했다. 왜냐하면 석유는 "핵심 전략 상품이자 안보 사안으로 고려되었기" 때문이다. 경제학자 메리 칼도어Mary Kaldor와 테리 린 칼Terry Lynn Karl 및 야히아 사이드Yahia Said는 한 발 더 나가서, 새로운 석유 전쟁에서 정부의 역할은 약화되었다고 설명하며 다음과 같이 말했다.

> 새로운 전쟁은 석유 이외의 세금 수익이 감소하고 있고 정치적 합법성이 약해지고 있으며 조직화된 폭력의 독점이 어려워지고 있는, 약하고 때로는 통제 불가능한 국가들과 관련이 있다. 그런 전쟁에서 석유에서 나오는 막대한 수

익은 다양한 방식으로 폭력 활동에 자금을 지원하고 탐욕스러운 정치경제를 기르는 데 사용된다.[43]

일종의 '투자수익 전쟁'으로서 석유를 놓고 벌이는 충돌은 오직 원유의 높은 가치에 바탕을 두고 있다. 이해당사자들은 그 지역이나 자원의 장기적 개발에 거의 또는 전혀 관심이 없다. 게다가 그들은 종종 (수익을 안겨주는 석유의 속성을 제외하고는) 그 상품의 국제적 성격에도 별로 개의치 않는다. 그들은 무절제하고 규정을 지키지 않는 방식으로 국제 석유 기업들과 함께 일하는데, 이는 한 상품으로서 원유의 안정성에 중대한 위협이 아닐 수 없다.

식민 당국의 약화 또는 완전 철수로 많은 국가들은 갑자기 권력 공백 상태를 맞이했는데, 이 공백을 틈타 이런저런 권력자들이 등장했다. 20세기 후반의 여러 사례에서 선진국의 지도자들은 그런 권력자와의 관계를 다루고자 외교적 또는 군사적 방법들을 모색했다. 상대 국가가 위치나 자원 때문에 전략적인 중요도가 높을 경우, 이런 노력들은 더욱 거세졌다. 이런 방식으로 탈식민 시대에는 국가들이 석유라는 척도에 따라 가진 자와 갖지 못한 자로 분류되었다. 물론 사우디아라비아, 아랍에미리트연합국 및 이라크와 같은 갑자기 독립한 중동 국가들은 '가진 자'의 범주에 속했다.

하지만 석유 소유가 자동적으로 한 나라의 경제 발전을 가져오지는 않았다. 기자 피터 마스Peter Maass는 <크루드 월드Crude World>에서 이렇게 적고 있다. "석유가 풍부한 나라들의 역설 중 하나는 대다수가 부유하지 않다는 것, 즉 석유가 번영보다 곤경을 낳는다는 점이다."[44] 나이지리아의 경우 정부 장관들이 군대 장성들과 옥신각신하고, 시민들은 국가의 석유를 쉽게 이용하려는 노력에서 전적으로 소외되어 있다. 에콰도르의 경우에는 석유 개발자들의 행동에 대한 규제 부족 때문에 해당 지역의 모든 생명체가 의존하는 아마존 강 지류가 오염되었다. 그리고 러시아에서부터 베네수엘라 및 기니에 이르기까지, 여러 국가들의 경우 정부 관리들이 석유를 이용하여 정치력을 통합하고 세계 무내에서 자신들의 존재감을 드높인다.

2010년 초반이 되자, 2008년 셸 사무실 개설의 주목적이 드러났다. 영국과 네덜란드 합작으로 설립된 이 회사와 말레이시아의 국영 석유 회사 페트로나스가 이라크 최대 유전인 마지눈Majnoon을 개발하는 20년짜리 계약을 따낸 것이다. 게다가 2010년 1월 14일 <뉴욕타임스>의 표제는 다음과 같았다. '미국 회사들이 이라크 석유 노다지를 차지하려고 달려가다.' <뉴욕타임스>의 기사 내용에 의하면, (핼리버튼, 베이커 휴스, 웨드퍼드 인터내셔널 등) 낯익은 대규모 미국 유전 개발 회사들이 "국가의 정체된 석유 산업을 부활시키고자 했는데, 왜냐하면 이라크가 세계 최대의 석유 생산국인 사우디아라비아에 도전장을 던지려 하기 때문이었다".[45]

석유 대기업들의 이런 활동은 이라크의 막대한 석유 보유고를 안정화하여 모든 당사자들에게 도움을 주려고 기꺼이 나서는 것이었을까? 아니면 늘 그렇듯이 미국 정책결정자들의 의도였을까? 그들은 석유를 위해 전쟁을 벌였던 것일까? 선진국들이 석유, 특히 에너지 공급 전반에 관해 더욱 복잡한 문화로 진입하는 일반적 경향을 볼 때, 긍정적인 답변이 더 어울린다.

PART Ⅳ

지속 가능한
에너지 시대를 위해

바로 지금, 즉 우리에게 현재인 이 놀라운 순간에, 우리는 별 생각 없이 어떤 진화상의 경로가 계속 열려 있을지, 어떤 경로가 영원히 닫히게 될지를 결정하고 있다. 다른 어떤 생명체도 이렇게 한 적이 없지만, 안타깝게도 그런 결정은 우리의 가장 오래가는 유산이 될 것이다.[1]

《여섯 번째 대멸종The Sixth Extinction》에서 이 책의 저자 엘리자베스 콜버트 Elizabeth Kolbert는 우리가 사는 이 시대 그리고 인류세라는 개념의 등장을 위와 같이 적고 있다.

인간은 지구의 역사에서 다른 어느 종보다도 더 공격적으로 살아왔다. 하지만 그렇다 보니 과학기술을 통해 높아진 인식과 이해의 수준을 통해 우리는 우리 자신이 지구에 미친 영향을 이해하고 인식하기 시작했다. 인류세의 맥락에서 우리는 인류의 에너지 개발의 다음 국면은 최대한 문젯거리를 덜 일으키는 것이어야 함을 알 수 있다. 조만간 이러한 더욱 온순한 에너지원들은 더 이상 '대안'이라고 불리지 않을지 모른다.

지속가능한 에너지를 생각하기

현재의 전환에서 각 에너지원은 각 동력원의 사용으로 인한 비용과 편익을 고려하는 복잡한 시장에서 새롭게 가격이 매겨진다. 가장 중요한 점을 말하자면, 탄소회계carbon accounting의 결과, 더 이상 화석연료는 단순하면서도 비용 효율적인 에너지원으로 여겨지지 않게 되었다.

분야별 전 세계 연간 총 화석 CO_2 배출량

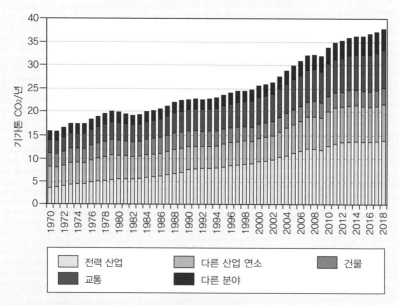

분야별 전 세계 연간 총 화석 CO_2 배출량. 화석 CO_2 배출량에는 화석연료 사용, 산업 과정 및 상품 사용에 의한 배출량 등이 포함된다. Source: Researchgate: https://www.researchgate.net/figure/Total-global-annual-emissions-of-fossil-CO2-in-Gt-CO2-yr-by-sector-5_fig1_345685694. Accessed January 6, 2022.

지질연대표

누대	대	기		세		백만 년 전
		제4기		홀로세		0.011
				플라이스토세	후반	0.8
					초반	2.4
		제3기	네오기	플라이오세	후반	3.6
					초반	5.3
				마이오세	후반	11.2
					중반	16.4
	신생대				초반	23.0
			팔레오기	올리고세	후반	28.5
					초반	34.0
				에오세	후반	41.3
					중반	49.0
					초반	55.8
				팔레오세	후반	61.0
					초반	65.5
		백악기			후반	99.6
					초반	145
	중생대	쥐라기			후반	161
					중반	176
					초반	200
현생누대		트라이아스기			후반	228
					중반	245
					초반	251
		페름기			후반	260
					중반	271
					초반	299
		펜실베이니아기			후반	306
					중반	311
					초반	318
		미시시피기			후반	326
					중반	345
					초반	359
	고생대	데본기			후반	385
					중반	397
					초반	416
		실루리아기			후반	419
					초반	423
		오르도비스기			후반	428
					중반	444
					초반	488
		캄브리아기			후반	501
					중반	513
					초반	542
		초반		신원생대		1000
원생누대	원생누대	중반		중원생대		1600
		후반		고원생대		2500
시생누대	시생누대	후반				3200
		초반				4000
명왕누대						

이 지질연대표는 우리가 현재의 인류세로 들어서기 전의 지구의 역사를 보여준다. Source: NPR, "Climate Change and the Astrobiology of the Anthropocene." https://www.npr.org/sections/13.7/2016/10/01/495437158/climate-change-and-the-astrobiology-of-the-anthropocene. Accessed January 6, 2022.

미국에서 에너지 사용의 다양화 (%)

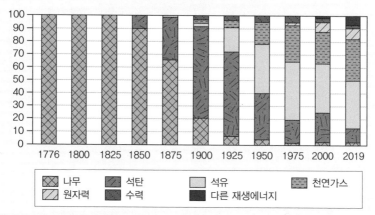

미국에서 에너지 사용의 다양화, 1776–2019. Source: Ba sed on IEA data from IEA (2019) Monthly Energy Review, IEA (2020), www.iea.org/statistics, Accessed January 6, 2022, All rights reserved; as modified by Brian Black .

세계 각 지역별 2018년까지의 CO_2 배출량

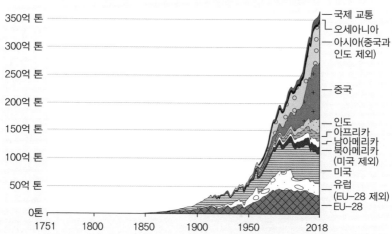

세계 각 지역별 2018년까지의 CO_2 배출량. Source: Carbon Dioxide Information Analysis Center (CDIAC): Global Carbon Project (GCP). https://ourworldindata.org/grapher/annual-co-emissions-by-region, Accessed January 6, 2022.

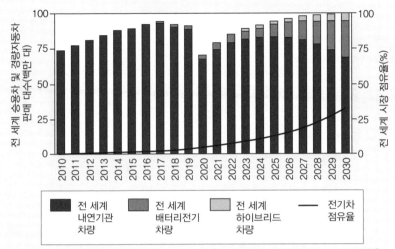

2030년까지 전 세계 승용차 전망. Source: Deloitte, "Electric Vehicles:Setting a Course for 2030": https://www2.deloitte.com/uk/en/insights/focus/future-of-mobility/electric-vehicle-trends-2030. html. Accessed January 6, 2022.

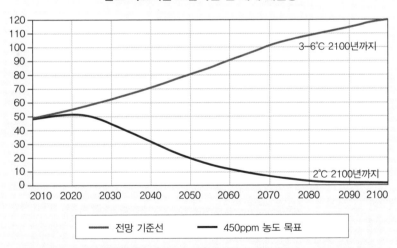

감소 목표치를 포함시킨 전 세계 배출량, 2010-2100. Source: OECD, Climate Change Mitigation: https://www.oecd.org/statistics/climate-change-mitigation-we-must-do-more.htm. Accessed January 6, 2022

Chapter 8

에너지 전환을 위한
노력과 논쟁들

북극에서 시작된 전쟁

북극에서 지금 새로운 냉전이 치열하게 펼쳐지고 있는 걸까? 러시아, 중국 및 미국은 북극에 대한 영향력과 통제력을 차지하려고 다투고 있다. 어느 나라도 북극에서 장기적으로 정착하려 하지는 않는다. 다만 그곳에서 얻을 수 있으리라고 믿는 35조 달러어치의 미개발 상태의 석유와 천연가스에 눈독을 들이고 있다. 기후온난화로 세계의 많은 곳이 어려움을 겪고 있는데도 이들 나라는 그 상황에는 아랑곳하지 않고 북극에서 기회를 붙잡을 생각만 하고 있다.

최근에는 따뜻해지는 지구 온도로 인해 북극에서 새로운 항로와 더불어 경제적 기회가 생겼다. 이를 틈타 중국은 아직 소유자가 결정되지 않은 자원을 차지하려고 '북극 실크로드Polar Silk Road' 계획을 추진했다. 그 지역은 금, 은, 다이아몬드, 구리, 티타늄 등 소중하고 희귀한 원소가 매장되어 있지만, 가장 주목을 끄는 것은 에너지 자원이다. 전문가들의 예상으로 북극에는 세계의 미개발 화석연료의 5분의 1에서 4분의 1이 매장되어 있다고 한다.

미국 또한 근래에 개입하기 시작했는데, 미국 해양대기청National Oceanic and Atmospheric Administration, NOAA은 지구온난화로 2000년 이후 바다가 줄어들고 있는 "새로운 북극"이 생겨났으며, 이는 지난 1,500년 동안 전례가 없었던 일이라고 선언했다. 또한 북극은 "과거 수십 년 동안의 안정적으로 얼어 있던 지역으로 되돌아갈 징후가 없다"라고 주장하기도 했다.

3,000억 달러의 잠재적 가치가 있는 프로젝트를 진행하고 있는 러시아는 북극의 기반시설 개발의 확실한 선도국으로 남아 있다. 소련 시절의 버려진 군사 시설들을 다시 열고 새로운 시설과 비행장을 설치하려고 나섰으며, 북쪽 해안선을 따라 일련의 항구들을 건설하고 있다. 궁극적으로 러시아는 연안의 북극 석유가 2050년까지 자국 석유 생산량의 30퍼센트를 차지해주기를 희망하고 있다.

그 지역에 장기적인 관심을 두고 있는 다른 국가들로는 노르웨이, 핀란드, 캐나다, 미국이 있다. 이런 활동을 잘 보여주는 증거가 바로 쇄빙선의 사용이다. 러시아는 쇄빙선 50척을 운용 중이고, 핀란드는 7척, 캐나다와 스웨덴은 6척 그리고 미국은 5척을 운용하고 있다. 노후화되는 선단을 갱신하려고 미국 해안경비대United States Coast Guard는 6척을 더 제작할 계획이지만, 첫 번째 쇄빙선은 2023년이 지나서야 인도될 것이다.[1]

모든 개발의 국면이 새롭긴 하지만, 가장 급진적인 변화는 중국의 개입이다. 중국은 남극에 발을 디딘 적이 있을 뿐, 북극에는 아무런 영토를 주장할 근거가 없기 때문이다. 국제 무대에서 높아지는 경제력과 해군력을 바탕으로 중국은 북극 개발 프로젝트를 시작했다. 1999년 이후 북극에서 과학 조사를 명분으로 등장한 중국은 자국의 석탄에 대한 의존을 줄이기 위한 일환으로 2019년 '시베리아의 힘Power of Siberia' 프로젝트를 시작했다. 이는 3,000킬로미터 길이의 천연가스 파이프라인을 통해서 러시아의 시베리아 유전을 중국 북동부 지역과 연결시키려는 프로젝트이다.[2] 이런 동향에서 확실히 알 수 있듯이, 북극의 중요성은 나날이 커지고 있다.

2013년 캐나다에서 네 번째로 큰 도시인 앨버타 주의 캘거리에 큰 자연재해가 닥쳤다. 그 결과 캘거리의 도시 각 구역, 경제, 기반시설 및 자연환경이 막대한 피해를 입었다. 계곡물이 모여 이룬 강들에서 흘러들어온 물이 크게 내린 비와 맞물려서 도심을 뒤덮는 홍수가 발생한 것이다. 캘거리 중심부가 폐쇄되자 사람들은 집과 사무실로 대피했고, 기반시설이 파손되어 기본적인 서비스가 중단되었다. 캘거리 지도자들은 그 사태를 하나의 기회로 삼았다. 도시 지도자들은 이렇게 적고 있다.

> 2013년 홍수를 겪고 나서 우리는 삶의 질을 망가뜨릴 수 있는 요인들을 주도면밀하게 파악하기로 했습니다. '회복탄력성이 있는 캘거리'라는 이 전략을 통해 우리는 가장 큰 고통과 충격의 요인들이 무엇인지 파악했고, 그런 요인들에 관해 연구했습니다. 우리의 대비책에 관한 지식을 모아 캘거리를 지속가능하고 회복력이 있는 장소로 만들자는 우리의 비전으로 실현해줄 구체적인 목표와 활동을 알아냈습니다.[3]

캘거리는 '세계 100대 회복탄력성 도시resilient cities' 중 하나이다. 에너지 전환으로 논란이 되고 있는 오늘날 '회복탄력성resilient'이라는 용어는 지속 가능한 미래 도시를 위해 기후변화의 현실들을 고려하여 새롭게 도시 계획을 세우는 방향으로 나아가는 것을 의미한다. 회복탄력성 도시들은 미래를 계획할 때 핵심 전략들을 강조하는데, 이 전략들은 다음과 같다. 환경과 경제 개발의 상호연결성, 다양성과 새로운 사람들에 대한 열린 태도, 과거의 교훈을 통한 예산 마련과 계획 수립 시에 자연적 기반시설을 하나의 자산으로 고려하는 마음가짐, 지속 가능하고 재생 가능한 기반시설에 대한 강조 그리고 미래지향적 태도이다. 요약하자면, 도시의 회복탄력성이란 어떠한 종류의 만성적인 위해 요소들과 갑작스러운 충격을 접한다고 해도 적응하고 생존하고 번영할 수 있는 도시 내의 개인, 기관, 기업 및 시스템의 능력을 말한다.

특히 캘거리의 노력은 인상적인데, 그도 그럴 것이 캘거리는 21세기 초반의 다른 에너지 현실들의 온상 중 한 곳이기 때문이다. 즉, 상당한 비용과 기술을 동원하여 남아 있는 비전통적 에너지원을 엄청나게 캐낸 곳이다. 이 도시의 성장은 에너지 산업의 호황과 불황의 사이클에 뒤이어 이루어졌다. 앨버타 주의 경우, 석유와 가스의 원천은 뒤에서 설명하게 될 타르샌드tarsand(역청질 모래)이다. 여기에 본부를 둔 에너지 회사들은 2020년에 지구에서 가장 심하게 자원을 뽑아 올리는 사업을 실시하여, 미가공 에너지원을 파이프라인과 유조선을 통해 가장 높은 가격의 입찰자에게 보냈다.

이런 경제 활동에 초점을 두면서도 캘거리는 자체적으로 화석연료를 넘어선 미래를 내다보고 있다. 특히 캘거리는 회복탄력성 조치들에 자금을 지원하는 신선한 접근법으로도 유명하다. 지난 몇 년 동안 캘거리는 '회복탄력성 배당금 도구Resilience Dividend Tool'라는 것을 활용했다. 이것은 도시의 회복탄력성을 높이는 기회들을 통해 예상되는 효과를 정량화함으로써 투자 우선순위를 알려준다. 예상되는 이익을 평가하면, 현재의 투자 대비 최종적 수익을 정량화해주므로 의사결정이 쉬워진다. 비록 경제적인 측면에서 화석연료를 중시하긴 하지만, 캘러리는 이런 식의 자금 지원을 바탕으로 그 도시가 추진하는 계획의 중요한 부분은 지속 가능한 에너지 기반의 미래로 나아가는 일임을 분명하게 하고 있다.

2012년 캘거리 시의회는 도시 운영에 소비되는 모든 전력을 위해 100퍼센트 신재생에너지로 생산된 전기를 구매하자는 발의를 승인했다. 그리고 2018년의 기후 회복탄력성 전략Climate Resilience Strategy을 통해 다음과 같은 전략을 수립했다. 에너지 관리를 개선하고 온실가스 배출을 감소함으로써 기후변화 요인을 줄이는 동시에 극심한 기후 사태와 기후변화가 기반시설과 공공 서비스에 미치는 영향을 줄이기 위한 위기 관리 조치를 실시하여 변화하는 기후에 대응하자는 전략이다.

기후 회복탄력성 전략은 2050년까지 공동체의 탄소배출량을 2005년 수준 아래로 80퍼센트 감축하는 것을 목표로, 캘거리의 기후 관련 활동을 전략적으로 감독한다. 현재 시행 중인 관련 조치들로는 차량에 대한 바이오디젤의 시범 사용, 지속 가능한 형태의 건설 사업 추진 그리고 LED 기술의 조기 도입(8만 개 이상의 가로등 교체) 등이 있다. 도시의 교통망 또한 2050년 완공 예정인 새로운 경철 시스템의 도입이 진행 중이다. 20세기 말에 선진국의 도시들은 주로 현대화를 위한 노력에 집중했지만, 이제는 새로운 발상을 실현하기 위한 활동에 나서고 있다.

캘거리를 포함한 다른 100여 곳의 회복탄력성 도시들의 사례에서 볼 수 있듯이, 현재 화석연료에서 벗어나기 위한 에너지 전환이 활발히 진행 중이다. 과거의 에너지 전환 과정에서 배웠던 교훈을 바탕으로, 환경 역사가 크리스토퍼 존스Christopher Jones는 다음과 같은 교훈들을 알려준다. "교통은 중요하다(마찬가지로 교통 시스템 간의 차이도 중요하다), 공급이 수요를 만들어낸다, 각각의 에너지 전환은 서로 겹쳐지면서 강화된다, 에너지 전환이 지역 간의 불평등을 조장하며 기계적 힘뿐만 아니라 사회적 힘도 재구성한다, 전환은 공적 행위자 및 사적 행위자 모두에 의해 형성된다"[4] 이런 개념을 염두에 두고서 이번 장은 에너지 변화를 위한 흐름을 더 자세히 살펴볼 것이다. 그 이유는 우리가 흥미롭지만 난처하고 심지어 논란이 끊이지 않는 에너지 사용의 시대를 살고 있기 때문이다. 인간 생활과 국가의 성공에 에너지가 핵심적 역할을 한다는 공통의 인식에서 출발하여, 서로 상충하는 유권자들은 그런 이해를 바탕으로 우리의 에너지 시대 그리고 특히 에너지의 미래를 선점하려고 각축을 벌인다.

이번 장에서는 현재 일어나고 있는 에너지 전환의 흐름을 살펴볼 것이다. 핵심을 보자면, 현시대의 에너지 전환은 안정적인 에너지 공급이 전 세계의 경제적 및 정치적 힘을 얻기 위한 요건인 동시에 화석연료 사용이 우리의 생활 환경을 위태롭게 한다는 상반된 현실에서 출발하는 20세기 에너지에 대한 복잡한 개념을 통합하여 더욱 안정적이고 지속 가능한 인간 사회를 구상하고자 한다.

이 시대의 휘발적 속성을 이해하기 위해 많은 이들이 경험했을 법한 사건을 떠올려보자. 바로 낚싯대로 큰 물고기를 잡는 상황이다. 걷잡을 수 없이 우쭐대면서도 흥분한 상태로 펄떡거리는 물고기를 내려다보면서 어떻게 손을 대야 할지, 어떻게 다루어야 할지 어떻게 수중에 넣을지 알아내야 한다. 현재의 에너지 현장이라는 생명체를 살펴보자. 자전거 공유 프로그램과 천연가스 채취를 위한 수압 파쇄법 사이의 연속성, 걸프만의 석유 누출과 전기차의 확산 사이, 또는 지역 식량 프로그램과 북극의 석유 탐사 사이의 연속성을 목격할 수 있다. 다시 말해서, 우리는 활발한 에너지 전환을 목격하고 있는 동시에 거기에 참여하고 있다. 어느 세대에게나 일어나는 일이 결코 아니다. 따라서 이 장에서는 우리 시대의 역동적 속성과 현재의 에너지 전환이 작동하는 방식을 살펴볼 것이다. 이제 화석연료에 대한 의존성에서 벗어나려는 주변의 여러 흐름과 기술적 배경에 주목해보자.

새로운 에너지 계획, 에네르기벤데

지난 세월 동안 서로 다른 두 가지 길이 공존했다. 1970년대의 환경 인식은 지속 가능한 미래를 계획하고 설계하려는 노력을 가져오기도 했지만, 동시에 에너지의 중요한 역할에 대한 인식이 커지면서 아직 남이 있는 화석연료의 채취와 이용을 위한 지대한 노력이 이어지기도 했다. 때때로 이 두 길은 확연히 상반된 듯 보이기도 했고, 또 어떨 때는 미래 사회를 엿보게 해주는 동전의 양면처럼 동질성을 띠기도 했다. 우리의 평생은 이 두 개의 길에 따라 규정될 것이다. 그리고 앞으로 등장할 미래는 필연적으로 그러한 동질성의 순간을 확장해서 인간의 에너지 사용의 그다음 위대한 국면을 가져올 것이며, 마침내 에너지 전환이 일어날 것이다.

많은 사회들이 저마다의 에너지 계획을 실행해왔지만, 1970년대 이후로 다양한 독일 지식인들이 '에네르기벤데Energiewende'라는 개념을 내놓았다. 이것은 앞에서 말한 두 가지 길을 하나의 지속적인 전략 속에 통합시킬 명확한 절충안이 될 수 있는 개념이다. 이 개념은 우선 다음과 같은 인식에서 시작한다. 에너지 정책과 전략은 근본적인 변화를 요구한다는 인식, 그리고 이 변화는 이미 이용 가능한 기술들을 바탕으로 한 성장과 평등한 번영을 위해 시스템을 재구성하는 일과 함께 진행되어야 한다는 인식이다.[5]

'에네르기벤데'가 다른 개념과 구별되는 특징은 소비자들이 기업의 한계와 연방의 통제로부터 벗어나 자유롭게 선택할 수 있는 새로운 시스템을 우선시한다는 점이다. '벤데wende'라는 독일어는 '방향 바꾸기'라는 뜻이다. 파트리크 쿠퍼Patrick Kupper는 "'벤데'는 '에너지 전환energy transition'과는 다르다. '전환'은 그냥 일어나는 일을 의미하는 데 반해 '벤데'는 의

식적으로 추구하는 것을 뜻한다"라고 적고 있다.[6] 펠릭스 크리스티안 마테스Felix Christian Mattes는 에네르기벤데가 든든한 지지를 받아온 까닭은 "급증하는 위험의 결과 때문이 아니라 기술적 가능성에 관한 크나큰 낙관주의 그리고 특히 소비자 지향적인 새롭고 분권화된 기술과 구조의 잠재력 때문이다"라고 말했다.[7] 일종의 응용 전략으로서 에네르기벤데는 오늘날의 소비 대중이 쉽게 접할 수 있는 정보 및 과학과 발맞추어 진행된다. 1970년대 이후로 선진국들에서 보여준 에너지 선택에 대한 통제력 부족 대신에 에네르기벤데는 소비자에 의한 통제를 중심으로 구축되어 있다.

상당히 학제적 접근법인 에네르기벤데는 소비자들에게 영향을 미치기 위해 예술을 통해 그 발상과 개념을 널리 알리고 있다. 예를 들어, 독일박물관은 2016년에 (나중에는 전 세계를 순회하게 될) 대규모 전시 겸 책인 《에네르기벤데: 우리 시대의 기회이자 도전과제로서의 에너지 전환 Energiewenden: Energy Transitions as Chance and Challenge in Our Time》을 기획했다. 관람객이라면 누구나 알아볼 수 있도록 인간 생활에서 에너지의 필요성이 에너지 공급의 복잡한 측면 및 과제들과 함께 전시되었다. 기존 기반시설을 확장하기 위해 에너지 비축이나 배터리 저장을 향상시키는 혁신적인 기술들과 함께 구체적인 에너지원들의 단점이나 한계도 소개되었다.

에네르기벤데는 1990년대에 시작된 새로운 세대의 정책 조치들과 맞물렸다. 이런 노력은 2015년 독일의 슐로스 엘마우에서 열린 G7 정상회담에서 내려진 결정에서 정점에 달했는데, 이로써 독일은 화석연료 없는 에너지 체제로의 전환에 매진하게 되었다.[8] 마테스는 1980년대에 처음 구상된 이후로 에네르기벤데가 다른 계획들과 큰 차이점을 나타내는 이유를 다음과 같이 구체적으로 적고 있다. "에네르기벤데의 힘과 중요성을 국제적으로 현실화하고 발전시킬 수 있었던 까닭은 한 나라의 에너지 시스템의 구조적 변화가 정치에 의해 견인된다는 발상을 진지하게 받아들여 그 발상을 실현하는 데 큰 노력을 기울일 수 있기 때문이었다."[9] 하지만 에네르기벤데의 성공은 기술적 혁신이란 실생활의 문화적 변화에 의해 지지를 받고 소비자들에 의해 실천되어야 한다는 기본 취지를 얼마나 이해하고 있는지에 달려 있었다.

에너지 전환으로 가는 중요한 구성요소로서 시민들의 승인이 에네르기벤데에 필수적이라고 여겨지진 않았다. 그렇기는 해도 대중들이 이런 전환을 폭넓게 수용하도록 하기 위해 다음 네 가지 요건과 함께 설명되었다.

- **방향성과 이해**: 근거와 필요성을 명확하게 설명한다.
- **자율 실천**: 시민에게 선택지를 제공하고 변화를 수용하도록 북돋운다.
- **위험과 편익의 순이득**: 발생할 수 있는 어려움을 명확히 알려주는 동시에 최종적인 혜택을 나열한다.
- **확인**: 시민들의 활동이 에네르기벤데와 명확히 연관될 수 있도록 해주는 권한 부여 메커니즘을 마련한다.

독일을 포함한 몇몇 국가들이 한 발 앞서 새로운 에너지의 가능성을 내다보았지만, 다른 곳에서는 여전히 20세기의 에너지 상황이 계속 펼쳐지고 있었다.

원유 생태계의 아이러니

6장에서 잠깐 살펴보았듯이, 재앙은 1984년 12월 3일 월요일 오전 1시에 인도 중부의 보팔 시의 인구 밀집 지역에서 발생했다. 미국 회사 유니온카바이드가 값싼 노동자들을 고용하기 쉽도록 그 붐비는 장소에 살충제 공장을 세워두었던 것이다. 1970년 이후로 세계의 다른 나라에서는 환경 규제가 심해졌지만, 인도는 화학 제조업체들에게 특히 우호적이었기 때문이다. 그날 공장의 높은 굴뚝들에서 유독성 증기가 폭발하면서 유독성의 아이소사이안화 메틸구름이 누출되었다. 당시 보팔 시에 살던 80만 명 가운데 2,000명이 즉시 사망했으며, 무려 30만 명이 부상을 입었다. 게다가 동물도 7,000마리가 다쳤는데, 그중 1,000마리는 죽었다.

산업재해는 어디에서나 생길 수 있다. 하지만 보팔 시의 참사는 준산업 식민주의라는 위험천만한 새로운 시대의 양상을 잘 드러내 보여주었다. 이러한 경제 개발의 문화에서 그 사태를 사고, 재난, 재앙이나 위기라고 불러야 옳을까? 아니면 문화적 사보타주나 음모 내지 대량학살이라고 불러야 더 적절할까? 《보팔의 비극Bhopal Tragedy》의 저자 윌리엄 보거드William Bogard는 "이런 설명들은 저마다 인간이라는 행위자와 의도라는 문제를 최소화하고, 따라서 책임의 문제를 직접 다루기를 거부한다"라고 말하고 있다.[11] 보거드 등이 보기에 보팔은 지리적 장소, 자원, 국제 외교 사이의 관계 등 20세기 지정학의 많은 요인들이 초래한 '비극'이다. 이 사태와 석유와의 관련성은 석유 채취로부터가 아니라 석유 산업에서 비롯되었는데, 그것이야말로 20세기 후반에 인간과 원유와의 관계를 결정적으로 좌우했다.

화학물질이나 플라스틱과 같은 소비자 제품을 포함한 석유화학 제품들이 무수히 많은 분야에 사용되면서 석유의 사용 방식은 이전과는 판이하게 달라졌다. 이런 화학적 용례들 중 일부는 선진국과 후진국을 막론하고 많은 사람들의 생활 조건을 극적으로 향상시켰다. 하지만 이런 화학물질의 생산은 주위 공동체의 건강을 위협한다. 이런 결과를 간파하고서 일부 제조업체들은 공장의 위치를 사람들이 불평을 하지 않거나 공장이 들어왔는지도 잘 모를 만한 곳에 두었다. 크고 작은 경우에서 볼 수 있듯이, 그런 계획은 환경적 불평등이나 인종주의의 사례에 해당한다. 종종 이런 비용은 "계획적 구식화"라는 영구적인 수요 조장 시스템에 의해 만들어지는 (짧은 수명을 갖도록 설계되어 교체가 필요해지는) 상품을 내놓기도 했다. 미국 및 많은 서구사회에서는 이로써 '대량소비'라는 사회적 주기가 생겨났는데, 이 과정에는 (경제를 작동시키는) 상품 구매라는 행위가 포함되었다.

이 시대에 에너지 관리 부분에서 나타난 사회적 변화들은 인류에 대한 다층적인 역설을 내포했는데, 특히 석유 매장지를 점점 더 찾아내기 어려워질 때 그랬다. 국제적인 기업들, 즉 '석유 식민주의' 시대를 이끌어낸 석유 회사들로부터 성장해온 거대 기업들은 20세기 초에 멕시코와 남아메리카의 정글 속을 뚫고 들어갔던 스탠더드 오일 컴퍼니와 같은 회사들의 노력을 왜소하게 만들 정도의 무자비한 정밀도로 석유 채취의 윤리를 외면했다. 나이저 강 삼각주의 경우, 셸오일과 같은 기업들은 정치 또는 군사 지도자들과의 밀약을 통해 주민들에게 석유 채취로 인한 경제적 혜택을 일절 안겨주지 않고 대신에 건강 문제와 지역 생태계의 훼손만 던져주었다. 원유 채취를 위해서든 소비를 위한 원유 가공을 위해서든, 해당 지역의 전체 사회는 선진국들이 '현대적 생활'이라고 부른 새로운 공식을 지지하도록 협박을 받았다. 원유 생태계는 보팔과 같은 도시뿐만 아니라 원유 자체를 별로 사용할 일이 없던 나이지리아와 같은 나라에도 침투했다.

석유가 2차 세계대전 후에 서구의 생활방식 속으로 깊이 침투했지만, 로버트 마크스가 말한 것처럼 국가들 사이의 경제적 격차를 더욱 복잡하게 만들고 악화시켰다. 한 세기 동안 고에너지 소비를 일삼은 많은 국가들은 두각을 드러내며 번영했다. 하지만 장기적 발전 전략으로 볼 때, 과시적인 원유 소비는 결국 유한한 공급량으로 인해 실패할 수밖에 없는 운명이다. 단기적으로 보아도 선진 세계는 원유를 이용한 상품에 중독되어 있었지만, 놀랍게도 멀리 있는 지역의 국민들은 자국이 생산한 석유나 석유 제품을 제대로 이용하지도 못하고 있다. 생태학자들이 자연계의 피드백 고리라고 부르는 현상과 비슷하게, 에너지 사용에서의 이런 결과는 타자가 필요로 하는 상품은 물리적 및 사회적 수준에서 치명적일 수 있음을 여실히 드러냈다.

에너지와 관련하여 지속 가능한 새로운 개념들이 등장하고 있지만, 21세기 초반은 여전히 화석연료와 결부된 다양한 생활 방식들이 지속되고 있다. 심지어 많은 소비자들이 더 똑똑해졌고 대안적인 선택을 원하는데도 생활 습관의 관성으로 인해 화석연료와 함께하는 삶이 지속되고 있다. 심지어 그런 삶이 더더욱 복잡해지고 불편해지고 있는데도 말이다. 이제 우리의 현재 상황에서 에너지 전환에서 일어날 수 있는 변화의 메커니즘을 살펴보자.

변화를 위한 흐름

배기가스에 관한 새로운 과학

공급의 문제를 넘어서, 화석연료에 의존하는 경향은 환경에 관한 새로운 과학 지식이 등장하면서 더 복잡해졌다. 20세기 대부분의 기간 동안 과학자들은 모든 화석연료, 특히 석유와 석탄의 연소 결과를 정량화하는 연구를 진행했다. 20세기의 후반기에 선진 사회의 많은 사람들은 자신들이 악당을 거느리고 있음을 알게 되었다. 그 악당이란 바로 내연기관을 의미한다. 가장 초기의 버전에서는 내연기관을 악당에 비유하는 것은 석유 공급이 점차 줄어들고 있다는 사실과는 관련이 없었다. 대신에 비판자들은 자동차 엔진에서 석유를 연소하면서 나오는 필연적인 결과, 즉 배기가스와 공해를 강조했다. 온실가스와 기후변화와 같은 개념들을 대중이 이해하기 전에도 공해는 불쾌하고 십중팔구 건강에 나쁘다는 인식이 자리 잡았다.

전반적인 산업화에 의해 생긴 공해는 1900년대 초반 이후로 인간에게 건강 문제를 초래한다고 알려졌다. 스모그와 자동차 배기가스 사이의 관련성을 제일 먼저 밝혀낸 사람은 캘리포니아공과대학교에서 근무하던 독일 과학자 아리 얀 하겐 스미트Arie Jan Haagen-Smit였다. 1950년대 동안 하겐 스미트는 자신의 발견 내용을 대중에게 알리고자 자동차 제조업체들의 맹렬한 비판과 싸웠는데, 당시 제조업체들은 정비가 잘 된 차량은 공기에 해로운 영향을 미치지 않는다고 주장했다.[12] 캘리포니아에서 여러 차례 발생한 심각한 스모그 덕분에 대중들이 공기 오염 문제에 눈을 떴고, 덕분에 공해는 미국의 신생 환경운동의 주요 사안으로 떠올랐다. 현대 환경주의의 기념비적인 사건인 1970년 지구의날에는 공해와 관련된 많은 활동이 펼쳐졌다.

내연기관이 환경에 미치는 영향에 대한 새로운 인식은 미국에서 고에너지 생활방식을 조장하는 이들이 당면하게 될 문제의 시작에 불과했다. 1980년대의 과학자들은 자동차 배기가스가 환경에 미치는 효과와 관련하여 훨씬 더 자세한 내용을 알아냈다. 가장 중요한 사실은 그 효과가 로스앤젤레스와 같은 국지적 장소에 국한되지 않는다는 것이었다. 새로운 컴퓨터 모델링으로 지구 대기의 여러 층의 움직임에 관한 지식이 향상되면서 무언가가 지구를 보호하는 오존층을 급격하게 고갈시키고 있음이 분명해졌다. 게다가 열이 급격하게 지구 대기 속에 갇히면서 이른바 온실효과가 나타나고 있었다. 마침내 1990년대가 되자 과학자들은 지구가 역사상 전례가 없는 속도로 따뜻해지고 있다고 결론을 내렸다.

과학계의 대다수 관찰자들이 보기에 산성비와 같은 문제들을 포함하여 환경 문제들의 뿌리는 화석연료의 연소였다. 인류가 화석연료를 사용하면서 지구 대기 속으로 탄소가 (일산화탄소와 이산화탄소의 형태로) 대량으로 방출되었다. 교통 수단에서 배출되는 이산화탄소량이 미국 전체 이산화탄소 총 발생량의 3분의 1에 달했다. 20세기 말이 되자 대다수 과학자들은 스모그가 불쾌하고 건강에 해로울 뿐만 아니라 실제로 지구 전체의 파멸에도 일조한다는 사실을 인정했다.[13]

일부 과학자들은 한술 더 떴다. 화석연료의 연소로 인간이 환경에 가한 충격이 너무 커졌기에 이제는 새로운 지질시대가 명명되어야 한다고 주장했다. 바로 '인류세'이다. 화학자 파울 크뤼천Paul Crutzen은 2000년에 <사이언스science>에 실은 기사에서 인간은 지형 침식과 화산 분출에 버금가는 지질학적 행위자가 되었기에, "현재의 지질시대를 가리켜 '인류세'라는 용어를 사용하자고 제안함으로써 지질학과 생태학에서 인류의 중심적 역할을 강조하는 것이 상당히 타당하다"라고 적고 있다.[14]

변화를 위한 흐름
누가 전기차를 죽였는가?

선진국들이 채굴된 에너지 자원에 의존하면서 값비싼 에너지의 시대를 열었고, 이로써 우리가 지금 살고 있는 사회가 형성되었다. 하지만 대다수 전문가들이 동의하듯이, 다음 세기는 새로운 모형의 동력원을 요구한다. 대안적인 에너지원들은 화석연료에 대한 의존을 줄일 수 있으며, 아울러 미국의 석유 수입에 대한 의존과 공해도 감소시킬 수 있다. 이와 동시에 에너지를 절약하고 효율을 높이기 위한 조치들이 시행되면서 에너지의 사용 방식이 크게 향상될 것이다. 그리고 단기적으로 이런 시도들은 아주 쉽게 진행될지도 모른다. 가령 에너지 소비를 줄이는 몇 가지 단순한 방법들로는 경량 자동차와 더 효율적인 엔진의 사용, 주택의 단열 향상, 폐기물의 재순환 그리고 대중교통의 개선 등이 있다.

개인 교통의 측면에서는 전기차가 내연기관을 대체할 가장 확실한 후보로 등장했다. 20세기 후반에 캘리포니아에서 환경에 대한 우려가 강조되면서 전기차 개발도 이 지역을 중심으로 강조되었다. 캘리포니아 대기자원위원회California Air Resources Board, CARB가 나서서 주에서 자금을 대는 비영리 컨소시엄인 칼스타트CALSTART를 결성했는데, 이것이 1990년대에 대안 연료를 사용하는 자동차를 개발하기 위한 미국의 노력을 견인하는 기술적 인큐베이터 역할을 했다. 이 컨소시엄은 전기차라고 알려진 프로젝트에 집중하면서 자동차 제조업체의 비난을 고스란히 겪어야 했다. 하지만 1990년대 중반에는 다양한 독립적인 개발 업체들이 기술을 키워나갔다.

정부의 지원도 없이 2차 세계대전 이후 자동차 대기업들의 상반된 노력에도 굴하지 않고, 독립적인 개발 업체들은 저렴하게 작동하며 한 번 충전으로 더 멀리 운행할 수 있는 전기차 제작을 끊임없이 실험했다. 전기차 제작의 어려움은 에디슨 등의 옛 발명가들이 마주친 것과 비슷했다. 배터리 무게를 줄이면서도 운행 거리를 늘리는 것이 관건이었다. 그런 회사들 중 일부는 이미 자동차 업계에 있었는데, 가령 미시건 주 랜싱에 위치한 공구 업체 키시 인더스트리스가 그런 예다. 1961년에 이 회사는 말끔한 거품 모양 루프를 단 전기차 뉴클리 스타라이트를 광고했다. 라디오와 히터가 없는 3,950달러의 이 차의 우편 광고는 이렇게 약속했다. "잘 설계된 차체와 섀시에 운동에너지 공급을 위한 납축전지 장착 차량으로, 운행 거리는 40마일에 속력은 시속 40마일대입니다." 1965년에는 뉴클리사에서 보낸 또 한 장의 편지는 다른 이야기를 전했다. "우리는 전기차에 상당한 노력을 기울였고 전기차를 완성하려고 많은 돈을 쓰는 바람에 자금이 바닥났습니다. 그렇기에 전기차 제작은 잠시 중단되었습니다." 그후 이 회사에 관한 소식은 다시 들리지 않았다.

1976년 미국 의회는 전기차 및 하이브리드 차의 연구를 지원하는 법안을 통과시켰다. 7,500대의 차량의 시연 프로그램에 초점을 둔 이 법안은 시작부터 정부와 업계로부터 저항을 받았다. 배터리 기술이 너무 열악해서 시연 차량 제작도 만만치 않았다. 이 법안이 최종적으로 강조한 사안은 특정 기술의 개발이었다. 하지만 역사가 데이비드 커시David Kirsch는 그것이 바로 이 법안의 실패에 크게 기여했다고 지적하며 다음과 같이 말했다. "이 법안은 전기차를 자동차 교통 시스템의 일부로 보지도 않았고 휘발유 자동차의 직접적인 경쟁자로 딱히 고려하지 않은 채 잠재적으로 가치 있는 일련의 간단한 기술들을 지원했다." 그런 기술들로 전기차가 휘발유차를 따라잡게 하자는 생각이었다. 하지만 "내연기관이 60년 앞서 출발했다는 점을 감안하면, 그 프로그램은 실패할 운명이었다."[15]

이후 전기차 개발은 대개 소규모로 이루어졌다. 매사추세츠 주 아톨에 있는 US 일렉트리카 코퍼레이션에서 나온 1979-1980 렉트릭 레오퍼드는 당시 미국에서 알려져 있었던 르노 R-5(일명 르카)를 바탕으로 했다. 베스트셀러 전기차 중 하나는 시티카였는데, 1974년부터 1976년까지 플로

리다 주 세브링에 있는 세브링-뱅가드 컴퍼니에서 제작되었다. 시티카는 기본적으로 경적, 라이트, 방향지시등을 장착하고 지붕을 덮은 골프 카트였으며, 히터와 라디오가 옵션으로 딸려 있었다. 시티카의 뒤를 이어 코뮤타-카라는 2인승 차가 나왔다. 1990년대 동안에는 솔렉트리카라는 회사가 매사추세츠 주 워번에서 GM의 지오를 바탕으로 전기차들을 제작했다. 그런 노력은 지속 가능한 에너지 단체들의 환영을 받았지만, 계속 주류 시장의 바깥에서 머물렀다.

바로 이런 상황 덕분에 1990년대 초에 세계 최초로 대량생산된 전기차인 EV1이 특별하게 여겨졌다. 주 정부의 지원을 받아 개발된 EV1은 처음에는 캘리포니아에서 그리고 1990년대 후반에는 애리조나에서 GM에 의해 소비자들에게 리스 형태로 제공되었다. EV1을 사용하기 위해서는 상당한 비용이 들었는데, 소비자들이 EV1을 충전하려면 가정용 충전소를 두어야 했기 때문이다. GM은 주와 협력하여 쇼핑센터와 사무실 건물에 몇몇 충전소를 세웠다. 업계와 정부의 협력 사례처럼 보이는 이런 노력에도 불구하고, 전기차는 인기가 없었다. 실패한 기술 전환의 사례를 드러내면서 EV1은 유명한 다큐멘터리 영화 <누가 전기차를 죽였는가^{Who Killed the Electric Car}>의 소재가 되었다. 제목에서 알 수 있듯이, 그 차는 일부 사용자로부터 큰 호응을 얻었지만 캘리포니아가 제로 배기가스 차량 조치를 철회하면서 실패로 끝났다. 전기차가 실패한 주요한 원인은 배터리 기술 개발의 어려움이었다. 하지만 실제로는 더 많은 사정이 있었던 듯하다.

기자 짐 모타발리^{Jim Motavalli}는 1990년대 중반에 캘리포니아에서 벌어진 일종의 전쟁터란 관점에서 EV1을 둘러싼 다툼을 소개하고 있다. 옥외광고판에서부터 라디오 토크쇼에 이르기까지, 자동차 회사들은 대략 3,400만 달러의 거금을 들여서 캘리포니아 대기자원위원회^{CARB}를 미국인들에게서 자동차에 대한 선택권을 빼앗으려고 하는 극단주의 정치 집단으로 묘사했다. 그렇기에 일부 자동차 회사들이 캘리포니아의 지침을 만족하는 전기차를 개발하고 있는 마당에, 대다수 주류 자동차 회사들은 그 지침을 감독하는 기관을 철폐하자는 언론 선동을 조직적으로 진행하고 있었다. <카 앤 드라이버Car and Driver>라는 잡지는 CARB를 가리켜 "전국에서 환경 면에서 가장 가혹한 정부기관"이라고 불렀다.[16] 끝내 GM은 2인승 쿠페 차량에 대한 지원을 중단했다. 그 차들은 제조업체에 회수되어 폐차되고 말았는데, 이로써 그 차들을 계속 도로에서 달리게 하려고 투쟁했던 조직은 크게 좌절했다. GM이 1990년대 동안 배터리 전기차 생산을 철회하고 하이브리드 차량 및 수소 연료전지에 집중했던 유일한 자동차 제조업체는 아니었다. 전기차 생산이 속속 철회되자, 배터리 전기차를 대량생산할 수 있는 가능성은 희박해진 듯했다. 분명 자동차 시장은 혁신을 위한 열린 전쟁터였지만, 내연기관은 싸움도 치르지 않고 물러날 생각이 아니었다.

세계사를 바꾼 기술 | 디젤과 바이오연료

비록 대형 자동차 제조업체들에게서 저항을 받긴 했지만, 1970년대 이후 대안 연료 개발이 상당히 진행되었다. 사실 이른바 '바이오연료'에 대한 실험은 결코 중단된 적이 없다. 초기의 성공 이후로 바이오연료는 확장하는 미국 경제 상황에서 저렴한 화석 연료에 밀려 사용되지 못했다. 많은 유럽 국가들이 정부 차원에서 다양한 형태의 바이오연료 개발 실험을 지원했지만, 미국의 경우 연방정부는 그다지 관여하지 않았다. 미국의 실험은 주로 농업 관련 실험의 형태로 이루어졌고 특히 콩의 사용에 초점을 맞추었다. 20세기 말이 되자 다른 형태의 다양한 실험들도 진행되었다.

1970년대부터 현재까지 유럽 국가들은 디젤 동력의 소비자 차량을 강조하는 데 훨씬 더 열정적이었다. 하지만 과학자들이 자동차 배기가스에 관해 더 많이 알게 되면서, 디젤은 또 다른 위험천만한 오염물질들의 원천임이 드러났다. 특히 검댕, 미세먼지 및 질소산화물이 큰 문젯거리이다. 역설적이게도 석유 사용 감소에 대한 관심에서 성장한 유럽의 디젤 사용 장려책은 많은 도시에서 공기 오염 농도를 더 높이고 말았다. 1990년에는 유럽에서 신차 등록의 10퍼센트가 디젤 차량이었지만, 2011년에는 거의 60퍼센트까지 높아졌다.[17]

바이오연료를 이용한 대규모 실험들은 대체로 에탄올에 초점을 맞추고 있었다. 가장 중요한 사업 중 하나는 AGP의 노력에서 나왔다. 1994년 미국 최대의 콩 가공 협동조합인 AGP는 AEP라는 새로운 벤처기업을 만들었다. 1996년에 AGP는 새로운 일괄처리 바이오디젤 공장을 열었다. 이와 같은 공장을 운영하는 것은 바이오연료 개발을 위한 흥미진진하고 새로운 도전이었다.

이듬해 봄 AEP는 미국 중서부 여섯 개 주의 열 군데 협동조합 농장 부지에 바이오디젤 연료 충전소를 열었다. 이후에 다른 충전소들도 추가되었다. 여러 해에 걸쳐 서전트블러프의 600만 달러짜리 콩 메틸 에스테르methyl ester 시설에서 다양한 제품들이 생산되었다. 바이오디젤, 용제 그리고 농업용 화학 개선제 등이 '소이골드SoyGold'라는 브랜드명으로 생산되었고, 광고와 마케팅은 AEP가 맡았다. AGP가 생산한 바이오디젤은 지난 몇 십 년 동안 미국 전역에 걸쳐 다양한 차량들에게서 사용되었다. 비슷한 다른 사업이 1990년대 이후 세계 각지에서 진행되었다. 이런 실험들이 고가의 석유로 인해 대안 연료 도입이 실현 가능해진 흥미롭고 새로운 에너지 시대를 열었다.

변화를 위한 흐름

기후변화를 막기 위한 노력들

화석연료의 배기가스가 스모그 및 다른 오염 문제를 야기한다는 사실을 인정하면서 인간이 환경에 관여하는 복잡한 연관성을 밝히는 중요한 계기가 마련되었다. 특히 기후변화에 대한 과학적 이해야말로 20세기 말에 국제적인 활동으로 등장했다. 1985년 오존층 보호를 위한 빈 협약 Vienna Convention for the Protection of the Ozone Layer에서 나온 주장에 의하면, 오존 고갈은 대응 행동을 요구하고 있으며, 그렇지 않을 경우 자외선 노출로 인해 (피부암을 포함하여) 수많은 건강 문제가 발생할 것이라고 했다. 이는 결국 사회에 큰 대가를 치르게 할 터였다. 2년 후인 1987년에는 빈 협약의 기본 내용이 몬트리올 의정서Montreal Protocol를 통해 구체화되었다. 이 의정서는 공식적인 배기가스 규제안을 명시했으며, 미국을 포함한 20개 국가가 서명했다. 이 놀라운 국제 협약은 기후과학자들, 정치인들 그리고 지구온난화를 점점 더 우려하는 일반 대중들에게 행동을 위한 모범이 되었다. 지구온난화의 이유에 대한 과학이 의견 일치를 보이게 되자, 행동을 촉구하는 목소리가 커졌다.[18]

미국에서는 다수의 과학 비평가들이 정책결정자들에게 점점 더 강한 경고를 내보냈다. 지구온난화가 국가적 및 국제적 정치 사안으로 등장했다는 것은 대중의 지식과 민주주의가 매우 성숙했다는 증거가 되었다. 오늘날 대중들은 과거 어느 때보다도 기본적인 생태적 원리를 잘 알고 있었다. 1980년대 후반, 환경 문제에 대한 인식이 높아지고 언론 보도가 많아지며 정치권의 대응도 활발해진 결과, 지구온난화는 대중의 인식에 확실히 각인되어 행동의 계기가 찾아오면 날아오를 준비가 되어 있었다.

때마침 다가온 1988년 미국, 특히 중부와 동부 주들에서 여름의 열파와 가뭄이 잡지, 신문 및 TV 방송에서 크게 뉴스로 다루어졌다. 미국 해양대기청NOAA 소속의 국립기후데이터센터National Climatic Data Center가 추산하기로, 이런 기후로 인한 경제적 손실은 약 400억 달러였고 사망자가 5,000명에서 1만 명에 이르렀다고 한다. 6월 하순 이런 험난한 여름의 초입에 나사NASA의 과학자 제임스 한센James Hansen이 의회에서 증언을 했는데, 여기서 그는 인간의 활동이 지구온난화를 초래했으며, 이로 인해 장래에 폭풍, 홍수 및 열파가 더 많이 일어날 것이 거의 확실하다고 말했다. 한센은 다음과 같은 유명한 말을 남겼다. "미적거리고 있을 때가 아니고 … 온실효과가 지금 우리의 기후에 영향을 미치고 있다고 말해야 합니다."[19] 여론조사에 의하면, 이후 10년 동안 지구온난화에 대한 대중의 인식은 상당히 높아졌다. 하지만 미국은 정치적 및 문화적 부담으로 인해 이런 사안에 대한 국제적 행동에 주도적으로 나서지 않았다.

기후변화에 대응하기 위한 행동을 처음으로 이끈 것은 영국이었다. 영국이 이 사안에 특히 큰 관심을 보인 까닭은 지리적으로 비교적 작은 나라여서 기후변화의 영향을 크게 받는 입장이었기 때문이다. 가령, 영국의 온화한 기후는 멕시코만류 덕분이었는데, 이 해류가 지구온난화 때문에 잠재적으로 위험에 처했다. 1988년 (옥스퍼드대학에서 화학 학위를 받은) 보수적인 마거릿 대처 수상이 주요 정치가 중 처음으로 지구온난화를 중요 사안으로 다루었다. 크리스핀 티켈Crispin Tickell 고문에게서 지구온난화의 과학에 대해 설명을 듣고 난 후 대처는 왕립협회에서 한 주요 연설에서 그 사안을 알림으로써 전국의 과학자들에게 관심을 촉구했다.[20]

1988년에는 과학계와 정치계에서 지구온난화에 대한 우려가 높아지며 국제기구가 창설되었다. 바로 세계기상기구World Meteorological Organization와 유엔에 의해 설립된 '기후 변화에 관한 정부간 협의체Intergovernmental Panel on Climate Change, IPCC'이다. IPCC의 임무는 정치 지도자들이 정책 결정을 내릴 수 있도록 돕기 위해 국제 과학자 조직의 활동을 통해 기후 변화에 대한 최상의 지식이 요약된 정기 보고서를 내놓는 일이었다. 미국의 로널드 레이건 대통령은 이 기구의 설립에 매우 호의적이었다. 1990년부터 발표된 일련의 보고서를 통해 IPCC는 기후변화의 의미를 지구촌에 설명하는 10년간의 과정을 시작했다. 1990년대 내내 그리고 21세기로 넘어 와서도 인류가 초래한 지구온난화에 대한 의견 일치는 더욱 굳어졌다. 석유에 덜 의존해야 할 새로운 이유가 21세기의 벽두에 인류의 눈앞에 등장하고 있었다.

이처럼 과학적 인식이 높아지면서, 점점 더 많은 분야에서 기후변화에 일조한다고 알려진 요인들을 세계적으로 감소시키기 위한 노력이 진행되었다. 1997년 유엔은 일본 교토에서 기후변화회의^{Conference on Climate Change}를 조직했는데, 그 결과가 채택된 교토의정서가 2005년에 공식 발효되었다. 또한 과학적 현실에 맞는 정책을 주류로 만들기 위해 앨 고어^{Al Gore}와 영화 제작자 로리 데이비드^{Laurie David}가 <불편한 진실^{An Inconvenient Truth}>을 제작했다. 이 다큐멘터리 영화를 만든 까닭은 대중 정치 문화를 통해 대중들에게 전해지고 있는 지구온난화에 관한 거짓 정보를 반박하기 위해서였다. 이 영화가 많은 극장에서 개봉되었고, 고어가 쓴 책을 포함해 다른 매체에서도 많이 다루어진 덕분에, 고어와 데이비드는 이 사안에 새로운 활기와 각성을 불어넣었다. 이런 노력은 2007년 앨 고어의 에미상 수상 그리고 앨 고어와 IPCC의 노벨평화상 공동 수상으로 대미를 장식했다.

기후변화가 많은 선진국에서 휘발성이 큰 정치 문제이긴 했지만, IPCC의 잇따른 조치들로 인해 2014~2015년에 유엔기후변화협약 당사국총회^{COP21}가 개최되었다. 여기서 도출된 파리협약을 통해 기후변화를 막기 위한 목표들이 부각되면서 21세기 초반에 200개가 넘는 국가들이 배기가스 감축을 위한 노력에 동참했다. 이 통합된 활동의 목표는 전 지구의 평균 온도 상승을 산업화 이전 수준보다 2도 이상 높아지지 않도록 유지하며, 온도

상승을 1.5도까지 억제하는 것이었다.

이 목표를 달성하고자 파리협약은 모든 국가가 매 5년마다 온실가스 배출 감소에 자국이 기여한 정도를 검토하도록 규정했다. 국가 차원에서 5년에 한 번씩 기록하는 기후변화 방지를 위한 기여도에는 이전 회기와 비교하여 진척된 내용이 포함되어야 한다. 당사국들은 21세기의 후반기에 이르면 배기가스 방출량과 자국의 감소량 사이의 균형에 도달할 수 있도록, 전 지구적 차원에서 온실가스 배출량을 줄이는 데 전념해야 했다. 또한 국가들은 자국의 온실가스 배출량의 완화와 감소에도 적극 노력해야 했다. 파리협약은 기후변화에 대한 과학적 진실을 국제적으로 인정했다는 점에서는 역사적인 성과이긴 하지만, 그 '위력'이 약했으며 각국 특히 미국의 정세 변화에 취약했다.

잠재적으로 위험천만한 배기가스의 주된 요인 중 하나인 석유의 연소는 금세 기후변화를 생각할 때 고려해야 하는 새로운 요소가 되었다. 내연기관에서 벗어나는 전면적인 변화가 아직 일어나지 않았는데도, 기후변화는 석유 사용, 특히 교통을 위한 석유 사용에서 벗어나는 에너지 전환에 대한 전 세계적 관심을 불러일으킬 새로운 논리를 제공했다.[21]

변화를 위한 흐름

극단적인 석유 공급의 현실

1970년대부터 대두된, 석유와 같은 화석연료의 유한한 공급량은 지도제작 기술의 도움으로 훨씬 더 예측 가능해졌다. 하지만 지리학자들은 석유의 유한함을 오랫동안 주장해왔다. 석유 지리학자 킹 허버트King

Hubbert의 일반 이론을 바탕으로 한 '원유 생산 정점'이라는 개념은 미국과 같은 국가들의 석유 문화와는 상충되는 것이었다. '원유 생산 정점'이란 석유는 언젠가 고갈될 거라는 현실에서 비롯된 것이었다.

셸을 위해 일하고 있던 허버트가 1949년에 석유 시대가 오래 지속되지 않으리라는 것을 처음으로 예견했을 때, 그의 고용주와 많은 전문가들은 그를 (석유 공급의 임박한 종말을 예측한 회의론자들인) "치킨 리틀스Chicken Littles" 중 가장 최신 인물이라고 불렀다. 1956년에 허버트는 미국 국내 보유고에 초점을 맞추어 이런 주장을 폈는데, 이 보유고는 그가 예상하기로 30년에서 35년 사이에 정점에 달한 뒤에 차츰 감소할 터였다. 전문가로서 그의 지위는 1970년에 미국의 석유 생산이 정점에 달함으로써 달라졌다. 그의 이론은 '허버트 정점Hubbert's Peak'이라고 알려지게 되었으며, 지구물리학자들은 그의 계산을 그 당시에 알려진 전 지구의 공급량에 적용하기 시작했다. 가령 케네스 데피예스Kenneth Deffeyes는 이 전 지구적 정점이 21세기의 첫 10년 기간에 발생한다고 보고하고 있다.[22]

그 사이에 석유 지리학은 극적으로 달라졌다. 이제는 지진파를 이용한 지도 제작 덕분에 지각 아래에 저장되어 있는 석유 보유고를 꽤 정확하게 파악해낼 수 있다. 이런 추가적인 기술로 인해, 보유량 추정치와 허버트의 정점과 같은 이론들은 상당한 신뢰성을 얻었다. 널리 인정된 이런 패러다임에서 으뜸가는 변수는 특히 인도와 중국이 산업화되면서 한층 치열해진 경쟁이 석유의 몰락을 예상보다 얼마나 더 빨리 앞당기게 되는가이다. 지질학자가 특정 날짜를 짚는 것은 거의 불가능하며 일부 비판자들은 허버트의 계산을 줄곧 트집 잡긴 하지만, 21세기 초반이 되자 에너지 예측가들이 석유 공급량의 감소가 임박했음을 재인식시킴으로써 석유 문화를 바꾸기 시작했다. 대형 국제 석유 회사들도 특히 민간 영역에서 사업 다각화를 위한 노력을 시작했다. 가령, 2001년에 브리티시페트로울리엄이 자사의 공식 명칭을 BP로 교체하고 슬로건도 "석유를 넘어서 Beyond Petroleum"로 바꾸었다.

허버트가 종사했던 업계가 그의 이론을 개방적으로 수용하든 말든, 빅 오일의 기업 문화는 21세기에 급변했다. 원유의 무한한 공급에 의존하던 태도는 지질학적 및 생태학적 현실로 인해 의심을 받게 되었다. 이 새로운 현실에 발맞추기 위해 에너지 회사들은 접근법을 바꾸었다. 가령, 석유 생산 정점이 30년에서 35년 이후에 온다는 예측이 나왔을 때, 그것은 전통적인 보유고를 바탕으로 한 계산이었다. 하지만 21세기의 첫 10년 동안 에너지 회사들은 원유 생산 정점 예측을 바보짓으로 만들 비전통적인 매장지를 개발하기 위해 값비싼 노력을 기울였다.

새로운 시추와 개발 방법 덕분에 미국 회사들은 덜 전통적인 매장지를 개발할 수 있었다. 가령 노스다코타 주의 바켄 포메이션이라든가 텍사스와 캐나다 앨버타 주의 다른 매장지들이 그런 예다. 특히 수평 시추와 수압 파쇄법의 도입으로 이런 지역을 포함한 또 다른 지역들이 원유와 천연가스의 풍부한 생산지로 변모했다. 이처럼 미국이 절실하게 사업 방식을 재구성하는 시기에, 러시아와 같은 국가들은 온갖 정치적 개입을 포함한 더욱 비전통적인 방법을 도입했으며, 북아메리카는 세계 최대의 원유 생산 지역 중 하나가 되었다.

종종 석유 회사들은 이러한 생산 급증이 원유 생산 정점과 같은 비관론자들의 개념을 무너뜨린다고 주장한다. 하지만 정작 이런 방법은 그 업계의 마지막 발악으로 보는 편이 더 맞다. 전반적으로 에너지 자원에 접근하고 개발하는 모든 비전통적 방법들에서 드러나듯이, 지구에 남아 있는 공급량의 중요성이 커지고 있으며, 에너지원을 획득하는 일은 이제는 극단적인 조치를 통해야 가능하게 되었다. 다음의 내용들은 이런 극단적인 에너지 현실에 바탕을 둔 방법들에 관한 일련의 사례들을 보여준다.

생방송으로 중계된 생태적 재앙

카메라가 레이디가가Lady Gaga와 래리킹Larry King을 번갈아 보여주고 있을 때, 화면 아래에서 CNN은 용의주도하게 최신 주식 시세와 더불어 멕시코만 아래의 딥워터 호라이즌 시추선의 정두wellhead(시추장비와 유정을 연결하는 지상 및 해수면 상의 장치)에서 원유가 누출되는 모습을 담은 생방송 삽입 영상(전체 화면 크기의 대략 10분의 1 크기로)도 내보냈다. 뒤처질세라 모든 경쟁 뉴스 채널들도 곧 일제히 깨진 산업용 파이프에서 시커먼 연기 기둥을 내뿜는 생방송 영상을 내보냈다. 휘감기며 치솟는 두꺼운 연기 기둥을 보고서 누구든 기술 전문가나 기업 지도자들의 설명이 없이도 그것이 원유와 천연가스에서 나오고 있음을 알 수 있었다. 누출된 원유의 도착지는 멕시코만의 전체 해양 생태계였다. 해안가의 수많은 새들이 원유 세례를 당했고 심해 생태계에도 석유가 깊숙이 스며들었다.

설명이나 상황 소개 없이 그 생방송 영상은 유정의 정두wellhead에 맞추어진 초점에서 결코 벗어나지 않고서, 2010년 BP의 원유 유출 사태의 더 큰 함의를 좀체 누설하지 않았다. 이 사태와 관련해서 나온 다른 뉴스 보도의 한 설명에서 대부분의 사람들은 피상적인 의미를 들었을 뿐이다. 보통 우리는 이렇게 그런 사건을 접하기 마련이다. 생방송 영상은 BP 원유 유출과 관련하여 일관성을 유지했다. 화면 안에서 나오는 알아들을 수 없는 문구와 수치들이 우리가 볼 수 있는 유일한 세부 내용이었는데, 그것들은 마치 실험실의 측정 장치에서 나온 과학적 진리 또는 공상과학영화에서 나오는 외계의 공간이나 풍경처럼 보였다. 하지만 그런 화면의 주된 목적은 정반대였다. 생방송 영상은 누출 사고의 진실성과 근접성을 생생하게 보여주었다.

2010년 멕시코만 원유 누출 사고는 조직적인 대응 부족으로 악화된 전례 없는 생태적 재앙이었다. 원유 누출에 대한 대응의 문제점들과 멕시코만의 생태계 교란은 허리케인 카트리나 사태와 비슷하기도 했지만, 그 누출 사고는 또한 인재의 성격을 띠기도 했다. 특히 그 사고는 값싼 에너지에 대한 필요성에서 생겨난 기업 및 규제 문화의 실패를 여실히 드러냈다.23 열한 명의 노동자를 죽음으로 내몬 시추선 사고 뒤에 나온 대응책들은 종종 그 현실을 더욱 악화시켰다. 원유를 분해하려고 사용된 분산제分散劑가 바다 깊숙이 스며든 탓에 이제는 걸프만의 오염은 더 한층 심각해질 것이라는 우려가 생겼다.

미국 최대 어장인 그 지역은 여러 달 동안 전면 폐쇄되었고, 추가적인 심해 원유 시추 작업은 중단되었다. 거의 석 달 동안 불운한 기업 및 정치 지도자들은 누출 사고를 빠르게 종식시키려고 안달이 났다. 하지만 원유와 천연가스는 100일 넘게 걸프만으로 계속 쏟아져 나왔다. 7월 하순에 유정이 분출을 멈추었을 때, 생방송 영상은 그 장면도 시청자들에게 보여주었다. 이 누출 사고에 대한 경험은 전 세계 시청자들에게 석유에 대한 의존 경향이, 특히 심해와 같은 극단적인 환경에서 초래하는 잠재적 대가의 극명한 사례를 보여주었다.

그 생중계 영상은 복잡한 수중 도구들을 사용하여 시청자들의 텔레비전이나 컴퓨터 화면에 도달했다. 수중 로봇 장치들이 유정의 정두에서 수리 작업을 활발히 하고 있을 때, 각 장치에도 카메라가 장착되어 있었다.

보통은 전문적인 대형 석유 공급 회사가 소유하며 BP 등의 거대 석유기업이 임대하는 원격무인잠수정들은 운영 및 유지보수 임무 수행의 일환으로, 현재의 석유 탐사의 대세가 된 수중 활동에 대한 영상을 제공했다. 심해에서 석유를 채취하는 데 쓰이는 원격무인잠수정과 기반시설은 위대한 기술 발전의 증거이다. 하지만 그것은 또한 심해지는 석유 희소성의 증거이기도 하다. 이제 인간은 더 큰 비용이 드는 더욱 복잡한 환경에서 석유를 캐야 한다. 원유 누출 장면을 종일 보여주기 이전에는, 원격무인잠수정들은 한가한 시간을 이용하여 버려진 난파선 찾기에서부터 그린란드 상어의 이동 패턴 기록하기에 이르기까지 해양 세계에 대한 우리의 지식을 키워주었다.[24]

백악관이 매사추세츠 주 민주당 하원의원과 가세하여 딥워터 호라이즌 유출 사고를 시청자들에게 실시간으로 공개해야 한다고 요구했다. "영상은 BP의 것일지 모르겠습니다만, 바다는 미국의 바다입니다"라고 운을 뗀 뒤 마키는 이렇게 계속 말했다. "이제 누구든 BP 유출 사고가 우리 바다에 미치는 영향을 실시간으로 볼 수 있을 겁니다. 이 영상에는 BP로부터 유출 현장 접근을 차단당한 독립적인 과학자들의 분석이 덧붙을 겁니다."[25] 순식간에 민간 과학자들이 미국 해양대기청 NOAA 및 다른 연방 전문가들과 합세하여 BP가 추산한 낮은 유출 비율에 이의를 제기했다. 처음에 BP는 그 수치를 하루당 1,000~1,500배럴(또는 210,000갤런 이하)로 제시했다. 2010년 7월이 되자 대다수 전문가들은 그 동안의 유출량은 하루에 2만 5,000~8만 배럴이라는 데 동의했다. 생중계 동영상에 나온 기둥의 크기와 규모를 분석한 결과가 그런 추산의 주된 근거였다.

천연가스를 둘러싼 논쟁

석유 생산자들이 허버트 등이 내놓은 원유 생산 정점에 대한 예측을 꼭 인정해야 하는 것은 아니다. 하지만 기어코 심해 시추를 하려는 태도는 원유의 공급이 무한히리라는 생각이 지리적 및 생태적 현실 면에서 의심스럽다는 증거였다. 이 새로운 현실에 발맞추어 에너지 회사들은 접근법을 바꾸었다. 가령, 원유 생산 정점 이론이 30~35년 동안의 추가적인 원유 생산을 예측했을 때, 그것은 전통적인 매장량에 따른 계산치였다. 하지만 앞에서 언급했듯이, 21세기의 첫 10년 동안 에너지 회사들은 덜 전통적인 에너지 매장지를 개발할 새로운 방법들을 만들어냈다. 수압 파쇄법을 통해 지하 매장지를 시추하는 것이 한 예다.

'프래킹fracking'이라고도 하는 이 채굴 방식은 2008년부터 텍사스에서 우수함이 드러났다. 이는 수평 드릴링을 통해 지하의 셰일shale 암석층에 도달한 다음에 액체를 강한 압력으로 주입하는 방식으로, 이 과정에서 방출되는 천연가스를 지하의 갈라진 틈에서 모아서 포획한다. 기술적인 면에서 어렵고 비싸긴 하지만, 수압 파쇄법은 에너지 개발이 이루어지지 않았던 많은 지역에서 수십 년 동안 붐을 일으켰다. 가령, 미국에서 펜실베이니아 주 밑에 뻗어 있는 마르셀러스 셰일 포메이션Marcellus Shale Formation은 농경지 아래에 위치해 있다. 2010년 이후 에너지 개발 회사들은 텍사스 등의 다른 지역에서 그곳으로 몰려와서는 비용 대비 효과 면에서 유리한 시점에 이 사업을 시작했다. 하지만 천연가스는 이동시키기가 어려운 까닭에 수익이 나게 하려면 또 다른 과정이 필요했다. 이런 이유에서 에너지원 개발은 훨씬 더 복잡해졌다.[26]

기술이 바꾼 세계사 수압 파쇄법, 화석연료의 한계를 보여주다

수압 파쇄법이란 극단적인 방법으로 얻은 천연가스를 제대로 이용하기 위한 노력에는 근래에 미국 동부 연안지대에 걸쳐 미로처럼 복잡한 파이프라인 건설이 필요했다. 하지만 천연가스를 수송하는 파이프라인은 건설하기가 복잡하고 비용도 많이 들었다. 그런 이유 때문에 업계의 꿈은 그 에너지를 직접 투입할 수 있는 근처의 산업 시설을 짓는 것이었다. 그런 목적에서 2020년에 펜실베이니아 주의 모나카가 개발과 건설의 열기로 북적거렸다. 한 대형 고용주가 그 지역에 와서는 수천 명을 고용하겠다고 약속하자 공동체는 장차 필요할 일에 준비를 하고 있다. 이 개발 활동의 중심지는 한 대형 산업 플랜트인데, 이 플랜트는 서부 펜실베이니아의 화석연료 매장지에서 얻을 수 있는 풍부하고 저렴한 에너지를 끌어오게 된다. 현재 플랜트 건설을 위해 끌어올 에너지는 새로 발견된 에너지원인데, 그 에너지원을 대다수 다른 지역보다 이 지역에서 사용함으로써 공장 운영은 비용이 적게 들 것이다.

물론 이 시나리오는 19세기에 진행되었을 수도 있었다. 미국의 산업화의 길을 받쳐주었던 공장들이 풍부한 석탄 공급 덕분에 현실성이 있었던 때였으니 말이다. 가용한 원자재와 저렴한 에너지의 결합 덕분에 피츠버그가 그 시대의 핵심 허브이자 US 스틸과 같은 대기업의 본부가 될 수 있었다. 하지만 이번에 모나카의 기회가 펼쳐질 수 있었던 까닭은, 세계 최대의 기업체 중 하나인 로열 더치 셸 오일이 펜실베이니아 주에서 수압 파쇄법을 통해서 얻은 천연가스를 이용하려고 나섰기 때문이다. 현재 셸의 시공사인 벡텔이 새로운 부품들을 조립하여 세계적 규모의 최첨단 화학 공정 설비를 제작하고 있다. '크래커 플랜트cracker plant'라고 알려진 이 설비는 액체 천연가스를 흔한 플라스틱인 폴리에틸렌으로 변환시킨다. 모니카 공장은 미국의 화석연료 사용의 새 시대를 보여주고 있는데, 이 새 시대를 규정하는 특징은 적어도 과거의 산업화 패턴과 일정 부분 연속성을 갖는다는 점이다.[27]

모나카와 같은 장소에 대해서도 우리는 에너지 전환의 관점 내에서 바라보아야 한다. 오늘날 우리는 전체 에너지 시스템에 관해 이전과 다르게 생각한다. 송전선과 배터리와 같은 기반시설조차도 만약 더 효과적으로 쓰인다면 중요한 절약 메커니즘이 될 수 있다. 그리고 사적인 교통수단을 위해 또는 단일 용도의 일시적인 물품을 제

작하기 위해 화석연료를 연소하면 기후에 영향을 미치는 다량의 배기가스가 발생한다. 오늘날 우리의 에너지 회계는 달라졌는데, 특히 기후변화가 초래한 피해가 증가하고 있기 때문이다. 지구의 온도 상승과 불규칙적인 기후 패턴, 녹아내리는 빙하, 해수면 상승 그리고 증가하는 폭풍의 세기와 빈도가 그런 예다. 모나카는 한 지역에 일시적인 경제 호황을 가져다줄지 모른다. 하지만 그것은 성장에 관한 이전의 낡은 모형에 바탕을 두고 있으며, '극단적인' 일시적 공급량에서 얻어진 이 에너지는 결코 오래가지 못할 것이다.

에너지의 한계를 인정한다는 것

1900년대 후반 이후에 산업계에서 진행된 에너지 관련 활동들이 매우 극단적인 접근법을 취하긴 했지만, 명백한 대안적 접근법 하나가 1970년대의 환경적 사고로부터 자라났다. 결국 이 친환경 문화 덕분에 21세기의 많은 소비자들은 더욱 지속 가능한 윤리를 가지고 에너지 관련 결정을 할 수 있게 되었다. 이러한 시장의 변화가 시작된 계기는 1970년대의 에너지 위기로 인해 대안 에너지에 대한 관심이 높아졌고, 아울러 선진국 사회가 휘발적이고 불안정한 석유 공급에 의존하는 현실이 확연히 드러나면서부터다.

대중들의 인식 변화를 살펴보자면, 1960년 후반 석유에 의존하고 있다는 현실이 여러 면에서 부각되며 대중들의 인식이 변화하기 시작했다. 이런 인식들 중 일부는 오일 유출에서부터 산성비에 이르기까지 새로운 과학 지식의 발전에서 비롯되었다. 또한 미국의 소비 방식을 재구성하려는 복잡한 사회운동의 등장에 힘입기도 했다. 《더 지니어스 오브 어스 데이 The Genius of Earth Day》라는 책에서 저자 애덤 롬Adam Rome은 1970년대 동안에 형성된 친환경 문화가 "새로운 친환경 기반 구조"를 마련했다고 주장한다. 기자들을 위한 'e-beat'에서부터 '친환경 책'에 이르기까지, 롬은 이렇게 적고 있다. "지구의날 이후의 친환경 기반 구조가 환경운동에 지속력을 가져다주었다. 지구의날에 대한 열정이 식은 이후, 첫 세대의 환경 로비스트들은 정치인들이 환경 보호에 압박을 느끼도록 만들었다."[28] 언론에서부터 정치 그리고 교육에서부터 도시 계획에 이르는 여러 힘들이 함께 가세하여 1970년대 이후에 중대한 소비 방식의 변화를 이끌어냈는데, 이 변화는 에너지 소비를 포함하여 미국 생활의 많은 측면들에 영향을 미쳤다. 새로 등장한 친환경 사상은 석유 의존에서 벗어나는 에너지 전환을 위한 중대한 촉매제였다. 1970년대 이후의 미국인들은 석유를 생태적 관점에서 바라보게 하는 윤리와 맞닥뜨렸다. 하지만 문화 전반에 걸친 윤리적 변화는 매우 느린 속도로 일어났다.

역사가들은 대체로 미국의 소비 패턴이 아니라 에너지 공급에 나타난 결정적 변화를 나타내기 위해서 1970년대의 이런 사회경제적 요소들을 아랍 원유 금수 조치Arab oil embargo라는 개념에 포함시킨다.[29] 하지만 이런 식의 표현은 이런 변화 패턴들 각각을 추적하려고 시도할 때 위험하고 지나친 단순화가 아닐 수 없다. 사실, 아랍석유수출국기구가 1970년대에 서양으로 보내는 원유 수송을 중단했던 사건은 그저 하나의 시발점이었다. 다시 말해, 미국 소비자들이 자국의 석유 공급을 바라보는 방식을 10여 년에 걸쳐 바꾸게 되는 과정상의 한 순간일 뿐이었다.

오일쇼크의 중요성에 대한 우리의 관점들 사이의 차이는 어떤 변화를 측정할 수 있는지 여부보다는 오히려 우리가 어떤 용어를 얼마나 이해하고 있는지를 더 잘 드러내줄지 모른다. 가령 우리가 그 용어를 에너지 전환이라고 적절하게 해석하고서 즉각적 결과가 뒤따르는 '위기'를 예상하지 않는다면, 1970년대 오일쇼크에 대한 미국의 반응은 에너지 공급의 속성에 대한 소비자의 해석에서 중대한 기점이 될 것이다. 사실, 이런 변화의 점진적인 속성은 또한 1970년대 오일쇼크의 중요한 측면을 드러내준다. 즉, 새로운 환경적 관점이 일상생활 뿐 아니라 규제 정책 속으로 스며들게 된 것이다.

하지만 더 넓게 보자면, 이러한 영향들은 교통에 관한 것만이 아니라 에너지라는 개념에 대한 더 넓은 변화를 시사한다.[30] "한계와 함께 사는 법을 배우는" 것과 같은 사회경제적 경향은 1970년대에 등장하여 번번이 미국 소비자에게 어려운 현실을 일깨워주었다.[31] 이전 세대의 에너지 과소비 문화를 알았던 세대로서 석유의 희소성을 인정한다는 것은 곧 국가적 실패처럼 여겨졌다. 다른 어느 자원보다 석유야말로 1970년대 미국인들에게 시대가 변했음을 알려주었다.

과도한 공급이 사라지자 미국의 석유 문화는 현실에서 터무니없이 단절된 것처럼 보였다. 차량의 크기와 힘에 대한 미국인의 집착은 잠시 동안 철부지 짓처럼 보였다. 에너지 절약에 관한 대중적 관심의 부침 현상은 현대의 여느 사회들에서도 나타날지 모르지만, 20세기에 때때로 세계 석유 공급의 4분의 3이나 소비하던 나라인 미국으로서는 에너지 관리나 규제의 상식적 패러다임을 실시하는 일조차 대단히 어려운 일이었다.[32] 특히 1970년대에 미국 소비자들과 정치 지도자들이 절약의 개념을 다시 고려하고 아울러 그 개념을 장래의 기술 혁신의 주요소로서 재구성하기 시작하면서, 에너지의 현실에 대한 문화적 충격이 도래했다.[33] 이런 역사적 과정을 거쳐 21세기에 형성되고 있는 지속 가능한 에너지 문화는 대안 에너지 생산과 사용을 위한 시장의 형태를 띠며, 친환경 소비자들이 더더욱 이용하기 수월해졌다.

수압 파쇄법과 비슷하게, 개발하기가 아주 복잡한 다른 형태의 극단적 에너지들이 있다. 가장 대표적인 사례 중 하나를 들자면, 높은 원유 가격으로 인해 캐나다 앨버타에서는 넓은 숲과 지층들을 제거하고서 지면 아래에 묻힌 두꺼운 타르샌드를 채취하는 일이 비용 효과적인 사업이 되었다. 일단 채취한 타르샌드는 사용 가능한 석유 제품 생산을 위해 상당한 에너지가 투입되는 변환 과정을 통해 운송된다. 이는 값비싸고 만만찮은 과정인데, 진짜 어려움은 타르샌드가 아주 외진 데 있다는 것이다. 타르샌드를 개발 장소까지 운반하려면 아주 장거리의 험난한 지형에 대규모 파이프라인을 건설해야 한다.

그래서 앨버타의 타르샌드에서 채취할 수 있는 에너지를 활용하고자 업계는 1만 6,000킬로미터가 넘는 파이프라인을 400억 달러 이상의 추정 비용으로 건설하는 안을 제시한 다음에 실행에 착수했다. 비교적 짧은 노선의 파이프라인은 브리티시컬럼비아를 횡단하여 생산된 원유를 키티맛과 버너비로 수송하게 된다. 이 두 항구 도시에서 원유를 유조선에 실어 전 세계로(특히 중국 및 아시아의 다른 나라들을 중심으로) 수송할 수 있다. 키스톤 XL 파이프라인이라는 훨씬 더 길고 더 복잡한 사업은 미국 남부에서 원유를 가져오기 위한 장거리 노선이다. 특히 키스톤 XL은 텍사스 주 휴스턴을 중심에 두고 계획된 사업인데, 그 지역에서 원유는 다양한 석유 제품으로 가공처리되어 다른 지역으로 운송된다.

화석연료에 대한 의존이 약화되는 오늘날, 타르샌드와 같은 자원을 개발하는 복잡한 사업은 너무 위험하고 비용이 많이 든다는 사실은 미처 알려지지 않았다. 그래서 2021년 미국의 정세가 바뀌어 바이든 정부가 키스톤 XL 파이프라인의 추가 개발을 거부하자, 그 사업을 추진하던 기업은 파산을 선언했다. 이와 동시에, 러시아의 사이버테러리스트들이 석유 업계와 컴퓨터로 작동되는 파이프라인 기반시설 사이의 허약한 보안망을 확인하고서, "랜섬웨어 공격"을 감행해 미국의 콜로니얼 파이프라인 시스템을 일시 중단시켰다. 모든 전선에서 화석연료 산업의 비판자들이 "그걸 지하에 내버려두라"는 요청이 새삼 옳은 소리인 것 같았다.

일론 머스크의 주장

　대안 에너지 전략들이 더욱 지속 가능한 미래를 열어줄 것임을 전 국민이 인정하긴 했지만, 특히 남아프리카공화국 출신의 발명가이자 혁신가인 일론 머스크야말로 개인이 친환경 시장에 이바지할 수 있는 제품 개발에 주력했다. 무엇보다 그의 전기차 회사인 테슬라는 고급 자동차에 대한 소비자의 관심을 오로지 최첨단 전기차 엔진에 집중하게 만든 최초의 자동차 제조업체이다.

　최초의 전문 전기차 제조업체인 테슬라는 거래 중개인을 통해 차를 팔지 않는다. 대신에 고객들은 고급 쇼핑몰의 키오스크에서 자신의 테슬라 차량을 맞춤형으로 주문하여 인도를 받을 수 있다. 테슬라는 2020년에 100만 번째 차를 판매했고, 중국 및 다른 나라에서의 새로운 판매 계획에 따르면 앞으로 판매량은 계속해서 증가할 것이라고 전망하고 있다.[34] 많은 나라에서 테슬라는 충전소 그리고 충전용 재료로 건설되는 도로와 같은 기반시설에 투자함으로써 판매를 촉진했다. 2019년 테슬라는 노르웨이에서 가장 많이 팔린 자동차 브랜드가 되었다. 게다가 노르웨이 정부는 2025년까지 모든 노르웨이 차량이 전기로 구동될 수 있도록 노력하고 있다.

　이런 토대를 바탕으로 머스크는 고급 소비자 시장을 신성장 분야로 점찍었다. 머스크가 제대로 포착했듯이 이런 소비자들은 지속 가능한 윤리에 헌신하는 에너지 관련 제품과 시스템에 기꺼이 지갑을 열었다. 다음이 그와 관련된 몇 가지 사례다.

　테슬라가 현재 생산하고 있는 배터리 충전 시스템인 파워월Powerwall은 벽난로나 에어컨처럼 가정에 설치되는 제품이다. 특히 태양광이나 풍력 발전 시설을 갖춘 집일 경우 파워월을 통해 집주인은 자신이 모은 전기를 주변의 전체 에너지망에 전기를 보내는 대신에 저장해놓을 수 있다. 이와 비슷하게, 테슬라 지붕은 가정의 지붕을 태양 에너지 저장 시스템으로 완전히 대체하는 가장 발전된 태양광 지붕패널이다.

어떤 혁신이든 흥미로운 에너지 미래를 보여주기는 하지만, 무엇보다도 테슬라의 노력이야말로 최대한 지속 가능하게 살기 위해 기꺼이 조금 더 많은 돈을 쓰고자 하는 소비자를 위한 녹색 경제가 존재함을 분명히 보여주고 있다. 테슬라는 지속 가능한 에너지를 더욱 이용하기 좋게 해주었을 뿐만 아니라, 자유시장에서 성공할 수 있는 새로운 녹색 경제를 일구는 데에도 일조했다.

디젤게이트가 녹색 소비의 힘을 드러내다

신흥 녹색 시장의 힘을 가장 잘 보여주는 또 다른 예는 지속 가능성에 대한 관심을 기회로 삼아 소비자들을 속이려는 기업들의 노력, 이른바 '그린워싱greenwashing'이다. 2016~2017년 사이에 뉴스를 접했던 대다수 독자들은 이 새롭고 깨끗한 디젤 기술과 관련한 논란을 대략적으로나마 알고 있을 것이다. 《더 빨리, 더 높이, 더 멀리: 폭스바겐 스캔들 Faster, Higher, Farther: The Volkswagen Scandal》이라는 고발성 책에서 저자 잭 유잉Jack Ewing은 그린 디젤 프로젝트를 21세기의 첫 10년 동안 폭스바겐과 아우디의 잘 기획된 사업 활동이라고 묘사하고 있다. 이 프로젝트는 유럽 소비자와 미국 소비자에게 서로 차이가 나도록 주도면밀하게 기획되었다.

"유럽은 연료 가격이 천문학적인지라, 폭스바겐은 디젤의 연료 경제적인 측면을 마케팅에 활용할 수 있었다. 미국은 휘발유가 디젤보다 쌀뿐

더러 유럽보다 훨씬 저렴하기에 폭스바겐은 다른 방식의 홍보가 필요했다"라고 유잉은 말한다. 특히 폭스바겐은 미국 시장의 가장 큰 경쟁업체인 도요타에 맞설 묘수를 찾았다. 구체적으로 폭스바겐은 "소유자에게 친환경의 후광을 가져다주는" 프리우스의 놀라운 성공에 초점을 맞추었다.

한 TV 경찰 드라마의 상투적 느낌을 흉내 내어 촬영된 아우디와 폭스바겐의 2010년 광고는 차들이 한 도로 구역에서 '환경검사eco-check'를 받느라 대기하는 모습을 보여준다. 지금 보면 어이가 없는 장면이지만, 녹색 경찰이 각 차량의 효율을 검사하고 있다. 녹색 바지를 입은 한 경찰관이 아우디 A3 스테이션웨건의 운전자를 살피더니 외친다. "여기 깨끗한 디젤 TDI(폭스바겐 자동차의 엔진 종류 중 하나-옮긴이)가 있군요. 지나가셔도 좋습니다, 선생님!" 그러자 아우디 A3는 안내에 따라 대기 줄 내의 TDI가 아닌 차량들 사이를 빠져나온다.[35]

폭스바겐은 하이브리드 기술에서는 경쟁할 수 없었지만, 프리우스를 포함한 다른 하이브리드 차량을 "반물질주의의 상징이자 미국 제조업체들에 의해 쏟아져 나온 휘발유를 먹어치우는 괴물과 같은 차량에 대한 저항의 한 형태"로 제시한 광고에서 "깨끗한 디젤"을 하나의 개선책이라고 선전하고 나섰다.[36] 2008년에 시작된 이 캠페인은 새로 나온 세단 파사트에 초점을 맞추었고, 2011년이 되자 미국에서의 매출이 상당히 증가했다. 하지만 폭스바겐은 시장을 더욱 확장하는 데 어려움을 겪게 되자, 디젤 차량에 대한 미국 소비자들의 관심을 높일 방법을 모색하게 되었다. 원하는 선전 효과를 달성하기 위해 폭스바겐은 배기가스 문제를 감추고 자사의 디젤 엔진에 대한 연비 통계 수치를 거짓으로 높이는 소프트웨어를 도입했다. 비록 차량들이 꽤 효율적이긴 했지만, 자사의 엔진이 하이

브리드 차량과 거의 대등하게 보이도록 연비 수치를 조작했다. 놀랍게도 2013년에 독자적인 검사에서 이런 기만술이 드러났을 때, 폭스바겐은 근래의 기업 역사에서 가장 뻔뻔한 은폐 시도로 대응했다.[38] 결국 폭스바겐 스캔들은 150억 달러의 보상 조치, 일련의 소송 그리고 폭스바겐 브랜드의 거의 총체적 몰락 상황을 초래했다.

폭스바겐 스캔들의 영향은 지금도 계속되고 있다. 하지만 지금까지의 상황만으로도 교통을 위한 인간의 에너지 사용 면에서 그 사태의 중요성을 충분히 평가할 수 있다. 폭스바겐 스캔들이야말로 소비자들이 차량 선택 시 친환경을 중시하는 방향으로 급격하게 문화가 달라지고 있음을 잘 보여준다. 간단히 말해서, 폭스바겐과 같은 뛰어난 세계적 제조업체로서는 만약 그런 수지맞는 시장 변화를 알아차리지 않았더라면 '그린워싱'을 하려고 하지 않았을 것이다.

중국의 급성장과 인도의 추격

폭스바겐이 '디젤게이트'에서 추구했던 시장 점유율은 2000년 이후 급격히 발전했던 전기차와 하이브리드 차 분야에서 훨씬 더 큰 성공을 거두었다. 20세기 초반과 비슷하게, 교통 분야는 신흥 기술의 면에서 새로운 가능성들이 활짝 열려 있다. 도요타가 신뢰할 만한 하이브리드 자동차 분야에 진입하긴 했지만, 2010년에 드러난 안전 문제들로 인해 자동차 시장에서 거대기업의 지위를 잃었다.

전 세계에 걸쳐 새로운 제조업체들에 의해 신기술들이 개발 중인데, 이로써 한 세기 전에 목격된 현상과 조금 비슷하게 인류 발달의 역동적인 새 시대가 다가오고 있다. 하지만 이 시대의 혁신이 갖는 가장 큰 차이점들 중 하나는 국제적인 속성이다. 초기의 자동차 개발도 초국가적인 사업이긴 했다. 하지만 그것은 전적으로 유럽과 미국의 발명가들이 주도했다. 오늘날의 제조업체들은 발명가를 훌쩍 뛰어넘는 존재들이며, 그 회사들이 키워나가려는 시장은 인도와 중국에 초점을 두면서 동남아시아까지 뻗어나간다.

가장 인상적인 실험들 중 하나는 지난 몇 십 년 동안 브라질의 지도자들이 자신들의 준독재적 권력을 이용하여 교통 분야에서 가장 급진적인 변경 조치들을 시행한 것이다. 2007년에 브라질은 생산을 통해 충분한 연료 작물을 확보한 후 교통 분야에서 바이오연료를 사용하는 데 전적으로 몰두했다. 30년 전에 자국에서 사용되는 원유의 75퍼센트를 수입했던 브라질은 1970년 석유 위기의 대응책으로서 석유 수입에서 벗어나기 위해 사탕수수로 만든 에탄올을 사용하기 시작했다.

OPEC의 석유 금수조치로 국가 경제가 망가지자, 당시 브라질의 독재자는 새로운 에탄올 공장에 대규모 자금 지원과 금융 혜택을 주었다. 게다가 그는 국유 석유 회사인 페트로브라스에 지시를 내려 에탄올 탱크 및 주유소를 전국에 설치하도록 했다. 그는 중앙화된 정치적 통제력을 이용하여 브라질 자동차 업체들에게 세금 혜택을 제공하여 순수 에탄올로 작동하도록 설계된 자동차 제작을 권장했다. 1985년 이후 민주주의가 회복되었을 때, 브라질이 취했던 이전의 조치들은 에너지 전환을 선도하는 역할을 했다.

교통 분야에서 브라질의 이런 변화는 다른 국가들에게도 하나의 모범으로 자리 잡았다. 1980년대 중반이 되자 브라질에서 판매되는 거의 모든 차들은 전적으로 알코올, 즉 에탄올로 작동했다. 정확히 10년이 지나자 에탄올 산업은 자립이 가능해져서 정부 지원금이 필요 없어졌다. 기자 조엘 K. 번 주니어Joel K. Bourne Jr는 이렇게 적고 있다. "오늘날 브라질에서 판매되는 자동차의 85퍼센트 남짓은 유연하다. 작고 스포티한 디자인으로 상파울로에서 디젤 배기가스를 뿜으며 느릿느릿 가는 트럭들을 피해 쌩쌩 달린다."

브라질의 차량들은 곡식 기반의 에탄올에 의존하지 않는다. 이런 에탄올은 곡식 알갱이만 이용하며, 효소를 사용해야만 전분을 분해하고 발효 과정을 시작할 수 있다. 대신에 브라질의 방법은 전체 사탕수수 줄기를 사용하는데, 이것은 이미 20퍼센트가 설탕이며 들판에서 베인 직후부터 발효가 시작된다. 업계 지도자들이 추산하기로, 사탕수수 기반의 에탄올은 휘발유보다 이산화탄소를 배출량이 55~90퍼센트나 적다.[39]

한편 산업화 여정을 철저하게 통제하는 중국의 능력도 당연히 엄격하게 중앙화된 당국에 의존한다. 중국은 21세기의 두 번째 10년 동안 산업화를 더욱 가열차게 추진한 덕분에 세계 화석연료 소비의 가장 큰 소비국 중 하나가 되었다. 그러면서도 동시에 중국은 에너지 생산과 수송 두 가지 면에서 강조하고 있다. 이렇듯 에너지 자원 확보에 집중한 결과, 전 지구적 경기침체가 전 세계적으로 석유 수요를 감소시켰을 때, 중국은 미국을 제치고 사우디아라비아로부터 최대 원유 수입국이 되었다.[40]

특히 중국은 사우디산 원유를 가공 처리하기 위해 중국에 정유 시설을 건설할 뿐 아니라 사우디아라비아에도 이런 목적으로 정유시설 두 곳을 건설 중이다. 중국의 급격한 에너지 성장은 주로 석탄에 바탕을 두고 있어서, 석탄 공급량이 중국 전체 에너지의 거의 80퍼센트에 달한다. 중국은 중앙화된 방식의 산업화를 추구하면서도 또한 자국의 에너지 집약도를 다음 10년 동안 20퍼센트 감소시키기 위해 저탄소 계획을 고안했다.

이 저탄소 산업화 전략의 핵심은 1997년에 나온 중국의 에너지절약법 Energy Conservation Law이다. 2007년 10월에 중국의 전국인민대표회의에서 개정된 법은 종합적인 에너지 절약을 촉진하는 실행령을 담고 있는 동시에, 중국의 장기적인 에너지 절약의 법적 근거를 제공하고 있다. 실제로 이와 같은 법률은 제정한 국가는 얼마 되지 않는다. 현재 중국의 에너지 절약법에는 다음과 같은 내용이 들어 있다.

> 에너지 절약은 중국의 기본적인 국가 정책 중 하나이다. 국가의 에너지 개발 전략은 에너지 절약과 에너지 개발을 동시에 실시하면서도 에너지 절약을 우선시한다. ⋯ 중국 국무원State Council 및 현 단위 이상의 지방 정부들은 에너지 절약을 전국/지방의 사회경제 개발 계획 및 연간 개발 계획에 포함시켜야 하며, 구체적인 연간 및 장기 에너지 절약 계획들의 준비와 시행을 조화롭게 이루어내야 한다.
>
> 에너지 절약의 임무와 평가는 국가에 의해 시행될 것이며, 에너지 절약 목표의 완료는 지방 정부들 및 모든 당사자들에 대한 평가 요소로 사용될 것이다. ⋯ 국가는 에너지 절약과 환경보호에 도움이 되는 산업 정책들, 에너지 소비가 많고 오염을 많이 일으키는 산업의 개발을 제한하는 정책들 그리고 에너지를 절약하고 환경을 보호하는 산업의 개발을 촉진하는 정책들을 시행한다.[41]

이 계획은 1인당 GDP 에너지 소비를 20퍼센트 줄이는 동시에 공기 및 수질 오염을 막기 위해 이산화황 등의 배기가스를 10퍼센트 줄이려고 노력하고 있다. 2008년에 이 법에서 46가지의 새로운 기준들이 제정되었는데, 그중 22가지는 생산 단위당 에너지 소비 억제, 11가지는 관련 제품들의 최종 소비 단계 에너지 효율, 5가지는 교통 분야의 경제적인 연료 사용 지표, 8가지는 에너지 효율 측정, 계산 등을 위한 기본적인 기준들이다. 또한 중국은 자동차에 대한 연료 경제 기준도 선언했는데, 모든 종류의 차량을 대상으로 삼은 이 기준은 지구촌의 어떤 기준보다도 더 엄격하다. 이 모두를 합쳐서 중국은 거의 200개의 에너지 효율 기준을 마련했다. 그 결과 중국은 세계에서 가장 급성장한 산업화를 이루었고, 신재생 에너지원의 소비자도 가장 빠르게 증가했다.

중국에서는 정책적으로 실시된 배기가스 감축 활동이 네 군데 경제 분야, 즉 제조업, 전력 산업, 건설업 및 교통에 걸쳐 활발히 이루어졌다. 중국 정부는 온실가스 배출을 억제하는 단기 및 장기 목표들과 더불어 그런 목표들의 실행을 위한 광범위한 정책들을 채택했다. 이런 정책을 마련하는 데에는 경제 성장 촉진, 지역 공해 감소 및 전략 산업 발전 등의 다른 목표들도 일조했다. 이런 노력의 결과, 중국은 태양열 및 풍력 에너지 면에서 세계를 선도하는 역할을 하여, 2018년에 전 세계의 신재생 에너지 사용량을 43퍼센트 증가시켰다. 중국은 경제 발전, 자원 개발 제한 그리고 환경적 지속 가능성 사이의 균형을 맞추려고 하기 때문에 장래에는 원자력과 탄소 포획 기술에도 몰두할 것이다.[42]

교통 분야의 경우, 중국은 자동차 제조업체들에게 21세기를 통틀어 가장 큰 기회를 주고 있다. 중국은 2010년 미국을 제치고 세계 최대의 신차 시장이 되었다. 그러자 미국 자동차 제조업체 포드는 이러한 중국 수요에 맞춰 자동차를 제공하려고 만전을 기하고 있다. 2010년 <뉴욕타임스>의 기사 '중국, 다시 헨리의 길로'에서 키스 브래드셔Keith Bradsher와 비카스 바자즈Vikas Bajaj는 그 회사가 다시금 크고 비싼 모델을 줄이고 작은 저가 모델을 강조하는 경향은 회사의 뿌리로 돌아가는 일이라고 주장했다. 포드의 아시아 매출 성장은 제너럴모터스의 2010년 결정, 즉 유럽 시장을 강조하고 자사의 중국 협력사인 상하이 자동차가 중국과 인도에서 운영권을 넘겨받도록 해준 결정 이후에 일어났다.

2018년 중국은 다시 세계 전기차 사용을 선도했다. 오늘날 전 세계 모든 전기차의 대략 45퍼센트 그리고 전기 버스의 99퍼센트가 중국에 있다. 세계의 운송 사업에서 중대한 변화의 시기가 아닐 수 없다. 그리고 우리는 아마도 전 세계에서 가장 혁신적인 제조업체를 아직 논의하지 않았다.

산업 발전의 새 시대를 가리키는 또 하나의 지표로서, 인도는 가장 빠르게 성장하는 내연기관 동력의 자동차 제조업체 타타모터스를 가지고 있다. 인도 시장의 가능성은 혼다 등의 다른 제조업체들에게서도 인정받았다. 2006년에 혼다는 2010년까지 연간 총 15만 대의 생산 및 판매를 목표로 삼고 인도에 생산 시설을 마련했다. 그리고 실제로 이 예상치의 거의 두 배에 달하는 차량을 팔았다. 이런 시장의 성장을 바탕으로 타타도 사업을 확장했는데, 타타는 이미 인도 내의 잠셰드푸르, 판트나가르, 러크나우, 아메다바드 및 푼과 더불어 아르헨티나, 남아프리카공화국 및 태국에도 제조와 조립 공장들을 두고 있다.

버스, 트럭 및 기차의 제조업체인 타타는 근래에 자동차 부문을 다음과 같은 방식으로 다각화했다. 첫째, 2008년에 미국 제조업체들이 몰락해서 특정 브랜드를 팔려고 했을 때, 타타는 포드로부터 로버와 재규어를 인수했다. 둘째, 세계에서 가장 값싼 자동차인 10만 루피(약 2,500 달러) 가격의 타타 나노를 제작해 출시했다. 셋째, 2010년에 각 모델의 재충전 배터리 버전들이 판매되기 시작했다. 이런 조치들 이후 타타는 주로 인도에서의 내적인 성장에 집중했다. 하지만 그것만으로도 큰 시장이다. 2017년이 되자 인도는 차량 대수 400만 대를 넘으면서 독일을 제치고 세계 4위의 신차 시장으로 부상했다.

이처럼 달라지고 있는 시장에도 불구하고 타타는 초기 단계에서부터 진정한 국제적 기업으로 운영되면서 제조업체들에게 새로운 모범을 만들어냈다. 타타의 전기차 버전은 영국 자회사를 통해 핀란드 시장에서 처음으로 출시되었다. 생산과 조립은 한국, 태국, 남아프리카공화국 및 아르헨티나 등의 여러 다른 나라들에서 이루어지고 있는데, 앞으로 튀르키예, 인도네시아 및 동유럽 국가들에까지 확장될 계획이다. 타타는 또한 케냐, 방글라데시, 우크라이나, 러시아 및 세네갈에서 합작투자 회사를 통한 조립 사업을 발전시키고 있으며, 4대륙에 걸쳐 26개국에 판매 대리점을 두고 있다. 타타는 포드가 한 세기 전에 그랬듯이, 이런 확장의 시기를 한껏 활용하는 위치에 서 있다.

이러한 개인 교통의 새 시대에 제조업체들은 형태와 에너지원의 유연성을 우위에 두었다. 하지만 무엇보다 회사들은 제작 중인 실제 제품에 대해서만이 아니라 제조 및 유통 사업 면에서 자사 제품을 글로벌 시장으로 확장시키는 데 필요한 유연성을 우선순위에 두고 있다. 어느 차종이든 전 세계 어디에서든 자동차는 에너지에 대한 중대한 태도 변화를 잘 드러내준다. 수십 년 동안 크기와 화려함을 추구했던 자동차 문화는 다시금 전 세계 어디에서나 인간의 이동을 위한 공리주의적 도구가 되었다.

전기차의 등장은 2021년에 티핑포인트에 다다른 듯하다. 자동차 대기업들이 저마다 타사에게 뒤질세라, 내연기관을 버리고 자사의 자동차 생산 방식을 한시라도 더 빨리 바꾸겠다고 선언하고 있으니 말이다. 2020년 미국 대선 이후, GM은 2050년까지 오직 전기차만 제조하게 될 것이라고 선언하면서 업계를 뒤흔들었다. 다른 제조업체들도 비슷한 선언으로 재빨리 뒤를 이었다. 가령 볼보는 자사의 목표를 2035년으로 정했다. 도요타도 휘발유 동력 차량의 중요성을 축소해나가기 위한 비슷한 시간표를 마련했다. 하지만 도요타만이 하이브리드 차량을 강조하는 유일한 제조업체였다.

전기차로의 질주는 중국, 유럽 및 기타 국가들의 계획으로 인해 박차를 달았다. 이런 계획은 앞으로 정부 명령을 통해서 더 친환경적인 교통수단을 촉진함으로써 배기가스 감축 목표를 맞추려는 국가의 노력을 뒷받침하고 있다. 이렇듯 녹색 소비자를 만족시키기 위해 제조업체와 정부 사이에 역사적인 협력 노력이 이루어지는 무대가 잠재적으로 마련되었다.

우리 앞에 놓인 에너지의 미래

지구의 재앙은 실시간으로 펼쳐지며 우리 행성의 기반시설을 공격하지만, 인간은 종종 이를 알아차리지 못한다. 핵폭발이나 지구를 강타하는 소행성 충돌과 달리, 직접적이고 실존적인 충격이 없다. 그래서 우리는 물이 차오르는 걸 막으려고 모래주머니를 쌓거나, 날아오는 모래와 먼지를 막으려고 얼굴을 가리거나, 몸을 숙이거나 숨거나 또는 그냥 단순히 도망가는 등의 명백한 반응을 고려하지 않는다. 매일 우리는 문제 있는 현실을 새로 접하지만, 대체로 그냥 일상적인 생활방식을 지속한다.

산불에서부터 더 빈번하고 난폭한 허리케인에 이르기까지, 공공연하고 명백한 재앙들이 오늘날 우리가 처한 위험을 고스란히 보여주고 있다. 하지만 그것들은 표면 아래에 벌어지고 있는 일을 명시적으로 보여주는 사례들일 뿐이다. 진짜 상황은 과학 데이터나 도구를 사용해야만 알 수 있는데, 우선 기존의 발견 내용을 인정해야지만 문제 완화를 위한 노력을 시작할 수 있다.

2013년 5월 9일, 하와이의 마우나로아 산 정상의 관측소에서 오랫동안 기다려왔던 기후에 관한 중대한 기록이 나왔다. 측정을 시작한 지 55년 만에 (대략 지구 역사의 300만 년 만에) 최초로 대기 속 이산화탄소의 양이 400ppm을 넘은 것이다. 지각 있는 모든 관찰자들이 보기에 400ppm 초과는 확실한 증거였고 이제 더 이상 의심할 수가 없었다. 그런데 이산화탄소 농도가 마지막으로 400ppm에 이르렀던 시기는 지질학자들이 플라이오세라고 부르는 대략 260만 년 전에서부터 530만 년 전까지이다.

20세기 전까지 지구의 이산화탄소 농도는 (남극의 빙하 중심부에 갇힌 고대의 공기 방울에서 직접 이산화탄소 농도를 측정할 수 있는 과거 시기의 한계인) 적어도 80만 년 동안 400ppm은커녕 300ppm을 넘지 않았다. 하지만 지질학자들이 가정에 따르면, 몇 백만 년 전에는 이산화탄소 농도가 지금보다 훨씬 높았을 것이라고 한다. 왜냐하면 지구가 더 뜨거운 곳이었기 때문이다.

대략 5000만 년 전의 에오세 시기에 오늘날 미국 남동부 지역과 같은 따뜻한 기후와 늪지의 숲들이 지금의 그린란드 북부와 캐나다의 북극 지역까지 뻗어 있었다. 추산하기로 이산화탄소 농도는 에오세 동안 어디에서든 오늘날보다 2배에서 10배까지 높았을지 모른다.[1] 물론 당시에 그 원인은 화산 활동 등이었다. 하지만 오늘날의 기온 상승은 자연적인 원인이 아니라 인위적이다. 즉, 우리 자신이 원인이다.

2013년의 이 운명적인 기록 이후, 단지 마우나로아 산에서뿐만 아니라 전 지구의 이산화탄소 농도가 400ppm을 넘었다.[2] 대기 중의 이산화탄소 농도는 지구의 기온 상승과 직접적인 상관관계가 있다. 그러나 전 전문가들에게 가장 국제적인 관심을 불러일으키는 요소는 온난화 자체이다. 400ppm이라는 엄혹한 현실을 접한 활동가들 및 전 세계의 정책결정자들은 생활방식을 바꾸는 데 앞장섰다. 목표는 기온이 산업화 이전 상태보다 섭씨 2도 이상 올라가지 않도록 막는 것이었다. 기후 변화에 관한 정부간협의체가 2019년에 내놓은 특별 보고서의 추산에 의하면, 이산화탄소 배출량을 4,200억에서 5,700억 톤 이하로 유지하면 전 세계의 기온 상승을 1.5도 이하로 막자는 목표를 달성할 확률이 대략 66퍼센트라고 한다.

과학적 측정과 해석이라는 확실한 증거 덕분에 우리 세대는 이런 현실을 많은 에너지를 사용하며 살고 있는 인간의 생활방식과 조화시키지 않을 수 없는 처지다. 수백 년 동안 인간 사회는 발전하고 성공하는 '가진 자들'의 범주를 에너지를 더 많이 쓰는 존재들이라고 정의해왔다. 단지 생존을 넘어선 발전과 향상이 우리 종의 전반적인 목표였으며, 에너지가 이 목표가 실현되게 만들었다.

앞에서 나는 에너지 사용의 연대기를 제시했는데, 그것은 우선 생물학적 구체제의 기술과 원동력에 초점을 맞추었다. 농업의 발전이 산업 발전으로 이어졌고, 이로써 저장 에너지들이 우리 종의 생활방식을 변혁시킨 혁신과 생산에 사용되었다. 덕분에 '가진 자들'의 생활수준은 수렵채취인들로서는 상상도 할 수 없을 만큼 높아졌다. 여러 세대에 걸쳐 확인된 인류의 진보가 아닐 수 없다. '가진 자들'은 자신들의 지위를 발전시키고 유지하려고 했으며, '갖지 못한 자들'은 자신들의 지위를 바꾸기 위해 에너지 공급을 확보할 수 있도록 조직적으로 나섰다.

과학자들이 설명했듯이, 400ppm 초과는 우리들 다수가 필수적이라고 여겼던 에너지 공급을 위해 화석연료에 의존하는 경향이 초래한 사태이며, 지구의 상황을 개선하려면 화석연료에 대한 의존을 바꾸어야 한다. 여기서 우리는 흔해 빠진 질문을 다시 심사숙고하지 않을 수 없다. 이미 게임은 끝난 걸까, 아니면 진행 중일까?

게임은 진행 중

현실을 받아들이고 나자 전 지구적으로 더욱 지속 가능한 미래를 위한 기회를 잡으려는 위대한 노력들이 진행되기 시작했다. 가령, 아이슬란드의 레이캬비크 바깥에서 레이캬비크 에너지라는 회사가 알루미늄과 에너지를 생산하는 공장들을 운영한다. 그 공장들은 지열 및 수력 전기로 작동하는데도 다량의 이산화탄소를 내놓는다. 탄소중립국이 되려는 아이슬란드는 에너지 회사의 굴뚝에서 뿜어져 나오는 이산화탄소를 포획하여 근처의 현무암 속에 집어넣는 실험을 하고 있다. 이산화탄소를 돌로 변환시키려는 이 노력은 기본적으로 지질학적 과정을 거꾸로 돌리는 일이다.

탄소 포집 및 저장Carbon capture and storage, CCS이라는 이 방법은 전 지구적으로 실험 중인 많은 노력 중 하나이다. 대체로 탄소 포집 및 저장은 이산화탄소를 붙잡은 다음에 다른 기체들과 분리시키고나서 파이프라인이나 배를 통해 적절한 장소로 옮긴 후에 지하 깊이 주입한다. 주로 대규모 퇴적암 지역이나 고갈된 원유 및 천연가스 매장지 속에 주입하는 편이다. 보통 1킬로미터 아래의 깊은 곳에 저장해 놓으면, 세월이 흐르면서 이산화탄소는 대리석이나 석회의 주 성분 중 하나인 방해석calcite과 같은 무해한 탄산염 광물로 바뀐다.[3] 본질적으로 탄소는 하늘에서 뽑아내어 미래를 위한 전도유망한 에너지원으로 변환될 수 있다.

에너지 획득과 생산이라는 개념 자체가 근본적으로 바뀌는 과정은 가진 자들의 국가와 갖지 못한 자들의 국가 사이를 아주 평등하게 만들 수 있다. 게다가 이 사실은 선진국들에게도 의미 있는 일이다. 왜냐하면 선진국들은 남아 있는 화석연료를 개발하려고 극단적이고 값비싼 노력을 기울이고 있기 때문이다. 중국, 미국, 러시아 등의 나라들이 시행 중인 이런 에너지 조치들의 핵심에는 안정적이며 적당히 높은 가격의 원유가 놓여 있었다. 최근에는 보통 배럴당 50~60달러가 그런 가격이다. 하지만 에너지 시장은 2020년 코로나 사태로 인한 조업 중단 사태 때문에 가격 폭락을 겪었다.

2020년 봄에 원유가 과잉생산되어 있는 상황에서 전 세계 사람들 절대다수가 집에 머무르라는 명령 때문에 항공 및 자동차 운행 수요가 크게 줄었다. 그 결과 원유 가격이 배럴당 20달러까지 수직낙하했을 때, 사우디와 러시아는 국제 시장에서 입장이 달랐던 까닭에 서로 상반되는 행동을 보였다. 이후 원유 가격이 추가로 하락하여, 배럴당 -37달러라는 마이너스 가격대까지 이르기도 했다. 여러 국가와 회사들이 생산을 우선시한 지 10년 만에, 유조선들은 석유 시장이 나아지길 바라며 원유를 가득 실은 채로 바다 위에 묶인 신세가 되었다. 상징적 중요성을 넘어서, 이 기간 동안 바다에 석유를 마냥 묶어놓는 바람에 석유 회사들은 무려 하루에 20만~30만달러까지 비용을 치러야 했다.

2020년의 표제 기사들 중 하나는 이랬다. "석유 시장은 엉망진창. 세계 지도자들이 해결할 수 있을까?" 그리고 "극단적인 에너지 생산"의 변화하는 상황을 직접 거론한 다음과 같은 제목의 기사도 있었다. "코로나바이러스가 원유 수압 파쇄법을 죽일지 모른다." 하지만 에너지 공급원을 활발하게 다각화하고 있던 국가들은 코로나19의 팬데믹 이후로는 가장 확실한 길을 찾게 될지 모른다.

정말이지 만약 석유에서 벗어나는 전환의 패턴이 지속되고 원유 생산 정점이 기후변화의 압력과 결합된다면, 바다에서 석유를 가득 실은 채 가격 조정을 기다리고 있는 유조선들은 상이한 간극의 하나의 상징이 되어버릴지 모른다. 즉, 자국의 에너지 미래를 장악하고 있는 자주적인 국가들과 유한한 석유의 감소하는 공급량을 놓고 경쟁하는 다른 국가들 사이의 간극 말이다. 이런 현실은 에너지 공급과 관련하여 더욱 공격적인 전쟁과 충돌을 낳을 것만 같다.

몇 년이 지난 뒤, 이 책의 개정판이 나온다면 마지막 장에는 다음 내용이 담길지 모른다. 국가 발전과 성공에 에너지의 막대한 중요성을 한 세기 동안 깨닫고 나자 '돌아온 대역전Great Reversal Redux'이 벌어졌고, 에너지 중요성을 인정하면서도 아울러 과학과 지속 가능성을 더 충실히 고려하여 기반시설을 마련한 국가들을 중심으로 세계질서가 재편성되었다는 내용 말이다. 그런 발전들 가운데서 중요한 것은 기후변화가 과학적 개념 상태에서 벗어나 해결 조치를 요구하는 국제 문제의 상태로 격상되는 일이다. 탄소 포집 기술에 대한 실험과 마찬가지로, 오늘날의 현실로 인해 많은 국가들이 모든 화석연료 연소와 결부된 결과들(특히 공해)을 고려하여 에너지 가격 모델을 구축하는 데 관심을 기울이게 되었다.

이 모델에서 가장 중요한 것은 석유와 같은 화석연료 연소에서 나오는 배기가스를 '탄소 회계'를 통해 상품 비용 속에 포함하는 것이다. '탄소 상쇄carbon offset'를 위한 비공식적인 조치가 한 가지 예다. 그리고 더욱 광범위한 사례들이 현재 고려되고 있다. 화석연료 에너지원과 그것이 인류 건강, 환경 및 기후변화에 미칠 영향을 회계에 전부 반영해, 대안적 에너지원을 주류로 만드는 것이다. 화석연료 가격에 관한 이런 방식의 '전체 회계'는 다음과 같이 다양하게 이루어질 수 있다.

- 이상적으로 볼 때, 특정 유형의 에너지 생산자는 생산에 드는 비용과 아울러 사회 및 환경에 미치는 모든 해로운 영향에 대해서도 비용을 치러야 한다. 그렇게 될 경우 생산자는 그 비용을 소비자에게 전가하게 된다. 이런 경우 저에너지 생활 방식을 선택한다면 경제적 혜택을 얻을 수 있을 것이다.

  설령 생산 측에서 완벽한 회계를 실시하지 않더라도, 정부가 에너지 회계에 중요한 역할을 할 수 있다. 가령 신재생 에너지를 사용하고 에너지를 덜 소비하는 제품을 구매하는 이들에게 정부가 인센티브를 제공한다. 다만 이런 인센티브는 성격상 거의 경제적인 혜택이기에, 사실 더 깨끗한 공기나 환경을 가져다주진 않는다.

- 정부가 에너지 생산의 전체 회계를 촉진하는 또 한 가지 방법은 탄소세나 탄소거래 방안을 마련하는 것이다. 이산화탄소 배출은 전지구적 기후변화의 주원인이며 미래 세대에게 막대한 영향을 미친다. 탄소세를 시행한다고 정부가 이산화탄소 배출을 멈추게 하고 수반되는 기후변화를 끝내지는 못하지만, 그런 배출 행위에 비용이 더 많이 들도록 할 수는 있다. 이는 앞에 나온 생산 측의 회계와 비슷하며, 이산화탄소를 배출하지 않는 에너지 생산업체의 제품 이용을 권장하는 효과가 있다.

- 정부가 관여할 세 번째 방법은 배기가스나 해로운 오염물질의 방출을 방지하는 법안을 통과시키는 것이다. 이에 반대하는 쪽에서는 때때로 그런 조치를 가리켜 "명령과 통제" 구조라고 부른다. 이런 법적인 요건이 생길 경우, 에너지 생산업체는 해로운 오염을 막기 위해 아무리 비용이 많이 들더라도 필요한 조치를 취해야만 한다. 그러면 이 비용은 소비자에게 부과된다. 이는 생산 측의 회계이다.
만약 이렇게 된다면 신재생 에너지에 인센티브를 주거나 탄소세를 부과할 필요가 없어진다. 하지만 해로운 오염을 막기 위한 이런 유형의 법적 요건은 시행하기가 매우 어려운 것으로 드러났다.[4]

실제로 많은 선진국 정부들은 이런 회계 방안들을 혼합한 방식을 도입하여, 대안 에너지 생산이 화석연료보다 더 비용 면에서 경쟁력이 있도록 만들었다. 화석연료 사용으로 인한 추가적인 오염을 고려하는 이런 방안들이 더 많이 도입될수록, 대안 에너지의 비용 효율성은 계속 좋아질 것이며, 십중팔구 석유와 기타 화석연료의 비용 효율성은 나빠질 것이다.

탄소 포집과 같은 신기술로 매끄러운 에너지 전환을 이루는 국가들은 국제정치력이 높아지고, 반대로 그렇지 못하고 자국의 에너지 수요를 충족하려고 남아 있는 화석연료 매장고에 계속 의존하는 국가들은 국제정치력이 낮아지는 새로운 세계질서가 곧 도래할 것이다. 에너지 전환이 국가의 운명을 좌우하는 세계가 이미 우리 눈앞에 다가와 있다. 선택은 각 국가의 몫일 것이다. 하지만 각 국가의 선택이 곧 인류의 전체의 운명을 좌우할 수 있다는 사실 또한 잊어서는 안 될 것이다. 인류는 에너지로 연결된 하나의 운명 공동체이기 때문이다.

주

머리말

1. Alfred Crosby, Children of the Sun (New York: Norton, 2006), p. 5.

프롤로그

1. Simon Watkins, "Russia Makes Move on Antarctica's 513 Billion Barrels of Oil," oilprice. com. https://oilprice.com/Energy/Crude-Oil/Russia-Makes-Move-On-Antarcti cas-513-Billion-Barrels-Of-Oil.html. Accessed January 6, 2022.

2. Nengye Liu, "What Are China's Intentions in Antarctica?" https://thediplomat. com/2019/06/what-are-chinas-intentions-in-antarctica/. Accessed January 6, 2022.

3. Watkins, "Russia Makes Move."

4. Leah Feiger and Mara Wilson, "The Countries Taking Advantage of Antarctica During the Pandemic." https://www.theatlantic.com/politics/archive/2020/05/antarctica-great-power-competition-australia-united-states-britain-russia-china-arctic/611674/. Accessed January 6, 2022.

5. 이 내용은 인간이 환경에 상당한 충격을 초래했고 아울러 지구의 운명을 좌우했기 때문에 우리의 현재 지질시대를 "인류세"라고 설명하려는 자연과학자들과 인문학자들의 논의에 따랐다. 가령 다음을 보기 바란다. John R. McNeill, Something New Under the Sun: An Environmental History of the Twentieth-Century World (New York: Norton, 2001).

6. 하지만 이런 환경에 대한 사고의 발전에는 우리의 생활 기준에 대한 변화, 특히 미국에서의 변화가 요구되었다. 역설적이게도 인간들이 한 세기 동안 "고에너지 생활"을 살지 않았더라면 우리는 이런 인식에 이르지 못했을지 모른다.

7. Vaclav Smil, Energy and Civilization: A History (Cambridge: MIT Press, 2017), pp. 12 – 14.

8. Smil, Energy and Civilization.

9. Andreas Malm, Fossil Capital (London: Verso, 2016), pp. 7 – 9.

10. Smil, Energy and Civilization, p. 295.

PART 1
Chapter 1

1. Russell Shorto, Amsterdam (New York: Vintage, 2013), p. 29.

2. Shorto, p. 45.

3. Shorto, p. 102.

4. Jared Diamond, Guns, Germs, and Steel (New York: Turtleback, 2005), p. 93.

5. Alfred Crosby, Children of the Sun (New York: Norton, 2006), p. 5.

6. Crosby, p. 2.

7. 가령 다음을 보기 바란다. David R. Montgomery and Daniel J. Sherman, Environmental

Science and Sustainability (New York: Norton, 2021), pp. 70–72.

8. Diamond, pp. 103–105.
9. Diamond, pp. 103–105.
10. Diamond, p. 450.
11. Diamond, pp. 103–105.
12. Crosby, pp. 46–49.
13. Vaclav Smil, Energy and Civilization: A History (Cambridge: MIT Press, 2017), p. 33.
14. Crosby, p. 12.
15. Crosby, p. 12.
16. Crosby, p. 13.
17. Crosby, p. 32.
18. E. A. Wrigley, "Energy and the English Industrial Revolution," Philosophical Transactions of the Royal Society A. 371, no. 1986 (2013). 이 논문에서 리글리는 이렇게 주장한다. "고전경제학자들은 생산이 발생하기 위한 세 가지 기본 요건을 다음과 같이 본다. 생산에는 반드시 자본, 노동 및 토지가 관여해야 한다고." 독자들은 다음 자료를 참고하길 원할지 모른다.
    E. A. Wrigley, Energy and the English Industrial Revolution (London: Cambridge, 2010), and The Path to Sustained Growth (London: Cambridge, 2016).
19. Smil, p. 132.
20. 가령 다음을 보기 바란다. Joel Mokyr, The Culture of Growth (Princeton, NJ: Princeton University Press, 2018).
21. Smil, p. 134.
22. Smil, pp. 138–139.
23. 가령 다음을 보기 바란다. Bill Gilbert, unpublished manuscript "Renaissance and Reformation," available at http://vlib.iue.it/carrie/texts/carrie_books/gilbert/.
24. Astrid Kander, Paolo Malanima, and Paul Warde, Power to the People: Energy in Europe over the Last Five Centuries (Princeton, NJ: Princeton University Press, 2014), pp. 86–90.
25. Kander et al., p. 70.
26. Kander et al., p. 68.
27. Smil, p. 73.
28. 가령 다음을 보기 바란다. Donald B. Wagner, "Blast Furnaces of Song-Yuan China," East Asian Science, Technology, and Medicine 18 (2001), available at https://core.ac.uk/download/pdf/228877749.pdf.
29. Robert Marks, The Origins of the Modern World (Lanham, MD: Rowman & Littlefield 2019), pp. 37–39.
30. Marks, p. 24.
31. Shorto, pp. 102–103.
32. Shorto, pp. 103–104.

Chapter 2

1. Marcus Rediker, Slave Ship (New York: Penguin 2008), p. 50.
2. Alfred Crosby, Children of the Sun (New York: Norton, 2006), p. 48.

3. Gavin Menzies, 1421: The Year China Discovered America (New York: William Morrow, 2003), pp. 78–80.
4. Menzies, pp. 80–81.
5. Menzies, pp. 79–81.
6. Robert Marks, The Origins of the Modern World (Lanham, MD: Rowman & Littlefield 2019), pp. 42–44.
7. Menzies, pp. 66–70.
8. "The Journal of Christopher Columbus (1492)," The History Guide, https://www.humanities.uci.edu/mclark/COURSES/EAL/E102BW2010/ColumbusJournal(1492).htm. Accessed on January 6, 2022.
9. Marks, pp. 92–93.
10. Gustavus Vassa, "The Life of Olaudah Equiano," https://www.litcharts.com/lit/the-life-of-olaudah-equiano/chapter-2. Accessed on January 6, 2022.
11. Michael Conzen, The Making of the American Landscape (New York: Routledge 2010), p. 106.
12. Conzen, p. 110.
13. Theodore Steinberg, Down to Earth (New York: Oxford, 2018), p. 74.
14. Terry Jordan, North American Cattle-Ranching Frontiers (Albuquerque: University of New Mexico Press 1993), pp. 2–3.
15. Steinberg, p. 87.
16. Benjamin Labaree et al., America and the Sea (Mystic, CT: Mystic Seaport Museum 1998), p. 23.
17. Alexis de Tocqueville, Democracy in America (New York: Library of America, 2004), pp. 400–407.
18. John Stilgoe, Alongshore (New Haven, CT: Yale University Press 1994), pp. 208–211.
19. Labaree, p. 10.
20. Labaree, pp. 258–259.
21. Labaree, p. 265.
22. Thomas Jefferson, "Observations on the Whale-Fishery," Public and Private Papers (New York: Vintage Books, 1990), pp. 382–383.
23. Harold F. Williamson et al., The American Petroleum Industry (Chicago: Northwestern University Press 1963), pp. 30–31.
24. Williamson et al., p. 32.
25. Williamson et al., p. 33.
26. Martin Melosi, Coping with Abundance (Philadelphia: Temple University Press, 1985), p. 84.
27. Martin Melosi, The Sanitary City (Pittsburgh: University of Pittsburgh Press, 2008), pp. 26–27.

Chapter 3

1. Barbara Freese, Coal (New York: Basic Books 2016), p. 19.

2. Freese, pp. 20–21.

3. Freese, p. 22.

4. 이 상황을 전반적인 맥락을 바탕으로 이해하고 싶은 독자들은 다음을 참고하기 바란다. Simon Pirani, Burning Up (New York: Pluto Books, 2018).

5. 가령 다음을 보기 바란다. Astrid Kander, Paolo Malanima, and Paul Warde, Power to the People: Energy in Europe over the Last Five Centuries (Princeton, NJ: Princeton University Press, 2014).

6. Joel Mokyr, The British Industrial Revolution (London: Routledge 2018), pp. 52–53.

7. Vaclav Smil, Energy and Civilization: A History (Cambridge: MIT Press, 2017), p. 155.

8. Kander et al., pp. 156–160.

9. Freese, p. 22.

10. Freese, p. 23.

11. Kander et al., pp. 60–62.

12. Freese, p. 27.

13. Freese, p. 31.

14. Freese, p. 32.

15. Freese, p. 32.

16. John Evelyn, Fumifugium (United Kingdom: University of Exeter, 1976). https://archive. org/details/fumifugium00eveluoft/page/n5/mode/2up. Accessed on January 6, 2022.

17. Gale Christianson, Greenhouse (New York: Walker and Co., 1999), p. 106.

18. Ibid., p. 113.

19. Freese, p. 45.

20. Freese, p. 56.

21. Freese, p. 44.

22. Freese, p. 67.

23. Christianson, pp. 60–62.

24. Christianson, p. 60.

25. Christianson, p. 60.

26. Freese, pp. 105–106.

27. Brian Black, Petrolia (Baltimore: Johns Hopkins University Press, 2000).

28. John Stilgoe, Train Time (New Haven, CT: Yale University Press, 2007), pp. 3–8.

29. 다음을 보기 바란다. John Stilgoe, Common Landscape of America (New Haven, CT: Yale University Press, 1983).

30. 다음을 보기 바란다. William Cronon, Nature's Metropolis (New York: Norton, 1991).

31. Cronan.

32. 다음을 보기 바란다. John Opie, Nature's Nation (New York: Cengage Learning, 1998).

33. Opie.

34. Freese, p. 129.

35. Christopher Jones, Routes of Power (Cambridge: Harvard University Press, 2016), p. 197.

36. Jones, p. 198.

37. John R. McNeill, Something New Under the Sun: An Environmental History of the

Twentieth-Century World (New York: Norton, 2001), pp. 32–34.

38. McNeill, p. 58.

Chapter 4

1. Jeremy Zallen, American Lucifers (Chapel Hill: University of North Carolina Press, 2019), p. 158.

2. Zallen, p. 171.

3. Zallen, p. 181.

4. Gale Christianson, Greenhouse (New York: Walker and Co., 1999), pp. 77–80.

5. Thomas Hughes, American Genesis (Chicago: University of Chicago Press, 2004), pp. 184–185.

6. Robert B. Marks, The Origins of the Modern World: A Global and Ecological Narrative (Lanham, MD: Rowman & Littlefield, 2002), p. 138.

7. William Cronon, Nature's Metropolis (New York: Norton, 1991).

8. Cronon, p. 120.

9. Cronon, p. 126.

10. Alfred Crosby, Children of the Sun (New York: Norton, 2006), p. 112.

11. David F. Burg, Chicago's White City of 1893 (Lexington: University of Kentucky Press, 1976), p. 204.

12. Hughes, p. 8.

13. Hughes, p. 9.

14. Stephen Kern, The Culture of Time and Space (Cambridge: Harvard University Press, 2003), p. 210.

15. Brian C. Black, Crude Reality (New York: Rowman & Littlefield, 2020).

16. Daniel Yergin, The Prize (New York: Free Press, 2008), p. 56.

17. Steve LeVine, The Oil and the Glory (New York: Random House, 2007), p. 68.

18. Benjamin Labaree et al., America and the Sea (Mystic, CT: Mystic Seaport Museum 1998), pp. 390–391.

19. Richard Rhodes, Energy (New York: Simon & Schuster, 2019), p. 168.

20. Rhodes, pp. 174–176.

21. Hughes, pp. 226–230.

22. Hughes, pp. 234–240.

23. Hughes, pp. 39–40.

24. David Nye, Electrifying America (Cambridge, MA: MIT University Press, 1992), pp. 138–142.

25. David Nye, American Technological Sublime (Cambridge, MA: MIT University Press, 1996), pp. 144–148.

26. John R. McNeill, Something New Under the Sun: An Environmental History of the Twentieth-Century World (New York: Norton, 2001), pp. 174–175.

27. Christian Anton Smedshaug, Feeding the World in the 21st Century (London: Anthem Press, 2010), 49–50.

28. Smedshaug, pp. 180-181.

29. 가령 다음을 보기 바란다. Richard Tucker, Insatiable Appetite (New York: Rowman & Littlefield, 2007).

30. Michael Pollan, Omnivore's Dilemma (New York: Penguin, 2006), p. 44.

31. Pollan, p. 45.

32. Marks, pp. 165-166.

33. Lewis Mumford, Technics and Civilization (Chicago: University of Chicago Press, 2010), p. 322.

34. Leland Roth, Concise History of American Architecture (New York: Harper & Row, 1980), pp. 161-162.

35. Adrian Smith and Judith Dupre, Skyscrapers (New York: Black Dog & Leventhal, 2013), pp. 242-243.

36. Alan Trachtenberg, Incorporation of America (New York: Hill & Wang, 2007), p. 35.

37. John Kasson, Amusing the Million (New York: Hill & Wang, 1978), p. 32.

38. Judith Adams, American Amusement Park Industry (New York: Twayne Publishers, 1991), p. 46.

39. Brian Black, Petrolia (Baltimore: Johns Hopkins University Press, 2000).

40. Black, Petrolia.

41. Erik Eckermann, World History of the Automobile (New York: Society of Automotive Engineers, 2001), pp. 9-11.

42. Black, Crude Reality.

43. John Stilgoe, Common Landscape of America (New Haven, CT: Yale University Press, 1983), p. 23.

44. Kenneth T. Jackson, Crabgrass Frontier (New York: Oxford University Press 1985), p. 168.

45. Tom Lewis, Divided Highways (New York: Penguin, 1997).

46. Jackson, Crabgrass Frontier.

47. Jackson, Crabgrass Frontier, p. 140.

48. Jackson, Crabgrass Frontier, p. 140.

49. Christopher Jones, Routes of Power (Cambridge: Harvard University Press, 2016), pp. 217-219.

50. Jones, pp. 221, 225.

51. E. L. Doctorow, World's Fair (New York: Random House, 1985), pp. 252-253.

PART 3

1. Robert Marks, The Origin of the Modern World (Lanham, MD: Rowman & Littlefield, 2019), pp. 161-162.

Chapter 5

1. Peter Shulman, Coal and Empire (Baltimore: Johns Hopkins University Press 2015), p. 71.

2. Christopher Jones, Routes of Power (Cambridge: Harvard University Press, 2016),

pp. 144 – 145, 196 – 197.

3. Brian C. Black, Crude Reality (New York: Rowman & Littlefield, 2020).

4. Black, Crude Reality, pp. 38 – 39.

5. Shulman, p. 147.

6. Winston Churchill, The World Crisis (New York: Charles Scribner's Sons, 1923), p. 134.

7. Winston Churchill, House of Commons, June 17, 1914.

8. Leonardo Maurgeri, The Age of Oil (New York: Praeger, 2006), p. 24.

9. Maurgeri, pp. 41 – 42.

10. Maurgeri, p. 43.

11. Maurgeri, p. 45.

12. Rudi Volti, Cars and Culture (Baltimore: Johns Hopkins University Press, 2004), p. 44.

13. David Kirsch, The Electric Vehicle and the Burden of History (New Brunswick, NJ: Rutgers University Press 2000), pp. 162 – 164.

14. Volti, p. 46.

15. Kirsch, p. 165.

16. Daniel Yergin, The Prize (New York: Free Press, 2008), p. 168.

17. Yergin, pp. 170 – 172.

18. Yergin, p. 172.

19. Yergin, p. 177.

20. Yergin.

21. Yergin.

22. 페인터는 이렇게 적고 있다. "레드라인 협정은 해당 지역의 석유 개발이 경쟁적인 방식보다는 협력적인 방식으로 이루어지도록 보장했다." 그 조직은 1929년에 사명을 이라크석유회사(Iraq Petroleum Company)로 변경했다. 각 조직은 영국의 기업이었고 법적인 조항들은 영국 법원에서 집행할 수 있었다. David Painter, Oil and the American Century (Baltimore: Johns Hopkins University Press, 1986), p. 183.

23. Brian Black, "The Most Important Road Trip in American History," New York Times, July 7, 2019. https://www.nytimes.com/2019/07/07/opinion/the-most-important -road-trip-in-american-history.html?smid=nytcore-ios-share.

24. Black, "Most Important Road Trip."

25. Black, Crude Reality, p.134.

26. Painter.

27. Alfred E. Eckes, The United States and the Global Struggle for Minerals (Austin: University of Texas Press, 1979), p. 58.

28. Heinz Guderian, Blitzkrieg: In Their Own Words (St Paul, MN: Zenith Books, 2005), pp. 76 – 77.

29. Guderian, p. 138.

30. Guderian, pp. 171 – 173.

31. Painter.

32. Painter, p. 9.

33. Yergin, p. 380.

34. Yergin, p. 382.

35. Yergin, p. 343.

36. Yergin, p. 382.

37. Painter, p. 34.

38. Yergin, p. 387.

39. Yergin.

40. Yergin.

41. Painter, p. 11.

42. Richard Rhodes, Energy (New York: Simon & Schuster 2019), pp. 260–261.

43. Rhodes, p. 263.

44. Rhodes, pp. 270–271.

45. Yergin, p. 395.

46. Yergin, p. 401.

47. Painter, p. 17.

48. Painter, p. 35.

49. Yergin, p. 423.

50. Painter, pp. 46–47.

51. Yergin, pp. 427–428.

Chapter 6

1. University of Bristol, "Researchers Venture to the Chernobyl Red Forest." https://phys.org/news/2019-04-venture-chernobyl-red-forest.html. Accessed on January 6, 2022.

2. Rachel Nuwer, "Forests Around Chernobyl Aren't Decaying Properly." https://www.smithsonianmag.com/science-nature/forests-around-chernobyl-arent-decaying-properly-180950075/. Accessed on January 6, 2022.

3. Robert B. Marks, The Origins of the Modern World: A Global and Ecological Narrative (Lanham, MD: Rowman & Littlefield, 2002), p. 179.

4. Paul Boyer, By the Bomb's Early Light (Chapel Hill: University of North Carolina Press, 1994), pp. 36–37.

5. Thomas Hughes, American Genesis (Chicago: University of Chicago Press, 2004), pp. 143–145.

6. Hughes.

7. Boyer, pp. 95–96.

8. Richard Rhodes, Energy (New York: Simon & Schuster 2019), p. 284.

9. Boyer, p. 200.

10. John McNeill and Peter Engelke, Great Acceleration (London: Belknap Press,2016), p. 156.

11. Rhodes, p. 284.

12. McNeill and Engelke, p. 7.

13. Rhodes, p. 287.

14. Rhodes, p. 290.

15. Rhodes, pp. 282–283.

16. Marks, p. 179.

17. McNeill and Engelke, p. 7.

18. McNeill and Engelke, p. 312.

19. Alfred Crosby, Children of the Sun (New York: Norton, 2006), p. 137.

20. McNeill and Engelke, p. 168.

21. McNeill and Engelke, pp. 312–314.

22. McNeill and Engelke, p. 313.

23. McNeill and Engelke, pp. 163–164.

24. McNeill and Engelke, p. 159.

25. John D. Grace, Russian Oil Supply (New York: Oxford University Press, 2005), p. 287.

26. Todor Balabanov and Raimund Dietz, "Eastern and East West Energy Prospects," in Dismantling the Command Economy in Eastern Europe, ed. Peter Havlik (Boulder, CO: Westview Press, 1991), pp. 125, 137.

27. Jeff Meikle, American Plastic (New Brunswick, NJ: Rutgers University Press, 1995), p. 78.

28. Devra Davis, When Smoke Ran Like Water (New York: Basic Books, 2002), p. 250.

29. Apoorva Mandavilli, "The World's Worst Industrial Disaster Is Still Unfolding," The Atlantic, July 10, 2018. https://www.theatlantic.com/science/archive/2018/07/the-worlds-worst-industrial-disaster-is-still-unfolding/560726/. Accessed on January 6, 2022.

30. Daniel Yergin, The Prize (New York: Free Press, 2008), p. 430.

Chapter 7

1. Jeffrey Liker and Michael Hoseus, Toyota Culture (New York: McGraw Hill, 2008), p. 34.

2. 가령 다음을 보기 바란다. Kenneth Pomeranz, The Great Divergence (Princeton, NJ: Princeton University Press, 2001).

3. Simon Pirani, Burning Up (New York: Pluto Books, 2018), p. 130.

4. Pirani, p. 107.

5. Daniel Yergin, The Prize (New York: Free Press, 2008), p. 612.

6. 멕시코는 1938년에 자국의 석유 산업의 통제권을 외국인들한테서 힘겹게 뺏어냈지만, 투자 자본이 충분하지 않았기에 수익이 많은 국제시장에서 금세 빠지고 말았다. 다른 국가들도 석유 개발을 위한 나름의 시도에 나섰는데, 일례로 베네수엘라는 1943년에 최초의 "50 대 50 원칙" 합의에 서명했다. 석유 생산국에게 일시불의 로열티와 더불어 개발 수익의 50퍼센트를 지급하는 합의였다. 그리고 이란도 앵글로-이란 (1935년 이전에는 앵글로-페르시안 그리고 1954년 이후에는 브리티시페트로울리엄 이라고 불린 회사) 사와의 이전 합의를 종료시키는 법안을 통과시키고 나서 그런 합의가 불발되자 1954년에 자국의 석유 사업을 국유화했다. (영국과 이란과의 새 합의가 이듬해에 체결되었다. 새로 복권된 이란 국왕이 1979년 이란혁명 이전까지 미국의 중동 정책의 기둥이 되었다.)

7. Fiona Venn, The Oil Crisis (London: Routledge, 2017).

8. Venn.

9. New York Times February 5, 1974.

10. New York Times, January 21, 1974. See Karen R. Merrill's collection, The Oil Crisis of 1973 – 4 (New York: St. Martin's 2007).

11. Andrew Scott Cooper, Oil Kings (New York: Simon & Schuster, 2011), p. 163.

12. Amory Lovins, Soft Energy Paths (New York: Friends of the Eath International, 1977), pp. 121 – 122.

13. Daniel Horowitz, Jimmy Carter and the Energy Crisis of the 1970s (Boston: Bedford Books, 2005), pp. 20 – 25.

14. Horowitz, pp. 43 – 46.

15. SPR에 관한 다 자세한 정보는 다음을 보기 바란다. Bruce Beaubouef, The Strategic Petroleum Reserve (College Station: Texas A&M Press, 2007).

16. Shane Hamilton, Trucking Country (Princeton, NJ: Princeton University Press, 2008), pp. 100 – 101.

17. Hamilton, p. 115.

18. 더 자세한 정보는 다음을 보기 바란다.
http://www.centennialofflight.gov/essay/Social/impact/SH3.htm. Accessed on January 6, 2022.

19. John R. McNeill, Something New Under the Sun: An Environmental History of the Twentieth-Century World (New York: Norton, 2001), pp. 106 – 107.

20. McNeill, p. 112.

21. McNeill, p. 124.

22. McNeill, p. 125.

23. McNeill, p. 126

24. Global Forest Atlas, Yale University:
https://globalforestatlas.yale.edu/amazon/land-use/roads-amazon-basin. Accessed on January 6, 2022.

25. Global Forest Atlas.

26. McNeill, pp. 121 – 122.

27. WHO road traffic injuries:
https://www.who.int/news-room/fact-sheets/detail/road-traffic-injuries. Accessed on January 6, 2022.

28. https://www.theglobaleconomy.com/rankings/roads_quality/

29. Jack Doyle, Taken For a Ride (New York: Four Walls Eight Windows, 2000) p. 134.

30. Doyle, p. 64.

31. James Motavalli, High Voltage (New York: Rodale Press, 2011), p. 40.

32. James McCann, Maize and Grace (Cambridge: Harvard University Press, 2007).

33. Christian Smedshaug, Feeding the World in the 21st Century (New York: Anthem Press, 2010), p. 221.

34. David Montgomery, Dirt (Berkley: University of California Press, 2012), p. 197.

35. Justin Blum, "Chavez Pushes Petro-Diplomacy," Washington Post, November 22, 2005. Retrieved November 29, 2005.

36. John D. Grace, Russian Oil Supply (London: Oxford University Press, 2005), p. 105.

37. Grace, p. 107.

38. Grace, pp. 110–112.

39. Kaldor et al., Oil Wars (London: Pluto Press, 2007), pp. 6-8.

40. Nancy Birdsall and Arvind Subramanian, "Saving Iraq from Its Oil," Foreign Affairs 83, no. 4 (Jul–Aug, 2004), p. 77.

41. 가령 다음을 보기 바란다. Jim Krane, City of Gold: Dubai and the Dream of Capitalism (New York: Picador Press, 2010).

42. Michael Klare, Blood and Oil (New York: Metropolitan Books, 2004), p. 9.

43. Kaldor et al., pp. 2–4.

44. Peter Maass, Crude World (New York: Vintage Books, 2009), p.3.

45. Anthony Garavente, "U.S. Companies Race to Take Advantage of Iraqi Oil Bonanza," New York Times, January 14, 2010.

PART 4

1. Elizabeth Kolbert, The Sixth Extinction (New York: Picador Books, 2015), pp. 268–269.

Chapter 8

1. CNBC, "Russian and China vie to beat the U.S. in the trillion-dollar race to control the Arctic," https://www.cnbc.com/2018/02/06/russia-and-china-battle-us-in-race-to-control-arctic. html. Accessed January 6, 2022.

2. Defense News, "China's strategic interest in the Arctic goes beyond economics," https://www.defensenews.com/opinion/commentary/2020/05/11/chinas-strategic-interest-in-the-arctic-goes-beyond-economics/. Accessed January 6, 2022.

3. Resilient Cities Network, "Calgary's story," https://resilientcitiesnetwork.org/networks/calgary/.

4. Christopher Jones, Routes of Power (Cambridge: Harvard University Press, 2016), pp. 233–235.

5. Energie.wenden (Munich: Deutsches Museum, 2016), p. 16.

6. Energie.wenden, p. 12.

7. Energie.wenden, p. 17.

8. Energie.wenden, p. 18.

9. Energie.wenden, p. 19

10. Energie.wenden, pp. 63–65.

11. William Bogard, The Bhopal Tragedy (Boulder: Westview Press, 1989), p. ix.

12. 가령 다음을 보기 바란다. Jack Doyle, Taken for a Ride: Detroit's Big Three and the Politics of Air Pollution (New York: Four Walls Eight Windows, 2000).

13. Ross Gelbspan, Heat Is On (New York: Basic Books, 1998), pp. 9–13.

14. P. Crutzen, "Geology of Mankind," Nature 415, no. 23 (2002). https://doi. org/10.1038/415023a.

15. David Kirsch, The Electric Vehicle and the Burden of History (Newark, NJ: Rutgers

University Press 1986), p. 205.

16. Kirsch, p. 37.

17. 가령 다음을 보기 바란다. Brad Plumer, "Europe's Love Affair with Diesel Cars Has Been a Disaster,"
https://www.vox.com/2015/10/15/9541789/volkswagen-europe-diesel-pollu
tion; John Vidal, "The Rise of Diesel in Europe: The Impact on Health and Pollution,"
https://www.theguardian.com/environment/2015/sep/22/the-rise-diesel-in-europe-
impact-on-health-pollution.

18. Brian Black and Gary Weisel, Global Warming (New York: Greenwood/ABC-Clio, 2010), pp. 67-70.

19. Black and Weisel, p. 150.

20. Black and Weisel, p. 145.

21. Gelbspan, pp. 9-13.

22. Kenneth Deffeyes, Hubbert's Peak: The Impending World Oil Shortage (Princeton, NJ: Princeton University Press, 2001), p. 4.

23. 독자들은 저자의 다음 인터뷰 방송을 보고 싶어할지 모른다. "The Gulf Spill: America's Worst Environmental Disaster?" on CNN.com,
http://www.cnn.com/2010/US/08/05/gulf.worst.disaster/index.html.

24. Helen Campbell, "Discoveries of the Deep," The BP Magazine 3 (2007), pp. 46-54.

25. 이 인용문은 2010년 5월 말의 뉴스 보도에서 나왔다. 가령 다음을 보기 바란다. "Spillcam Shows Gulf Oil Leak Live Online," http://www.upi.com/Top_News/US/2010/05/20/Spillcam-
shows-gulf-oil-leak-live-online/UPI-75141274386498/. Accessed on January 6, 2022.

26. 다음을 보기 바란다. Russell Gold, Boom (New York: Simon & Schuster, 2015).

27. 최근의 보도로 다음이 있다. https://www.nytimes.com/2019/03/26/business/shell-
polyethylene-factory-pennsylvania.html. Accessed on January 6, 2022.

28. Adam Rome, The Genius of Earth Day (New York: Hill & Wang, 2013), p. 210.

29. 안와르 사다트가 1973년 초반 OPEC 회원국들에게 "석유 무기를 꺼내라고" 촉구했을 때, 이 행동의 주된 이유는 정치였다.

30. 20세기 후반이 되자 사회경제적 고려사항에 석유가 갖는 중요성 때문에 석유 확보는 선진국들의 으뜸 관심사가 되었다. 다음을 보기 바란다. Brian Black, Crude Reality: Petroleum in World History (New York: Rowman & Littlefield, 2020).

31. 1970년대 환경 정책 발전에 관한 가장 유용한 조사 자료는 다음이다. Richard N. L. Andrews, Managing the Environment, Managing Ourselves: A History of American Environmental Policy (New Haven, CT: Yale University Press, 1999), especially pp. 225-230; 또한 다음을 보기 바란다. Robert Gottlieb, Forcing the Spring: The Transformation of the American Environmental Movement, 2nd ed. (New York: Island Press, 1994). 아울러 1970년대의 성장 방식에 대한 폴 새빈(Paul Sabin)의 최근 연구도 보기 바란다. 에너지와의 연관성은 다음 저서에 나온다. Amory B. Lovins, Soft Energy Paths (New York: HarperCollins, 1979).

32. Brian Black, "Oil for Living: Petroleum and American Mass Consumption," Journal of American History, special issue on "Oil in American Life," Spring 2012.

33. Brian Black, "The Consumer's Hand Made Visible: Consumer Culture in American

Petroleum Consumption of the 1970s," in Energy in the 1970s, Robert Lifset and Joseph Pratt, eds. (University of Oklahoma Press, 2014).

34. CNBC, "Led by Tesla, electric vehicle sales are predicted to surge in 2021," https://www.cnbc.com/2020/05/29/led-by-tesla-electric-vehicle-sales-are-predicted-to-surge-in-2021.html. Accessed on January 6, 2022.

35. Audi Green Police advertisement, https://www.youtube.com/watch?v=c9ciAi8e-e0 Accessed on January 6, 2022.

36. Jack Ewing, Faster, Higher, Farther (New York: Norton, 2017), p. 146.

37. Ewing, pp. 177-179.

38. Ewing, pp. 196-197.

39. 다음에서 얻은 정보이다. Joel K. Bourne Jr., "Green Dreams: Making Fuel from Crops Could Be Good for the Planet—after a Breakthrough or Two," National Geographic, November 2007, at ngm.natiaonalgeographic.com/2007/10/biofuels/biofuels-text.

40. Jad Mouwad, "More Saudi Oil Goes to China than to U.S.," New York Times, March 20, 2010.

41. Quoted in Dadi Zhou, "The Process of Sustainable Energy Development in China," Carnegie Endowment for International Peace, August 7, 2009, www.carnegieendowment.org/publications/index.cfm?fa=view&id=23482.

42. Zhou.

에필로그

1. National Geographic, "Climate Milestone: Earth's CO_2 Level Passes 400 ppm," https://www.nationalgeographic.org/article/climate-milestone-earths-co2-level-passes-400-ppm/. Accessed on January 6, 2022.

2. http://400.350.org/ and Scientific American, "CO_2 Levels Just Hit another Record—Here's Why it Matters," https://www.scientificamerican.com/article/co2-levels-just-hit-another-record-heres-why-it-matters/. Accessed on January 6, 2022.

3. BBC, "How Iceland Is Undoing Carbon Emissions for Good," https://www.bbc.com/future/article/20200616-how-iceland-is-undoing-carbon-emissions-for-good. Accessed on January 6, 2022.

4. Brian Black and Richard Flarend, Alternative Energy (New York: Greenwood/ABCClio, 2010).

410

찾아보기

에너지 세계사

1판 1쇄 인쇄 2023년 4월 10일
1판 3쇄 발행 2024년 5월 10일

지은이 브라이언 블랙
옮긴이 노태복

펴낸곳 씨마스21
펴낸이 김남인

총괄 정춘교
편집 윤예영
디자인 이기복, 곽상엽
마케팅 김진주

출판등록 제 2021-000079호 (2020년 11월 24일)
주소 서울특별시 강서구 강서로33가길 78
내용문의 02-2268-1597(123)
팩스 02-2278-6702

홈페이지 www.cmass21.co.kr
이메일 cmass@cmass21.co.kr

ISBN 979-11-978088-9-0 (03900)